suxiwo

QR-Codes im Buch führen dich:

- zu **Videos** und bewegten Bildern,
- zu **Tipps** für die Aufgaben,
- zu einem **Lexikon** mit Erklärungen der wichtigen Begriffe,
- zu **interaktiven Übungen** zur Vorbereitung am Kapitelanfang und zum Selbsttest am Kapitelende.

Anleitung

Du kannst die QR-Codes scannen oder die sechs Buchstaben über den Codes hier eingeben:
www.cornelsen.de/codes

...ode Verweis

Dieses Symbol zeigt an, dass du zu einem bestimmten Inhalt ein Video hinter dem QR-Code findest.

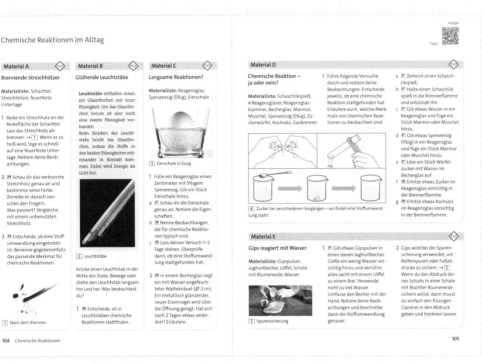

Materialseiten
... vor allem zum Erarbeiten, Anwenden und Üben

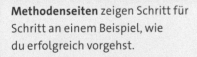

Methodenseiten zeigen Schritt für Schritt an einem Beispiel, wie du erfolgreich vorgehst.

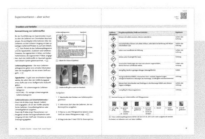

Erweitern-und-Vertiefen-Seiten bieten interessante zusätzliche Texte mit Bildern und Aufgaben.

Die **Zusammenfassung** gibt einen Überblick über die Lerninhalte des Kapitels.

Die Aufgaben der **Teste-dich!-Seiten** helfen dir, dein Wissen selbst einzuschätzen. Die Lösungen der Aufgaben findest du im Anhang.

Aufgaben, Materialien, Methoden und erweiternde Texte mit tragen zum Erwerb von Medienkompetenzen bei.

AUSGABE A

NATUR UND TECHNIK

Chemie

Cornelsen

NATUR UND TECHNIK
Chemie

Autorinnen und Autoren: Barbara Barheine (Bruchsal), Martin Einsiedel (Rüsselsheim am Main), Anita Gutmann (Zell im Wiesental), Carsten Kuck (Rheinfelden), Christine Kummer (Alsbach-Hähnlein), Ruth Leidinger (Oberzent), Martin Löffelhardt (Tübingen), Peter Slaby (Spangenberg)

Mit Beiträgen von: Kurt Becker, Stephanie Corsten, Markus Gaus, Dr. Stephan Kienast, Ute Klinkmüller, Reimund Krönert, Carolin Lammers, Christian Lauer, Bettina Most, Cornelia Pätzelt, Reinhard Sinterhauf, Petra Wlotzka

Redaktion: Stefanie Roth

Grafik und Illustration: Laura Carleton, Robert Fontner-Forget, Rainer Götze, Matthias Pflügner, Detlef Seidensticker

Umschlaggestaltung: agentur corngreen, Leipzig (Umsetzung); SOFAROBOTNIK GbR, Augsburg & München (Konzept)

Layoutkonzept: klein & halm Grafikdesign, Berlin; Typo Concept GmbH, Hannover

Technische Umsetzung: Reemers Publishing Services GmbH, Krefeld

www.cornelsen.de

Dieses Werk enthält Vorschläge und Anleitungen für Untersuchungen und Experimente. Vor jedem Experiment sind mögliche Gefahrenquellen zu besprechen. Beim Experimentieren sind die Richtlinien zur Sicherheit im Unterricht einzuhalten.

1. Auflage, 1. Druck 2024

Alle Drucke dieser Auflage sind inhaltlich unverändert und können im Unterricht nebeneinander verwendet werden.

© 2024 Cornelsen Verlag GmbH, Mecklenburgische Str. 53, 14197 Berlin

Druck und Bindung: Mohn Media Mohndruck, Gütersloh

ISBN 978-3-06-011499-3

PEFC-zertifiziert Dieses Produkt stammt aus nachhaltig bewirtschafteten Wäldern und kontrollierten Quellen

PEFC/04-31-1033   www.pefc.de

Inhaltsverzeichnis

Endlich Chemie – neues Fach, neuer Raum 10

Eine Welt aus Stoffen 30

Diese QR-Codes stellen dir alle Videos, Tipps, Lexika und interaktiven Übungen im Buch zur Verfügung.

pizeki

Video

nepehe

Tipps

koruni

Lexikon

muvuzu

interaktive
Übungen
(Vorbereitung)

weqofo

interaktive
Übungen
(Selbsttest)

Luft und Verbrennung 70

Chemische Reaktionen 100

* Zusatzangebot für leistungsorientiertere
  Schülerinnen und Schüler

Metalle – wertvoll und wichtig 128

Die Ordnung der Elemente 156

Drei Wege zum Edelgaszustand 194

Wasser – genau untersucht 218

Vielfalt der Salze 244

Säuren und Alkalien – ätzende Stoffe 268

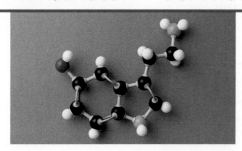

Alkohole, Carbonsäuren und Kohlenhydrate 376

Sauber und schön 398

Zum Nachschlagen

Endlich Chemie – neues Fach, neuer Raum

Experimentieren ist spannend. Damit es nicht gefährlich wird, gelten bestimmte Regeln. Kennst du sie?

Ein Gasbrenner ist praktisch.
Aber wie wird er bedient?
Und ist er auch sicher?

Was schreibt man in ein
Versuchsprotokoll und wie
zeichnet man Laborgeräte?

Chemie – mitten im Leben

[1] Wo steckt hier die Chemie?

Eine Sportlerin fährt mit ihrem Rennrad, trägt dabei Funktionsbekleidung und stillt ihren Durst mit einem Sportgetränk. Was hat das mit Chemie zu
₅ **tun?**

[2] Trinkwassersprudler

Chemie in unserem Körper • Unser gesamter Stoffwechsel wird von chemischen Vorgängen bestimmt. Wir beziehen unsere Energie aus
₁₀ chemischen Reaktionen der Nahrung mit dem Sauerstoff, den wir mit der Atemluft aufnehmen. Beim Sport braucht unser Körper besonders viel Energie. Leistungssportler nutzen
₁₅ Sportgetränke zur Flüssigkeitszufuhr und als Energielieferant. In Sportgetränken steckt ebenfalls Chemie. Sie bestehen aus Wasser, Kohlenhydraten und Mineralstoffen und sind häufig
₂₀ mit Zusatzstoffen wie Vitaminen und Aminosäuren versetzt.

Chemie im Alltag • Wir kommen täglich mit Chemie in Berührung – meist, ohne dass es uns bewusst ist.
₂₅ Wir putzen uns die Zähne mit Zahnpasta, die Fluorid enthält. Unser Wasser versetzen wir selbst mithilfe eines Trinkwassersprudlers mit Kohlensäure. →[2] Wir fahren ein Rennrad, das einen Hightech-Carbonrahmen hat. →[1]
₃₀ men hat. →[1]
Auch beim Backen eines Kuchens mit Backpulver oder beim Entkalken der Kaffeemaschine mithilfe von Essig-
₃₅ essenz ist Chemie dabei.
Unsere Kleidung steckt ebenfalls voller Chemie. Wir tragen eine mit dem Farbstoff Indigo gefärbte Jeans und Sportbekleidung aus Hightech-
₄₀ Fasern.

Chemie und Technik • Elektrische Geräte wie Smartphones und Tablets verfügen dank chemischer Elemente über leistungsstarke Speicherchips
₄₅ und Akkus sowie Displays aus Flüssigkristallen (LCD). Auch unsere Mobilität ist der Chemie geschuldet. Kein Fahrzeug, ob elektrisch oder mit Benzin betrieben, würde ohne sie auskommen.

> Die Chemie spielt in vielen Bereichen unseres Lebens eine wichtige Rolle.

Aufgabe

1 ⊠ Nenne drei eigene Beispiele aus deinem Alltag, die mit Chemie zu tun haben.

Material A

Chemie ist überall

In Bild 3 siehst du verschiedene Dinge aus dem Alltag.

1 ⊠ Erkläre, wie diese Gegenstände mit Chemie zusammenhängen.

Sportschuhe · Backwaren · Medikamente

3 Waschmittel · Kosmetika · Batterien

Material B

Von der Alchemie zur Chemie heute

Bereits seit Jahrhunderten versucht die Menschheit, künstlich Gold und Silber herzustellen. Die sogenannte Alchemie entstand im 1. Jahrhundert n. Chr. in Ägypten. Die Alchemisten hatten als Hauptziel, mithilfe des Steins der Weisen Metalle in Gold oder Silber umzuwandeln. Ein weiteres Ziel war das Erreichen der ewigen Jugend und der Unsterblichkeit. Diese Bemühungen blieben jedoch erfolglos. Viele Alchemisten bezahlten ihre Experimente und Forschungen mit ihrem Leben, weil sie mit explosiven Stoffen arbeiteten oder weil die Goldherstellung misslang und sie deshalb von ihren Herrschern hingerichtet wurden. Jedoch verdanken wir heute den vermeintlichen Goldmachern allerlei Entdeckungen, die sie bei ihren Forschungen zufällig machten. Beispiele dafür sind die Entdeckung des Phosphors, die Herstellung von Porzellan und die Erfindung des Schwarzpulvers. Zudem entwickelten die Alchemisten viele chemische Verfahren wie etwa das Destillieren, das Schmelzen und das Legieren. Diese Verfahren haben heute ihren festen Platz in der Chemie. Die Naturwissenschaft Chemie baut also auf der Alchemie auf, jedoch bleibt die Goldherstellung ein Wunschgedanke.

4

5 Alchemist im Labor

1 ⊠ Stelle in einer Tabelle gegenüber, was die Alchemisten erreicht und was sie nicht erreicht haben.

Experimentieren – aber sicher

1 Wichtige Experimentierregeln

Im neuen Unterrichtsfach Chemie kommen viele neue Dinge auf dich zu. Viele spannende Experimente erwarten dich. Um dich und deine Mitschüler
5 dabei zu schützen, gibt es aber einige Regeln zu beachten.

Verhaltensregeln • Da im Fachraum mit allerlei Chemikalien und Geräten gearbeitet wird, ist es wichtig, be-
10 stimmte Regeln einzuhalten, um sich keinen unnötigen Gefahren auszusetzen.
Folgende Regeln gelten im Fachraum:
• Nicht essen und trinken!
15 • Der Fachraum darf nur mit Erlaubnis der Lehrkraft betreten werden.
• Den Anweisungen der Lehrerin oder des Lehrers folgen.
• Den Raum sauber verlassen.

20 **Experimentierregeln** • Neben den Verhaltensregeln gibt es zahlreiche Vorschriften, die ein sicheres Experimentieren gewährleisten sollen. → **1**

Zehn grundlegende Regeln
25 **1.** Die Versuchsanleitung vor dem Experiment genau durchlesen.
2. Die Schutzbrille immer tragen!
3. Lange Haare zusammenbinden.
4. Schals und Halstücher ablegen.
30 **5.** Reagenzgläser sollen immer schräg gehalten und nicht auf Personen gerichtet erhitzt werden.
6. Geruchsproben werden nur durch Zufächeln genommen, keine
35 Geschmacksproben!
7. Immer mit kleinen Mengen arbeiten.
8. Stolperfallen vermeiden!
9. Chemikalien werden gesondert
40 entsorgt. Beachte die Anweisungen deiner Lehrkraft.
10. Alle verwendeten Geräte werden nach dem Versuch geputzt und wieder an ihren Aufbewahrungsort
45 gebracht.

> Zur eigenen und zur Sicherheit anderer gibt es im Fachraum besondere Regeln zu beachten.

wewoti

Lexikon
Tipps

der **Not-Aus-Schalter**
der **Gefahrstoff**
das **Gefahrenpiktogramm**

Sicherheitseinrichtungen • Im Fachraum
50 befinden sich für den Notfall zahlreiche
Sicherheitseinrichtungen. → 2
Gelangen Chemikalien ins Auge, findet man am Waschbecken eine Augen-
brause. Zur Brandbekämpfung werden
55 eine Löschdecke, Feuerlöscher und
Löschsand bereitgestellt. Diese Löschmittel erkennst du an der roten Farbe
der Aufbewahrungsorte. Um den Strom
und die Gasversorgung zu unterbre-
60 chen, gibt es im Raum mehrere rote
Not-Aus-Schalter. Diese dürfen im Notfall auch Schülerinnen und Schüler
betätigen.

Gefahrstoffe • Chemikalien werden
65 entsprechend ihren Eigenschaften in
Gefäßen aus Kunststoff bzw. Glas aufbewahrt. Die Gefäße müssen eindeutig
beschriftet sein, sodass sie nicht ver-
wechselt werden. Zusätzlich werden
70 bei einigen Stoffen Gefahrenpiktogramme verwendet. Diese helfen, die
Gefahren einzuschätzen und Sicher-
heitsvorkehrungen zu treffen, z. B. das
Tragen von Handschuhen.

75 **Entsorgung** • Da entnommene Chemi-
kalienreste verunreinigt sein können,
dürfen sie nie zurück in den Behälter
gegeben werden. Diese und die Abfallprodukte von Versuchen werden in
80 speziellen Sammelgefäßen entsorgt.
→ 3 Die Gefäße werden von einem
Entsorgungsunternehmen abgeholt.
Einige ungefährliche Stoffe dürfen
nach Rücksprache mit der Lehrkraft in
85 den Hausmüll oder Ausguss gegeben
werden.

2 Sicherheitseinrichtungen im Fachraum

3 Sammelgefäße für Gefahrstoffe im Labor

Gefahrstoffe sind mit Gefahrenpiktogrammen gekennzeichnet.
Auf die entsprechende Entsorgung
muss man achten.

Aufgaben

1 ☑ Nenne Verhaltensregeln im Fachraum.

2 ☒ Finde Gründe für die Experimentierregeln.

3 ☒ Beschreibe, wie man beim Entsorgen von Chemikalien vorgehen muss.

Experimentieren – aber sicher

Kennzeichnung von Gefahrstoffen

Bei der Durchführung von Experimenten musst du über die Gefahren von Chemikalien Bescheid wissen. Die wichtigsten Informationen über die Gefahren und den sicheren Umgang mit dem je-
5 weiligen Gefahrstoff findest du auf dem Etikett.
→ 1 Dort findest du das Gefahrenpiktogramm und die Signalwörter. Zusätzlich sind Gefahrenhinweise, die sogenannten H-Sätze, und Sicherheitshinweise, die sogenannten P-Sätze, angege-
10 ben. Auch die Gefahrstoffe im Haushalt werden nach diesem System gekennzeichnet. → 2

Gefahrenpiktogramme • Die neun Gefahrenpiktogramme geben eine schnelle Information über die Hauptgefahr, die von einem Stoff aus-
15 geht. → 3

Signalwörter • Es gibt zwei verschiedene Signalwörter, die sofort über den Gefährdungsgrad eines Stoffs oder eines Stoffgemischs Auskunft geben:
20 • GEFAHR – für schwerwiegende Gefahrenkategorien
• ACHTUNG – für weniger schwerwiegende Gefahrenkategorien

Gefahrenhinweise und Sicherheitshinweise •
25 Durch die **H**-Sätze (engl. **H**azard: Gefahr) wird angegeben, ob von den Stoffen physikalische Gefahren, Gesundheitsgefahren oder Umweltgefahren ausgehen.
Durch die **P**-Sätze (engl. **P**recautionary: vor-
30 beugend) werden Vorsorgemaßnahmen beim Umgang mit dem Stoff oder Hinweise zu seiner Entsorgung gegeben.

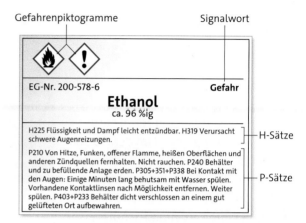

Gefahrenpiktogramme — Signalwort

EG-Nr. 200-578-6 — **Gefahr**
Ethanol
ca. 96 %ig

H225 Flüssigkeit und Dampf leicht entzündbar. H319 Verursacht schwere Augenreizungen. — H-Sätze

P210 Von Hitze, Funken, offener Flamme, heißen Oberflächen und anderen Zündquellen fernhalten. Nicht rauchen. P240 Behälter und zu befüllende Anlage erden. P305+351+P338 Bei Kontakt mit den Augen: Einige Minuten lang behutsam mit Wasser spülen. Vorhandene Kontaktlinsen nach Möglichkeit entfernen. Weiter spülen. P403+P233 Behälter dicht verschlossen an einem gut gelüfteten Ort aufbewahren. — P-Sätze

1 Etikett für Ethanol (Spiritus)

2 Gefahrstoffe gibt es auch im Haushalt.

Aufgaben

1 ✎ Beschreibe den Nutzen von Gefahrenpiktogrammen.

2 ✎ Informiere dich über die Gefahren, die von Brennspiritus ausgehen.

3 ✉ Nenne zu drei Piktogrammen jeweils einen Stoff, der dieses Piktogramm trägt. → 3

4 ✉ Begründe den P-Satz P210 für Brennspiritus.

Gefahren-piktogramm	Die gekennzeichneten Stoffe und Gemische ...	Signalwort
	können sich selbst zersetzen, können explodieren.	Gefahr oder Achtung
	sind entzündbar, können sich selbst erhitzen, entwickeln bei Berührung mit Wasser entzündbare Gase.	Gefahr oder Achtung
	haben eine brandfördernde Wirkung.	Gefahr oder Achtung
	stehen unter Druck (gilt für Gase).	Achtung
	verursachen Verätzungen der Haut und schwere Augenschäden, können korrosiv auf Metalle wirken.	Gefahr oder Achtung
	sind giftig, bereits in geringen Mengen lebensgefährlich.	Gefahr
	sind gesundheitsschädlich, verursachen Haut- und/oder Augenreizungen, allergische Reaktionen, Reizungen der Atemwege, Schläfrigkeit und Benommenheit.	Achtung
	können beim Verschlucken und Eindringen in die Atemwege tödlich sein, können Organe schädigen.	Gefahr oder Achtung
	sind giftig für Wasserorganismen.	Achtung

3 Kennzeichnung von Gefahrstoffen mit Piktogrammen

T+: sehr giftig
T: giftig
	Xn: gesund-
	    heits-
	    schädlich
	Xi: reizend
		E: explosions-
		    gefährlich
			F+: hoch ent-
			    zündlich
			F: leicht ent-
			    zündlich
				C: ätzend	O: brand-
					    fördernd
						N: umwelt-
						    gefährlich

4 Diese Gefahrenpiktogramme dürfen seit dem 01.06.2015 nicht mehr aufgebracht werden.
Du findest sie teilweise noch auf alten Gefäßen.

17

Experimentieren – aber sicher

Hier läuft einiges falsch!

1

1 ▣ Wer verhält sich im Quadrat B 2 nicht richtig?

2 ▣ Gib der Schülerin in C 3 einen Tipp.

3 ▣ Übernimm die Tabelle in dein Heft und fülle sie aus.

Quadrat	Fehlverhalten	Sicherheitstipp
A 2, A 3	Wildes Herumrennen	Langsam gehen und aufeinander achten
C 1	...	...
...	...	...
...	...	...
...	...	...

Material B

Sicher experimentieren

1 ☒ Ordne den Lücken (A) bis (O) die richtigen Begriffe zu. Schreibe den Text in dein Heft.

sauber, kaputtem, gebracht, Versuchsanleitung, trinken, Protokoll (2×), Stehen, Schutzbrille, essen, Sitzen, Stolperfallen, zusammengebunden, Tisch, gereinigt

2 | Experimentiertisch

Im Chemieunterricht darf man im Fachraum nicht **(A)** und **(B)** und auch keinen Kaugummi kauen. Vor jedem Experiment muss die **(C)** gründlich gelesen werden, um Fehler zu vermeiden. Lange Haare werden zur eigenen Sicherheit immer **(D)**. Bei jedem Experiment muss man eine **(E)** tragen. Mit **(F)** Material darf nicht experimentiert werden. Frage deine Lehrkraft, wo du es entsorgen kannst. Den Experimentiertisch muss man stets **(G)** halten. Am besten teilt man sich den Tisch ein: eine Seite für das Experiment und eine Seite für das **(H)**. Auch die Fluchtwege müssen frei gehalten werden. Schultaschen dürfen keine **(I)** sein. Deshalb verstaut man sie am besten unter dem **(J)**. Experimentiert wird im **(K)**, nicht im **(L)**. Am Ende des Experiments werden alle verwendeten Geräte **(M)** und wieder an ihren Aufbewahrungsort **(N)**. Danach wird das **(O)** angefertigt.

Material C

Gefahrenpiktogramme

Im nebenstehenden Bild siehst du einige Gefahrenpiktogramme.

1 ☒ Zeichne die Piktogramme in dein Heft ab.

2 ☒ Ordne diesen Gefahrenpiktogrammen eine mögliche Gefahrenbezeichnung zu.

3 ☒ Finde für jedes hier abgebildete Gefahrenpiktogramm ein Beispiel.

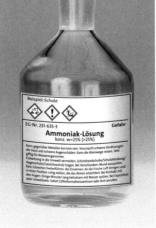

3 | Gefahrenpiktogramme

Der Gasbrenner

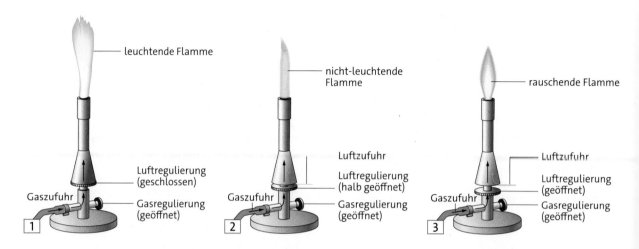

Bild 1 (links): leuchtende Flamme · Gaszufuhr · Luftregulierung (geschlossen) · Gasregulierung (geöffnet)

Bild 2 (Mitte): nicht-leuchtende Flamme · Luftzufuhr · Gaszufuhr · Luftregulierung (halb geöffnet) · Gasregulierung (geöffnet)

Bild 3 (rechts): rauschende Flamme · Luftzufuhr · Gaszufuhr · Luftregulierung (geöffnet) · Gasregulierung (geöffnet)

Für viele Experimente braucht man hohe Temperaturen von über 1000 °C. Im Labor dient dazu der Gasbrenner.

Sicherheitsregeln · Immer Schutzbrille
5 tragen, lange Haare zusammenbinden und Kordeln von Pullovern nach innen stecken. Schals ablegen!

Aufbau · Ein Gasschlauch verbindet den Brenner mit dem Gashahn. Mit
10 zwei Stellschrauben kann man die Gas- und die Luftzufuhr regeln. →⟦1⟧

Bedienung · Folgende Punkte sind der Reihe nach durchzuführen:
1. Gasbrenner mittig und stabil auf
15 den freigeräumten Tisch stellen.
2. Stellschrauben für Gas- und Luftzufuhr kontrollieren und schließen.
3. Gaszufuhr über einen Schlauch mit dem Gashahn verbinden.
20 4. Gashahn nach Anleitung deiner Lehrkraft öffnen.
5. Streichholzflamme an den Flammenaustritt halten und Stellschraube für Gaszufuhr öffnen.

25 Das ausströmende Gas entzündet sich sofort. Niemals Gas unverbrannt ausströmen lassen.
6. Stellschraube für Luftzufuhr öffnen.

Abstellen · Der Brenner soll in folgen-
30 der Reihenfolge abgestellt werden: Luftzufuhr schließen, Gaszufuhr schließen, Gashahn schließen, abkühlen lassen und danach abbauen.

> Der Gasbrenner wird unter Beachtung von Sicherheitsregeln in festgelegter Reihenfolge in Betrieb genommen.

⟦4⟧ Eine Alternative – der Gastrobrenner

Aufgaben

1 ⊠ Begründe, warum man bei der Arbeit mit dem Brenner seinen Schal ablegen muss.

2 ⊠ Man spricht von leuchtender, nicht leuchtender und rauschender Flamme. Erkläre, wie man die rauschende Flamme einstellen kann.

Material A

Betriebsanleitung für Gasbrenner

1 ☒ Schreibe den nebenstehenden Text in dein Heft.
Ersetze die Lücken (A) bis (I) durch die richtigen Begriffe.

Gas, Gashahn (2×), Gaszufuhr (2×), geschlossen, Luftzufuhr (2×), Streichholzflamme

Zuerst kontrolliert man, ob die Stellschrauben für die **(A)** und die **(B)** **(C)** sind. Als Nächstes wird der Brenner mithilfe eines Gasschlauchs an den **(D)** angeschlossen. Jetzt wird zunächst der **(E)** geöffnet. Danach wird die **(F)** an den Flammenaustritt gehalten und die **(G)** geöffnet. Sofort entzündet sich das nun ausströmende **(H)**. Zum Abschluss noch die **(I)** öffnen.

5 Anleitung für die Inbetriebnahme eines Gasbrenners

Material B

Vergleich der Brennerflammen

Materialliste: Gasbrenner, 2 Reagenzgläser, Reagenzglasklammer, Stoppuhr, 2 Porzellanschalen, Tiegelzange, Magnesiastäbchen

1 Nimm den Brenner wie auf der Seite zuvor beschrieben unter Beachtung der Sicherheitsregeln in Betrieb.
a Halte den Boden einer Porzellanschale mithilfe der Tiegelzange für etwa 10 Sekunden in die leuchtende Brennerflamme. Betrachte den Boden der Schale.
b Öffne die Luftzufuhr und wiederhole den Versuch.

6 Von der leuchtenden zur rauschenden Brennerflamme

Achtung • Öffnung des Reagenzglases nie auf Mitschüler richten!

2 Befülle 2 Reagenzgläser jeweils 2 cm hoch mit Wasser.
a Stoppe, wie lange es bis zum Sieden des Wassers dauert, wenn du das Reagenzglas in die rauschende Flamme hältst.
b Wiederhole den Versuch mit dem zweiten Reagenz-

glas unter Verwendung der leuchtenden Flamme.
c ☒ Begründe, welche der beiden Brennerflammen heißer ist.

3 Suche mithilfe eines Magnesiastäbchens die heißeste Stelle in der rauschenden Flamme.
☒ Erkläre dein Vorgehen.

Der Gasbrenner

Das Versuchsprotokoll

Naturwissenschaftler und Naturwissenschaft-
lerinnen führen Versuche durch, um Natur-
erscheinungen planmäßig zu beobachten und
Regeln der Natur daraus ableiten zu können.
Dazu ist es wichtig, die Experimente nachvoll-
ziehbar und wiederholbar zu dokumentieren.
In einem Versuchsprotokoll werden folgende
Punkte notiert:
• Versuchsfrage
• Vermutung
• Materialliste
• Durchführung
• Beobachtung
• Auswertung

1 Welche Stoffe lösen sich in Wasser?

1. Frage stellen Zuerst schreibt man die Frage
auf, die man mit dem Versuch beantworten will.
Beispiel: Lösen sich Sand, Mehl, Salz, Speiseöl
und Zuckersirup in Wasser?

2. Vermutung aufschreiben Man schreibt auf,
welche Antwort man auf die Frage erwartet.
Beispiel: Die festen Stoffe lösen sich nicht in
Wasser, die Flüssigkeiten lösen sich in Wasser.

3. Versuch planen und Materialliste erstellen
Man überlegt, wie der Versuch ablaufen soll
und welche Materialien dafür nötig sind.
Beispiel: Für den Versuch benötige ich 5 Bechergläser, Löffel, Wasser, Sand, Mehl, Salz, Speiseöl
und farbigen Zuckersirup.

4. Versuch durchführen Man beschreibt, wie
der Versuch durchgeführt wurde. Eine Skizze
des Versuchsaufbaus ist dabei hilfreich.

Beispiel: Zuerst fülle ich in alle Bechergläser
gleich viel Wasser. Dann gebe ich in jedes Becherglas jeweils einen Löffel voll Sand, Mehl, Salz,
Speiseöl oder Zuckersirup. Nach 5 Minuten rühre
ich kräftig um.

5. Beobachtungen festhalten Man beobachtet
den Versuch und notiert, was man sieht. Die
Beobachtungen kann man als Text, als Zeichnung
oder in einer Tabelle festhalten.
Beispiel: Sand und Mehl setzen sich am Boden
ab. Öl schwimmt auf dem Wasser. Das Salz und
der Zuckersirup sind nicht mehr zu sehen. Der
Zuckersirup hat das Wasser gefärbt.

6. Versuch auswerten Man wertet die Beobachtungen aus, die man bei dem Versuch gemacht
hat, und beantwortet damit die Versuchsfrage.
Beispiel: Sand, Mehl und Speiseöl lösen sich
nicht in Wasser, Salz und Zuckersirup schon.

Versuchsprotokoll

Name: Anne Schmidt   Datum: 13.4.2022

Versuchsfrage: Lösen sich Sand, Mehl, Salz, Speiseöl und Zuckersirup in Wasser?

Vermutung: Sand, Mehl und Salz lösen sich nicht in Wasser, Speiseöl und Zuckersirup lösen sich in Wasser.

Materialliste: 5 Bechergläser, Löffel, Wasser, Sand, Mehl, Salz, Speiseöl, farbiger Zuckersirup

Durchführung: Zuerst fülle ich in alle Bechergläser gleich viel Wasser. Dann gebe ich in jedes Becherglas jeweils einen Löffel voll Sand, Mehl, Salz, Speiseöl oder Zuckersirup. Nach 5 Minuten rühre ich kräftig um.

Beobachtung: Sand und Mehl setzen sich als Bodensatz ab. Öl schwimmt auf dem Wasser. Das Salz und der Zuckersirup sind nicht mehr zu sehen. Der Zuckersirup hat das Wasser gefärbt.

Auswertung: Sand, Mehl und Speiseöl lösen sich nicht in Wasser. Salz und Zuckersirup lösen sich in Wasser.

[2] Annes Versuchsprotokoll zum Versuch „Lösen sich Sand, Mehl, Salz, Speiseöl und Zuckersirup in Wasser?"

Tipps zum digitalen Protokoll

Du kannst Versuchsprotokolle auch mit einem Computer oder Tablet erstellen.

- Die Texte kannst du mithilfe eines Textverarbeitungsprogramms schreiben.

- Mit den meisten Grafikprogrammen kannst du sowohl Versuchsskizzen erstellen als auch eigene, mit dem Smartphone gemachte Fotos bearbeiten.

- Im Laufe des Experiments gewonnene Messwerte kannst du mithilfe von Tabellenkalkulationsprogrammen, z. B. in einem Koordinatensystem, darstellen.

- Du möchtest dein Protokoll vor der Klasse vorstellen? Kein Problem! Präsentationsprogramme lassen dich wie einen Profi aussehen.

3

Aufgaben

1 ☑ Erkläre, warum Forschende Versuche durchführen und Protokolle schreiben.

2 ☑ Beschreibe, wie man bei einem Versuchsprotokoll vorgehen muss. → [2]

3 ☑ Informiere dich, welche kostenlosen oder schon auf deinem PC vorhandenen Programme du bei der Protokollerstellung nutzen kannst. Notiere dir die genauen Programmnamen und ihre Funktion für das Protokoll. → [3]

Arbeitsgeräte der Chemie

1 Becherglas, Reagenzgläser, Messzylinder, Rundkolben, Erlenmeyerkolben, Pipette

2 Reagenzglas im Halter mit Klammer

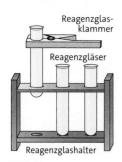

Reagenzglas-klammer

Reagenzgläser

Reagenzglashalter

3 Zeichnung eines Reagenzglases im Halter mit Klammer

Für Versuche braucht man die passenden Geräte. Du sollst lernen, wie sie heißen, wie man sie verwendet und wie man sie einfach zeichnen kann.

5 **Arbeiten mit dem Reagenzglas** • Sehr häufig verwendet man ein Reagenzglas. Zum Abstellen und Halten des Reagenzglases gibt es Hilfsgeräte: den Reagenglashalter und die Reagenz-
10 glasklammer. → 2 3

Glasgefäße und Messen • Neben dem Reagenzglas gibt es eine Reihe weiterer Gefäße für Stoffe: Erlenmeyer-kolben, Becherglas, Messzylinder und
15 Pipette. → 1
Erlenmeyerkolben und Becherglas eignen sich, wenn Stoffe gemischt werden sollen. Eine grobe Messskala für Flüssigkeitsmengen ist aufgedruckt.
20 Will man genauere Abmessungen vornehmen, so sollte man einen Mess-zylinder verwenden.

Will man Flüssigkeiten ganz genau abmessen, so nimmt man eine Pipette.
25 Mit diesem Gerät kann man auf 0,1 ml genau abmessen.
Alle diese Geräte gibt es in verschiedenen Größen.

Erhitzen und Temperaturen messen •
30 Es gibt Versuche, bei denen man Stoffe erhitzen will. Dabei soll dann die Temperatur bestimmt werden.

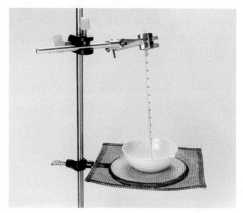

4 Apparatur zum Erhitzen von Stoffen

Lexikon
Tipps
cazofa

der **Erlenmeyerkolben**
der **Messzylinder**
die **Pipette**
die **Abdampfschale**

Dazu eignet sich eine Versuchsapparatur wie in Bild 4. Sie besteht aus einem eingespannten Ring (oder Dreifuß) mit Netz, Abdampfschale, Stativ (bestehend aus Fuß, Stativstange, Doppelmuffe und Kolbenhalter) und Thermometer.
Tiegel sind sehr hitzebeständig. Allerdings darf man sie nach dem Erhitzen nicht sofort unter Wasser abspülen, da sie sonst zerbrechen. Einen heißen Tiegel hält man mit der Tiegelzange.

Gase auffangen • Mithilfe eines Kolbenprobers lassen sich Gase auffangen. → 6 7 In Bild 6 wird das Gas Kohlenstoffdioxid aufgefangen. Es entsteht, indem Salzsäure aus dem Tropftrichter auf Calciumcarbonatpulver im Erlenmeyerkolben tropft. Über ein Glasrohr wird das Gas in den Kolbenprober geleitet.

Es gibt für verschiedene Versuche geeignete Geräte.
Bei Versuchszeichnungen werden diese vereinfacht dargestellt.

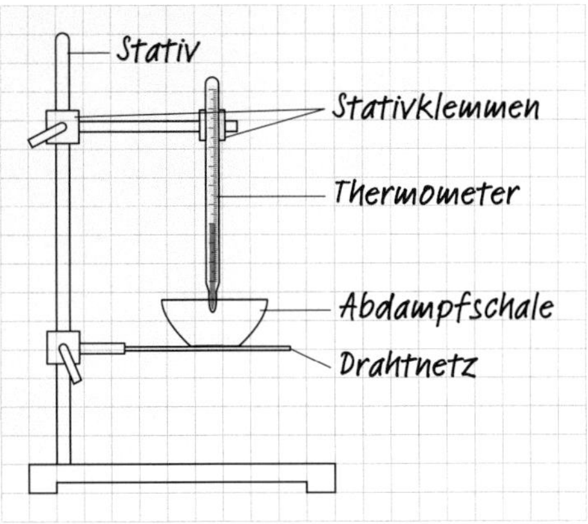

5 Zeichnung von Bild 4

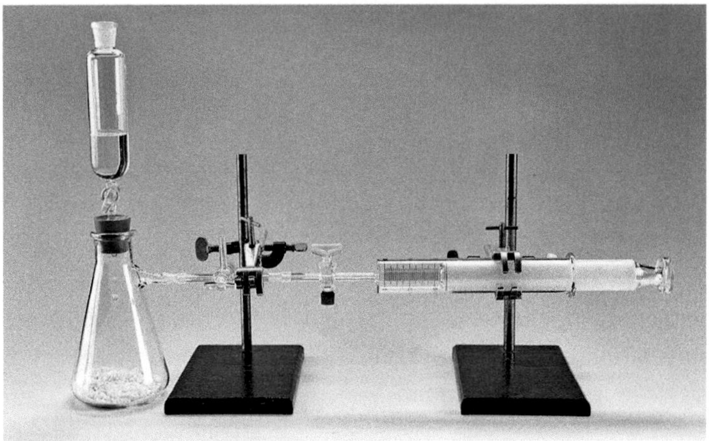

6 Möglicher Versuchsaufbau zum Auffangen von Gasen

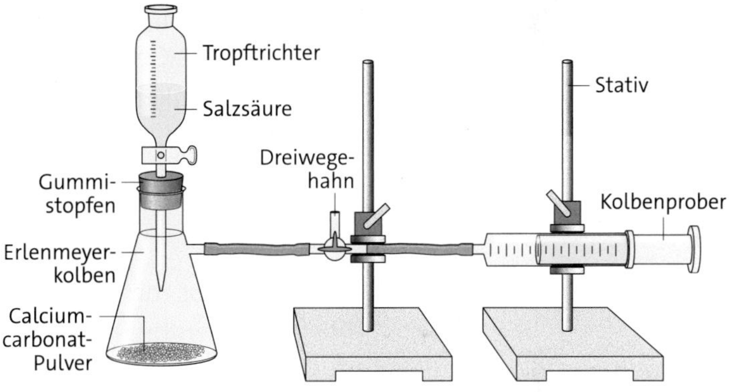

7 Beschriftete Zeichnung von Bild 6

Aufgaben

1 ◩ Erkläre, welche Geräte sich zum Abmessen von Flüssigkeiten eignen.

2 ◩ Nenne die Bauteile, aus denen ein Stativ besteht. Erkläre, wofür das Stativ verwendet wird.

3 ⊠ Exakt 10 ml Wasser sollen erhitzt werden, bis das Wasser siedet. Zähle auf, welche Geräte du für diesen Versuch benötigst.

Arbeitsgeräte der Chemie

Material A

Schwenken von Flüssigkeiten

Bei einigen Versuchen ist es notwendig, Flüssigkeiten zu schwenken. Um nichts zu verschütten, muss man geeignete Gefäße nehmen und die richtige Technik anwenden.

Materialliste: Becherglas, Erlenmeyerkolben, Reagenzglas, Tintenpatrone

1 ☒ Befülle ein Becherglas zu $\frac{3}{4}$ mit Wasser. Gib 2 Tropfen Tinte hinzu. Schwenke es nach der oberen Methode in Bild 1. Wiederhole den Versuch nach der unteren Methode. →☐1 Welche Methode ist geeigneter?

2 ☒ Schwenke nacheinander jeweils ein zu $\frac{3}{4}$ gefülltes Becherglas, einen Erlenmeyerkolben und ein Reagenzglas. Welche Gefäße sind zum Schwenken geeignet?

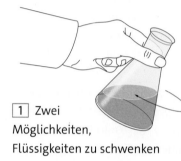

☐1 Zwei Möglichkeiten, Flüssigkeiten zu schwenken

Material B

Abmessen von Flüssigkeiten

Verschiedene Geräte eignen sich unterschiedlich gut zum Abmessen von Flüssigkeiten. Weiß man, dass 100 ml Wasser 100 g wiegen, kann man dies nutzen, um abgemessene Wassermengen zu überprüfen.

Materialliste: 2 Bechergläser, Erlenmeyerkolben, Messzylinder, Pipette mit Pipettierhilfe, Waage

1 ☒ Stelle ein leeres Becherglas auf die Waage und bestimme das Gewicht des Glases. Notiere es.

2 ☒ Miss mit einem zweiten Becherglas so genau wie möglich 100 ml Wasser ab und gib es in das Becherglas auf der Waage. Bestimme die Masse des Wassers. Wie viel ml waren es tatsächlich?

3 ☒ Wiederhole den Versuch aus Aufgabe 2 nacheinander mit einem Erlenmeyerkolben, einem Messzylinder und einer Pipette.

4 ☒ Welches Werkzeug eignet sich am besten zum Abmessen von Flüssigkeiten? Welche sind für präzises Abmessen nicht geeignet?

Masse (Wasser): 269,4 g − 167,2 g = 102,2 g
Volumen (Wasser): 102,2 g ≙ 102,2 ml

☐2 Bestimmung der Menge von Wasser mithilfe einer Waage

Material C

Versuchsaufbauten zeichnen

Zu jedem Versuchsprotokoll gehört eine Zeichnung des Versuchsaufbaus.

1 In Bild 3 siehst du zwei-dimensionale Zeichnungen verschiedener Arbeitsgeräte ☒ Übertrage die Zeichnungen der Geräte in dein Heft und ordne die passenden Begriffe zu:

Porzellanschale, Reagenzglas-klammer, Gasbrenner, Dreifuß, Erlenmeyerkolben, Messzylinder, Reagenzglas, Becherglas

2 ☒ Bild 4 und 5 zeigen das Erhitzen einer Flüssigkeit im Reagenzglas – einmal als Foto und einmal als Versuchsskizze. Übernimm die Zeichnung von Bild 5 in dein Heft und beschrifte diese.

3 ☒ Bild 6 zeigt, wie ein Stoff im Wasserbad erhitzt wird. Erstelle dazu eine beschriftete Versuchsskizze in deinem Heft.

4 ☒ Stelle mit einem Zeichen- oder Grafikprogramm die Versuchsaufbauten in Bild 6 und 7 nach.

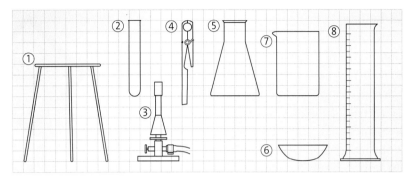

3 Arbeitsgeräte der Chemie

4 Erhitzen einer Flüssigkeit im Reagenzglas → ⧉

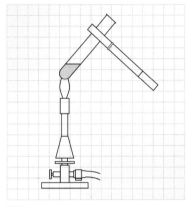

5 Erhitzen einer Flüssigkeit im Reagenzglas als Versuchsskizze

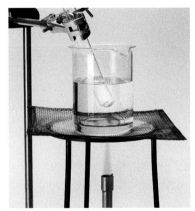

6 Erhitzen eines Stoffs im Wasserbad

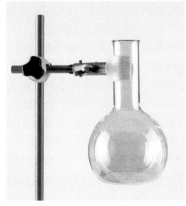

7 In ein Stativ eingespannter Rundkolben

Endlich Chemie – neues Fach, neuer Raum

Zusammenfassung

Verhaltensregeln • Im Fachraum ist es wichtig, einige Regeln zu beachten. Man darf den Fachraum nicht ohne Lehrkraft betreten. Das Essen und Trinken ist in diesen Räumen nicht erlaubt. Speziell beim Experimentieren ist den Anweisungen der Lehrkraft Folge zu leisten. Verschiedene Sicherheitseinrichtungen wie Not-Aus-Schalter oder Feuerlöscher dürfen nur im Notfall bedient werden.
Um Gefahrstoffe schnell einschätzen zu können, gibt es verschiedene Gefahrenpiktogramme.

GHS06
Totenkopf mit
gekreuzten Knochen

GHS05
Ätzwirkung

1 Gefahrenpiktogramme für giftige und ätzende Stoffe

Das Versuchsprotokoll • Beim Experimentieren ist es wichtig, dass man im Nachhinein überprüfen kann, was beim jeweiligen Versuch abgelaufen ist. Daher wird das Vorgehen in Form eines Versuchsprotokolls festgehalten. Das Versuchsprotokoll umfasst folgende Punkte:
• Versuchsfrage
• Vermutung
• Materialliste
• Durchführung
• Beobachtung
• Auswertung

Versuchsprotokoll   *Datum:* _____

Versuchsfrage: _____

Vermutung: _____

Materialliste: _____

Durchführung: _____

Beobachtung: _____

Auswertung: _____

2 Die sechs Punkte des Versuchsprotokolls

Der Gasbrenner • Der Gasbrenner ist ein wichtiges Arbeitsmittel. Für den sicheren Umgang ist einiges zu beachten. So müssen lange Haare zusammengebunden werden und es ist eine Schutzbrille zu tragen. Der Brenner wird in einer feststehenden Reihenfolge von Arbeitsschritten in Betrieb genommen. Gearbeitet wird oft mit der rauschenden Flamme, die dann entsteht, wenn die Luftzufuhr geöffnet ist. Die rauschende Flamme ist heißer und rußt nicht.

3 Die rauschende Brennerflamme ist bläulich.

Teste dich! (Lösungen im Anhang)

Sicher experimentieren

1 ☑ Nenne mindestens fünf grundlegende Regeln für das Experimentieren im Fachraum.

2 ☒ Gib die Bedeutung der Gefahrenpiktogramme in Bild 4 an.

3 ☑ Schreibe die in Bild 5 notierte Betriebsanleitung für Gasbrenner in der richtigen Reihenfolge ab.

4 Gefahrenpiktogramme

Arbeitsgeräte der Chemie

4 ☑ Mit einigen Glasgeräten kann man Flüssigkeiten abmessen. Sortiere folgende Geräte danach, wie präzise man mit diesen messen kann. Beginne mit dem genauesten Gerät: *Becherglas – Messzylinder – Pipette.*

5 ☒ Peter behauptet: „In hoch gelegenen Dörfern im Himalaja kocht Wasser bei niedrigeren Temperaturen als auf Meereshöhe." Erstelle eine beschriftete Versuchsskizze eines Aufbaus, mit dem man die Temperatur bestimmen kann, bei der Wasser kocht.

- Gashahn durch gleichzeitiges Drücken und Drehen öffnen.
- Stellschraube für Luftzufuhr öffnen.
- Stellschrauben für Luft- und Gaszufuhr kontrollieren und gegebenenfalls schließen.
- Gaszufuhr über einen Schlauch mit dem Gashahn verbinden.
- Feuerzeugflamme an den Flammenaustritt halten und Stellschraube für Gaszufuhr öffnen.

5 Durcheinandergeratene Betriebsanleitung für Gasbrenner

6 Zum Auffangen von Gasen kann man einen Versuch wie in Bild 6 aufbauen.
a ☒ Erstelle eine beschriftete Skizze des Versuchsaufbaus von Bild 6.
b ☒ Skizziere einen Versuchsaufbau, mit dem du die Menge an Kohlensäure in verschiedenen Mineralwasserproben vergleichen kannst.

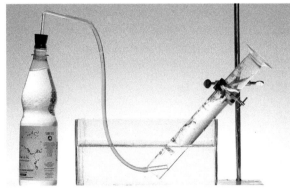

6 Auffangen von Sprudelgas

Eine Welt aus Stoffen

Mehl, Zucker, Pfeffer und Salz – wir können diese Stoffe auch unterscheiden, ohne sie zu probieren.

Ist Milch ein Reinstoff oder ein Stoffgemisch?

Plastik, Aluminium, Eisenblech – im Gelben Sack ist alles gemischt. Wie lässt sich dieses Müllgemisch trennen, damit man die wertvollen Materialien darin wieder nutzen kann?

31

Nicht verwechseln: Stoff und Gegenstand

1 Ein Steg aus Holz, ein Boot aus Holz, ein Haus aus Holz ...

Der Steg, das Boot oder auch die Bäume auf dem Bild haben eine Gemeinsamkeit: Alle bestehen aus dem gleichen Material – Holz.

5 **Stoffe** • Forscher haben einen eigenen Begriff für Materialien: Materialien werden Stoffe genannt.
Aus einem Stoff können verschiedene Gegenstände hergestellt werden.
10 Diese unterscheiden sich in ihrem Verwendungszweck. Der Steg und das Boot sind Beispiele dafür. → **1**

Gegenstände bestehen aus Stoffen • Ein Gegenstand muss nicht immer aus 15 dem gleichen Stoff hergestellt sein. So kann man beispielsweise einen Teller aus Porzellan, aus Kunststoff oder aus anderen Stoffen herstellen. → **2**
Ein Gegenstand, z. B. ein Auto oder 20 ein Handy, kann auch aus mehreren Stoffen bestehen. → **3**

> Forscher bezeichnen Materialien mit dem Begriff Stoff.

2 Teller   **3** Autoinnenraum

Aufgaben

1 ☒ Übernimm die Tabelle in dein Heft. Trage die im Text genannten Stoffe und Gegenstände ein.

Stoff	Gegenstand
?	?

2 ☒ Nenne jeweils drei weitere Beispiele für einen Stoff und einen Gegenstand.

Material A

Baum   Sand   Wasser   Auto   Gold   Holz

Tisch   Tasse   Kette   Silber   Regal

Luft   Buch   Papier   Schere

Stoff oder Gegenstand?

1 ⊠ Sortiere die Begriffe oben nach Stoff und Gegenstand. Trage das Ergebnis in eine Liste oder Tabelle ein.

2 ⊠ Erstelle eine eigene Liste mit zehn Begriffen, die entweder Stoffe oder Gegenstände bezeichnen. Tausche die Liste mit einem Mitschüler aus und sortiere die Begriffe anschließend.

3 ⊠ Suche fünf Gegenstände, die in dem Raum sind, in dem du dich gerade befindest. Gib an, aus welchem Stoff oder aus welchen Stoffen der jeweilige Gegenstand besteht.

Material B

Gemeinsamkeiten

1 ⊠ Nenne Gemeinsamkeiten der Gegenstände auf den Bildern 4 und 5.

2 ⊠ Nenne weitere Gegenstände, die aus verschiedenen Stoffen hergestellt werden.

3 ⊠ „Ein Glas ist ein Gegenstand, Glas ist ein Stoff." Erläutere diese Aussage.

4

5

Erfahrbare Stoffeigenschaften

1 Die zwei Schüler und die Schülerin sollen einen Stoff so beschreiben, dass er eindeutig erkennbar ist.

Es gibt eine riesige Zahl von verschiedenen Stoffen. Häufig ist es schwierig, sie zu unterscheiden, aber manchmal reichen bereits unsere fünf Sinne aus,
5 **um sie eindeutig zu beschreiben.**

Stoffe beschreiben • Das Aussehen von Stoffen kann man beschreiben. Unser Auge erfasst sofort, ob der Stoff fest, flüssig oder gasförmig ist. Dies wird
10 als Aggregatzustand bezeichnet. Weiterhin nehmen wir die Farbe, den Glanz und die Durchsichtigkeit wahr. Händler von Diamanten und Edelsteinen brauchen einen besonderen Prüf-
15 blick. Zur weiteren Unterscheidung kann man den Geruch prüfen. Tausende von Stoffen mit unterschiedlichen, meist angenehmen Gerüchen werden bei Parfüms eingesetzt. Bei einigen
20 Stoffen aus dem Lebensmittelbereich testet man auch den Geschmack. Aber: Im Labor und in Chemieräumen dürfen Stoffe niemals gekostet werden. Unser Tastsinn kann die Oberflächen-
25 beschaffenheit prüfen und testen, ob sich der Stoff warm oder kalt anfühlt. Und schließlich haben Stoffe manchmal einen eigenen Klang. Hersteller von Musikinstrumenten nutzen die
30 Klangunterschiede verschiedener Werkstoffe wie Holz, Messing oder Zinn. So spielen unsere Sinnesorgane beim Unterscheiden von Stoffen bereits eine große Rolle. Zusätzlich werden eine
35 ganze Reihe von Stoffeigenschaften mit Hilfsmitteln oder Messinstrumenten festgestellt und zur eindeutigen Bestimmung von Stoffen genutzt.

> Stoffe beschreibt man durch ihre Eigenschaften. Stoffeigenschaften sind durch unsere Sinne, aber auch durch Messinstrumente erfahrbar.

Aufgabe

1 ☒ Nenne Stoffeigenschaften, die unser Auge unmittelbar erfassen kann.

Material A

Die gute Nase

Unser Geruchssinn kann unterschiedliche Gerüche wahrnehmen. Du weißt zum Beispiel, welchen Duft Schokolade oder eine Zwiebel verströmt. Hier kannst du dein Duftgedächtnis in einem Geruchsquiz testen.

Materialliste: 6 Filmdöschen oder Salbendöschen (25 ml), Watte, Sonnenblumenöl, Zitronensaft, verdünnter Tafelessig, Echt Kölnisch Wasser ◈ ◈ ◈, Backöl Rumaroma, Backöl Vanille, Backöl Bittermandel

Die 6 kleinen Dosen wurden vorbereitend mit einem kleinen ölgetränkten Wattebausch belegt und fortlaufend mit A, B, C usw. beschriftet. In jede Dose wurde je ein Riechstoff (3 Tropfen) hineingegeben.

1 Die Döschen gehen nach der Vorbereitung reihum – von Nase zu Nase.

2 ⊠ Notiere den Buchstaben der Dose und den Geruch, den du wahrgenommen hast. Benenne anschließend den Stoff. Vergleiche am Ende mit der Lösung deiner Lehrkraft, wie viele der 6 Riechstoffe du erkannt hast.

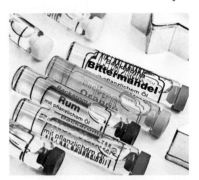

2 Backöle mit charakteristischen Gerüchen

3 Salbendöschen

Material B

Klangunterschiede

Fällt eine Kugel auf die Tischplatte und schlägt hart auf, entsteht ein Geräusch, ein spezieller Klang. Kannst du verschiedene Materialkugeln am Klang unterscheiden?

Materialliste: Augenbinde, Kugeln (etwa gleich groß) aus Glas, Holz, Wachs, Kork, Eisen, Quarz, Blei, Zellstoff, Kunststoff

1 Geht in Zweiergruppen zusammen. Ein Partner verbindet sich die Augen. Der andere lässt aus ungefähr 30 cm Höhe nacheinander eine der Kugeln auf die Tischplatte fallen. Wenn alle Kugeln getestet sind und die unterschiedlichen Materialien erkannt wurden, werden die Rollen getauscht.

4 Orgelpfeifen – Klangunterschiede bei Holz und Zinn

Messbare Stoffeigenschaften

1 Hausbau

Beim Bau eines Hauses werden wärmeleitende, stromleitende und isolierende Stoffe eingesetzt. Bestimmte Eigenschaften von 5 **Stoffen lassen sich messen.**

Ritzhärte • Die Härte ist sowohl bei Werkstoffen aus Metall und Kunststoff als auch bei Steinen und Mineralien ein wichtiges Unterscheidungs- 10 merkmal. Sie wird mit verschiedenen Prüfmethoden bestimmt.
Ein Verfahren ist ein Härtetest durch Ritzen. Man benutzt dazu ein 10-teiliges Ritzbesteck mit jeweils 15 unterschiedlich harten Spitzen.
Das härteste Ritzwerkzeug ist eine Diamantspitze, die eine Härte von 10 besitzt.

Magnetisierbarkeit • Ein Magnet ist 20 ein Gegenstand, der bestimmte Stoffe anzieht oder abstößt. Magnetisierbare Stoffe wie Eisen, Nickel oder Cobalt werden von Magneten angezogen. Nicht magnetisierbare Stoffe wie Holz, 25 Gummi, Plastik, Glas oder Porzellan werden nicht von Magneten angezogen.

Elektrische Leitfähigkeit • Einige Stoffe sind in der Lage, elektrischen Strom zu 30 leiten. Dazu gehören Metalle wie Eisen, Kupfer und Aluminium. Sie werden als Leiter bezeichnet. Holz, Gummi, Glas, Plastik und Porzellan dagegen leiten den elektrischen Strom nicht und wer- 35 den daher Nichtleiter oder Isolatoren genannt. Bei Stromkabeln macht man sich diese Eigenschaft zunutze. Sie bestehen aus Kupfer, einem Leiter, und sind von einem Kunststoffmantel, 40 einem Nichtleiter, umgeben.

Schmelz- und Siedetemperatur • Feste Stoffe werden beim Erhitzen flüssig. Flüssigkeiten verdampfen, wenn sie weiter erhitzt werden. Dies geschieht 45 jeweils bei bestimmten Temperaturen, die für jeden Stoff typisch sind: die Schmelztemperatur und die Siedetemperatur.

yomomi

Lexikon
Tipps

die **Magnetisierbarkeit**
die **Leitfähigkeit**
die **Schmelz**temperatur
die **Siede**temperatur
die **Dichte**

Wärmeleitfähigkeit • Stoffe können
Wärme unterschiedlich gut leiten. Diese Eigenschaft nennt man Wärmeleitfähigkeit. Das erfährt man z. B. beim
Kochen und Braten: Um sich nicht am
heißen Metall zu verbrennen, haben
Töpfe und Bratpfannen oft Griffe aus
Holz oder Plastik. Ansonsten muss
man einen Topflappen benutzen. → ☐2
Metalle haben eine hohe Wärmeleitfähigkeit. Wolle, Holz, Kunststoffe und
Kork besitzen eine geringe Wärmeleitfähigkeit und werden zur Isolation
gegen Wärme oder Kälte genutzt.

Rottefähigkeit • Ob Materialien durch
Bakterien und Bodenlebewesen zersetzt und abgebaut werden, ist eine
wichtige Stoffeigenschaft. Sie entscheidet darüber, ob Stoffe bei der
Abfallbeseitigung kompostiert werden können.

Dichte • „Eisen ist schwerer als Holz."
Das stimmt so nicht, denn ein Eisenschlüssel ist zum Beispiel leichter als
ein großer Holzklotz. → ☐3
Die Aussage stimmt nur, wenn man
die Massen gleich großer Gegenstände
vergleicht. Ein Würfel aus Eisen ist
schwerer als ein gleich großer Würfel
aus Holz. → ☐4 Man sagt: Eisen hat
eine größere Dichte als Holz. Zur Berechnung der Dichte eines Gegenstands muss man den Wert für seine
Masse in Gramm (g) durch den Wert
für sein Volumen in Kubikzentimetern
(cm³) oder Millilitern (ml) teilen.

$$\text{Dichte} = \frac{\text{Masse}}{\text{Volumen}}$$

☐2 Topflappen wirken wärmeisolierend.

☐3 Eisen: leichter als Holz?　　☐4 Eisen: schwerer als Holz?

Wichtige Stoffeigenschaften sind
Aussehen, Geruch, Geschmack,
Aggregatzustand, Dichte, Härte,
Wärmeleitfähigkeit, elektrische
Leitfähigkeit und magnetische
Eigenschaften.

Aufgaben

1 ☒ Nenne drei mit den Sinnen
wahrnehmbare und drei messbare
Eigenschaften von Stoffen.

2 ☒ Gib an, aufgrund welcher Eigenschaft Holz, Gras und Obstreste zum
Kompost gegeben werden können.

3 ☒ Gib an, wo in einem Haus wärmeleitende, stromleitende und isolierende Stoffe eingesetzt werden.

Messbare Stoffeigenschaften

Material A

Ritzproben

Bei Materialproben von Kunststoffen, Metallen, Hölzern usw. kannst du mit einem zweiteiligen Ritzwerkzeug die unterschiedlichen Härten testen.

Materialliste: Zahnstocher, Eisennagel, verschiedene Metalle, verschiedene Hölzer, Kunststoffe, Seife, Marienglas, Glas

1 Versuche die verschiedenen Materialproben zu ritzen, zuerst mit dem Zahnstocher, dann mit dem Nagel.

2 ☒ Sortiere die getesteten Materialproben in drei Gruppen:
weiche, harte und sehr harte Stoffe.

3 ☒ Ob ein Brillant wirklich aus Diamant besteht, kann man schnell prüfen: Man versucht, Glas damit zu ritzen. Erkläre, was das über die Härte von Glas und Diamant aussagt.

⊡1⊡ Hier wird die Härte eines Stoffs überprüft.

Material B

Wärmeleitfähigkeit

Wie gut oder schlecht Stoffe Wärme leiten, ist sowohl beim Hausbau als auch bei Küchengeräten von Bedeutung.
Wie kann man testen, ob und wie stark Holz, Glas, Kunststoff und Eisen die Wärme leiten?

Materialliste: kleine Schüssel, Wasserkocher, Styroporplatte, Stäbe aus Holz, Glas, Eisen, Kunststoff und Aluminium

1 Erhitze Wasser im Wasserkocher. Gieße anschließend die Schüssel zu drei Vierteln voll mit heißem Wasser. Lege den Styropordeckel, in dem sich verschiedene Stäbe befinden, auf den Becher.
Nach ca. 3 Minuten fasst du vorsichtig die Stäbe an.

2 ☒ Gib an, welches Material die Wärme gut leitet und welches eher schlecht.

3 ☒ Begründe, in welchen Bereichen der Küche die Verwendung von Stoffen mit geringer Wärmeleitfähigkeit sinnvoll ist.

⊡2⊡

Material C

Die Dichte bestimmen

Materialliste: Kubikzentimeterwürfel aus verschiedenen Stoffen (Holz, Eisen, Aluminium, Kupfer, Hartgummi ...), Waage, Becherglas, Pipette, Wasser, Spiritus ⚠️ ⚠️, Glycerin, Pflanzenöl

1 🖊 Überprüfe, ob es sich um Kubikzentimeterwürfel handelt. Miss dazu die Kantenlänge der Würfel aus und berechne das Volumen.

2 Wiege die Würfel auf der Waage und notiere ihre Massen. → ⬚3

3 Stelle das Becherglas auf die Waage und drücke die Tara-Taste. Gib mit der Pipette genau 10 ml Wasser in das Glas. Notiere die Masse in der Tabelle. → ⬚4 Verfahre für die anderen Flüssigkeiten genauso.

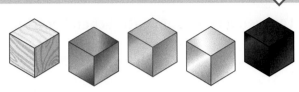

⬚3 Kubikzentimeterwürfel

4 ⊠ Berechne die Dichte der Feststoffe und der Flüssigkeiten. Trage die Ergebnisse in die Tabelle ein.

Feststoff	Masse	Volumen	Dichte
Eisen	7,9 g	1 cm³	$7,9 \frac{g}{cm^3}$
...	?	?	?

Flüssigkeit	Masse	Volumen	Dichte
Wasser	10 g	10 ml	$1 \frac{g}{ml}$
...	?	?	?

⬚4 Mustertabelle

Material D

Aus welchem Stoff besteht ein Spitzer?

Materialliste: Messzylinder (20 ml), 2 Metallspitzer (ohne Schneide), Feinwaage

1 Wiege die beiden Spitzer und notiere ihre Masse.

2 Fülle den Messzylinder zur Hälfte mit Wasser. Lies den genauen Füllstand ab und notiere ihn. → ⬚5

3 Lass die Spitzer in das Wasser gleiten und lies den Wasserstand erneut ab. → ⬚5
⊠ Berechne das Volumen der beiden Spitzer in ml.

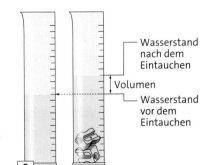

— Wasserstand nach dem Eintauchen
— Volumen
— Wasserstand vor dem Eintauchen

⬚5

4 ⊠ Berechne die Dichte aus den Werten für Masse und Volumen.

5 🖊 Benenne den Stoff, aus dem der Spitzer besteht. → ⬚6

Stoff	Dichte in $\frac{g}{ml}$
Eisen	7,9
Magnesium	1,74
Zink	7,17
Silber	10,49
Aluminium	2,7

⬚6 Dichten verschiedener Stoffe

Messbare Stoffeigenschaften

Langzeitversuch zum natürlichen Recycling

Manchmal brauchen Naturwissenschaftler viel Geduld beim Experimentieren. Sie bauen Versuche auf, die dann über Tage und Wochen dauern. In der Wetter- und Klimaforschung und bei Versuchen mit Lebewesen laufen Experimente manchmal sogar über Monate oder Jahre.

Hier wird ein Langzeitversuch vorgestellt, bei dem du wochenlang beobachtest und dokumentierst. Du untersuchst, welche Materialien auf dem Kompost vollständig verrotten, also welche Materialien die Natur zurücknimmt und abbaut.

Materialliste: flache, durchsichtige Plastikschälchen mit Deckel (z. B. für Fleischsalat), Blumenerde, Klebeetiketten, briefmarkengroße Materialstücke: Aluminium, Eisen, Kupfer, Papier, Pappe, Kork, Holz, Glas, Porzellan, Gips, verschiedene Kunststoffe, Textilien, Brotrinde, Wachs, Fett, Seife, Schokolade, Wurst, Käse, Speck, Obstschalen

1 Materialien für den Langzeitversuch

1. Versuch aufbauen Lege jeweils ein Materialstück auf den Boden je einer Schale. Fülle die Schale dann randvoll mit Blumenerde, die du mit etwas Wasser anfeuchtest. → 1
Drücke sie gut fest. Verschließe die Dosen gut und halte sie die ganze Zeit über verschlossen. Klebe ein beschriftetes Etikett mit der Materialbezeichnung darauf.

2. Beobachten und Dokumentieren Stelle die Dosen mit dem Boden nach unten in einen Raum mit Zimmertemperatur. Fertige eine Liste mit allen Materialien an, die du testest. Betrachte in der ersten Woche täglich deine Dosen. Ändern die Materialproben ihr Aussehen? Notiere die Veränderungen oder notiere „unverändert". Gib jeweils das Datum deiner Beobachtung an. → 2

Material	Veränderung	Datum
Aluminium	?	?

2 Mustertabelle

In den fünf folgenden Wochen betrachtest du die Materialproben alle zwei Tage.

3. Entsorgen Nach sechs Wochen wird der Versuch beendet. Gib alle verschlossenen Dosen mit ihrem Inhalt in den Hausmüll.

4. Fazit ziehen Notiere unter deiner Tabelle dein Versuchsergebnis. Welche Materialien verrotten vollständig, sodass ihre Abfälle auf dem Kompost entsorgt werden können?

Erweitern und Vertiefen

Rekorde bei Stoffen

3

Du weißt nun einiges über verschiedene Stoffeigenschaften. Im Unterricht hast du es aber
nicht immer mit den Rekordträgern unter den
Stoffen zu tun. Daher jetzt die Sieger in verschie-
5 denen Kategorien:

Schmelztemperatur • Feste Stoffe werden bei
Erwärmung irgendwann flüssig. Rekordhalter
dabei ist Tantalhafniumcarbid. Es wird erst bei
4215 °C flüssig.
10 Das andere Extrem in dieser Kategorie ist Wasserstoff. Fester Wasserstoff schmilzt schon
bei −259 °C. Dies ist nahe an der tiefstmöglichen
Temperatur überhaupt.

Dichte • Der Stoff mit der größten Dichte ist
15 Osmium mit einem Wert von 22,6 $\frac{g}{cm^3}$. Wenn
du eine Stoffprobe Osmium in der Größe eines
Tetrapaks Milch hättest, würde diese 22,6 kg
wiegen.
Wissenschaftler haben kürzlich den Feststoff mit
20 der bislang geringsten Dichte hergestellt: einen
Schwamm aus Siliciumdioxid mit einer Dichte
von 0,003 $\frac{g}{cm^3}$.

Elektrische Leitfähigkeit • Der Stoff, der den
elektrischen Strom am besten leitet, ist Silber.
25 Knapp dahinter folgt Kupfer. Warum werden
dann Elektrokabel aus Kupfer hergestellt und
nicht aus Silber? Ganz einfach – Silber ist viel
teurer als Kupfer.
Eine äußerst geringe elektrische Leitfähigkeit
30 weist reinstes Wasser auf. Diese ist noch
10 000-mal geringer als die von Leitungswasser,
da im Leitungswasser immer Stoffe gelöst sind.

Härte • Der härteste bekannte Stoff ist Diamant.
Wegen der extremen Härte nutzt man Diaman-
35 ten in Bohrköpfen. Sie werden sowohl in Zahn-
bohrern als auch in Bohrern für die Erdölförde-
rung verwendet.
Geschliffene Diamanten sind wertvoll und
dienen als Schmucksteine. Der größte jemals
40 gefundene Diamant wog 621,3 g. Er wurde in
mehrere Diamanten aufgetrennt, die nun Teil der
britischen Kronjuwelen sind.

4 Diamant – Schmuckstein und Werkzeug

Heißeste Flamme • Die heißeste Flamme erreicht
man beim Verbrennen von Dicyanoethin und
45 Ozon unter hohem Druck: bis zu 6000 °C.
Die Flamme aus dem Laborbrenner erreicht
dagegen nur etwa 1400 °C, eine Kerzenflamme
an der heißesten Stelle bis zu 1000 °C.

Zu jedem Stoff ein Stoffsteckbrief

WANTED
???

Gesucht wird: Unbekannte Person

Merkmale:
- Alter: ca. 55 Jahre
- Geschlecht: männlich
- Haarfarbe: blond
- Frisur: langhaarig
- Bart: ja/Vollbart
- besondere Merkmale:
  Brillenträger

WANTED
???

Gesucht wird: Unbekannter Stoff

Kurzbeschreibung:
Schwermetall, Halbedelmetall

Eigenschaften:
- Aggregatzustand: fest
- Farbe: lachsrosa, metallisch
- Dichte: 8,92 $\frac{g}{cm^3}$
- Schmelzpunkt: 1084,62 °C
- Siedepunkt: 2595 °C
- Ritzhärte: 3 (nach Mohs)

1 Steckbriefe geben übersichtlich wichtige Eigenschaften an.

Manchmal werden Personen mit Steckbriefen gesucht. Durch die klare Darstellung können dabei alle wichtigen Merkmale übersichtlich
5 aufgelistet werden. Die Merkmale der Stoffe sind die Stoffeigenschaften.

Stoffsteckbriefe • Steckbriefe helfen auch bei Stoffen, die Übersicht zu behalten. Denn auch hier gibt es eine
10 große Vielfalt.
Ein Stoffsteckbrief nennt wichtige Eigenschaften eines Stoffs. Neben dem Aussehen des Stoffs können weitere Eigenschaften aufgeführt
15 werden, z. B. magnetische Eigenschaften, elektrische Leitfähigkeit oder die Dichte eines Stoffs.

> Stoffsteckbriefe stellen die wichtigsten Eigenschaften von Stoffen übersichtlich dar.

Aufgaben

1 ▣ Nenne mithilfe des Textes vier Punkte, die in einem Stoffsteckbrief aufgeführt werden können.

2 ▣ Nenne weitere Punkte, die in einem Stoffsteckbrief genannt werden könnten. Sieh dir dazu auch die vorherigen Seiten durch.

3 ▣ Es ist nicht festgelegt, wie viele Punkte ein Stoffsteckbrief aufweisen muss. Nenne Vor- und Nachteile eines besonders umfangreichen Steckbriefs.

4 ▣ Recherchiere, um welchen Stoff es sich bei dem rechten Steckbrief in Bild 1 handelt.

Material A

Einen Stoffsteckbrief erstellen

In Bild 2 siehst du eine Kugelsammlung aus verschiedenen Stoffen. Um die Stoffe zu vergleichen und Steckbriefe zu erstellen, untersuchst du die Stoffe systematisch. Manche Stoffeigenschaften kannst du mit deinen Sinnen erkennen, andere durch Experimente ermitteln.

Materialliste: Kugeln aus Holz, Zellstoff, Kork, Bienenwachs, Glas, Alabaster, Quarz, Zinn und Basalt

1 Untersuche und notiere die Farbe, den Glanz, die Durchsichtigkeit und den spezifischen Geruch. Prüfe, ob sich die Kugeln kühl oder warm anfühlen.

2 Prüfe mit einem Magneten die Magnetisierbarkeit der Kugeln.

3 Prüfe die elektrische Leitfähigkeit. Baue dir dazu mit einer Batterie, einer kleinen Lampe und Kabeln einen offenen Stromkreis. Notiere die Ergebnisse.

4 ☒ Erstelle einen Stoffsteckbrief zu vier ausgewählten Kugeln deiner Wahl und ordne alle experimentellen Befunde zu.

2 Kugelsammlung aus verschiedenen Stoffen

Material B

Drei Stoffe – zum Verwechseln ähnlich

1 ☒ Vergleiche die drei Steckbriefe. Notiere die gemeinsamen Eigenschaften von allen drei Stoffen.

2 ☒ Stelle die Unterscheidungsmerkmale der drei Stoffe in einer Tabelle zusammen.

Stoffsteckbrief: Eisen
Farbe: grau
Durchsichtigkeit: undurchsichtig
Glanz: metallisch glänzend
Geruch: keiner
Oberfläche: glatt,
    fühlt sich kühl an
Elektrische Leitfähigkeit: ja
Magnetisierbarkeit: ja
Verhalten bei Druck: biegsam,
    verformt sich

Stoffsteckbrief: Hämatit
Farbe: grau
Durchsichtigkeit: undurchsichtig
Glanz: metallisch glänzend
Geruch: keiner
Oberfläche: glatt,
    fühlt sich kühl an
Elektrische Leitfähigkeit: nein
Magnetisierbarkeit: nein
Verhalten bei Druck: spröde,
    splittert

Stoffsteckbrief: Graphit
Farbe: grau
Durchsichtigkeit: undurchsichtig
Glanz: metallisch glänzend
Geruch: keiner
Oberfläche: glatt
Elektrische Leitfähigkeit: ja
Magnetisierbarkeit: nein
Verhalten bei Druck: spröde,
    zerbröselt

Stoffgruppen unterscheiden

[1] Woraus besteht dein Mobiltelefon?

Du verwendest es jeden Tag, um mit Freunden in Kontakt zu sein oder im Internet zu surfen. Aber woraus besteht dein Mobiltelefon?

5 **Stoffgruppen** • Stoffe mit einer Kombination gemeinsamer Eigenschaften werden in Stoffgruppen zusammengefasst.

Metalle • Einige Teile deines Handys 10 bestehen aus Metall. Du erkennst Metalle daran, dass sie an glatten Oberflächen einen spiegelnden Glanz haben, weil sie das Licht reflektieren. → [2] Metalle leiten elektrischen 15 Strom und Wärme. Sie sind meist leicht verformbar. Einige Metalle, z. B. Eisen, sind magnetisierbar. Der Kern unserer Erde besteht zum größten Teil aus Eisen. Weitere häufige Metalle 20 sind Aluminium, Calcium, Magnesium, Natrium und Kalium. Gold, Silber und Platin werden zur Herstellung von Schmuck verwendet. Sie sind sehr beständig und selten und daher sehr 25 wertvoll.

Salze • Salze lassen sich meist gut in Wasser auflösen. Die wässrigen Lösungen leiten den elektrischen Strom. Salzkristalle sind spröde: Sie knirschen 30 beim Zerdrücken auf fester Unterlage und zerbröseln. Du kennst aus der Küche Kochsalz, Soda und Natron. → [3] Salzartige Stoffe kommen auch in einigen Handy-Displays vor und sorgen 35 dafür, dass du ein farbiges Bild siehst.

Steinartige Stoffe • Diese Stoffgruppe ist von der Menge her die größte der Erde. Zu ihr zählen alle Bestandteile unserer Gesteine, z. B. Granit. Auch 40 Glas, Porzellan und Ton gehören zu den steinartigen Stoffen. Diese Stoffe sind spröde und schmelzen erst bei hohen Temperaturen. Sie sind nicht löslich in Wasser und leiten den elek- 45 trischen Strom nicht. Die Front deines Handys besteht aus Glas.

[2] Metalle werden in verschiedenen Gegenständen verarbeitet.

yakiba

Lexikon
Tipps

die **Stoffgruppe**
die **Metalle**
die **Salze**
die **steinartigen Stoffe**
die **leichtflüchtigen Stoffe**

Kunststoffe • Kunststoffe werden in der Hitze weich oder zersetzen sich. In Wasser sind sie meist nicht löslich
50 und den elektrischen Strom leiten sie auch nicht. Die Schutzhülle deines Handys, Teile der SIM-Karte und viele innere Bauteile bestehen aus Kunststoff. → 5

55 **Leichtflüchtige Stoffe** • Stoffe mit niedrigen Schmelz- und Siedetemperaturen bezeichnet man als leichtflüchtig. Zu dieser Gruppe zählen die Gase in unserer Luft und leicht verdampfbare Flüs-
60 sigkeiten wie Spiritus und Essig. Auch leicht schmelzende Feststoffe wie Wachs zählen dazu. Leichtflüchtige Stoffe besitzen eine geringe Härte und sind weder magnetisierbar noch leiten
65 sie den elektrischen Strom.

Weitere Stoffgruppen • Je nachdem, ob man andere gemeinsame Eigenschaften, den Verwendungszweck oder die Herkunft von Stoffen betrachtet, kann
70 man viele weitere Stoffgruppen zusammenstellen. So werden zum Beispiel alle Stoffe, von denen Gefahren ausgehen, als Gefahrstoffe zusammengefasst oder Stoffe natürlichen
75 Ursprungs als Naturstoffe.

> Metalle sind verformbar und metallisch glänzend. Sie leiten Wärme und den elektrischen Strom. Andere Stoffgruppen wie Salze, Kunststoffe, steinartige und leichtflüchtige Stoffe besitzen ebenfalls eine Kombination an gemeinsamen Eigenschaften.

3 Soda – ein Salz aus dem Haushalt

4 Granit, Porzellan, Glas

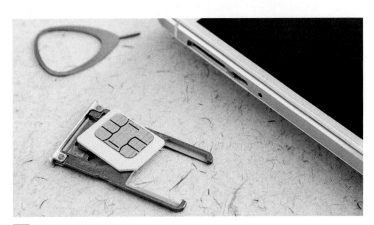

5 Teile deiner SIM-Karte bestehen aus Kunststoff.

Aufgaben

1 ☒ Vergleiche Metalle, Salze und Kunststoffe hinsichtlich der elektrischen Leitfähigkeit.

2 ☒ Ordne fünf Stoffe in deiner Umgebung den Gefahrstoffen und Naturstoffen zu.

3 ☒ Für die Einrichtung im Badezimmer werden oft steinartige Stoffe wie Granit, Porzellan oder Glas verwendet. → 4 Begründe dies.

Stoffgruppen unterscheiden

Lösliches aus der Küche → 🔲

Eine ganze Reihe von weißen, kristallinen Stoffen wird in der Küche und im Haushalt verwendet. Finde heraus, was diese Stoffe gemeinsam haben.

Materialliste: Kochsalz, Hirschhornsalz, Natron, Soda, Glaubersalz, Alaun, Zucker, Gabel, 2 Kohleelektroden, Flachbatterie, Krokodilklemmen, Kabel, Lämpchen auf Sockel oder Rotor

1

1 Löse von jedem Stoff eine Teelöffelportion mit wenig Wasser in einer Petrischale auf und lass die Ansätze tagelang in Ruhe eintrocknen.

2 Zerquetsche wenige Kristalle von einem Stoff mit einem Löffel auf einer harten Unterlage.
🖋 Beschreibe deine Beobachtung.

3 Baue die Testvorrichtung für die Leitfähigkeitsprüfung zusammen. Löse die Salze durch Umrühren erneut in etwas Wasser auf.

4 Prüfe durch Eintauchen der zwei Kohleelektroden mit wenig Abstand, ob die Lösungen den elektrischen Strom leiten.

5 🖋 Begründe, warum Zucker nicht zur Gruppe der Salze gehört.

Material B

Eisen – eines von vielen Metallen

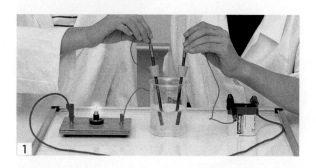

2 Verschiedene Magnete

Eisen und Stahl sind die häufigsten Metallwerkstoffe, die wir um uns herum finden. Eisen ist magnetisierbar. Manchmal versteckt sich dieser Werkstoff unter einer Lackschicht, manchmal unter einer Emaille-Schicht.
Mit einem Magneten kannst du auf die Suche gehen.

Materialliste: Stabmagnet oder Türklappenmagnet oder andere Kleinmagnete

1 An welchen Teilen bleibt der Magnet „kleben"? Was ist magnetisierbar?
🖋 Fertige eine Liste an.

2 Anschließend prüfst du die Magnetisierbarkeit von Möbeln und Geräten oder Geräteteilen im Klassenraum bzw. Fachraum.
🖋 Fertige auch hier eine Liste der Teile an, die du als magnetisierbar getestet hast.

Material C

Stoffe, Stoffgruppen und ihre Eigenschaften

Stoffe: Quarz, Acrylglas, Nickel, Kerzenwachs, Kochsalz

1 ☒ Übertrage die Tabelle in dein Heft. → ☐3
   Ordne darin folgende Stoffe und Stoffgruppen zu:

Stoffgruppen: Metalle, Salze, Steinartige, Kunststoffe, Leichtflüchtige

Magnetisier-barkeit	Wasser-löslichkeit	Lösung elektrisch leitfähig	Härte	Schmelz-temperatur	Spröde/Biegsam	Stoff	Stoffgruppe
ja	nein	wasser-unlöslich	hart	sehr hoch	biegsam	?	?
nein	ja	ja	hart	hoch	spröde	?	?
nein	nein	wasser-unlöslich	weich	erweicht, zersetzt sich	biegsam	?	?
nein	nein	wasser-unlöslich	weich	niedrig	biegsam	?	?
nein	nein	wasser-unlöslich	sehr hart	sehr hoch	spröde	?	?

☐3

Material D

Getränkeverpackungen

Materialliste: Getränkekarton einer H-Milch, Schere, Kleber

Getränkeverpackungen für H-Milch bestehen nicht nur aus einem Stoff, sondern aus drei Schichten verschiedener Stoffe. Die innerste Schicht ist aus Aluminium. Aluminium ist ein leichtes Metall und bildet für Sauerstoff und Licht eine Barriere. Das Getränk in der Verpackung ist länger haltbar, wenn es nicht mit Sauerstoff und Licht in Kontakt kommt. Die mittlere Schicht ist aus stabilem Papier. Die äußerste Schicht ist aus Kunststoff, der das Papier vor Durchnässung von außen schützt.

4

1 Schneide aus einer Getränkeverpackung ein kleines Stück aus. Trenne die Schichten voneinander.

2 ☒ Erstelle eine Skizze vom Aufbau einer Getränkeverpackung. Beschrifte die verschiedenen Schichten und klebe jeweils das passende Stück dazu.

3 ☒ Begründe, warum gerade die genannten Stoffe für die Verpackung verwendet werden. → ☐4

4 ☒ Nenne weitere Gegenstände, die aus verschiedenen Stoffen bestehen, und begründe die Verwendung der Stoffe anhand ihrer Eigenschaften.

Aggregatzustände von Stoffen

1 Gestein kann sowohl fest (**A**) als auch flüssig sein (**B**).

Steine sind fest, Wasser ist flüssig und Luft ist ein Gas. Aber das ist nicht immer so: In einem Vulkan können Steine flüssig sein, Wasser gefriert
5 **im Winter zu Eis und verdunstet bei Sonnenschein zu Wasserdampf.**

Aggregatzustände • Stoffe können fest, flüssig oder gasförmig sein. Diese drei Zustandsarten nennen wir die Aggre-
10 gatzustände. Welchen Aggregatzustand ein Stoff einnimmt, hängt vor allem von der Temperatur ab. Eis schmilzt bei 0 °C zu Wasser. Wasser siedet bei 100 °C, es entsteht Wasser-
15 dampf. Dieser Wasserdampf kann wieder zu flüssigem Wasser werden, wenn er an einer kalten Glasscheibe kondensiert. Wasserdampf kann an kalten Tagen auch direkt zum Feststoff
20 werden. → 2 Dieser feste Raureif kann sich auch wieder in Luft auflösen. Wird ein fester Stoff direkt gasförmig, spricht man vom Sublimieren. Wird ein gasförmiger Stoff wiederum
25 fest, nennt man dies Resublimieren.

2 Eichenblatt mit Raureif → ▣

Schmelz- und Siedetemperatur • Die Temperatur beim Übergang vom festen in den flüssigen Aggregatzustand heißt Schmelztemperatur. Die Tempe
30 ratur beim Übergang vom flüssigen in den gasförmigen Zustand heißt Siedetemperatur. Schmelztemperatur und Siedetemperatur hängen von der Art des Stoffs ab: Soll Sauerstoff flüssig
35 werden, so muss man ihn auf −183 °C abkühlen. Daher ist Sauerstoff auch im Winter immer gasförmig. Eisen bleibt dagegen bis 1536 °C im festen Aggregatzustand. Daher wird
40 ein Gegenstand aus Eisen auch bei größter Hitze im Sommer nie flüssig.

Teilchenmodell • Das Teilchenmodell ist eine Vorstellung zum Aufbau von Stoffen. Wir stellen uns vor, dass alle
45 Stoffe aus einzelnen kleinsten Teilchen bestehen. Diese sind so winzig, dass man sie nicht sehen kann. Mithilfe des Teilchenmodells kann man die Aggregatzustände von Stoffen beschreiben
50 und erklären. → ▣

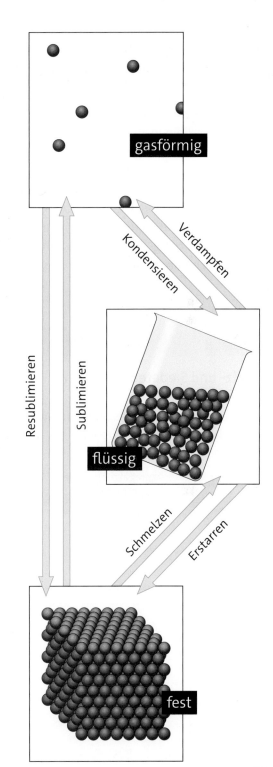

coyaga

Lexikon
Videos
Tipps

das **Sublimieren**
das **Resublimieren**
das **Teilchenmodell**

Feststoff • Im festen Aggregatzustand halten die kleinsten Teilchen eines Stoffs stark zusammen. Sie liegen dicht an dicht und bewegen sich zitternd an ihren Plätzen. → 3

Flüssigkeit • Wird ein Stoff erwärmt, bewegen sich die kleinsten Teilchen stärker. Ihr Zusammenhalt wird schwächer. Bei Erreichen der Schmelztemperatur wird der Stoff flüssig. Die Teilchen haben nun keine festen Plätze mehr und bewegen sich gegeneinander.

Gas • Bei noch höherer Temperatur bewegen sich die Teilchen noch schneller. Bei Erreichen der Siedetemperatur wird der flüssige Stoff gasförmig. Die Teilchen besitzen keinen Zusammenhalt mehr und verteilen sich im Raum.

Stoffe können fest, flüssig oder gasförmig sein. Der Aggregatzustand eines Stoffs hängt vor allem von der Temperatur ab. Die Aggregatzustände und ihre Übergänge sind mithilfe des Teilchenmodells erklärbar.

Aufgaben

1 Nenne die drei Aggregatzustände.

2 Beschreibe mithilfe von Bild 3 folgende Vorgänge mit den Fachbegriffen: Nasse Wäsche trocknet; Brille beschlägt; Wasserpfütze gefriert; Morgentau bildet sich; Eiszapfen „verschwindet"; Schokolade wird im Sonnenlicht weich.

3 Die Übergänge zwischen den drei Aggregatzuständen → ⌑

Aggregatzustände von Stoffen

Material A

Teilchenspiel

Wir stellen uns vor, dass Gegenstände aus kleinen, unveränderlichen Teilchen bestehen, die sich stets bewegen.

1 Ihr stellt nun Teilchen dar.
a Stellt euch dicht zusammen und seid ganz ruhig. → [1]
b Bewegt euch nun immer stärker.

c ☒ Beschreibt, was passiert, wenn ihr euch stärker bewegt.
d ☒ Übertragt die Satzteile in euer Heft und ersetzt die Fragezeichen.
  • niedrige Temperatur – ◈ Teilchenbewegung – geringes Volumen
  • hohe Temperatur – ◈ Teilchenbewegung – ◈ Volumen

[1] Teilchenspiel – ruhig und dicht beieinanderstehen

Material B

Schmelz- und Siedetemperaturen

Die Tabelle in Bild 2 ist etwas durcheinandergeraten. Finde heraus, wie die richtige Zuordnung aussieht.

Stoff	Aggregatzustand bei Raumtemperatur	Schmelztemperatur Siedetemperatur
Aluminium	flüssig	−272 °C −269 °C
Spiritus	fest	−114,5 °C 78 °C
Heliumgas	gasförmig	660 °C 2 743 °C

[2]

1 ☒ Erstelle eine neue Tabelle in deinem Heft und ordne den Stoffen die richtigen Aggregatzustände, Schmelz- und Siedetemperaturen zu.

2 🖳 ☒ Erweitere deine Tabelle durch die folgenden Stoffe: Blei, Eisen, Gold, Heizöl, Kupfer, Kochsalz, Zink, Lithium, Kerzenwachs, Quarz.
Recherchiere die Schmelz- und Siedetemperaturen der Stoffe im Internet.

3 Füge in deine Tabelle auch Abbildungen der Stoffe oder Abbildungen von Gegenständen aus den jeweiligen Stoffen ein.

Material C

Schmelz- und Siede-temperaturen bestimmen

Eine Schmelzkurve ist ein Zeit-Temperatur-Diagramm, das die Erwärmung eines Stoffs zeigt, der im Laufe der Zeit (t) schmilzt. Dabei steigt die Temperatur (T) zunächst an, bevor sie für eine Weile konstant bleibt und dann wieder ansteigt. Die Temperatur ändert sich deshalb eine Weile nicht, weil die zugeführte Wärme benötigt wird, um die Teilchen aus der festen Struktur zu lösen. Erst wenn dies passiert ist, erfolgt eine weitere Erwärmung. Die für eine Weile konstante Temperatur entspricht daher der Schmelztemperatur. Das gleiche Phänomen tritt übrigens auch beim Sieden auf.

1 ☒ In Bild 3 sind die Werte und das Diagramm für das Schmelzen von Wasser abgebildet. Lies die Schmelztemperatur aus dem Diagramm ab.

2 Beim Schmelzen einer gefrorenen Kochsalzlösung (es wurden 2 g Kochsalz in 10 ml Wasser gelöst) wurden folgende Werte gemessen:

t in s	0	20	40	60	80	100
T in °C	−8	−6	−5	−5	−3	−1

a ☒ Erstelle ein Zeit-Temperatur-Diagramm.
b ☒ Lies die Schmelztemperatur ab.

Materialliste: gefrorene Kochsalzlösung (10 g Kochsalz in 100 ml Wasser), Becherglas, Dreifuß, Gasbrenner, Stoppuhr, Thermometer

3 Baue den Versuch wie in Bild 4 auf. Schmilz die gefrorene Kochsalzlösung und lies dabei alle 10 Sekunden die Temperatur ab. Erwärme dann weiter, bis die Lösung siedet.
a ☒ Erstelle eine Wertetabelle.
b ☒ Erstelle ein Zeit-Temperatur-Diagramm.
c ☒ Lies die Schmelz- und die Siedetemperatur ab.

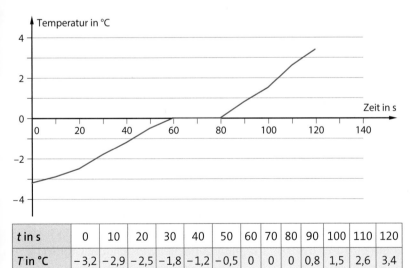

t in s	0	10	20	30	40	50	60	70	80	90	100	110	120
T in °C	−3,2	−2,9	−2,5	−1,8	−1,2	−0,5	0	0	0	0,8	1,5	2,6	3,4

3 Wertetabelle und Diagramm für das Schmelzen von Wasser

4 Versuchsaufbau zum Aufnehmen einer Schmelzkurve

Reinstoffe und Stoffgemische

1 Müsli mit Früchten und Nüssen

2 Die Plastik-
flasche besteht
aus PET, einem
Reinstoff.

Schon beim Frühstück begegnen dir Stoffgemische, z. B. dein Müsli. Es besteht meist aus Haferflocken, Früchten, Nüssen und Joghurt.

Stoffgemische und Reinstoffe • Bei Müsli handelt es sich um ein Stoffgemisch. →1 Wer beispielsweise keine Rosinen mag, kann das Stoffgemisch durch Auslesen der Rosinen leicht trennen. Es gibt viele andere Stoffgemische, z. B. Apfelsaft, Milch, Suppe. Um solche Gemische zu trennen, braucht man andere Trennverfahren. Wenn sich ein Stoff nicht weiter auftrennen lässt, handelt es sich um einen Reinstoff. →2 Reinstoffe bestehen aus einem einzigen Stoff, Stoffgemische aus mehreren. →3

Hausmüll – ein Gemenge • Auch unser Hausmüll ist ein Stoffgemisch, ein Gemenge aus festen Stoffen. Er besteht aus verschiedenen Stoffen wie Glas, Papier, Kunststoff und Metall. Wir trennen diese Stoffe und sammeln sie in unterschiedlichen Abfalltonnen. Die Müllabfuhr bringt diese dann zu Recyclinganlagen. Dort werden diese Wertstoffe aufbereitet und zu neuen Produkten verarbeitet.

Arten von Gemischen • Nicht nur das Müsli, sondern auch die meisten Stoffe in der Natur kommen als Gemische vor. Daher hat man Gemische nach bestimmten Merkmalen geordnet. Zunächst werden alle Gemische in homogene und heterogene Gemische unterteilt.

foyaca

Lexikon
Video
Tipps

das **Stoffgemisch**
der **Reinstoff**
homogen
heterogen

Homogene Gemische • Bei homogenen, einheitlich aussehenden Gemischen sind die einzelnen Bestandteile nicht zu erkennen – auch nicht unter dem Mikroskop. Ein Beispiel dafür ist eine Salzlösung (Salzwasser). Sie sieht an jeder Stelle gleich aus. → 4
Wer schon einmal Meerwasser in den Mund bekommen hat, konnte schmecken, dass ein zweiter Stoff, das Salz, darin gelöst ist.

Heterogene Gemische • Bei heterogenen, uneinheitlichen Gemischen sind verschieden aussehende Bereiche oder Phasen erkennbar. → ▣ Bei Gartenerde oder Granit kann man mit bloßem Auge verschiedene Bestandteile erkennen. → 5 Bei Verbrennungen entstehen Stoffe, die als Rauch in der Luft zu sehen sind. Die festen Bestandteile des Rauchs sind gut sichtbar, die gasförmigen nicht.

> Stoffgemische bestehen aus mindestens zwei Reinstoffen. Stoffe, die sich nicht mehr trennen lassen, sind Reinstoffe.

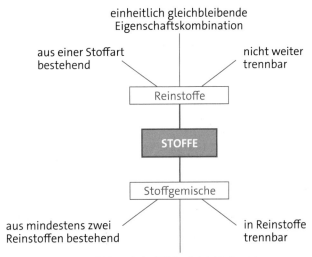

einheitlich gleichbleibende
Eigenschaftskombination

aus einer Stoffart
bestehend

nicht weiter
trennbar

Reinstoffe

STOFFE

Stoffgemische

aus mindestens zwei
Reinstoffen bestehend

in Reinstoffe
trennbar

keine einheitlich gleichbleibende
Eigenschaftskombination

3 Einteilung der Stoffe

4 Meerwasser – ein homogenes Gemisch

Aufgaben

1 ▣ Ordne zu, ob es sich bei den Beispielen um Reinstoffe oder Stoffgemische handelt: Milch, Mineralwasser, Apfelsaft, Müll, Waschpulver, Eisenpulver.

2 ▣ Nenne jeweils zwei Reinstoffe und Stoffgemische aus der Küche.

5 Granit – ein heterogenes Gemisch

Reinstoffe und Stoffgemische

Früchtemüsli sortieren – hilfreiche Einsichten

Materialliste: 3 unterschiedliche Sorten Früchtemüsli, Pinzetten, 7 Petrischalen, Blatt Papier, Waage, Becherglas (500 ml), Löffel

1 Schütte das Früchtemüsli in ein Becherglas und durchmische es mit einem Löffel.

2 Wiege 100 g der Früchtemüslimischung ab und gib sie auf ein Blatt Papier.

3 Sortiere die Früchte aus der Müslimischung aus und ordne sie jeweils einer Petrischale zu.

4 ☒ Schätze, wie viel Gramm Früchte sich in deiner Müslimischung befinden. Überprüfe deine Schätzung durch Wiegen der Fruchtbestandteile.

5 ☒ Überprüfe, ob du die auf der Packung genannten Früchte wiedergefunden hast.

6 ☒ Notiere, welche Früchte du besonders häufig findest. Stelle eine Vermutung an, warum diese häufig vorkommen.

7 ☒ Würdest du das untersuchte Früchtemüsli kaufen? Begründe deine Entscheidung.

1 Früchtemüslipackung

Kakao unter Beobachtung

Materialliste: Kakaopulver, Salz, Zucker, Milch, Wasser, Becherglas (250 ml), Messzylinder, Esslöffel

1 Miss 150 ml Milch ab und gib sie in das Becherglas.

2 Füge 3 Esslöffel Kakaopulver zu der Milch und verrühre die Mischung.

3 Beobachte, was mit der Mischung geschieht.
☒ Beschreibe deine Beobachtung.

4 Wiederhole das Experiment jeweils mit Salz, Zucker und Wasser.

5 ☒ Ordne den hergestellten Gemischen zu, ob es sich um ein homogenes oder heterogenes Gemisch handelt.

2 Eine heiße Schokolade – ein Stoffgemisch

Material C

Granit untersuchen

[3] Granitsteine

Wenn du wissen willst, wie bestimmte Geräte oder Spielzeuge aufgebaut sind, schaust du sie dir zunächst genau an. Danach nimmst du sie möglicherweise auseinander und zerlegst sie. So lernst du die Bestandteile bis ins kleinste Detail kennen.
Genauso machst du es mit dem Granitstein. → [3]

Materialliste: Granitstein, Lupe, Mörser aus Gusseisen, Stofftasche, Hammer, Löffel, Zahnstocher, Klebestreifen

1 Nimm den Granitstein in die Hand und schau ihn dir genau an, benutze eine Lupe. Schätze ein, aus wie vielen verschiedenen Mineralien der Stein aufgebaut ist.

2 Lege den Granitstein in den Mörser und zerstoße ihn zu kleinen Krümeln. Alternativ kannst du den Stein auch in einer Stofftasche mit einem Hammer zerschlagen. Schütze deine Augen vor herumfliegenden Splittern mit einer Schutzbrille!

3 Nimm eine Löffelportion der Gesteinskrümel und sortiere das Material auf der Tischplatte mit einem Zahnstocher. Suche für Glimmer, Feldspat und Quarz jeweils einen besonders schönen, einheitlichen Kristall heraus.

4 Lege von jeder Mineralsorte ein oder zwei Splitter auf ein Blatt Papier, überklebe sie mit Klarsichtfilm und beschrifte das Mineral an der Seite.

Glimmer: blättrige schwarze oder silbrige, stark glänzende Kristalle

Feldspat: rötliche oder hautfarbene Kristalle, die nicht blättrig, sondern körnig sind

Quarz: weißliche oder glasig durchsichtige Kristalle, die nicht besonders glänzen

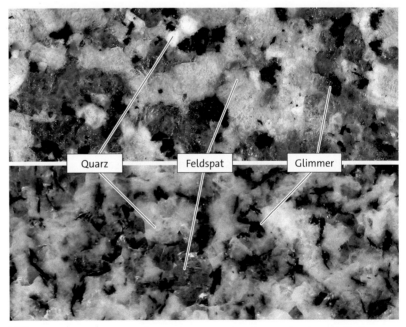

[4] Zwei verschiedene Granitsorten mit Zuordnung der Bestandteile Quarz, Feldspat und Glimmer

Stoffe lösen sich in Wasser

1 Salzgarten → ⊡

In Salzgärten wird in flachen Becken Kochsalz aus Meerwasser gewonnen. Gibt man das Kochsalz später wieder in Wasser, löst es sich erneut.
5 **Was geschieht dabei mit dem Salz?**

Lösevorgang • Im Salzkristall hängen die kleinsten Teilchen eng und fest zusammen. Beim Lösen in Wasser werden sie von den Wasserteilchen
10 angestoßen und weggerissen. Sie schwimmen dann zwischen den Wasserteilchen herum. Das Wasser schmeckt nun salzig. Daran sieht man, dass die kleinsten
15 Teilchen beim Lösen nicht verloren oder kaputtgegangen sind. Wir können sie nur nicht sehen, weil sie zu klein sind. Erst wenn das Wasser verdunstet, sieht man die gelösten
20 Stoffe wieder als Kristalle. Auch Gase, z. B. Kohlenstoffdioxid, können in Wasser gelöst werden. So wird Sprudelwasser hergestellt.

Lösungsmittel • Lösungsmittel sind
25 Flüssigkeiten, die andere Stoffe feinst möglich in sich verteilen. Es handelt sich nicht immer um Wasser. Stoffe können in einem Lösungsmittel leicht oder schwer löslich sein. Die Löslich-
30 keit wird durch die Temperatur des Lösungsmittels beeinflusst. Viele Aromastoffe lösen sich besser in Öl oder Alkohol. Sie werden daher für die Verwendung in Parfüms oder
35 anderen Kosmetika durch Lösen in Alkohol oder Öl gewonnen.

Löslichkeit • Gibt man Salz in Wasser oder Zucker in den Tee, so lässt sich nur eine begrenzte Menge im Wasser
40 oder Tee lösen. Ist die Grenze erreicht, so setzt sich der Zucker oder das Salz als Bodensatz ab. Eine solche Lösung bezeichnet man als gesättigt.

Lösen und Schmelzen • Lösen und
45 Schmelzen sind verschiedene Vorgänge. Wenn ein Stoff schmilzt, entsteht eine Flüssigkeit. Das ist aber kein Lösevorgang, da kein anderer Stoff in der Flüssigkeit gelöst ist.

> Feststoffe, Flüssigkeiten oder Gase lösen sich in Wasser. Die Löslichkeit ist abhängig vom gelösten Stoff, dem Lösungsmittel und der Temperatur.

Aufgabe

1 ⊠ Beschreibe, wie man eine gesättigte Lösung herstellt.

Lexikon
Video
Tipps

wixike

der **Lösevorgang**
das **Lösungsmittel**
die **Löslichkeit**
der **Bodensatz**
gesättigt

Material A

Löslichkeit im Test

Materialliste: Kochsalz, Gips, Kalk, 3 Bechergläser (250 ml), Spatellöffel, Rührstab, Wasserkocher

1 Gib jeweils 100 ml kaltes Wasser in ein Becherglas und füge löffelweise Kochsalz hinzu. Rühre gut um. Zähle die Löffel des gelösten Stoffs.

2 Wiederhole das Experiment mit Gips und Kalk.

3 ⊠ Teile die Stoffe in leicht oder schwer löslich ein.

4 Wiederhole das Experiment mit siedendem Wasser aus dem Wasserkocher.
⊠ Beschreibe deine Beobachtungen.

2

Material B

Digitale Bildergeschichten

Auch mit Teilchen kannst du Geschichten erzählen. Die Bildergeschichte unten erzählt, was passiert, wenn sich ein Zuckerkristall in Wasser auflöst. → 3
Beim Erstellen der Geschichte kann dir dein Smartphone oder Tablet helfen.

1 Stelle das Auflösen eines Zuckerkristalls in Wasser als Stop-Motion-Film nach. Lege mit ausgeschnittenen Pappteilchen das erste Bild und fotografiere es. Verschiebe nun die Teilchen in kleinen Bewegungen und mache ein neues Foto.
Tipp: Je mehr Bilder du fotografierst, desto besser wird der Film.

2 Füge deine Fotos mit einem Videoprogramm am PC oder mit einer App für Stop-Motion-Animationen zusammen. Prüfe die Abspielgeschwindigkeit und füge Fotos gegebenenfalls mehrmals ein. Ergänzt euren Film um eine Tonaufnahme.

3 ⊠ Vergleicht eure Filme anschließend untereinander.

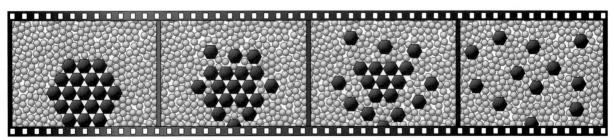

3 Auflösen eines Zuckerkristalls in Wasser

Trennverfahren

[1] Minztee

In vielen Pflanzen sind Aroma- und Wirkstoffe enthalten. Um diese als Reinstoffe zu erhalten, müssen verschiedene Trennverfahren angewendet 5 **werden.**

Sieben und Filtrieren • Beim Sieben von Feststoffgemischen kann man die verschiedenen Teilchengrößen nutzen. So gewinnt man zum Beispiel Kiesel- 10 steine verschiedener Größe oder trennt die groben Bestandteile aus dem Kompost ab.
Gemische aus Flüssigkeiten und feineren Feststoffen werden mithilfe eines 15 Filters voneinander getrennt. Dazu faltest du einen Rundfilter zu einem Viertelkreis und platzierst ihn dann in einem Trichter. → [4] Anschließend gibst du das Stoffgemisch in den Trich- 20 ter. Die Feststoffe bleiben als Rückstand im Filter, die Flüssigkeit fließt

[2] Filtrieren von Kaffee

durch den Filter und landet als Filtrat im Auffanggefäß. Je nach Größe der Festbestandteile verwendet man Filter 25 mit geeigneter Porengröße. Filter sind Siebe für ganz kleine Teilchen.

Sedimentieren und Dekantieren • Stoffgemische aus Flüssigkeiten und groben Feststoffen kannst du trennen, indem 30 du das Gemisch einfach stehen lässt. Die Feststoffe setzen sich auf dem Boden des Gefäßes ab. Diesen Bodensatz nennt man Sediment und den Vorgang Sedimentieren. → [3] Dann gießt du 35 die überstehende Flüssigkeit einfach ab. Man sagt auch: Man dekantiert die Flüssigkeit. Auf diese Weise kannst du Schlamm und Erde von Wasser trennen. Die unterschiedlichen Dichten der 40 Bestandteile lassen sie unterschiedlich sinken.

Eindampfen • Lösungen aus Flüssigkeiten und Feststoffen, z. B. Salzwasser, können nur durch Eindampfen ge- 45 trennt werden. → [5] → [◻]
Der gelöste Feststoff Salz wird abgetrennt, indem man das Wasser verdampfen lässt. Wasser hat eine viel niedrigere Siedetemperatur als Salz.

50 **Destillation** • Beim technischen Verfahren der Destillation von Rotwein zu Brandwein nutzt man die unterschiedlichen Siedetemperaturen von Alkohol und Wasser. Dabei kommt es zu einem 55 stufenweisen Verdampfen und Kondensieren der verschiedenen Flüssigkeiten. Der Kondensationsvorgang wird durch eine Wasserkühlung verstärkt.

qapusi

Lexikon
Videos
Tipps

das **Sedimentieren**
das **Dekantieren**
die **Destillation**
die **Extraktion**
die **Chromatografie**

Extrahieren • Viele Stoffe sind gut
wasserlöslich, andere sind schlecht in
Wasser löslich. Sie lösen sich besser
in Alkohol, Öl oder Benzin. Mit dem
richtigen Lösungsmittel kann man
also einen Stoff aus einem Gemisch
herauslösen. Zahlreiche Duft- und
Aromastoffe werden durch dieses Verfahren, die Extraktion, gewonnen. →1

Chromatografie • Will man beispielsweise Farbstoffgemische in ihre Bestandteile auftrennen, nutzt man die
Chromatografie. Bei der Papierchroma-
tografie verwendet man Filterpapier
als sogenanntes Trägermaterial und
löst das Farbstoffgemisch mithilfe
eines Lösungsmittels. Die einzelnen
Farbstoffe bleiben unterschiedlich
gut am Filterpapier haften und das
Gemisch wird so getrennt. →6

> Stoffgemische lassen sich durch
> unterschiedliche Verfahren in ihre
> Bestandteile trennen. Diese Trenn-
> verfahren nutzen die Eigenschaften
> der Stoffe wie Dichte, Löslichkeit
> oder Siedetemperaturen.

3 Sedimentieren und Dekantieren

Flüssigkeit
Bodensatz

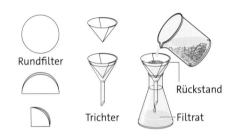

Rundfilter

Trichter

Rückstand

Filtrat

4 Stofftrennung durch Filtrieren →◻

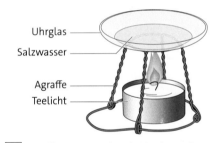

Uhrglas
Salzwasser
Agraffe
Teelicht

5 Stofftrennung durch Eindampfen

Aufgaben

1 ⊠ Nenne zu jedem genannten
Trennverfahren die genutzten
Eigenschaften der Stoffe. Erstelle
eine Tabelle.

2 Trinkwasser aus Meerwasser:
a ⊠ Beschreibe ein Verfahren, wie
du aus Meerwasser Trinkwasser
gewinnen kannst.
b ⊠ Gib an, welche Stoffeigenschaft
du bei dem Verfahren nutzt.

6 Chromatografie von Filzstiftfarben →◻

Trennverfahren

Stoffgemische im Teilchenmodell

Stoffgemische unterscheiden • Stoffe bestehen aus kleinsten Teilchen von unterschiedlicher Größe. Beim Mischen von Stoffen verteilen sich die kleineren Stoffteilchen des einen Stoffs
5 zwischen den größeren Stoffteilchen des anderen Stoffs.
Gemische werden nach den Aggregatzuständen ihrer Bestandteile unterteilt. → [1]
Stoffgemische, in denen Feststoffe in einer
10 Flüssigkeit schweben, nennt man Suspensionen. Eine Emulsion dagegen ist ein Stoffgemisch, bei dem z. B. in Wasser fein verteilte Fetttröpfchen enthalten sind. → [2]

Name	Aggregatzustände	Beispiel
Lösung	Feststoff in Flüssigkeit	Salzwasser
Suspension	Feststoff in Flüssigkeit	Schmutzwasser
Emulsion	Flüssigkeit in Flüssigkeit	Essig-Öl-Salatsauce
Rauch	Feststoff in Gas	Kaminabgase
Nebel	Flüssigkeit in Gas	Wolke

[1] Arten von Gemischen

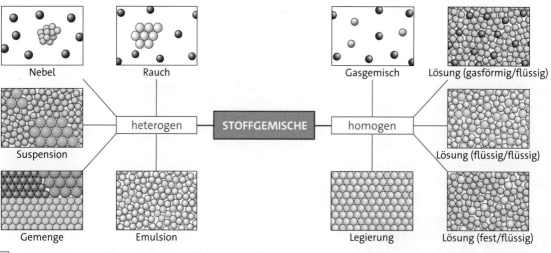

[2] Verschiedene Stoffgemische im Teilchenmodell

Aufgaben

1 ☒ Nenne jeweils ein Beispiel für eine Lösung und eine Suspension. Erkläre den Unterschied zwischen Lösung und Suspension mit dem Teilchenmodell. → [2]

2 ☒ Begründe mit dem Teilchenmodell, warum Nebel ein heterogenes Gemisch ist. → [2]

3 ☒ Beschreibe an einem Beispiel, wie man eine Emulsion herstellt.

Erweitern und Vertiefen

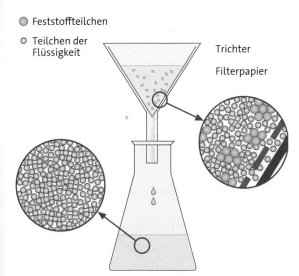

⊙ Feststoffteilchen

⊙ Teilchen der
   Flüssigkeit

Trichter

Filterpapier

3 Filtration einer Suspension im Teilchenmodell

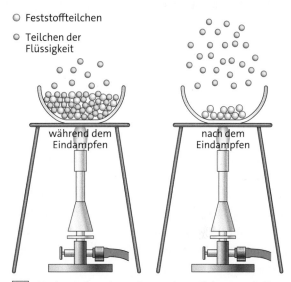

⊙ Feststoffteilchen

⊙ Teilchen der
   Flüssigkeit

während dem
Eindampfen

nach dem
Eindampfen

4 Eindampfen einer Lösung im Teilchenmodell

Stofftrennung im Teilchenmodell

Stoffgemische trennen • Wie kann man sich
verschiedene Trennverfahren auf Teilchenebene
vorstellen?
Am Beispiel einer Suspension und einer Lösung
5 wird dies genauer betrachtet:
Bei einer Suspension sind Feststoffe in einer
Flüssigkeit verteilt. Möchte man dieses Gemisch
auftrennen, bietet sich eine Filtration an. Einen
Filter kann man sich wie ein feines Sieb vorstel-
10 len. Die Teilchen der Flüssigkeit können durch
die Poren hindurchgehen, während die Feststoffteilchen dies nicht können − sie bleiben im Filter
zurück. →**3**
Bei einer Lösung sieht dies anders aus. Die
15 Teilchen des gelösten Feststoffs sind so klein,
dass sie selbst durch die Poren eines sehr feinen
Filters hindurchgehen. Die Stofftrennung durch
Filtrieren gelingt hier also nicht.

Erhitzt man eine Lösung so stark, dass die
20 Teilchen der Flüssigkeit verdampfen, bleiben
die Feststoffteilchen zurück. →**4** Die Stoffe
können also durch Eindampfen voneinander
getrennt werden.

Aufgaben

1 ⊠ Beschreibe Gemeinsamkeiten und Unterschiede zwischen einer Suspension und einer
   Lösung.

2 ⊠ Skizziere auf Teilchenebene, wie man sich
   den Versuch der Filtration einer Lösung vorstellen kann.

3 ⊠ Kann man bei einer Suspension eine Stoff-
   trennung auch durch Eindampfen erreichen?
   Skizziere, wie man sich diesen Vorgang auf
   Teilchenebene vorstellen kann.

Trennverfahren

Material A

Alkohol aus Rotwein

Materialliste: Rotwein, Siede-steinchen, Reagenzglasklammer, kleines Reagenzglas, gewinkel-tes Glasrohr, durchbohrter Stop-fen, Porzellanschälchen, Teelicht

Achtung • Die aufgefangene Flüssigkeit ist leicht entzündlich!

1 Fülle das Reagenzglas zu etwa einem Drittel mit Rotwein und gib zwei Siedesteinchen hinzu.

2 Verschließe das Reagenzglas mit dem Stopfen und stecke das Glasrohr hinein.

3 Befestige das Reagenzglas an einer Reagenzglasklam-mer und stelle ein Porzellan-schälchen unter die Öffnung des Glasrohrs.

4 Erhitze nun den Rotwein. →⃞1 Beobachte die Vor-gänge im Reagenzglas und in dem seitlichen Glasrohr. Stoppe die Erhitzung, wenn sich wenige Tropfen Flüssig-keit im Porzellanschälchen gesammelt haben.

5 Beobachtung und Ergebnis:
a ⊠ Beschreibe die Farbe und und den Geruch des Destil-lats.

⃞1 Destillation von Rotwein

b ⊠ Gib an, um welchen Stoff es sich handelt und wie du das überprüfen könntest.

6 ⊠ Erläutere, welche Stoffei-genschaft man bei der Des-tillation zur Trennung nutzt.

Material B

Wasser aus Halbfettmargarine

Materialliste: Halbfettmarga-rine, Backmargarine, Reagenz-glas, Becherglas (500 ml), Wasserkocher, Spatel, Salz

1 Gib etwa 50 g Halbfettmar-garine mit dem Spatel in ein weites Reagenzglas. Stelle das Reagenzglas in ein Be-cherglas mit heißem Wasser. Lass die Halbfettmargarine schmelzen.

2 Gib dann eine Spatelspitze Kochsalz hinzu und schüttle einmal gut durch. Kochsalz dient hier als Trennmittel. Lass das Glas anschließend wieder ruhig im heißen Wasser stehen.

3 Führe denselben Versuch mit Backmargarine durch.

4 Betrachte die ölige Phase und die wässrige Phase. ⊠ Miss mit dem Lineal die Höhe der beiden Schichten.

⃞2 Halbfett- und Backmargarine

5 ⊠ Benenne die Stoffeigen-schaft, die für die Schich-tung verantwortlich ist.

6 ⊠ Erkläre, was sich beim Schmelzen abgespielt hat.

Material C

Filzstiftdetektive → ▣

Jemand hat mit schwarzem Filzstift in deinen Notizblock gekritzelt. Wer war es?

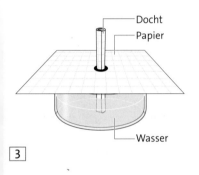

Docht
Papier
Wasser

3

Materialliste: schwarze Filzstifte (verschiedene Hersteller), Löschpapier, flache Gefäße, Wasser

1 Schneide ein Löschpapier in mehrere Stücke. Male mit jedem Stift einen dicken Punkt auf ein Papierstück. Rolle aus weiteren Papierstücken „Dochte" und stecke sie durch die gemalten Punkte. Lege die Papierstücke auf die Gefäße. Die Dochte müssen ins Wasser ragen. → ☐3

2 ⬚ Vergleiche die Farbmuster und beschreibe deine Beobachtungen. → ☐4

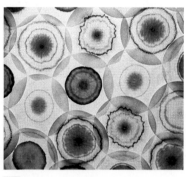

☐4 So könnten eure Ergebnisse aussehen.

Material D

Vergleich von Trennverfahren

	Trennverfahren		Vorteile		Nachteile
1	Eindampfen	A	kein weiteres Material notwendig	I	nicht für Lösungen geeignet
2	Filtrieren	B	für alle Gemische aus Feststoffen und Flüssigkeiten geeignet	II	nur für Gemische aus Flüssigkeit und groben Feststoffen geeignet
3	Sedimentieren	C	Flüssigkeit und Feststoff liegen am Ende getrennt vor; auch für feinere Feststoffe geeignet.	III	Flüssigkeit liegt am Ende nicht vor.

☐5 Trennverfahren für Gemische aus Feststoffen und Flüssigkeiten

1 Für die Trennung von Gemischen aus Flüssigkeiten und Feststoffen stehen drei Trennverfahren zur Auswahl: Filtrieren, Sedimentieren und Eindampfen.

a ⬚ Ordne den Trennverfahren die aufgeführten Vor- und Nachteile zu. → ☐5

b ⬚ Nenne für jedes der drei Trennverfahren die dabei genutzte Stoffeigenschaft.

2 ⬚ Gib jeweils ein geeignetes Trennverfahren für folgende Gemische an: Gemisch aus Erde und Wasser, Kochsalzlösung, aufgebrühter Kaffee.

Abfall – ein Wertstoffgemisch

1 | Der Gelbe Sack und die Gelbe Tonne – eine Fülle an Wertstoffen

Einige Abfälle, die wir im Haushalt trennen, bedürfen noch einer weiteren Trennung. In Gelben Säcken und Gelben Tonnen werden zum Beispiel ₅ **Abfälle aus Kunststoffen, Metallen und Verbundstoffen gesammelt. Wie gewinnt man aus dem Abfallgemisch die einzelnen Wertstoffe?**

Wertstoffe • Die umweltverträgliche ₁₀ Beseitigung aller Abfälle ist gesetzlich geregelt. Verpackungen aus Glas, Papier, Kunststoff und Metall gehören zu den Wertstoffen. Wertstoffe werden wieder in den Produktionskreislauf ₁₅ zurückgeführt und können somit wiederverwertet werden. → 🔲 Auch Verbundstoffe wie Tetrapaks, bei denen mehrere Stoffe miteinander verbunden sind, zählen zu diesen Wertstoffen. ₂₀ Viele Verkaufsverpackungen, die Wertstoffe sind, tragen den Grünen Punkt. Die Hersteller sind eigentlich verpflich-

tet, Verpackungen zurückzunehmen. Da sie das nicht leisten können, ₂₅ haben sie diese Aufgabe an Abfallunternehmen abgegeben. Die Abfallunternehmen kümmern sich um die Wiederverwertung. Die Kosten trägt der Verbraucher, da die Verwertungs-₃₀ kosten auf den Verkaufspreis jeder Ware aufgeschlagen werden.

Was ist eigentlich Restmüll? • Abfälle, die nicht wiederverwertbar sind, gehören in die Restmülltonne. ₃₅ Zum Restmüll zählen zum Beispiel Windeln, leere Kugelschreiber und Zahnbürsten. Der Restmüll wird gesondert erfasst und in der Müllverbrennungsanlage verbrannt.

₄₀ **Sortieren, sortieren, sortieren** • Eine möglichst saubere und getrennte Sortierung direkt im Haushalt ist notwendig, um besonders viel von unserem

kijona

Lexikon
Video
Tipps

der **Wertstoff**
der **Restmüll**
die **Müllsortieranlage**

Haushaltsabfall zu recyceln. Nach der
45 getrennten Sammlung bringen Müll-
fahrzeuge die Wertstoffe zu Müllsor-
tieranlagen und den Restmüll zu Müll-
verbrennungsanlagen. Auch ein großer
Teil des Mülls aus den Wertstofftonnen
50 oder Gelben Säcken wird verbrannt.

Müllsortieranlage • In der Müllsortieranlage werden die Gelben Säcke
maschinell aufgerissen und der Müll
über Transportbänder befördert. Über
55 verschiedene Förderbänder werden
die einzelnen Wertstoffe getrennt
erfasst. → 2

Trennverfahren • Zur Trennung der einzelnen Wertstoffe werden in der Müll-
60 sortieranlage verschiedene Verfahren
angewandt. Magnetabscheider ziehen Metalle wie Eisen aus dem Stoffgemisch. Ein sogenannter Windsichter
trennt die übrigen, nicht magnetischen
65 Metalle durch Luftstrom nach ihrem
Gewicht. Verbundstoffe wie Tetrapaks
werden mechanisch in ihre Bestandteile Papier, Plastik und Aluminium
zerlegt. Infrarotscanner unterscheiden
70 die verschiedenen Kunststoffarten,
z. B. Joghurtbecher, Ketchup- oder
Shampooflaschen. Alle Wertstoffe
werden sauber und getrennt erfasst.
Ein geringer Anteil nicht wiederver-
75 wertbarer Stoffe wird als Restmüll
entsorgt.

Abfallvermeidung • Es ist wichtig, Abfälle dem Wertstoffkreislauf zuzuführen, damit diese wiederverwertet wer-
80 den können. Das sauber getrennte

2 Transportbänder in der Müllsortieranlage

Erfassen und Recyceln ist jedoch auf-
wendig, kosten- und arbeitsintensiv.
Daher sollte jeder Einzelne umweltbe-
wusst handeln und Abfälle vermeiden,
85 wo immer es möglich ist: Mehrwegpro-
dukte und langlebige Produkte kaufen.

In einer Müllsortieranlage werden
die einzelnen Wertstoffe voneinander getrennt, um sie anschließend
wiederverwerten zu können. Verschiedene Trennverfahren werden
dafür genutzt.

Aufgaben

1 ☑ Nenne Abfälle, die bei dir selbst
als Restmüll anfallen.

2 ☒ Erkläre die Notwendigkeit, Wertstoffe möglichst sauber getrennt
voneinander zu sammeln.

3 ☒ Beschreibe den technischen Ablauf in einer Müllsortieranlage.

Abfall – ein Wertstoffgemisch

Material A

Mülltrennung im Versuch

Stellt in großen Bechergläsern „Müllgemische" her: viele Stückchen von Papier, Radiergummi, Büroklammern, Steine, Holz, Sand, Sägespäne ...

1 ☒ Notiert in einer Tabelle, welche Eigenschaften die verschiedenen Materialien jeweils haben.

2 Überlegt euch verschiedene Trennmethoden. Trennt die Müllgemische. → 🖸

Material B

Einen Windsichter bauen

Materialliste: Schutzbrille, Handschuhe, große PET-Flasche, Schere, Netz aus Kunststoff, Klebestreifen, Föhn, Müllgemisch

Achtung! • Scharfe Kanten!

1 Entferne von der PET-Flasche den oberen und den unteren Teil. Du erhältst ein Kunststoffrohr. Decke das untere Ende mit dem Netz ab. Klebe das Netz fest. Fülle etwas Müllgemisch ein. → 1

2 ☒ Beschreibe, was du beim Einschalten des Föhns beobachten kannst. → 🖸

3 ☒ Erkläre, wie der Windsichter funktioniert.

1 Selbst gebauter Windsichter

Material C

Schwimm-Sink-Trennung

Mithilfe des Schwimm-Sink-Verfahrens können Kunststoffe voneinander getrennt werden. Förderbänder transportieren den Kunststoffmix zu einer großen Wanne mit Wasser. Einige Kunststoffe schwimmen auf dem Wasser, andere gehen unter. Sie werden nun getrennt eingesammelt. → 🖸

Materialliste: Becherglas (250 ml), PET-Flasche, Einwegbecher aus PP, Glasstab, wasserfester Stift, Wasser, Spülmittel, Schutzbrille

1 Der Versuch zeigt, wie die Trennung zweier Kunststoffe funktioniert. → 2

2

a Gib vier fingerbreit Wasser und einen Tropfen Spülmittel in das Becherglas.

b Zerschneide die PET-Flasche und den PP-Einwegbecher in kleine Schnipsel (höchstens 1 cm groß).

c Markiere 10 Schnipsel der PET-Flasche mit dem Stift.

d Mische 10 Schnipsel der PET-Flasche mit 10 Schnipseln des Einwegbechers.

e Gib die Schnipsel in das Becherglas und rühre um.

f ☒ Beschreibe deine Beobachtungen.

g ☒ Erkläre deine Beobachtungen. *Tipp:* die Dichte

Material D

Der Klassenausflug zu einer Müllsortieranlage

3 In der Müllsortieranlage

1 ⬚ Nenne Müllsorten, die in der Anlage angeliefert werden.

2 ⬚ Erkläre die Funktion von zwei Teilen der Anlage.

3 ⬚ Erläutere, weshalb Müllvermeidung für die Umwelt so wichtig ist.

Eine Welt aus Stoffen

Zusammenfassung

Stoffe und Gegenstände • Das Material, aus dem ein Gegenstand besteht, nennt man Stoff. Ein Gegenstand ist ein Körper, der aus einem bestimmten Stoff besteht.

Aggregatzustand • Stoffe sind bei Zimmertemperatur fest, flüssig oder gasförmig. Zur Veranschaulichung der Aggregatzustände wird das Teilchenmodell verwendet. Bei Erreichen der Schmelztemperatur wechselt der Stoff vom festen in den flüssigen Aggregatzustand. Bei Erreichen der Siedetemperatur wechselt der Stoff vom flüssigen in den gasförmigen Aggregatzustand.

Eigenschaften der Stoffe • Wichtige Eigenschaften der Stoffe sind das Aussehen, der Geruch, der Aggregatzustand, die Schmelz- und Siedetemperaturen, die Leitfähigkeit von Wärme und Strom, die Dichte, die Magnetisierbarkeit und die Härte. Sie können in Steckbriefen erfasst werden.

Stoffgruppen • Metalle haben einen typischen Glanz, leiten elektrischen Strom und Wärme und sind meistens gut verformbar. Salze und steinartige Stoffe sind dagegen meist spröde. Die wässrigen Lösungen der Salze sind elektrisch leitend. Steinartige Stoffe und Kunststoffe leiten den Strom nicht. Kunststoffe lassen sich häufig beim Erwärmen verformen.

1 Münzen sind aus Metall.

2 Müll ist ein Stoffgemisch.

Reinstoffe und Stoffgemische • Ein Stoff, der sich nicht weiter auftrennen lässt, ist ein Reinstoff. Kupfer, Eisen und Wasser sind Reinstoffe. Ein Stoffgemisch besteht aus mindestens zwei Reinstoffen. → 2 Stoffgemische lassen sich in homogene und heterogene Gemische einteilen.

Wasserlöslichkeit • Viele Stoffe sind in Wasser löslich. Die Teilchen (z. B. von Feststoffen) werden dabei von den Wasserteilchen angestoßen und weggerissen. Sie schwimmen dann einzeln im Wasser herum. Auch Gase oder andere Flüssigkeiten können sich in Wasser lösen.

Trennverfahren • Durch Trennverfahren wie Filtrieren, Dekantieren, Sedimentieren und Eindampfen kann ein Stoffgemisch in seine Bestandteile zerlegt werden.

Mülltrennung • Unser Hausmüll ist ein Stoffgemisch. Im Gelben Sack und in der Gelben Tonne werden Abfälle aus Kunststoffen, Metallen und Verbundstoffen gesammelt. In der Müllsortieranlage wendet man verschiedene Trennverfahren an, um die einzelnen Wertstoffe zu trennen, z. B. Windsichter und Magnetabscheider.

Teste dich! (Lösungen im Anhang)

Stoffe und ihre Eigenschaften

1 Backformen können aus Eisen, Glas, Silicon oder Papier sein. → 3
a ☒ Ordne die Stoffe nach den Stoffgruppen Metall, steinartiger Stoff, Kunststoff und Naturstoff.
b ☒ Begründe mithilfe der Stoffeigenschaften, warum Kuchenformen aus diesen Stoffen zum Kuchenbacken geeignet sind.

3 Backformen aus Eisen, Silikon, Glas und Papier

2 ☒ Nenne Stoffeigenschaften, die du
a ☒ mit den Sinnen erkennen kannst.
b ☒ mit Experimentieren bestimmst.
c ☒ Wähle drei der genannten Stoffeigenschaften aus Aufgabenteil b und beschreibe, wie du vorgehen musst, um sie zu bestimmen.

Aggregatzustände

3 ☒ Benenne folgende Vorgänge mit den richtigen Fachbegriffen:
• Wasserdampf wird an einer kalten Scheibe wieder zu flüssigem Wasser.
• Fett wird beim Erhitzen flüssig.
• Wasser wird zu Wasserdampf.
• Das Gas Wasserstoff wird beim Einfüllen in eine Druckgasflasche flüssig.
• Schokolade zerfließt in der Sonne.
• Ein Eiswürfel wird in der Sonne zu Wasser und anschließend gasförmig.

4 Es ist ein kalter Wintertag mit −10 °C. Bei deinem Einkauf ist das Olivenöl in der Tasche fest geworden, das Sonnenblumenöl ist noch flüssig und die Margarine sehr fest. Zu Hause zeigt das Thermometer 20 °C an. Beide Öle sind jetzt flüssig und die Margarine streichweich. Auf den warmen Kachelofen gestellt, wird auch die Margarine im Becher flüssig.
☒ Gib an, in welchem Bereich die Schmelztemperaturen der drei Stoffe liegen.

Reinstoff und Stoffgemisch

5 ☒ Erläutere die Begriffe Reinstoff und Stoffgemisch.

6 ☒ Nenne jeweils zwei homogene und zwei heterogene Stoffgemische.

Stofftrennung

7 ☒ Nenne das passende Trennverfahren:
a Orangensaft mit Fruchtfleisch
b Salzwasser – Salz und Wasser
c Rotwein – Alkohol und Wasser

8 ☒ In der Tabelle ist einiges durcheinandergeraten. Übernimm die Tabelle korrigiert in dein Heft. → 4

Trennverfahren in der Müllsortieranlage	
Windsichter	Trennung von Eisen und anderen Metallen
Magnetabscheider	Trennung von verschiedenen Kunststoffen
Schwimm-Sink-Anlage	Trennung von leichten und schweren Bestandteilen

4

Luft und Verbrennung

Luft umgibt uns immer und überall. Wir brauchen sie zum Atmen. Wir bewegen uns in ihr, aber wir sehen sie nicht. Was ist eigentlich Luft?

Feuer fasziniert die Menschen seit Urzeiten. Es ist zugleich Symbol und spendet Wärme und Licht. Was braucht ein Feuer, damit es brennt?

Vom Feuer können auch Gefahren ausgehen. Was hilft, Brände zu vermeiden und zu löschen?

Luft – ein Gemisch

1 Lufthülle der Erde

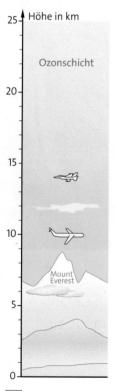

2 Aufbau der Atmosphäre

Höhe in km

Ozonschicht

Mount Everest

Unsere Erde ist von einer Lufthülle umgeben. Diese dünne Lufthülle – die Atmosphäre – ermöglicht das Leben auf der Erde. Sie schützt uns vor Strahlung aus dem Weltall und verhindert eine zu starke Abkühlung oder Erwärmung unseres Planeten.

Unsichtbar, aber vorhanden • Luft ist nicht sichtbar, aber man kann sie beobachten und ihre Bewegung zum Beispiel beim Fahrradfahren spüren. Sie ist ein Gasgemisch aus mehreren Gasen: Stickstoff, Sauerstoff, Kohlenstoffdioxid und Edelgasen. Luft setzt sich wie alle Stoffe aus winzigen Teilchen zusammen. Viele dieser Teilchen bestehen aus mehreren miteinander verbunden Bausteinen, den Atomen. Teilchen aus zwei oder mehr Atomen nennt man Moleküle. Diese Moleküle der Luftbestandteile nehmen einen Raum ein und bewegen sich in ihm.

Die Bewegung kann man zum Beispiel beobachten, wenn erwärmte Luft aufsteigt.

Luft und ihre Bestandteile • Luft besteht zu 78 Prozent aus Stickstoff und zu 21 Prozent aus Sauerstoff. Das heißt von 100 Litern Luft sind etwa 78 Liter Stickstoff und 21 Liter Sauerstoff. Außerdem enthält Luft 0,04 Prozent Kohlenstoffdioxid. Bei 100 Litern Luft entspricht dies dem Volumen eines Tischtennisballs. Die restlichen 0,97 Prozent der Luft bestehen aus Edelgasen. Außerdem enthält Luft darin gelöstes Wasser und Schadstoffe.

Stickstoff • Mit einem Volumenanteil von 78 Prozent ist Stickstoff der Hauptbestandteil der Luft. Das Gas ist farb- und geruchlos. Stickstoff unterstützt die Verbrennung nicht. In reinem Stickstoff erlischt Feuer, Lebewesen

kimuci

Lexikon
Tipps

der **Stickstoff**
das **Kohlenstoffdioxid**
das **Edelgas**
das **Atom**
das **Molekül**

ersticken darin. Stickstoff wird als
Schutzgas beim Verpacken von Lebensmitteln eingesetzt. Flüssigen Stickstoff
nutzt man als Gefriermittel. Sein Siedepunkt liegt bei −196 °C.

Sauerstoff • Ungefähr ein Fünftel der
Luft besteht aus Sauerstoff, einem
farb- und geruchlosen Gas. Sauerstoff
wird für Verbrennungsvorgänge und
die Atmung benötigt. Ohne Sauerstoff
können Pflanzen, Tiere und Menschen
nicht leben.

Kohlenstoffdioxid • Das farblose und
geruchlose Gas Kohlenstoffdioxid ist
zwar ein kleiner, aber auch bedeuten-
der Bestandteil der Luft. Pflanzen stellen aus Kohlenstoffdioxid und Wasser
bei der Fotosynthese Zucker und Sauerstoff her. Dazu benötigen sie die Energie des Sonnenlichts.
Den Sauerstoff, den die Pflanzen bei
der Fotosynthese in die Luft abgeben,
atmen Menschen und Tiere wieder ein.
Beim Ausatmen geben Menschen und
Tiere Kohlenstoffdioxid und Wasserdampf in die Luft ab.

Edelgase • Nur 1 Prozent des Luft-
volumens besteht aus den Edelgasen
Argon, Helium, Neon, Krypton und
Xenon. Argon besitzt dabei den größten Volumenanteil. Edelgase sind
farb- und geruchlos. Sie brennen nicht.
Luftballons und Luftschiffe werden mit
Helium gefüllt. Neon wird in Leuchtstoffröhren und Xenon in Autolampen
verwendet. Als Schutzgas bei Schweiß-
vorgängen ist Argon im Einsatz. → ④

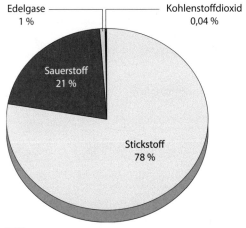

③ Hauptbestandteile von trockener Luft

④ Schutzgasschweißen

Luft ist ein Stoffgemisch. Ihre
Hauptbestandteile sind Stickstoff
und Sauerstoff.

Aufgaben

1 ☒ Gib die Bestandteile der Luft an
und nenne zu jedem Bestandteil
eine Eigenschaft.

2 ☒ Gib den Bestandteil der Luft an, der
für die Verbrennung notwendig ist.

3 ☒ Beschreibe, was mit einer Flamme
geschieht, wenn sie in Edelgase getaucht wird.

Luft – ein Gemisch

Material A

Struktur-Lege-Technik

| 1 % | 21 % | 78 % | Atmosphäre | Schutz vor Abkühlung |

Schutz vor Erwärmung · Schutz vor Strahlung · Gasgemisch

Edelgase · Gasgemisch · viele verschiedene · nicht brennbar

Sauerstoff · lebensnotwendig für Lebewesen · Wasserdampf

Glimmspanprobe · nicht brennbar · für Verbrennung notwendig

Kohlenstoffdioxid · Stickstoff · Luft · nicht brennbar

nicht brennbar · nicht brennbar · lebensnotwendig für Pflanzen

1 Begriffe rund um das Thema „Luft"

1 ⊠ Bildet Zweiergruppen und schaut euch die Begriffskärtchen links an. Bringt gemeinsam die aufgeführten Begriffe in einen sinnvollen Zusammenhang. Zeichnet diese Struktur in eure Hefte bzw. in eure Ordner.

2 ⊠ Erstellt für die fünf fett gedruckten Begriffe jeweils einen kurzen Infotext.

Material B

Atemluft untersuchen

Ständig atmest du Luft ein und wieder aus. Unterscheiden sich eingeatmete und ausgeatmete Luft voneinander? Mit folgenden Informationen kannst du das herausfinden:

> Kohlenstoffdioxid trübt Kalkwasser. Sauerstoff und Stickstoff machen das nicht.

Materialliste: Marmeladenglas mit Deckel, Trinkhalm, Kalkwasser ⬦ ⚠, Pipette

1 Atme durch den Trinkhalm in das umgedrehte Marmeladenglas aus. →2A Verschließe das noch umgedrehte Glas sofort mit dem Deckel. Warte 20 Sekunden.

2 Drehe das Glas um. Öffne den Deckel und gib vorsichtig Kalkwasser in das Glas. →2B Verschließe das Glas wieder und schüttle es. →2C ✍ Beschreibe deine Beobachtung.

3 Führe das Experiment mit normaler Luft im Glas durch. ✍ Beschreibe deine Beobachtung.

4 ⊠ Vergleiche und erläutere deine Ergebnisse.

2 Versuchsaufbau

Erweitern und Vertiefen

Unsichtbares sichtbar machen

Nachweismethoden • Die Bestandteile der Luft
sind nicht sichtbar. Um festzustellen, welche
Stoffe in der Luft vorhanden sind, setzt man
chemische Nachweisverfahren ein.
5 Mit einer Nachweisreaktion kann man feststellen, ob ein bestimmter Stoff in einem Stoffgemisch vorhanden ist. Der Stoff ist aufgrund
einer nur für ihn charakteristischen Eigenschaft
nachweisbar.

10 **Nachweis von Sauerstoff** • Sauerstoff ist für eine
Verbrennung notwendig. Stoffe verbrennen in
reinem Sauerstoff besser als in Luft. Diese
Beobachtung nutzt man, um reinen Sauerstoff
nachzuweisen.
15 Ein Holzspan, der nur glimmt, flammt in reinem
Sauerstoff auf. → ☐3☐ Dies bezeichnet man als
Glimmspanprobe.

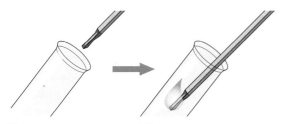

☐3☐ Glimmspanprobe → ⌐⊡⌐

Nachweis von Kohlenstoffdioxid • Das Gas
Kohlenstoffdioxid weist man durch Einleiten in
20 Kalkwasser nach. Kalkwasser ist eine gesättigte
Kalklösung. Leitet man Kohlenstoffdioxid in
Kalkwasser ein, entsteht eine milchig-trübe
Flüssigkeit und es bildet sich ein weißer
Feststoff: Kalk. → ⌐⊡⌐

☐4☐ Wassernachweis

25 **Nachweis von Wasser** • Luft enthält auch
Wasser. Es wird aber nur sichtbar, wenn es
als Nebel in die Luft geht oder an kalten
Oberflächen kondensiert.
Wasser kann man nachweisen, wenn man es
30 mit dem Stoff Kupfersulfat in Kontakt bringt.
Wasserfreies Kupfersulfat ist ein weißes Pulver.
Bei Kontakt mit dem Wasser in der Luft färbt
sich Kupfersulfat blau. → ☐4☐ Chemiker verwen-
den Watesmopapier, um Wasser nachzuweisen.
35 Dieses enthält Kupfersulfat und färbt sich bei der
Anwesenheit von Wasser dunkelblau.

Aufgaben

1 ☒ Beschreibe eine Nachweismethode, mit der
du feststellen kannst, ob bei einer Verbrennung Kohlenstoffdioxid entsteht.

2 ☒ An einer kalten Fensterscheibe kondensiert
eine farblose Flüssigkeit. Beschreibe, wie du
die Vermutung, dass es Wasser ist, überprüfen
kannst.

Luftverschmutzung

1 Eine Ursache von Luftverschmutzung ist die Verbrennung fossiler Brennstoffe.

2 Schutzmaske zum Filtern von Luftschadstoffen

Durch Verkehr, Industrie und Landwirtschaft gelangen weitere Stoffe in die Luft. Welche Auswirkungen haben diese Stoffe?

Schadstoffe in der Luft • Luftverschmutzung ist nicht nur ein lokales Problem. Schadstoffe, die in einem Land verursacht werden, gelangen in die Atmosphäre und können andernorts zu schlechter Luftqualität führen. Bei der Verbrennung fossiler Brennstoffe im Verkehr, in der Industrie, bei der Stromerzeugung und in Haushalten werden Staub, Ruß oder Rauch freigesetzt. → 1 Darüber hinaus entstehen Abgase wie Kohlenstoffdioxid, Kohlenstoffmonooxid, Schwefeloxide und Stickoxide.

Ruß • Wenn im Verbrennungsraum zu wenig Sauerstoff vorhanden ist, entstehen winzig kleine Rußpartikel. An diese Partikel können sich weitere Verbrennungsschadstoffe anlagern. Der Ruß im Abgas kann menschliche Zellen schädigen und zu Krebs führen. Besonders viel Ruß entsteht in Dieselmotoren.

Feinstaub • In unserer Luft gibt es Partikel, die nicht sofort zu Boden sinken, sondern eine gewisse Zeit in der Luft bleiben. Dies nennt man Feinstaub. Besonders die Verbrennungsvorgänge in Verkehr und Industrie sind große Feinstaubquellen. Feinstaub setzt sich in unserer Lunge fest und kann kaum wieder abgehustet werden.

Stickstoffdioxid • Das giftige Gas Stickstoffdioxid greift aufgrund seiner guten Wasserlöslichkeit die Schleimhäute der Atmungsorgane an. Zudem verengt es Bronchien und Blutgefäße. Stickstoffdioxid begünstigt auf Dauer Atemwegserkrankungen und Herz-Kreislaufbeschwerden.

45 **Ozon** • Die natürliche Ozonschicht
in der Atmosphäre schützt uns vor
gefährlicher Ultraviolettstrahlung
der Sonne. Bei intensiver Sonneneinstrahlung kann aus Stickoxiden auch
50 in Bodennähe das giftige Gas Ozon
entstehen. Dieses bodennahe Ozon
reizt die Schleimhäute und Atemwege
und beeinträchtigt unsere Leistungsfä-
higkeit.

55 **Kohlenstoffmonooxid** • Es bindet im
Blut an den roten Blutfarbstoff Hämoglobin und führt dazu, dass Sauerstoff
nicht mehr an Hämoglobin binden
kann. Dadurch wird der Sauerstoff-
60 transport im Blut gestört. Geringe
Mengen von Kohlenstoffmonooxid
führen zu Kopfschmerzen, Schwindel
und Übelkeit. In hohen Konzentrationen führt das Gas zum Erstickungstod.

65 **Kohlenstoffdioxid** • Die starke Zunah-
me von Kohlenstoffdioxid in der Atmosphäre trägt zur Erwärmung der Erde
bei (zusätzlicher Treibhauseffekt). Ein
Klimawandel mit weltweiten Auswir-
70 kungen ist die Folge.

Gegenmaßnahmen • Um Schadstoffe
zu vermeiden, werden z. B. Filter in
Industrieanlagen, in Autos und in Hei-
zungen eingebaut. Ein Ziel ist auch,
75 zunehmend Verbrennungsmotoren
durch Elektromotoren zu ersetzen.
Von der EU wurden Grenzwerte für
Luftschadstoffe festgelegt, die durch
Luftmessstationen regelmäßig kon-
80 trolliert werden.

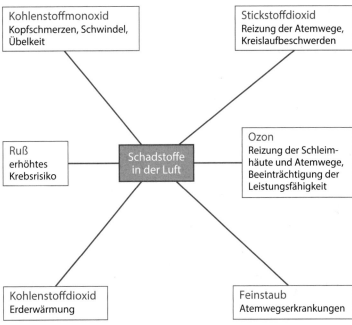

3 Schadstoffe in der Luft und ihre Folgen

Es gibt bereits Fahrverbote für bestimmte Fahrzeuge, um den Schad-
stoffausstoß zu verringern. → **4** In
Städten mit extremer Luftverschmut-
85 zung versuchen die Menschen, sich mit
Atemschutzmasken zu schützen. → **2**

> Luftverschmutzung ist ein welt-
> weites Problem. Schadstoffe haben
> Auswirkungen auf das Klima und
> die Gesundheit.

4 Fahreinschrän-
kung für Lkws

Aufgaben

1 ☒ Nenne vier Schadstoffe und gib an,
warum es sich um einen Schadstoff
handelt.

2 ☒ Beschreibe Maßnahmen zur Ver-
ringerung der Luftverschmutzung.

Luftverschmutzung

Material A

Feinstaub in Zahlen

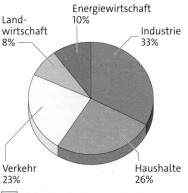

Energiewirtschaft 10%
Land-wirtschaft 8%
Industrie 33%
Verkehr 23%
Haushalte 26%

1 Feinstaubverursacher im Jahr 2020

1 Mit einem Kreisdiagramm können Anteile oder Verhältnisse dargestellt werden. ⊠ Beschreibe das dargestellte Diagramm. → **1**

2 Ein Säulendiagramm eignet sich, um Größen miteinander zu vergleichen und Unterschiede aufzuzeigen.

a ⊠ Zeichne ein Säulendiagramm für den Gesamtstaubausstoß. Entnimm die Daten aus der Tabelle. → **2**

b ⊠ Beschreibe das Diagramm.

c ⊠ Erläutere den Begriff „Gesamtstaub".

Jahr	Feinstaubausstoß (PM$_{2,5}$)
2000	160 Tsd. t
2005	132 Tsd. t
2010	117 Tsd. t
2015	100 Tsd. t
2020	81 Tsd. t

2 Feinstaubausstoß in tausend Tonnen (Tsd. t)

Material B

Im Jahr 2015 wurden deutschlandweit rund 3500 Menschen mit einer Vergiftung durch Kohlenstoffmonooxid in Krankenhäusern behandelt. Viele vergifteten sich, weil sie drinnen grillten. So hatten drei Jugendliche den Grill in die Garage gebracht, als es draußen zu kalt wurde. Ihre Eltern fanden sie dort – bewusstlos. Zwei der Jugendlichen kamen zum Glück schon an der frischen Luft wieder zu sich, der dritte erst auf der Toxikologischen Intensivstation der Technischen Universität München. Selbst in gelüfteten Räumen kann bei unvollständiger Verbrennung von Kohle die Konzentration an Kohlenstoffmonooxid so hoch werden, dass es zu Todesfällen kommt!

3

4

5

Vergiftung durch Kohlenstoffmonooxid

1 ⊠ Begründe, warum es beim Grillen in geschlossenen Räumen zu einer Vergiftung durch Kohlenstoffmonooxid kommen kann. → **3** **4**
Entwickle die Wortgleichung der chemischen Reaktion für diese unvollständige Verbrennung.

2 ⊠ Begründe, warum bei der Shisha-Pfeife die gleiche Vergiftungsgefahr wie beim Grillen auftreten kann. → **5**

Material C

Messung von Schadstoffen in der Luft

1 ☒ Gib an, welche Luftschadstoffe an den bundesweit
eingerichteten Messstationen gemessen werden. → 6

2 ☒ Gib an, wo Emissionen
und Immissionen gemessen
werden. → 6 – 8
Begründe, dass die Mess-
werte verschieden sind.

3 Die Immission von Stick-
stoffoxiden (NO_x) ist zu verschiedenen Uhrzeiten nicht
immer gleich groß. → 9

a ☒ Erstelle zu der Mess-
reihe ein Diagramm mithilfe
eines Tabellenkalkulations-
programms. Bewerte, wel-
cher Diagrammtyp sich hier
am besten eignet.

b ☒ Lies ab, wann die Belastung durch Stickstoffoxide
besonders niedrig/hoch ist.

c ☒ Vermute, wie es zu den
besonders hohen Werten
kommt.

In Deutschland wird die Belastung unserer Luft regelmäßig kontrolliert. Die Abgase, die beim Autofahren aus dem Auspuff kommen,
verteilen sich sehr schnell in der Luft. Daher gibt es zwei verschiedene Messungen der Luftschadstoffe:
• Die Emission (der „Ausstoß") wird direkt am Auspuff gemessen.
• Die Immission (die „Aufnahme") wird am Straßenrand gemessen.
Die Fahrzeughersteller müssen die Einhaltung von Grenzwerten
für ihre Autos garantieren. Seit dem 1. September 2017 dürfen
Diesel-Pkws nicht mehr als 80 Milligramm Stickstoffoxide pro Kilo-
meter ausstoßen. Die Emissionen werden oft auf einem Prüfstand
gemessen.
Die Immissionen werden an Messstationen im gesamten Bundes-
gebiet mehrmals täglich gemessen. Schon kurz nach einer Messung
kann man sich im Internet über die Belastungen durch Feinstaub,
Stickstoffdioxid (NO_2), Ozon (O_3), Kohlenstoffmonooxid (CO) und
Schwefeldioxid (SO_2) informieren. Feinstaub besteht aus winzigen
Körnchen (weniger als ein hundertstel Millimeter Durchmesser), die
für uns unsichtbar sind. Er entsteht zum Beispiel durch den „Abrieb"
von Reifen und Bremsen oder beim Betreiben von Dieselmotoren.

6

7 Emissionsmessung

8 Immissionsmessung

Uhrzeit	0	1	2	3	4	5	6	7	8	9	10	11
NO_x in $\frac{mg}{m^3}$	27	26	25	26	28	35	42	44	40	35	33	30

Uhrzeit	12	13	14	15	16	17	18	19	20	21	22	23
NO_x in $\frac{mg}{m^3}$	29	30	32	35	39	42	43	42	40	37	35	31

9 Immission an einer Messstation: Stickstoffoxide (NO_x) pro Kubikmeter Luft an einem Wochentag

Drei Dinge braucht das Feuer

1 Was braucht ein Feuer?

Ein Lagerfeuer spendet Licht und Wärme. Ein Feuer zu entzünden ist aber nicht immer einfach. Willst du zum Beispiel feuchtes Laub
5 entzünden, so qualmt es bloß. Nicht jedes Material kann brennen und manchmal geht ein schon brennendes Feuer wieder aus. Welche Bedingungen braucht ein Feuer?

10 **Brennstoff** • Damit ein Feuer entstehen kann, muss ein brennbarer Stoff vorhanden sein. Holz, Kohle, Öl und Gas sind solche Stoffe. Aber auch Kunststoffe und sogar einige Metalle
15 können brennen. Bei einer Verbrennung entstehen aus den Brennstoffen andere Stoffe wie Kohlenstoffdioxid und Wasser. Außerdem entstehen Wärme und Licht.

20 **Sauerstoff** • Bläst man in ein Feuer, lodert es kräftig auf. Woran liegt das? Die Luft ist ein Gasgemisch, das Sauerstoff enthält. Durch das Einblasen von Luft, führst
25 du dem Feuer also Sauerstoff zu. Sauerstoff ist für jede Verbrennung nötig. Ohne Sauerstoff erlischt ein Feuer.

Zündtemperatur • Ein brennbarer
30 Stoff und Sauerstoff sind allein nicht ausreichend, damit ein Feuer entsteht. Ein Stapel Holz kann beispielsweise über Jahre an der Luft gelagert werden, ohne dass er anfängt zu brennen.
35 Ein brennbarer Stoff entzündet sich erst bei einer bestimmten Temperatur von selbst. Die Temperatur, ab der sich ein Stoff entzündet, nennt man Zündtemperatur. Jeder Stoff hat eine eigene
40 Zündtemperatur. → 3 Ein Streichholz entzündet sich zum Beispiel bereits bei 60 °C. Bei Papier sind 175 °C und bei Holz und Kohle sogar 300 °C zur Entzündung nötig.
45 Um einen Stoff zum Brennen zu bringen, ist also eine bestimmte Temperatur und nicht unbedingt eine offene Flamme nötig.

Flammtemperatur • Von Flammtem-
50 peratur spricht man, wenn ein Stoff verdampft und sich dieses Dampf-Luft-Gemisch mit einer Zündquelle entzünden lässt. Die Flammtemperatur von Benzin liegt deutlich unter
55 der Raumtemperatur. Daher sind Benzindämpfe so gefährlich. Ein Funke genügt, um die Dämpfe zu entzünden.

yobawo

Lexikon
Tipps

die **Flammtemperatur**
der **Zerteilungsgrad**
das **Produkt**
das **Edukt**
die **Oxidation**

Zerteilungsgrad • Je kleiner zerteilt der Brennstoff ist, umso besser brennt
60 er. Das fein zerteilte Holz hat eine größere Oberfläche. Das ermöglicht einen besseren Kontakt mit dem Sauerstoff in der Luft, der für die Verbrennung benötigt wird. Das fein zerteilte Holz
65 lässt sich deshalb leichter entzünden als dicke Holzscheite und brennt auch schneller ab.

Verbrennung • Verbrennungen sind Reaktionen der Brennstoffe mit Sau-
70 erstoff. Brennstoffe wie Holz, Kohle, Öl und Gas enthalten das Element Kohlenstoff.
Kohlenstoff reagiert mit dem Sauerstoff der Luft zu Kohlenstoffdioxid.
75 Aus den Ausgangsstoffen wie Holz und Sauerstoff entstehen bei diesem Verbrennungsvorgang Kohlenstoffdioxid und Wasser. → 4
Die entstehenden Stoffe nennt man
80 Produkte, die Ausgangsstoffe Edukte. Aus den Edukten entstehen neue Stoffe mit anderen Eigenschaften. Holz ist ein Feststoff, Kohlenstoffdioxid ein farbloses Gas und Wasser
85 eine Flüssigkeit.
Die Reaktion eines Stoffs mit Sauerstoff ist eine Oxidation, die neu entstehenden Stoffe nennt man Oxide. Kohlenstoffdioxid ist die Verbindung
90 von Kohlenstoff und Sauerstoff.

> Um ein Feuer zu entzünden, benötigt man einen Brennstoff, ausreichend Sauerstoff sowie die entsprechende Zündtemperatur des Brennstoffs.

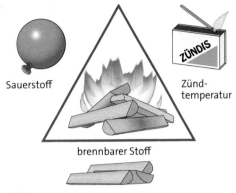

Sauerstoff — Zündtemperatur — brennbarer Stoff

2 Verbrennungsdreieck

weißer Phosphor	34 °C
Zeitungspapier	175 °C
Schwefel	250 °C
Stroh	280 °C
Holzkohle	300 °C
Zucker	410 °C

3 Zündtemperaturen verschiedener Stoffe

Holz + Sauerstoff → Kohlenstoffdioxid + Wasser
Der Pfeil (→) steht für „reagieren zu".

4 Eine Oxidation

Aufgaben

1 ☒ Benenne die Bedingungen, die erfüllt sein müssen, damit ein Feuer brennt.

2 ☒ Fett in einer Pfanne beginnt zu brennen, wenn es zu stark erhitzt wird. Begründe dies.

3 ☒ Erkläre den Begriff Zerteilungsgrad.

Drei Dinge braucht das Feuer

Material A

Kerzentod → ▣

Materialliste: 3 Bechergläser (250, 500, 1000 ml), 3 Teelichter oder Kerzen, Stoppuhr, feuerfeste Unterlage, Streichhölzer

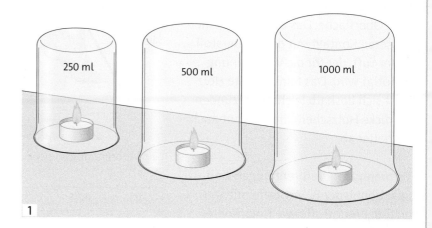

1 Stelle drei Teelichter auf eine feuerfeste Unterlage.

2 Entzünde ein Teelicht.

3 Stülpe das 250-ml-Becherglas darüber und starte die Stoppuhr. Notiere deine Beobachtungen.

4 Wiederhole den Versuch mit den anderen Kerzen und Bechergläsern.

5 ▣ Vergleiche deine Beobachtungen und erkläre die Unterschiede.

Material B

Die heiße Strecke

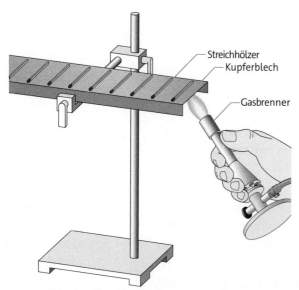

Streichhölzer
Kupferblech
Gasbrenner

2 Versuchsaufbau

Materialliste: Stativmaterial, Kupferblech (abgekantet), Gasbrenner, Streichhölzer

1 Befestige das Kupferblech am Stativ.

2 Reihe mehrere Streichhölzer auf dem Kupferblech in daumenbreiten Abständen hintereinander auf.

3 Die Lehrkraft erhitzt nun das Kupferblech an einer Seite von unten. → 2

4 ▣ Beschreibe deine Beobachtung.

5 ▣ Erkläre deine Beobachtung.

Material C

Eisen brennt → ▣

Materialliste: Eisennagel, Eisenwolle, Streichhölzer, Flachbatterie, Tiegelzange, Abdampfschale

1 Versuche zunächst, den Eisennagel und anschließend die Eisenwolle mit einem Streichholz in der Abdampfschale zu entzünden.

2 ☒ Vergleiche deine Beobachtungen. Erkläre die unterschiedliche Brennbarkeit.

3 Schaffst du es, die Eisenwolle mit einer Flachbatterie zu entzünden? Probiere es aus.

3

Material D

Lehrerversuch: Feuerwolke

Materialliste: Bärlappsporen, Trinkhalm mit Knickgelenk, Kerze

Achtung • Den folgenden Versuch führt deine Lehrkraft als Demonstrationsversuch durch! Versuch im Abzug durchführen!

1 Es wird eine kleine Portion Bärlappsporen in das abgewinkelte Stück des Trinkhalms gefüllt. Danach wird die Kerze entzündet.

2 Das geknickte Trinkhalmende wird nahe an die Kerzenflamme geführt. Man bläst nun kräftig durch das lange Stück des Trinkhalms die Sporen in die Flamme.

3 ☒ Erkläre deine Beobachtung.

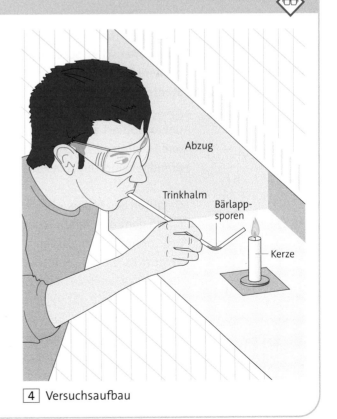

4 Versuchsaufbau

Feuer ist gefährlich

1 Löscheinsatz der Feuerwehr

Wohnungs- und Hausbrände stellen für die Menschen schon immer eine besondere Gefahr dar. Ganze Dörfer und Städte wurden schon Opfer der Flam-
5 men. Vor allem Waldbrände breiten sich unkontrolliert aus. In unseren Dörfern und Städten gibt es Spezialisten für die Brandbekämpfung, die Feuerwehren.

Gefahren des Feuers • Bei einem
10 Brand geht die Gefahr nicht nur von der hohen Temperatur aus. Besonders gefährlich sind die entstehenden Rauchgase, weil sie neben Kohlenstoffdioxid viele giftige Verbrennungs-
15 produkte enthalten. Selbst bei kleinen Bränden können sich giftige Rauchschwaden ausbreiten. Menschen, die diesen Rauch einatmen, können ersticken.

20 **Brandbekämpfung** • Ein Feuer kann nur entstehen und weiterbrennen, wenn ein brennbarer Stoff, ausreichend Sauerstoff und die entsprechende Zündtemperatur vorhanden sind.
25 Dieses Wissen nutzt man bei der Auswahl der Löschmittel, um Brände zu löschen.
Um Waldbrände zu bekämpfen, schlägt man Schneisen in den
30 Wald. → ⊡ So wird dem Feuer der Brennstoff entzogen.
Mit einer Löschdecke oder dem Schaumlöscher wird die Luftzufuhr unterbunden. Dem Feuer wird also
35 der Sauerstoff entzogen.
Beim Löschen von Feuer mit Wasser wird die Temperatur gesenkt. Die nötige Zündtemperatur wird nicht mehr erreicht und das Feuer erlischt.

hedawu

Lexikon
Videos
Tipps

die **Rauchgase**
die **Brandbekämpfung**

Brände vermeiden • Die Feuerwehr rückt in Deutschland pro Jahr bei etwa 180 000 echten Bränden aus. Wohnungs- und Hausbrände sind dabei besonders gefährlich. Die Brandursachen können sehr unterschiedlich sein. →⬛2 Oft spielt Unachtsamkeit eine Rolle. So führen vergessene brennende Kerzen und offene Feuer häufig zu Bränden. Auch defekte Elektrogeräte oder überlastete Stromkabel gehören zu den häufigsten Brandursachen. →⬛3 ⬛4 Es entstehen Schwelbrände. Viele dieser Brände ließen sich durch Achtsamkeit vermeiden. Rauchmelder sind Frühwarnsysteme und für Wohnungen vorgeschrieben. →⬛5 Sie helfen, einen Brand frühzeitig zu entdecken, die Feuerwehr zu alarmieren und so den Schaden zu begrenzen.

> Aufgrund der hohen Temperaturen und der giftigen Rauchgase ist Feuer gefährlich. Um einen Brand zu bekämpfen, kann man den Brennstoff entfernen, die Luftzufuhr unterbinden oder die Temperatur senken.

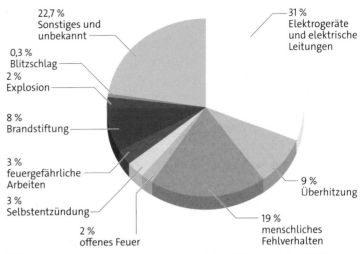

22,7 %
Sonstiges und unbekannt

0,3 %
Blitzschlag

2 %
Explosion

8 %
Brandstiftung

3 %
feuergefährliche Arbeiten

3 %
Selbstentzündung

2 %
offenes Feuer

31 %
Elektrogeräte und elektrische Leitungen

9 %
Überhitzung

19 %
menschliches Fehlverhalten

⬛2 Brandursachenstatistik in Deutschland für das Jahr 2022

⬛3 Brandursache: defekter Haartrockner

⬛4 Kabelbrand

Aufgaben

1 ⊠ Beschreibe und erkläre, was passiert, wenn du einen Eimer Wasser in ein Lagerfeuer schüttest.

2 ⊠ Begründe, warum man bei einem Zimmerbrand die Fenster und Türen schließen sollte.

3 ⊠ Beschreibe das Diagramm in Bild 2.

⬛5 Rauchmelder können Leben retten.

Feuer ist gefährlich

Material A

Was tun, wenn's brennt?

Materialliste: feuerfeste Unterlage, Tonschale, Sand, Spritzflasche mit Wasser, festes Tuch, Küchenpapier, Stabfeuerzeug → 1

1 Lege ein Blatt Küchenpapier in die Tonschale mit Sand.

2 Überlege dir verschiedene Methoden, mit denen du das brennende Papier löschen könntest.

3 ☒ Zünde das Papier an und probiere die Löschmethoden aus.

Küchenpapier
Tonschale mit Sand
Spritzflasche mit Wasser
Tuch
Stabfeuerzeug

1 Materialien

4 ☒ Notiere in der Tabelle, wie du jeweils vorgehst und ob die Löschmethode funktioniert. → 2

Löschmittel	?
So gehe ich vor:	?
Welche Bedingung für die Verbrennung entfällt?	?
Methode funktioniert?	?

2 Mustertabelle

Material B

Feuerkiller

Stopfen
Schlauch
Glasrohr

3 Versuchsaufbau

Materialliste: großes Becherglas, Mineralwasser in der Glasflasche, passender Stopfen mit kurzem Glasrohr, ca. 50 cm langes Schlauchstück, Teelicht, Stabfeuerzeug, Zucker, Spatel

1 Befestige den Schlauch am Glasrohr des Stopfens.

2 Öffne die Mineralwasserflasche und gieße etwa ein Drittel Wasser ab. Verschließe die Flasche mit dem Stopfen.

3 Stelle das Teelicht in das Becherglas und entzünde es mit dem Stabfeuerzeug.

4 Schüttle die Flasche leicht und leite das entweichende Gas mit dem Schlauch in das Becherglas. → 3
Tipp: Halte den Schlauch dabei an den Rand des Becherglases möglichst weit nach unten.

5 ☒ Beobachte, was geschieht. Erkläre deine Beobachtung.

6 Gib nun etwas Zucker zum Mineralwasser und wiederhole den Versuch.
☒ Erkläre deine Beobachtung.

Material C

Löschmethoden

Ein Feuer braucht drei Bedingungen: einen brennbaren Stoff, genügend Sauerstoff und die jeweilige Zündtemperatur. Dies sind die drei Ecken des Verbrennungsdreiecks. Um ein Feuer zu löschen oder um es zu vermeiden, reicht es aus, eine Ecke zu entfernen.

1 ⊠ Beschreibe die Löschmethoden A–F und nenne jeweils die Bedingung, die dem Feuer entzogen wird. Erstelle eine Tabelle.

Löschmethode	Entzogene Bedingung
?	?
?	?

Material D

Mieter bei Fettbrand verletzt

Mannheim. Am Mozartring ist es am Dienstag zu einer Fettexplosion gekommen, bei der ein junger Mann Verletzungen an den Händen erlitt. Brandmeisterin Annie Bohm: Fett niemals mit Wasser löschen! Nach Angaben der Feuerwehr war in der Küche eine Pfanne mit Speiseöl wegen Überhitzung in Brand geraten. Der Mann versuchte, das entzündete Fett mit Wasser zu löschen. Dabei verdunstete das Wasser sofort und riss heiße Fetttröpfchen mit in die Luft. Es kam zur Explosion und der Mann zog sich Brandverletzungen an den Händen zu.

4

Fettbrände → ▣

1 ▣ Lies dir den Zeitungsausschnitt durch. Gib ihn mit eigenen Worten wieder.

2 ⊠ Beschreibe, was passiert, wenn man brennendes Fett mit Wasser löscht. Welche Löschmethode bietet sich bei einem Fettbrand an?

Feuer ist gefährlich

Das richtige Verhalten bei Bränden

Bei einem Brand muss man schnell handeln. Panik und Hektik müssen aber vermieden werden, denn sie helfen keinem Betroffenen. Deshalb sollst du Ruhe bewahren und folgende Schritte beachten:

1. Melde den Brand Betätige den Feuermelder. Informiere die Feuerwehr telefonisch. → 2A 1

NOTRUF 📞 112

Wer meldet den Brand?
Du nennst deinen Namen.
Wo ist der Brand?
Du nennst den Brandort, am besten mit genauer Adresse.
Was brennt?
Du benennst den Brand.
Wie ist die jetzige Situation?
Du beschreibst kurz die Situation.
Wie viele Personen sind verletzt?
Du nennst die Anzahl von verletzten Personen und welche Verletzungen sie haben.
Warten.
Die Feuerwehr gibt weitere Anweisungen.

 Notruf bei der Feuerwehr

2. Versuche, den Brand zu löschen Einen kleinen Brand kannst du vielleicht mit dem geeigneten Löschmittel selbst löschen. → 2B 2C
Wenn dies nicht möglich ist, dann verlasse den Brandort und schließe dabei Fenster und Türen.

3. Bringe dich und andere in Sicherheit Verlasse das Gebäude über gekennzeichnete Fluchtwege und suche eine Sammelstelle auf. → 2D 2E 2F
Warne dabei gefährdete Personen und nimm hilflose oder verletzte Personen mit.
Hilf den Verletzten durch Erste-Hilfe-Maßnahmen. → 2G
Benutze auf keinen Fall den Aufzug!

Aufgaben

1 ☒ Übe mit einem Partner oder einer Partnerin die telefonische Meldung eines Brands bei der Feuerwehr.

2 ☒ Halte in deiner Schule nach Warn- und Hinweisschildern Ausschau. → 2 Notiere ihren Fundort und überlege, warum sie an dieser Stelle angebracht sind.

A Feuer-melder	**B** Feuer-löscher	**C** Löschwas-serschlauch	**D** Fluchtweg	**E** Richtungs-angabe	**F** Sammel-stelle	**G** Erste-Hilfe-Kasten

2 Warn- und Hinweisschilder

Erweitern und Vertiefen

Der richtige Umgang mit dem Feuerlöscher

Feuerlöscher • Mit Feuer-
löschern kann man kleinere
Bände bekämpfen. Ein Feuerlöscher besteht aus einer
5 Metallflasche, die mit einem
Löschmittel gefüllt ist. → ⟨3⟩
Um ihn zu benutzen, muss
man die gelbe Sicherheits-
lasche herausziehen und mit
10 der Faust auf den roten Knopf
schlagen.
Danach richtet man den Schlauch auf das Feuer
und betätigt die Löschpistole.

⟨3⟩ Feuerlöscher

Richtig löschen • Beim Löschen mit dem
15 Feuerlöscher sollte man einige Dinge beachten:
• Bände immer in Windrichtung löschen,
  nicht gegen den Wind. → ⟨4⟩
• Flächenbrände von vorne und von unten
  ablöschen.
20 • Ausreichend Feuerlöscher gleichzeitig
  einsetzen, nicht nacheinander.
• Glutnester mit Wasser ablöschen und bewa-
  chen, um Wiederentzündung zu vermeiden.
• Gebrauchte Feuerlöscher nicht mehr auf-
25 hängen, sondern wieder befüllen lassen.

⟨4⟩ Das richtige Ausrichten beim Löschen

Brandklassen • Es gibt verschiedene Löschmittel,
die für unterschiedliche Brände geeignet sind.
Um diese zu unterscheiden und das richtige
Löschmittel zuordnen zu können, werden sie
30 in Brandklassen eingeteilt. → ⟨5⟩

Brand-klasse	Definition	Beispiel	Löschmittel
A	Bände fester Stoffe mit Flammen-bildung und Glut	Holz, Kohle, Papier	Pulver, Schaum, Wasser
B	Bände flüssiger und schmelzen-der Stoffe	Benzin, Alkohol, Kunststoffe	Kohlen-stoffdioxid, Pulver, Schaum
C	Bände gasförmiger Stoffe	Erdgas, Propan, Wasserstoff	Kohlen-stoffdioxid, Pulver
D	Bände von Metallen	Aluminium, Magnesium, Natrium	Pulver für Metall-bände, Salze
F	Bände von Wachsen und Speisefetten	Speisefett, Speiseöl, Wachs	Pulver für Fettbrände

⟨5⟩ Die Brandklassen

Aufgaben

1 ☒ Nenne jeweils ein geeignetes
  Löschmittel für:
a brennendes Papier
b brennendes Wachs
c brennendes Benzin

2 ☒ Begründe, welchen Brandklassen
  ein Pkw-Brand zugeordnet wird.

Die Kerze – eine kleine Gasfabrik

1 Kerzen auf einem Markt

2 Kerzenflamme

Kerzen aus Bienenwachs und Talg sind in fast allen Kulturen bekannt. Bis in die heutige Zeit verbreiten sie Licht und eine besondere Atmosphäre.

3 Römische Öllampe

Ein anspruchsvolles Produkt • Kerzen sind neben Fett- und Öllampen die ersten Lichtquellen, die man auch in geschlossenen Räumen nutzen konnte. Über viele Jahrhunderte war das Handwerk des Kerzenmachers sehr angesehen. Er stellte ein anspruchsvolles Produkt her. Seine Kerzen mussten bei gleichmäßiger Flamme dauerhaft brennen, ohne zu viel Ruß zu entwickeln. Jede Kerze besteht aus Wachs und einem Docht. Das Kerzenwachs moderner Kerzen besteht hauptsächlich aus Paraffin und der Docht aus geflochtenen Baumwollfäden. Der Docht ist so geflochten, dass sich seine Spitze beim Brennen krümmt. Dadurch wird die Rußbildung verringert.

Die Kerze – eine Gasfabrik • Wird der Docht einer Kerze entzündet, so schmilzt das feste Wachs in der Nähe der Flamme. Es bildet sich eine kleine Pfütze aus flüssigem Wachs um den Docht. Das flüssige Wachs steigt im Docht nach oben und verdampft an der Spitze. Das gasförmige Wachs brennt. An einer Kerze brennt also nicht der Docht, sondern das Wachs. Der Docht hat die Aufgabe, das Wachs wie in einem Aufzug nach oben zu bringen und an seiner Spitze zu verteilen. → ▣

Wo bleibt das Wachs? • Wenn eine Kerze längere Zeit brennt, wird das Wachs immer weniger. Während der Verbrennung wird es verbraucht, genauso wie der Sauerstoff aus der Luft. Bei der Verbrennung entstehen dafür neue Stoffe: Kohlenstoffdioxid und Wasser.

rahuyi

Lexikon
Video
Tipps

das **Paraffin**
der **Flammenkern**
der **Flammenmantel**
der **Flammensaum**

Die Kerzenflamme • Paraffin ist ein brennbarer Stoff, der Kohlenstoff enthält. Wird die Kerze angezündet, verbrennt das Paraffin mit dem Sauerstoff aus der Luft.

Im unteren Bereich der Kerzenflamme, genauer gesagt um den Docht herum, befindet sich der Flammenkern. Dieser Bereich ist dunkler und enthält das durch die Hitze der Verbrennung gasförmig gewordene Paraffin.

Unvollständige Verbrennung • Über dem Flammenkern befindet sich der leuchtend gelbe Bereich, der Flammenmantel. Dort ist nicht ausreichend Sauerstoff vorhanden, sodass der Kohlenstoff unvollständig verbrennt und sich viel Ruß bildet.

Vollständige Verbrennung • Um den Flammenmantel herum befindet sich an der Außenseite der Kerzenflamme der Flammensaum. Dort ist ausreichend Sauerstoff vorhanden und die Verbrennung kann vollständig stattfinden. Dies ist ebenfalls unterhalb des Flammenkerns, in der blauen Zone, der Fall. In beiden Bereichen verbrennt das Paraffin vollständig zu Kohlenstoffdioxid und Wasser. Es entsteht kaum Ruß.

> Eine Kerze ist eine kleine Gasfabrik. Das gasförmige Paraffin verbrennt unter Verbrauch von Sauerstoff. Bei der Verbrennung entstehen Kohlenstoffdioxid und Wasser. Im Flammensaum verbrennt das Paraffin vollständig, im Flammenmantel dagegen unvollständig.

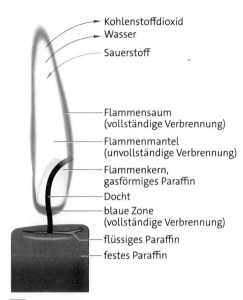

Kohlenstoffdioxid
Wasser
Sauerstoff

Flammensaum
(vollständige Verbrennung)
Flammenmantel
(unvollständige Verbrennung)
Flammenkern,
gasförmiges Paraffin
Docht
blaue Zone
(vollständige Verbrennung)
flüssiges Paraffin
festes Paraffin

4 Zonen einer Kerzenflamme

Aufgaben

1 ☒ Nenne die Stoffe, die beim Abbrennen der Kerze entstehen.

2 Die Kerzenflamme und ihre verschiedenen Zonen:

a ☒ Zeichne das Bild der Kerzenflamme mit ihren verschiedenen Zonen farbig in dein Heft und beschrifte es.

b ☒ Erkläre die Vorgänge in den Zonen.

3 ☒ Erkläre den Unterschied zwischen einer vollständigen und einer unvollständigen Verbrennung.

4 ☒ Erkläre folgende Aussage: „Der Docht der Kerze ist ein Wachsvergaser."

Die Kerze – eine kleine Gasfabrik

Material A

Flammenzonen

Die Flammenzonen einer Kerze kannst du mit einem Holzstäbchen einfach unterscheiden.

Materialliste: Stumpenkerze, Feuerzeug, Holzstäbchen (Cocktailspieße)

1 Entzünde die Kerze.

2 Fasse das Holzstäbchen an beiden Enden an und führe es waagerecht durch die dickste Stelle der Flamme.
→ 1

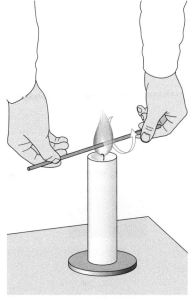

1 Holzspieß und Kerze

Drehe das Holzstäbchen dabei gleichmäßig, sodass es nicht anbrennt und die Flamme ruhig bleibt.

3 Nimm das Holzstäbchen wieder aus der Flamme.

4 ◪ Beschreibe, was du auf dem Stäbchen erkennen kannst.

5 ◪ Erkläre deine Beobachtung.

Material B

Paraffingas entzünden → ▣

Materialliste: Stumpenkerze, Streichhölzer

1 Entzünde die Kerze.

2 Entzünde das Streichholz. Lösche die Kerze durch leichtes und nicht zu heftiges Pusten.

3 Nähere sofort, nachdem du die Kerze ausgepustet hast, langsam das brennende Streichholz von oben dem Docht an. → 2

2 Nähere das Streichholz von oben dem Docht an.

4 ◪ Beschreibe deine Beobachtung.

5 ◪ Erkläre deine Beobachtung.

6 ◪ Erkläre, warum du beim Auspusten der Kerze nicht zu stark pusten darfst.

Material C

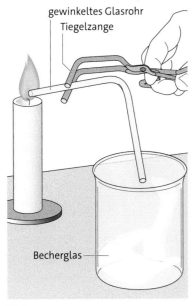

gewinkeltes Glasrohr
Tiegelzange

Becherglas

3 Paraffingas ausleiten

Paraffingas ausleiten

Materialliste: Kerze, Tiegelzange, kleines Becherglas, gewinkeltes Glasrohr (6 cm/6 cm),
Streichhölzer

1 Entzünde die Kerze.

2 Halte das Glasrohr mit der
Tiegelzange in die Kerzen-
flamme. Die Öffnung des
Röhrchens muss dabei ge-
nau im Kern der Flamme sein.
Die andere Öffnung endet im
Becherglas. → 3

3 Im Becherglas bildet sich
weißer Nebel. Lege das
Röhrchen zur Seite, wenn
der Nebel ein Drittel des
Glases füllt.

4 Entzünde ein Streichholz
und lass es in das Becherglas fallen. → 3

5 ✎ Beschreibe deine Beobachtung.

6 ✖ Erkläre.

Material D

Paraffin brennt ohne Docht

Achtung • Den folgenden Versuch führt deine
Lehrkraft als Demonstrationsversuch durch.

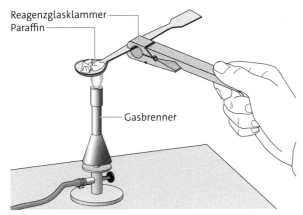

Reagenzglasklammer
Paraffin

Gasbrenner

4 Paraffin wird erhitzt.

Materialliste: Kerzenwachs (Paraffin), Reagenzglasklammer, Löffel, Gasbrenner, feuerfeste
Unterlage

1 Ein etwa erbsengroßer Paraffinkrümel wird
auf den Löffel gelegt.

2 Der Löffel wird mit dem Reagenzglashalter
über der rauschenden Flamme des Gasbrenners erhitzt. → 4

3 Beobachte, was während und nach dem Erhitzen mit dem Paraffin passiert.
✎ Notiere deine Beobachtungen.

4 Sarah sagt: „Bei einer Kerze brennt der Docht."
✖ Nimm zu ihrer Aussage Stellung.

Die Kerze – eine kleine Gasfabrik

Material E

Der Docht als Wachsaufzug

Materialliste: Glasschale oder Becherglas, langes Stück Docht, Lebensmittelfarbe, Wasser

1 Gib etwa 10 ml Wasser in das Becherglas und färbe es mit der Lebensmittelfarbe ein. → ⬜1

2 Tauche das untere Ende des Dochts in die gefärbte Flüssigkeit. → ⬜2

3 ⬚ Beschreibe deine Beobachtungen.

4 ⊠ Welche Aufgabe erfüllt der Docht bei einer Kerze? Erläutere.

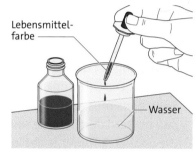

Lebensmittelfarbe

Wasser

⬜1 Wasser färben

gefärbtes Wasser
Dochtstück

⬜2 Docht eintauchen

Material F

Blick in die Kerzenflamme

Materialliste: Stumpenkerze, Streichhölzer, Edelstahllöffel, Kupferdrahtnetz, Tiegelzange

1 Entzünde die Kerze. Lass sie mit ruhiger Flamme brennen.

2 Führe das Kupferdrahtnetz von oben langsam bis zum Flammenkern.
⊠ Beschreibe und erläutere deine Beobachtungen.

3 Halte den Löffel mit der Unterseite zuerst in den äußersten Bereich der Kerzenflamme, dann in den Flammenmantel.
⬚ Beschreibe deine Beobachtung.

4 ⊠ Neben Kohlenstoffdioxid und Wasser entsteht noch ein weiterer Stoff bei Verbrennungen.

a Benenne den Stoff und gib an, unter welchen Bedingungen er entsteht.

b Gib an, in welcher Zone er entsteht.

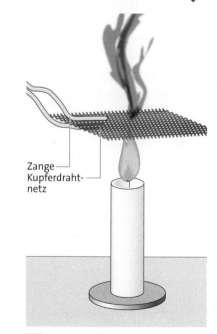

Zange
Kupferdrahtnetz

⬜3 Grafik zum Versuchsablauf

Material G

Glasglocke über der Kerze

Materialliste: Stumpenkerze, Becherglas, Streichhölzer

1 Entzünde die Kerze.

2 Halte das Becherglas einige Sekunden über die Kerzenflamme. Der untere Rand des Becherglases sollte dabei auf Höhe der Flammenspitze sein. → 4

3 ☒ Beschreibe deine Beobachtung.

4 ☒ Welches Verbrennungsprodukt hast du nachgewiesen? Überprüfe das Verbrennungsprodukt mit Watesmopapier.

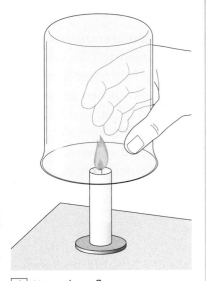

4 Versuchsaufbau

Material H

Kalkwasserprobe

Materialliste: Teelicht, Marmeladenglas mit Deckel, Holzspieß, Stabfeuerzeug, Pipette, Kalkwasser

1 Stelle das Teelicht in das offene Marmeladenglas und entzünde es mit dem Stabfeuerzeug. → 5

2 Verschließe das Glas mit dem Deckel. Lass es, nachdem das Teelicht erloschen ist, 1 Minute lang ruhig stehen.

3 Drehe anschließend den Deckel auf und hole das Teelicht mit dem Holzspieß aus dem Glas heraus. → 6 Achte darauf, dass du den Holzspieß seitlich in das Wachs stichst und die Kerze senkrecht herausziehst.

4 Gib eine Pipette Kalkwasser in das Glas und schwenke es. → 7

5 ☒ Beschreibe deine Beobachtung.

6 ☒ Welches Verbrennungsprodukt hast du nachgewiesen?

Tipp:
Mit klarem Kalkwasser kann man Kohlenstoffdioxid nachweisen. Bei Kontakt mit Kohlenstoffdioxid wird das Kalkwasser trüb.

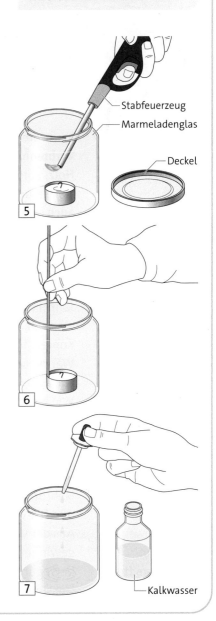

Stabfeuerzeug
Marmeladenglas
Deckel
5

6

7
Kalkwasser

Verbrennung in Alltag und Umwelt

1 Verbrennung im Straßen- und Luftverkehr

In unserem Alltag laufen überall Verbrennungen ab. Wir verbrennen Holz, Kohle, Erdöl und Erdgas zum Heizen unserer Häuser und sind
5 **auch im Straßen- und Luftverkehr auf Verbrennungen angewiesen.**

Was uns warm macht • Fossile Brennstoffe wie Erdöl und Erdgas sind vor Jahrmillionen aus Lebewesen ent-
10 standen. Sie enthalten den Baustein Kohlenstoff. Ihre Verbrennung liefert Wärme und Licht. Die Wärme nutzen wir zum Heizen unserer Häuser. Wie bei den meisten Verbrennungen
15 entsteht dabei das Gas Kohlenstoffdioxid.

Verbrennung im Körper? • Auch in Nahrungsbestandteilen wie Zuckern und Fetten ist Kohlenstoff enthalten.
20 Aus der Verbrennung der Nahrung gewinnen wir Energie für unsere Fortbewegung und unseren Stoffwechsel. Die Umwandlung der Nährstoffe ist keine Verbrennung im eigentlichen
25 Sinne, da keine hohen Temperaturen und keine Flammen entstehen. Sie ist aber eine Oxidation, da auch bei diesen Stoffumwandlungen der Kohlenstoff mit Sauerstoff zu Kohlen-
30 stoffdioxid reagiert.

Das entstehende Kohlenstoffdioxid atmen wir aus. Der Körper nutzt also die Nährstoffe als Brennstoffe. Die Nährstoffe haben einen sogenannten
35 Brennwert. Dieser Brennwert wird häufig auf Nahrungsmittelverpackungen angegeben. → 2

Schadstoffe in der Luft • Durch den Auto- und Luftverkehr sowie durch
40 Industrieanlagen gelangen noch weitere Stoffe in die Luft. Autos, Lastkraftwagen und Flugzeuge setzen Gase wie Kohlenstoffdioxid, Kohlenstoffmonooxid und Stickoxide frei. Kohlenstoff-
45 dioxid ist ein Gas, das mitverantwortlich für die Temperaturerhöhung in der Atmosphäre ist.

> Fossile Brennstoffe enthalten gebundenen Kohlenstoff. Sie werden als Antrieb für Fahrzeuge sowie zum Heizen und Kochen genutzt. Nährstoffe wie Zucker und Fette enthalten ebenfalls Kohlenstoff. Sie haben einen Brennwert und liefern dem Körper Energie.

Aufgabe

1 ⊠ Nenne drei Beispiele, bei denen Verbrennungen stattfinden.

% des Richtwertes für die Tageszufuhr (GDA) *

Brennwert 74 kcal	4%
Zucker <0,1 g	<1%
Fett 8,2 g	12%
ges. Fettsäuren 4,9 g	25%
Natrium <0,1 g	<1%

1 Portion (10 g) Butter enthält

2 Brennwertangabe auf Nahrungsmittelverpackungen

Material A

Kohlenstoffdioxid in der Atemluft?

Materialliste: Erlenmeyerkolben, Kalkwasser ⟨⟩ ⟨!⟩, Strohhalm

1 Fülle einen kleinen Erlenmeyerkolben mit Kalkwasser. Nimm einen Strohhalm und blase vorsichtig und langsam deine Atemluft in das Kalkwasser.

⟶ Notiere deine Beobachtung. Welches Ergebnis kannst du aus deiner Beobachtung schließen?

2 ⊠ Gib an, welche Stoffe unser Körper verbrennt und wo die Verbrennung stattfindet.

3 Was steckt in der ausgeatmeten Luft?

Material B

Brennende Nuss

Den Brennwert einer Nuss kannst du nachweisen.

Materialliste: Walnuss, Wasser, Büroklammer, Stativmaterial, Erlenmeyerkolben (250 ml), Thermometer, Siedesteine

1 Stecke die Nuss auf die aufgebogene Büroklammer. Fülle den Erlenmeyerkolben mit 100 ml Wasser, gib einige Siedesteine in das Wasser und befestige den Erlenmeyerkolben an der Stativklemme. Miss die Temperatur. Entzünde die Nuss und erhitze mit der brennenden Nuss das Wasser. Miss nach dem Verbrennen der Nuss die Temperatur des Wassers erneut.

⟶ Beschreibe deine Beobachtungen und notiere die Messwerte.

2 ⊠ Formuliere eine Aussage zum Brennwert der Nuss.

4 Brennende Nuss

3 ⊠ Stelle zu folgenden Aspekten des Versuchs Hypothesen auf:
- Welche Stoffe der Nuss verbrennen?
- Welche Produkte entstehen beim Verbrennen der Nuss?
- Mit welchen Methoden können die Produkte nachgewiesen werden?

5 Versuchsaufbau

Luft und Verbrennung

Zusammenfassung

Bestandteile der Luft • Die Luft ist ein Gemisch aus vielen Gasen. → [1] Sie enthält Sauerstoff, Stickstoff, Edelgase und Kohlenstoffdioxid.
- Sauerstoff ist nötig, damit etwas brennen kann.
- Stickstoff erstickt Flammen und Lebewesen.
- Kohlenstoffdioxid benötigen Pflanzen für die Fotosynthese.
- Edelgase sind Helium, Neon, Argon und Xenon.

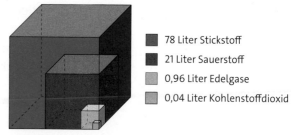

- 78 Liter Stickstoff
- 21 Liter Sauerstoff
- 0,96 Liter Edelgase
- 0,04 Liter Kohlenstoffdioxid

[1] Zusammensetzung von 100 Litern Luft

Feuer entzünden ... • Um ein Feuer zu entzünden, müssen drei Bedingungen erfüllt sein:
Man braucht einen brennbaren Stoff, genügend Sauerstoff und die Zündtemperatur des brennbaren Stoffs muss überschritten sein.

... und bekämpfen • Um einen Brand zu bekämpfen, kann man den Brennstoff entfernen, die Luftzufuhr unterbrechen oder die Temperatur senken.

Sauerstoff

Zündtemperatur

brennbarer Stoff

[2] Verbrennungsdreieck

[3] Brennstoff entziehen

[4] Sauerstoffzufuhr unterbinden

[5] Abkühlen mit Wasser

Die Kerze • Die Kerze ist eine kleine Gasfabrik. Flüssiges Wachs wandert am Docht nach oben und verdampft an der Spitze. Das gasförmige Wachs verbrennt unter Verbrauch von Sauerstoff. Die Flamme der Kerze lässt sich in unterschiedliche Zonen einteilen: den Flammenkern, den Flammenmantel und den Flammensaum. Neben Wasser und Kohlenstoffdioxid entsteht auch Ruß als Verbrennungsprodukt.

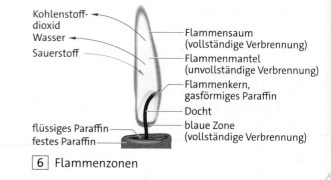

Kohlenstoffdioxid
Wasser
Sauerstoff

Flammensaum (vollständige Verbrennung)
Flammenmantel (unvollständige Verbrennung)
Flammenkern, gasförmiges Paraffin
Docht
blaue Zone (vollständige Verbrennung)

flüssiges Paraffin
festes Paraffin

[6] Flammenzonen

Teste dich! (Lösungen im Anhang)

Luft

1 ☑ Nenne die Bestandteile von Luft.

2 ☒ Beschreibe, mit welchem Versuch du über-prüfen kannst, dass es sich bei einem Gas um Kohlenstoffdioxid handelt.

Bedingungen für ein Feuer

3 ☒ Ein leeres Becherglas wird über eine bren-nende Kerze gestülpt. Beschreibe und erkläre, was geschieht.

4 Der Junge in Bild 7 hat eine Bedingung für ein Feuer nicht berücksichtigt.
a ☑ Nenne die vergessene Bedingung.
b ☒ Beschreibe, wie man vorgehen muss, um ein Lagerfeuer zu entzünden.

7 Warum klappt es nicht?

5 ☒ Ein Eisennagel brennt nicht, Eisenwolle dagegen schon. → 8 Erkläre dies.

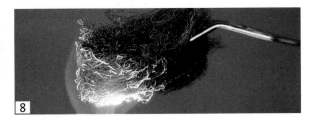

8

Die Kerze

9

6 Kerzen können sehr unterschiedlich geformt sein. → 9 Der grundlegende Aufbau ist jedoch immer gleich.
a ☑ Nenne und beschreibe die Bestandteile einer Kerze.
b ☒ Gib an, welche Stoffe bei der Verbrennung einer Kerze entstehen.
c ☒ Bewerte folgende Aussage: „Bei einer Kerze brennt der Docht."

Feuer bekämpfen

7 ☒ Begründe folgende Brandschutzmaßnahmen:
a Im Brandfall Türen und Fenster schließen!
b Das Rauchen ist in Garagen, in Autowerkstät-ten und an Tankstellen verboten.
c Benutze niemals Spiritus als Grillanzünder.
d Lösche einen Fettbrand niemals mit Wasser.
e Lege um ein Lagerfeuer einen Kreis aus Stei-nen. → 10

10

Chemische Reaktionen

Chemische Reaktionen können heftig sein, wie das spektakuläre Feuerwerk an Silvester.

Beim Backen sind wir auf chemische Reaktionen angewiesen.

Chemische Reaktionen finden auch da statt, wo man es nicht auf den ersten Blick sieht.

Chemische Reaktionen im Alltag

1 | Eine brennende Wunderkerze → ▣

2 | Stoffumwandlung beim Pfannkuchen

Chemie ist überall. Man begegnet ihr ständig – egal ob beim Kochen oder beim Abbrennen einer Wunderkerze. Was passiert dabei eigentlich genau?

5 **Im Alltag ·** Täglich hat man mit chemischen Reaktionen zu tun:
Beim Frühstück werden Brötchen gebacken. Die Heizung im Haus geht an und verbrennt Öl, Gas oder Holz. Bei
10 der Fahrt in die Schule verbrennt das Auto, der Roller oder der Bus Treibstoff. Nach dem Unterricht gibt es zu Mittag gebratenes Fleisch mit gebackenen oder gekochten Beilagen. Zu Hause
15 angekommen, legt man eine Brausetablette in Wasser, um ein Erfrischungsgetränk herzustellen. → 3 Zum Abschluss gibt es beim Abendessen Pfannkuchen. Bei diesem Tagesablauf
20 werden chemische Reaktionen beschrieben. Aber was genau ist eine chemische Reaktion?

Neue Stoffe · Chemische Reaktionen sind Vorgänge, bei denen eine Stoffum-
25 wandlung stattfindet. Das sieht man

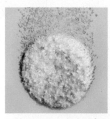

3 | Gasentwicklung einer Brausetablette

auch in Bild 1: Wunderkerzen bestehen unter anderem aus Eisen- und Aluminiumpulver sowie Bariumnitrat. Diese Ausgangsstoffe werden gezündet und
30 verändern sich. Es findet eine chemische Reaktion statt. Die Metallteilchen verbrennen und erzeugen leuchtende Funken. Zurück bleibt ein poröser schwarzer Stoff. Es sind die Produkte
35 Eisenoxid, Aluminiumoxid, Bariumoxid und Verbrennungsgase entstanden.

Andere Stoffeigenschaften · Die Reaktionsprodukte haben also andere
40 Stoffeigenschaften als die Edukte. Die abgebrannte Wunderkerze kann man nicht noch mal entzünden. Es entstehen stechend riechende Gase, wo vorher nur feste Stoffe waren.
45 Ein anderes Beispiel: Dort, wo vorher festes, grau glänzendes Eisen war, ist nun bröseliger roter Rost. → 4

Energieumsatz · Bei chemischen Reaktionen wird immer auch Energie
50 umgesetzt. Wunderkerzen leuchten

decaju

Lexikon
Video
Tipps

die **chemische Reaktion**
die **Reaktionsgleichung**

hell beim Abbrennen, weil Energie in Form von Licht frei wird. Dabei werden auch große Mengen an Wärme frei, weshalb man bei Wunderkerzen auch nach dem Abbrennen aufpassen muss, dass man sich nicht an ihnen verbrennt.

Merkmale chemischer Reaktionen ·
Chemische Reaktionen lassen sich anhand bestimmter Merkmale erkennen:
1. Es entstehen neue Stoffe mit anderen Eigenschaften. Diese Eigenschaftsänderungen sieht man zum Beispiel am Farbumschlag oder an der Gasentwicklung. → 2
2. Es wird Energie umgesetzt.
An diesen beiden Merkmalen kann man eine chemische Reaktion auch von der Trennung eines Stoffgemischs unterscheiden. Dort entsteht kein neuer Stoff und es wird nichts heißer oder kälter.

Reaktionsgleichung · In der Chemie benutzt man eine Reaktionsgleichung, um eine chemische Reaktion zu veranschaulichen.
Beispiel: Die Ausgangsstoffe Holz und Sauerstoff reagieren miteinander zu den Reaktionsprodukten Kohlenstoffdioxid, Wasser und Asche. → 5 6

> Chemische Reaktionen sind Stoffumwandlungen, bei denen neue Stoffe entstehen. Zum Notieren und Vereinfachen verwendet man eine Reaktionsgleichung.

4 Das Rosten von Eisennägeln – eine chemische Reaktion

5 Brennendes Streichholz

Holz + Sauerstoff → Kohlenstoffdioxid + Wasser + Asche
Der Pfeil (→) steht für „reagieren zu".

6

Aufgaben

1 ▣ Was ist eine chemische Reaktion? Erläutere.

2 ▣ Nenne verschiedene chemische Reaktionen aus deinem Alltag und beschreibe die Anzeichen der chemischen Reaktionen.

3 ▣ Beschreibe die Stoffumwandlung bei der Zubereitung von Pfannkuchen.

Chemische Reaktionen im Alltag

Material A

Brennende Streichhölzer

Materialliste: Schachtel Streichhölzer, feuerfeste Unterlage

1 Reibe ein Streichholz an der Reibefläche der Schachtel. Lass das Streichholz abbrennen. →1 Wenn es zu heiß wird, lege es schnell auf eine feuerfeste Unterlage. Notiere deine Beobachtungen.

2 ☒ Schau dir das verbrannte Streichholz genau an und bestimme seine Farbe. Zerreibe es danach zwischen den Fingern. Was passiert? Vergleiche mit einem unbenutzten Streichholz.

3 ☒ Entscheide, ob eine Stoffumwandlung eingetreten ist. Benenne gegebenenfalls das passende Merkmal für chemische Reaktionen.

1 Nach dem Brennen

Material B

Glühende Leuchtstäbe

Leuchtstäbe enthalten innen ein Glasröhrchen mit einer Flüssigkeit. Um das Glasröhrchen herum ist aber noch eine zweite Flüssigkeit vorhanden.

Beim Knicken des Leuchtstabs bricht das Glasröhrchen, sodass die Stoffe in den beiden Flüssigkeiten miteinander in Kontakt kommen. Dabei wird Energie als Licht frei.

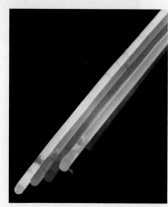

2 Leuchtstäbe

Knicke einen Leuchtstab in der Mitte des Stabs. Bewege oder drehe den Leuchtstab langsam hin und her. Was beobachtest du?

1 ☒ Entscheide, ob in Leuchtstäben chemische Reaktionen stattfinden.

Material C

Langsame Reaktionen?

Materialliste: Reagenzglas, Speiseessig (5%ig), Eierschale

3 Eierschale in Essig

1 Fülle ein Reagenzglas einen Zentimeter mit 5%igem Speiseessig. Gib ein Stück Eierschale hinzu.
a ☒ Schau dir die Eierschale genau an. Notiere die Eigenschaften.
b ☒ Nenne Beobachtungen, die für chemische Reaktionen typisch sind.
c ☒ Lass deinen Versuch 1–2 Tage stehen. Überprüfe dann, ob eine Stoffumwandlung stattgefunden hat.

2 ☒ In einem Becherglas liegt ein mit Wasser angefeuchteter Watteknäuel (Ø 2 cm). Ein metallisch glänzender, neuer Eisennagel wird über die Öffnung gelegt. Hat sich nach 2 Tagen etwas verändert? Erläutere.

Material D

Chemische Reaktion – ja oder nein?

Materialliste: Schaschlikspieß, 4 Reagenzgläser, Reagenzglasklammer, Becherglas, Marmor, Muschel, Speiseessig (5%ig), Zuckerwürfel, Kochsalz, Gasbrenner

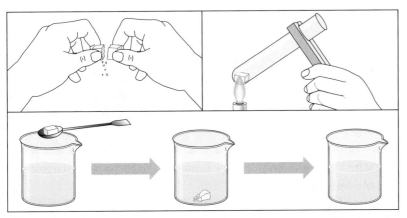

[4] Zucker bei verschiedenen Vorgängen – wo findet eine Stoffumwandlung statt?

1 Führe folgende Versuche durch und notiere deine Beobachtungen. Entscheide jeweils, ob eine chemische Reaktion stattgefunden hat. Erläutere auch, welche Merkmale von chemischen Reaktionen zu beobachten sind.

a ⊠ Zerbrich einen Schaschlikspieß.

b ⊠ Halte einen Schaschlikspieß in die Brennerflamme und entzünde ihn.

c ⊠ Gib etwas Wasser in ein Reagenzglas und füge ein Stück Marmor oder Muschel hinzu.

d ⊠ Gib etwas Speiseessig (5%ig) in ein Reagenzglas und füge ein Stück Marmor oder Muschel hinzu.

e ⊠ Löse ein Stück Würfelzucker mit Wasser im Becherglas auf.

f ⊠ Erhitze etwas Zucker im Reagenzglas vorsichtig in der Brennerflamme.

g ⊠ Erhitze etwas Kochsalz im Reagenzglas vorsichtig in der Brennerflamme.

Material E

Gips reagiert mit Wasser

Materialliste: Gipspulver, Joghurtbecher, Löffel, Schale mit Blumenerde, Wasser

[5] Spurensicherung

1 ⊠ Gib etwas Gipspulver in einen leeren Joghurtbecher. Gieße ein wenig Wasser vorsichtig hinzu und verrühre alles sacht mit einem Löffel zu einem Brei. Verwende nicht zu viel Wasser. Umfasse den Becher mit der Hand. Notiere deine Beobachtungen und beschreibe dann die Stoffumwandlung genauer.

2 Gips wird bei der Spurensicherung verwendet, um Reifenspuren oder Fußabdrücke zu sichern. → [5] Wenn du den Abdruck deines Schuhs in einer Schale mit feuchter Blumenerde sichern willst, dann musst du einfach den flüssigen Gipsbrei in den Abdruck geben und trocknen lassen.

Chemische Reaktion – was passiert da?

1 Modellbau mit einfachen Materialien

Chemische Reaktionen kann man mit Modellen begreifbar machen.

Modelle • Es gibt Dinge, die man nicht so einfach verstehen kann. Bei solchen
5 Schwierigkeiten machen sich Wissenschaftler Modelle. Modelle vereinfachen den Sachverhalt sehr, damit die Thematik anschaulicher wird. Auch chemische Reaktionen kann man mit
10 Modellen verständlich machen. →1

Teilchen • Alle Stoffe – egal, in welchem Zustand (fest, flüssig oder gasförmig) – sind aus kleinsten Teilchen aufgebaut. Bei der Darstellung dieser
15 Teilchen benutzt man häufig Kugeln, aber auch Quader oder Zylinder sind möglich.
So würde man sich z. B. das Metall Kupfer aus sehr vielen einzelnen
20 Kupferteilchen vorstellen, die eng aneinanderliegen. →2 Das Gleiche gilt für das Metall Aluminium. Auch hier liegen die Teilchen eng aneinander. →3

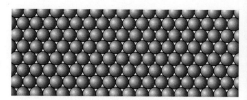

2 Kupfer, als Teilchenmodell dargestellt

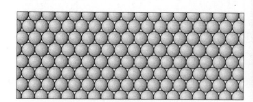

3 Aluminium, als Teilchenmodell dargestellt

25 Da Kupfer ein anderer Stoff als Aluminium ist, würde man diesen Unterschied in Farbe, Form oder Größe der Teilchen darstellen.
Stoffe können auch aus Verbindungen
30 von Teilchen bestehen, z. B. das Gas rechts in Bild 5.
Modelle kann man durch unterschiedliche Materialien darstellen. Playmaiskörner, Legosteine, Knete oder Mur-
35 meln sind gute Baumaterialien. →1

Neu angeordnet • Zwei Stoffe, nämlich die Ausgangsstoffe A und B, gehen eine chemische Reaktion ein. Jeder Ausgangsstoff besteht aus sehr vielen kleinsten Teilchen. Bei der chemischen Reaktion passiert nun Folgendes: Die Teilchen der Stoffe A und B gehen nicht verloren, sondern verändern nur ihre Anordnung. Auf diese Weise bilden sie das Reaktionsprodukt. Die Teilchen werden also nur umgruppiert. → 4 5

Gesetz der Massenerhaltung • Bei einer chemischen Reaktion gehen weder Teilchen verloren noch kommen welche neu hinzu. Daher bleibt auch die Masse der Teilchen gleich. Das lässt sich am Beispiel der Reaktion von Schwefel und Kupfer klarmachen: Lässt man 32 Gramm Schwefel mit 64 Gramm Kupfer reagieren, so bekommt man 96 Gramm Kupfersulfid heraus. Natürlich muss man dabei beachten, dass man alle Produkte und alle Edukte mitwiegt. Wenn beispielsweise eine Kerze verbrennt, braucht es Luftsauerstoff und es entstehen Gase, die in die Luft entweichen. Daher muss man die Gase auffangen und mitwiegen. Es gilt: Die Masse der Produkte ist in einem geschlossenen System gleich der Masse der Edukte.

> Bei chemischen Reaktionen werden die Teilchen der Ausgangsstoffe neu als Reaktionsprodukt angeordnet. Dabei gehen weder Teilchen verloren noch kommen welche neu hinzu.

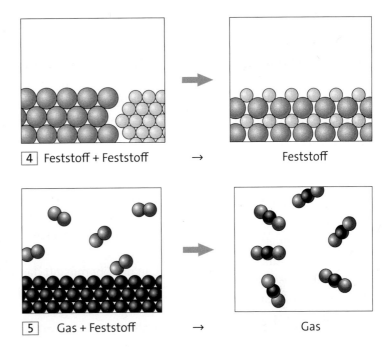

4 Feststoff + Feststoff → Feststoff

5 Gas + Feststoff → Gas

Aufgaben

1 ▣ Alle Stoffe bestehen aus Teilchen. Erläutere und zeichne ein mögliches Teilchenmodell des Metalls Silber.

2 ▨ Zeichne ein Teilchenmodell für die chemische Reaktion von Schwefel und Kupfer. → ▣

3 ▨ Beschreibe das Gesetz der Massenerhaltung.

4 ▨ Für jeden Liter Benzin produziert ein Auto 2,3 kg Kohlenstoffdioxid. Berechne, wie viel CO_2 ein Auto produziert, wenn es in einem Jahr 30 000 km fährt und 6 Liter auf 100 km verbraucht.

Chemische Reaktion – was passiert da?

Chemische Reaktionen

Hier geht es um chemische Reaktionen. Dabei entstehen neue Stoffe.

Bei chemischen Reaktionen entsteht immer mindestens ein Reaktionsprodukt, also ein neuer Stoff. Dafür ein Beispiel: Man lässt Eisenpulver mit Schwefelpulver reagieren. Nach Zufuhr von Wärme glühen die beteiligten Stoffe auf, die Reaktion findet statt und danach ist ein neuer Stoff entstanden: Eisensulfid. Dies ist viel mehr als nur eine Änderung des Aggregatzustands.

1 ☒ Baue mit Playmaiskörnern, Legosteinen oder Knete die Reaktion von Eisen und Schwefel zu Eisensulfid nach.

2 ☒ Welches Merkmal von chemischen Reaktionen kann man beobachten, wenn Eisen und Schwefel miteinander reagieren? → 1

3 In der Chemie gilt das „Gesetz der Massenerhaltung". Es besagt, dass alle Reaktionsprodukte zusammen genauso viel wiegen wie alle Edukte zusammen.

a ☒ Gib an, wie viel Eisensulfid entsteht, wenn 28 g Eisen mit 16 g Schwefel reagieren.

b ☒ Zeige an einem selbst gebauten Beispiel im Teilchenmodell, weshalb das Gesetz der Massenerhaltung gelten muss.

c ☒ Wenn eine Kerze brennt, ist sie nachher „weg". Erläutere, weshalb das Gesetz der Massenerhaltung trotzdem auch hier gilt.

1 Reaktion von Eisen und Schwefel

Im geschlossenen System

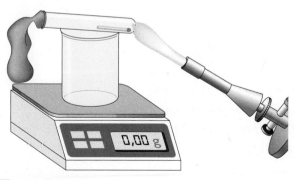

2 Versuchsaufbau

Materialliste: Becherglas, Waage, Reagenzglas, Luftballon, Streichholz, Gasbrenner

Baue den Versuch wie in Bild 2 auf. Dazu musst du zuerst ein Streichholz in ein Reagenzglas geben und die Öffnung mit einem Luftballon verschließen.
Auf der Waage musst du das Reagenzglas von der vorderen Seite erhitzen, sodass die Flamme nur die Spitze mit dem Streichholz erreicht.

1 ☒ Erkläre deine Beobachtungen.

Material C

Verbrennung von Eisenwolle

Materialliste: Eisenwolle, Digitalwaage, Porzellanschale, Brenner, Tiegelzange

Lege ein kleines Büschel Eisenwolle in die Porzellanschale. Wiege die Schale mit der Wolle und notiere das Gewicht. Zünde die Eisenwolle mithilfe der Streichhölzer an. Achte darauf, dass das gesamte Büschel durchglüht. Wiege es erneut.

1 ☒ Erstelle ein Versuchsprotokoll.

2 ☒ Begründe, warum die Gewichtszunahme nicht dem Gesetz der Erhaltung der Masse widerspricht.

3 ☒ Erkläre, warum das Reaktionsprodukt schwerer ist als der Ausgangsstoff.

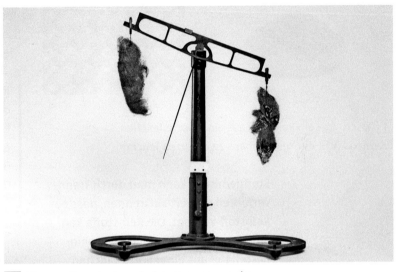

3 Eisenwolle wiegt nach dem Brennen mehr.

Material D

Gesetz der konstanten Massenverhältnisse

Masse Kupfer (Cu)	Masse Kupfersulfid (CuS)	Masse Schwefel (S)	Masse Cu zu S
100 mg	148 mg	48 mg	?
201 mg	297 mg	96 mg	?
300 mg	446 mg	146 mg	?
402 mg	591 mg	189 mg	?
499 mg	740 mg	241 mg	?
600 mg	892 mg	292 mg	?

4 Hier reagierte jeweils eine Portion Kupfer mit Schwefel zu Kupfersulfid.

Bild 4 zeigt die Ergebnisse einer Versuchsreihe. Dabei reagierte jeweils Kupfer mit Schwefel.

1 ☒ Berechne das Verhältnis der Massen, indem du die Masse des Kupfersulfids durch die Masse des Schwefels teilst.

2 ☒ Erkläre, warum das Verhältnis der Massen von Kupfer zu Schwefel immer gleich ist.

Reinstoff – Element oder Verbindung

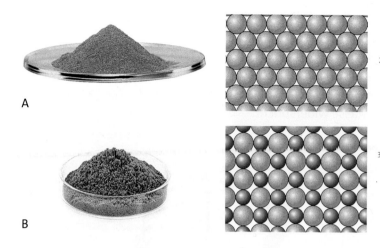

A

B

1 Eisen (A) – ein Reinstoff aus einer Sorte Teilchen
Eisenoxid (B) – ein Reinstoff aus zwei Sorten Teilchen

**Stoffgemische kann man durch Trenn-
verfahren so weit auftrennen, dass ein
Reinstoff vorliegt. Die Reinstoffe können aber unterschiedlicher Art sein:**
5 **bestehend aus einer Sorte Teilchen
oder aus verschiedenen Teilchensorten.**

Elemente • Von Elementen spricht
man, wenn der Reinstoff ausschließlich aus der gleichen Sorte kleinster
10 Teilchen besteht. Diese kleinsten Teilchen nennt man Atome. Man kennt
heute 118 verschiedene Atomsorten,
die sich in Größe und Masse unterscheiden. Beispiele hierfür sind Eisen
15 oder Sauerstoff. → 1A

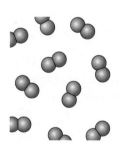

2 Stickstoff

Verbindungen • Die weitaus größere
Anzahl der bekannten Reinstoffe –
man kennt heute über 70.000.000
davon – sind Verbindungen.
20 Dabei sind mindestens zwei verschiedene Atomsorten miteinander verbunden. Beispiele hierfür sind Wasser,

Kochsalz oder Eisenoxid. → 1B
Die Atome dieser Verbindungen lassen
25 sich durch Trennverfahren, wie zum
Beispiel Filtrieren oder Extrahieren,
nicht voneinander trennen. Nur durch
chemische Reaktionen bilden die an
der Verbindung beteiligten Atome
30 neue Verbindungen, wodurch neue
Stoffe mit neuen Eigenschaften entstehen.

Reinstoffe sind entweder Elemente
oder Verbindungen.
Elemente sind Stoffe, die nur aus
einer Atomsorte bestehen.
Bei Verbindungen sind verschiedene Atomsorten miteinander
verbunden.

Aufgaben

1 ⊠ Nenne die Gemeinsamkeit und
den Unterschied von Elementen
und Verbindungen.

2 ⊠ Begründe, ob es sich bei Stickstoff um ein Element oder eine Verbindung handelt. → 2

3 ⊠ „Es gibt nur 26 Buchstaben, aber
etwa 400.000 Wörter."
Erkläre, warum es nur 118 Atomsorten, aber viele Millionen
Verbindungen gibt.

4 ⊠ „Man kann aus einer Verbindung
die Elemente, aus denen sie besteht, gewinnen." Stimmt diese
Aussage? Begründe deine Antwort.

Material A

Lückenlos

1 ▣ Schreibe den Text in dein Heft und ersetze die Lücken (A) bis (G) durch die richtigen Begriffe. → 3

Trennverfahren – Reinstoffe (2x) – Stoffgemisch – Verbindung (2x) – Atomsorten – Element

Es gibt eine Vielzahl von Stoffen in unserer Welt. Vermengt man verschiedene Stoffe, so hat man ein **(A)** vorliegen. Dieses lässt sich durch unterschiedliche Trennverfahren wieder auftrennen. Man kann es so lange auftrennen, bis am Ende **(B)** vorliegen.
(C) wiederum lassen sich in zwei Arten einteilen. Ein **(D)** hat man vorliegen, wenn der Reinstoff nur aus einer Atomsorte besteht. Besteht ein Reinstoff aus verschiedenen miteinander verbundenen Atomsorten, spricht man von einer **(E)**. Die Atome einer **(F)** lassen sich durch **(G)** nicht voneinander trennen.

3

Material B

Stoffe im Modell

Modelle können uns eine bessere Vorstellung von Dingen geben, die wir nicht sehen können. Diese stimmen zwar mit der Wirklichkeit nicht völlig überein, müssen aber wichtige Dinge passend wiedergeben.

1 In den Bildern 4–6 sind verschiedene Gase im Modell dargestellt.
a ▣ Gib für jedes der Bilder an, ob ein Reinstoff oder Stoffgemisch dargestellt ist.
b ⊠ Begründe deine Entscheidung aus Aufgabe 1 a.
c ▣ Teile die Reinstoffe in Verbindung und Element ein.
d ⊠ Begründe deine Entscheidung aus Aufgabe 1 c.

2 Zeichne selbst Modelldarstellungen von Feststoffen:
a ⊠ einer Verbindung
b ⊠ eines Elements

3 Luft ist ein Stoffgemisch aus:
• 78 Prozent Stickstoff (Verbindung aus 2 Stickstoffatomen)
• 21 Prozent Sauerstoff (Verbindung aus 2 Sauerstoffatomen)
• 1 Prozent Edelgase (Einzelatome)
⊠ Stelle das Stoffgemisch Luft als Modellzeichnung dar.

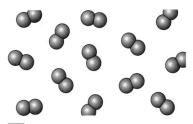
4 Modelldarstellung eines Gases

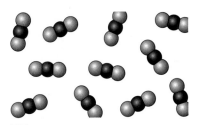
5 Modelldarstellung eines Gases

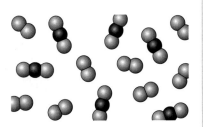
6 Modelldarstellung eines Gases

Was ist eigentlich Energie?

1 Lageenergie

2 Bewegungsenergie

3 Spannenergie

Bei chemischen Reaktionen wird Energie umgesetzt, aber was ist eigentlich Energie?
Ein Bungeespringer hilft uns, diese
5 **Frage zu beantworten.**

Energieformen • Energie tritt in verschiedenen Formen auf. → Die verschiedenen Energieformen kann man sich gut anhand des Bungeespringers
10 verdeutlichen.
Für seinen Sprung begibt er sich zunächst in ausreichende Höhe, z. B. auf ein hohes Gebäude oder einen Kran. Der Bungeespringer besitzt nun Lage-
15 energie. → 1
Sobald er von der Plattform springt, bewegt er sich Richtung Boden. → 2
Sich bewegende Personen oder Gegenstände besitzen Bewegungsenergie.
20 Am Ende seines Sprungs wird das Bungeeseil gespannt und der Springer dadurch aufgefangen. Das gespannte Seil besitzt Spannenergie. → 3

Energieumwandlungen • Die verschie-
25 denen Energieformen sind ineinander umwandelbar.
Beim Sprung von der Plattform wandelt sich die Lageenergie des Bungeespringers in Bewegungsenergie
30 um. Die Bewegungsenergie wandelt sich wiederum in Spannenergie des Seils um.
Auch beim Tennisspielen wird Bewegungsenergie in Spannenergie umge-
35 wandelt. → 4

Energie verschwindet nicht • Wenn ein fallender Stein nach dem Aufschlag am Boden liegt, so ist die Energie scheinbar verschwunden. Aber nur
40 scheinbar! Wenn man nämlich die Aufschlagstelle mit einer Wärmebildkamera filmt, sieht man, dass sich der Boden erwärmt hat. Die Bewegungsenergie wurde in Wärmeenergie
45 (thermische Energie) umgewandelt.
Wärme ist also auch eine Energieform.

pimiwe

Lexikon
Video
Tipps

die **Lageenergie**
die **Bewegungsenergie**
die **Spannenergie**
die **Wärmeenergie**
die **chemische Energie**

Energiespeicherung • Man kann Energie auch speichern. Dazu eignen sich die verschiedenen Energieformen unter-
50 schiedlich gut. Wärme ist eine Energie-form, die sich nur sehr schlecht spei-chern lässt: Wenn man heißes Wasser in einem Becher aufbewahrt, ist es nach einer Stunde wieder kalt. Auch
55 eine Thermoskanne kann die Abküh-lung nicht sehr lange verhindern. Nach einem Tag ist auch darin der heiße Tee kalt geworden.
Sehr gut lässt sich Energie dagegen in
60 Form von Lageenergie speichern. Wenn etwas in der Höhe liegt, kann es dort jahrelang bleiben und mit ihm die gespeicherte Energie. Beispielsweise ist in hoch gelegenen Stauseen sehr viel
65 Energie gespeichert. → 5

Chemische Energie • Auch in Form von chemischer Energie lässt sich Energie speichern. Holz kann jahrelang gela-gert werden. Sobald man es verbrennt,
70 liefert die chemische Reaktion große Mengen an Wärme- und Lichtenergie. In unserer Nahrung ist ebenfalls che-mische Energie gespeichert, die wir durch die Verdauung nutzen können.

Energie tritt in verschiedenen Formen auf, z. B. als Lage-, Bewe-gungs- oder Spannenergie. Auch Wärme ist eine Energieform.
Die einzelnen Energieformen sind ineinander umwandelbar.
Energie kann gespeichert werden.

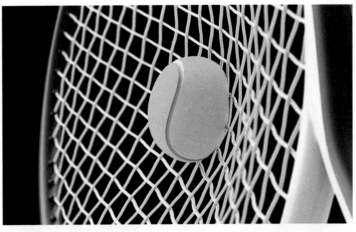

4 Hier wird Bewegungsenergie in Spannenergie umgewandelt.

5 Ein Stausee speichert große Mengen Energie.

Aufgaben

1 ☑ Nenne drei Energieformen und überlege dir jeweils ein Beispiel aus dem Alltag, wo diese Form auftritt.

2 ☒ Nenne die Energieformen, die bei einem Tennisspiel auftreten.

3 ☒ Ein Stausee ist ein guter Energie-speicher. Begründe dies.

Was ist eigentlich Energie?

1 Auf dem Skihang ist viel los!

Energieformen

Auf dem Bild kann man viele verschiedene Energieformen erkennen.

1 ☒ Übertrage die Tabelle in dein Heft und fülle sie aus.

Energieform	Zu finden in
Lageenergie	A3
Spannenergie	...
...	...
...	...
...	...
...	...

2 ☒ Gib für drei der von dir entdeckten Energieformen an, in welche Energieform sie umgewandelt werden.

3 ☒ Erläutere, was aus der elektrischen Energie wird, die den Skilift antreibt.

Material B

2 Alltagsgegenstände mit Energiespeicher

Energiespeicher

In vielen Alltagsgegenständen wird Energie gespeichert.

1 ☑ Lege eine Mind-Map an: Trage dort die verschiedenen Energieformen und die Beispiele von Bild 2 ein. → **3**

2 ☒ Ergänze die Mind-Map mit weiteren Gegenständen aus deinem Alltag, die ebenfalls Energie gespeichert haben.

3 ☒ Bewerte die Energiespeicher danach, wie gut sich die in ihnen enthaltene Energie speichern lässt.

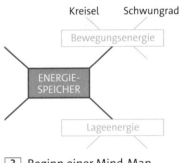

3 Beginn einer Mind-Map

Material C

Wasser warm schütteln

Materialliste: Reagenzglas, Stopfen, Taschentuch, Thermometer, Stoppuhr

1 Fülle 5 ml Wasser in ein Reagenzglas mit Stopfen und miss die Temperatur. Schüttle das Reagenzglas für 30 s heftig und miss erneut die Temperatur. Wiederhole den Versuch mit 60 s und 90 s Schütteln.

2 ☑ Berechne jeweils, um wie viel Grad sich das Wasser erwärmt hat.

3 ☒ Gib an, woher die hinzugekommene Wärmeenergie stammt.

4 ☒ Erstelle ein Zeit-Temperatur-Diagramm. Führe das Diagramm fort und ermittle, wie lange man schütteln müsste, um 43 °C zu erreichen.

4 Wasser wird warm geschüttelt (Taschentuch als Isolation).

Let's start – die Aktivierungsenergie

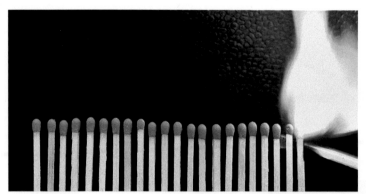

Ein Streichholz kann jahrelang aufbewahrt werden, ohne dass es sich entzündet. Was braucht es, damit es anfängt zu brennen?

5 **Wege der Entzündung** • Man kann ein Streichholz auf viele verschiedene Arten entzünden: durch das Reiben an der Zündfläche oder das Halten in eine Flamme. Genauso gut wird es 10 aber auf einer heißen Oberfläche oder mit einer Lupe zum Brennen gebracht. Das zeigt, dass die Energieform keine Rolle spielt, es muss nicht Wärmeenergie sein.

15 **Aktivierungsenergie** • Um eine chemische Reaktion zu starten, muss oft von außen Energie zugeführt werden. Diese Energie nennt man Aktivierungsenergie. Verschiedene chemische Reaktio- 20 nen benötigen unterschiedlich viel Aktivierungsenergie. So reicht bei einem Streichholz schon die Reibungswärme, um den Streichholzkopf zu entzünden. Eine Wunderkerze dagegen muss man 25 schon einige Zeit in eine Flamme halten, damit sie anfängt zu brennen.

Es gibt sogar Reaktionen, für die die Zimmertemperatur oder das Tageslicht ausreichen. 30 Die meisten Reaktionen laufen nach der Zugabe von Aktivierungsenergie von alleine weiter ab. In Bild 2 schiebt das Mädchen das Auto den Berg hoch. Oben angekommen rollt das Auto 35 von alleine den Berg hinunter. Ähnlich verhalten sich die Ausgangsstoffe bei vielen chemischen Reaktionen. Wenn genug Energie (Aktivierungsenergie) zugeführt wurde, kann die Reaktion 40 von alleine zu Ende laufen.

2 Aktivierungsenergie am „Bergmodell"

Chemische Reaktionen starten erst nach Zufuhr von Aktivierungsenergie.

Aufgaben

1 ✎ Formuliere eine Definition für die Aktivierungsenergie.

2 ✗ Begründe, ob auch Knallerbsenexplosionen auf die Zufuhr von Aktivierungsenergie angewiesen sind.

3 ✗ Wähle drei bisher bekannte Versuche aus. Gib an, wie die Aktivierungsenergie dort zugeführt wird.

Material A

Aktivieren durch Reiben

Materialliste: Streichholz, Streichholzschachtel

Entzünde ein Streichholz an der Reibefläche der Streichholzschachtel. Probiere schnelles und langsames, druckvolles und druckloses Reiben.

1 ☒ Erkläre, welchen Unterschied es macht, wenn man langsam oder mit wenig Druck reibt.

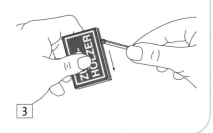

3

Material B

Aktivieren durch Wärme

Materialliste: Streichhölzer, Gasbrenner, Reagenzglas, Reagenzglasklammer

Halte das Reagenzglas etwa 30 Sekunden in die rauschende Flamme. Nimm es aus der Flamme und halte sofort ein Streichholz an das heiße Glas.

1 ☒ Erkläre, was passiert, wenn man das Reagenzglas nicht lange genug in die Flamme hält.

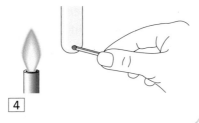

4

Material C ☒

Lehrerversuch: Aktivieren durch eine Flamme

Materialliste: Streichhölzer, Wunderkerze

Man versucht, eine Wunderkerze im Abzug mit einem Streichholz zu entzünden.

1 ☒ Würde man die Wunderkerze auch mit einem heißen Reagenzglas anzünden können? Begründe mithilfe deiner Beobachtungen.

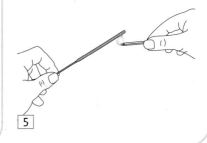

5

Material D ☒

Aktivieren durch Strom

Materialliste: Eisenwolle, Tiegelzange, Flachbatterie

Nimm die Eisenwolle mit der Tiegelzange und halte sie so, dass sie beide Pole der Batterie gleichzeitig berührt.

1 ☒ Begründe, ob das Aktivieren auch mit einer leeren Batterie möglich ist.

6

Viele Reaktionen setzen Energie frei

1 Kaminfeuer

Im Ofen brennt ein wärmendes Feuer. Was hat das mit chemischer Energie zu tun?

Energiefreisetzung • Bei vielen chemi-
5 schen Reaktionen geht es gar nicht
darum, dass ein bestimmter Stoff
entsteht. Wichtig ist bei diesen Reaktionen nur eins: Chemische Energie
wird in andere Energieformen umge-
10 wandelt. Meist handelt es sich dabei
um thermische Energie.
Seit Tausenden von Jahren macht
man sich zunutze, dass beim Brennen
Energie frei wird. Schon die Steinzeit-
15 menschen nutzten die frei werdende
thermische Energie zum Heizen und
Kochen. Später wurde Kohle verbrannt, um mit der thermischen Energie Dampfmaschinen anzutreiben.
20 Und auch heute verbrennen wir noch
Kohle, Gas, Öl und Holz. Wir verwenden die thermische Energie, um Kraftwerke zu betreiben, Fahrzeuge anzutreiben oder Häuser zu heizen.

25 **Speicherung** • Der Brennstoff enthält
in den beschriebenen Fällen immer
Kohlenstoff. Er wird in Pflanzen bei
der Fotosynthese aus dem Kohlenstoffdioxid der Luft hergestellt. Dabei gibt
30 die Pflanze Sauerstoff ab. Die Energie
für diese Reaktion kommt von der Sonne. Nur bei Lichteinstrahlung kann
die Pflanze diese chemische Reaktion
aufrechterhalten und wachsen.

35 **Kohlenstoffdioxid** • Der Brennstoff
reagiert beim Brennen immer mit
Sauerstoff. Als Reaktionsprodukt des
Kohlenstoffs entsteht Kohlenstoffdioxid. Dieses Gas ist eigentlich harmlos:
40 farblos, geruchlos und ungiftig. Es ist
aber der Hauptverursacher des Klimawandels. 2014 lag sein Ausstoß weltweit bei 36 Milliarden Tonnen. Das
entspricht dem Gewicht von über
45 7 Milliarden Elefanten. Die chemische
Energie ist in Brennstoff und Sauerstoff gespeichert. Viele Brennstoffe
sind Millionen von Jahren alt. Daran
kann man sehen, dass sich chemische
50 Energie sehr gut speichern lässt.

> In Stoffen kann chemische Energie
> gespeichert sein. Wenn diese bei
> Verbrennungen umgewandelt wird,
> entsteht meist Kohlenstoffdioxid.

55 **Exotherme Reaktionen** • Solche Reaktionen, bei denen Energie frei wird,
bezeichnet man als exotherme Reaktionen. Dieser Fachbegriff kommt, wie
so viele Begriffe in den Naturwissen-
60 schaften, aus dem Griechischen. Das
Wort „exo" heißt übersetzt „außen".

jezike

Lexikon
Video
Tipps

das **Energiediagramm**
exotherm

Den Begriff „thermo" kennst du bestimmt aus Wörtern wie Thermometer oder Thermoskanne. Er lässt sich mit
65 „Wärme" übersetzen. Exotherm bedeutet also „Wärme nach außen", obwohl es eigentlich egal ist, ob die Energie als Wärme, Licht oder Strom frei wird.

70 **Energiediagramme** • In Diagrammen lässt sich zeigen, wie sich der Energiegehalt während der chemischen Reaktion verändert. → 2 Dazu wird die Reaktionszeit auf der x-Achse und die
75 Energie auf der y-Achse aufgetragen. Betrachten wir das Brennen eines Streichholzes: Am Anfang ist viel Energie in den Stoffen gespeichert. Der Energiegehalt ist hoch.
80 Um die Reaktion zu starten, muss man Aktivierungsenergie hinzufügen, das heißt, der Energiegehalt des Systems steigt. Sobald das Streichholz brennt, wird Energie als Licht und Wärme an
85 die Umwelt abgegeben. Die Energie des Systems nimmt ab.
Am Ende der Reaktion steckt weniger chemische Energie in den Produkten. Es gibt neben den Verbrennungen
90 noch andere Reaktionen, bei denen Energie frei wird.
Bei Batterien nutzen wir die Umwandlung von chemischer Energie in elektrische Energie.
95 Bei Leuchtstäben wandelt sich chemische Energie in Lichtenergie um. → 3

Reaktionen, bei denen Energie frei wird, nennt man exotherme Reaktionen.

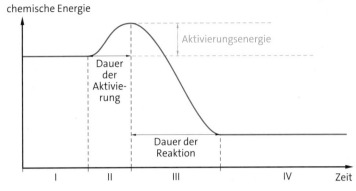

2 Energiediagramm einer exothermen Reaktion → ▣

3 Leuchtstäbe

Aufgaben

1 ▣ Nenne zwei Beispiele für exotherme Reaktionen.

2 ▣ Ordne den Phasen I – IV in Bild 2 folgende Vorgänge beim Abbrennen eines Streichholzes zu: *Reiben des Holzes an der Zündfläche – Streichholz vor der Reaktion – das Streichholz hat gebrannt – das Streichholz brennt.*

3 ▣ „Die Wärme eines Feuers kommt von der Sonne." Nimm Stellung zu dieser Aussage.

Viele Reaktionen setzen Energie frei

Material A

Die Energiefreisetzung messen

Das Brennen von Streichhölzern ist eine exotherme chemische Reaktion. Wovon hängt es ab, wie viel Energie frei wird?

Materialliste: Streichhölzer, Teelichthülle, Tiegelzange, Abdampfschale, Thermometer

1 ☑ Fülle 5 ml Wasser in die Hülle eines Teelichts und miss die Temperatur. Lass dann ein halbes Streichholz unter der Teelichthülle brennen und miss erneut die Temperatur. Berechne, um wie viel Grad sich das Wasser erwärmt hat.

Wiederhole den Versuch, nimm aber diesmal 10 ml Wasser. Was kannst du feststellen?

2 ☒ Fülle 5 ml Wasser in die Hülle eines Teelichts und miss die Temperatur.

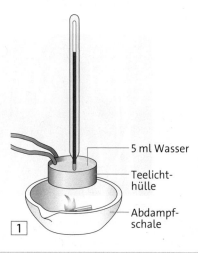

5 ml Wasser

Teelichthülle

Abdampfschale

1

Lass zweimal ein halbes Streichholz unter der Teelichthülle brennen und miss erneut die Temperatur. Berechne, um wie viel Grad sich das Wasser erwärmt hat. Was fällt dir auf?

3 ☒ Wiege ein Streichholz. Erwärme anschließend mit dem Streichholz 5 ml Wasser in der Teelichthülle. Ermittle, wie stark sich das Wasser erwärmt hat. Wiege das Streichholz erneut. Sage voraus, wie viel Gramm Holz brennen müssten, um das Wasser zum Kochen zu bringen.

Material B

Vorsicht heiß

Materialliste: wasserfreies weißes Kupfersulfat ⟨!⟩ ⟨⚠⟩, Abdampfschale, Tiegelzange, Thermometer, Spatellöffel

1 Gib in das weiße Kupfersulfat einen Spritzer Wasser und miss mit einem Thermometer die Temperaturdifferenz.

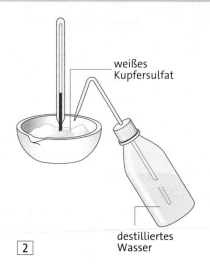

weißes Kupfersulfat

destilliertes Wasser

2

2 ☑ Protokolliere deine Beobachtungen.

3 ☒ Beurteile, ob dieser Versuch exotherm ist.

4 ☒ Dieser Versuch ist umkehrbar. Stelle Vermutungen an, was man dafür tun muss.

Material C

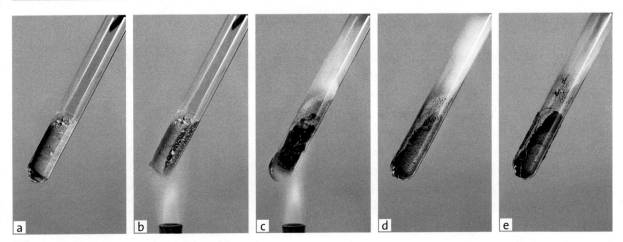

3 Die Reaktion von Eisen und Schwefel

Erstellen eines Energiediagramms

In einem Reagenzglas befand sich ein Gemisch aus Eisenpulver und Schwefelpulver. → 3 a
Nach 6 Sekunden wurde ein Gasbrenner unter das Reagenzglas gestellt. → 3 b
Weitere 18 Sekunden später sah man, wie das Gemisch aufglühte. → 3 c

Der Gasbrenner wurde augenblicklich entfernt. In den folgenden 36 Sekunden war zu sehen, dass das Gemisch durchglühte. → 3 d
Es wurde dabei so heiß, dass das Reagenzglas zersprang. Das letzte Foto der Reihe zeigt das Reagenzglas am Ende der Reaktion. Zu diesem Zeitpunkt waren insgesamt 54 Sekunden vergangen. → 3 e

1 Bild 4 zeigt ein noch nicht ausgefülltes Energiediagramm.
a ☒ Zeichne ein solches Diagramm in dein Heft. Hinweis: 1 cm entspricht auf der x-Achse 6 Sekunden. Die y-Achse wird nicht skaliert.
b ☒ Beschrifte das Diagramm, indem du bei den einzelnen Phasen angibst, was zu dieser Zeit abgelaufen ist.

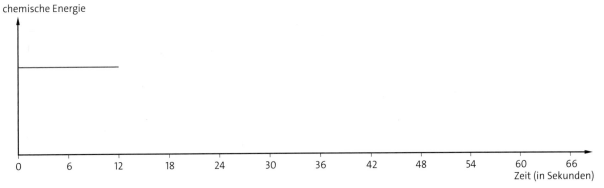

4 Hier soll die Reaktion von Eisen und Schwefel als Energiediagramm dargestellt werden.

Viele Reaktionen setzen Energie frei

Katalysatoren

Feuerzeug ohne Zündfunken • Johann Wolfgang Döbereiner erfand im Jahre 1823 ein Feuerzeug, das ohne Zündfunken arbeitet. Das entweichende Gas ist Wasserstoff, der mit dem Sauerstoff
5 der Luft reagiert. Döbereiner leitete den Wasserstoff über einen Platinschwamm. Platin sorgt dafür, dass die Aktivierungsenergie der Reaktion herabgesetzt wird. Dadurch reicht schon die normale Raumtemperatur für den Ablauf der Reak-
10 tion aus. Das Platin wird dabei nicht verbraucht.

Katalysatoren • Stoffe, die die Aktivierungsenergie herabsetzen, nennt man Katalysatoren. → 1 Sie werden durch die Reaktion nicht verändert.
15 In der chemischen Industrie werden über 80 Prozent aller Erzeugnisse mithilfe von Katalysatoren hergestellt. In Automobilen wird seit 1986 auch Platin als Katalysator eingesetzt. Der Katalysator sitzt zwischen Motor und Auspuff und lässt
20 Abgase zu etwas weniger schädlichen Stoffen reagieren.

2 Döbereiner mit seinem Feuerzeug

Enzyme • In Lebewesen wirken vielfältige Biokatalysatoren, sogenannte Enzyme, bei den vielen
25 chemischen Reaktionen mit. Zucker wird in den Zellen beispielsweise zu Kohlenstoffdioxid und Wasser verbrannt. Diese Reaktion braucht zum Glück keinen Zündfunken und läuft dank Enzymen bei 37 °C ab. Solche in unserem Körper ab-
30 laufenden Reaktionen nennt der Biologe Stoffwechselvorgänge. Schon dieser Name zeigt, dass dort chemische Reaktionen ablaufen.

> Katalysatoren ermöglichen Reaktionen, indem sie die Aktivierungsenergie herabsetzen. Sie werden dabei nicht verbraucht.

Aufgaben

1 ⊠ Erkläre die Wirkung eines Katalysators mithilfe des Energiediagramms in Bild 1. → ⊡

2 ⊠ Im Speichel ist ein Enzym, das die Stärke im Brot zu Zucker reagieren lässt. Erstelle einen Versuch, der dies beweist.

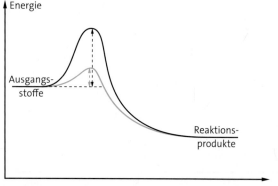

1 Energiediagramm mit und ohne Katalysator

Material D

Kann man Zucker zum Brennen bringen? → ▣

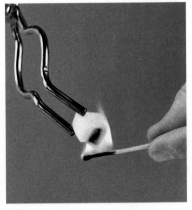

3 Entzünden von Zucker

Materialliste: Würfelzucker, Holzasche, Streichhölzer, Tiegelzange

Führt diesen Versuch in Partnerarbeit durch. Einer hält ein Stück Würfelzucker mit der Tiegelzange über eine Unterlage. Der Partner versucht, den Zucker mit einem Streichholz zu entzünden. Wiederholt dann den Versuch mit einem Stück Zucker, das ihr leicht befeuchtet und in Asche getaucht habt.

1 ▣ Erstellt ein Versuchsprotoll.

2 ⊠ Welche Reaktion läuft bei der Wiederholung des Versuchs ab, die vorher offensichtlich nicht ablaufen konnte? Erklärt, warum die Reaktion beim zweiten Versuch ablief.

3 ⊠ Erstellt Energiediagramme für beide Versuche. Erklärt damit die Beobachtungen.

Material E

Braunwerden von Äpfeln

Wenn ein Apfel aufgeschnitten wird, läuft er an den Schnittstellen braun an. Durch das Aufschneiden werden die Zellstrukturen zerstört. Es treten Enzyme aus und lassen einige Stoffe aus dem Apfel nun mit der Luft reagieren und den Apfel braun werden. Kann dieser Bräunungsprozess verlangsamt oder gar gestoppt werden? Hausmittel dagegen gibt es viele. Meist wird das Beträufeln mit Zitrone vorgeschlagen, aber auch das Abspülen mit Wasser oder die Aufbewahrung im Kühlschrank werden empfohlen.

Materialliste: Apfel, Zitronensaft, Wasser

1 ▣ Plant eine Versuchsreihe, um die Effektivität der Hausmittel zu testen. Erstellt eine Versuchsvorschrift für den Versuch.

2 ▣ Führt den Versuch durch und protokolliert eure Beobachtungen in einer

Tabelle. → 4 Ihr könnt auch zusätzlich Vorher-Nachher-Fotos machen.

3 ⊠ Erläutere, welche Wirkung das Aufbewahren im Kühlschrank für die Aktivierungsenergie spielt.

4 ⊠ Recherchiere, welche Rolle das Vitamin C im Zitronensaft bei dem Versuch spielt.

	Nach 1 Tag	Nach 2 Tagen	Nach 5 Tagen
ohne Hausmittel	?	?	?
mit Zitrone	?	?	?
...	...	...	...

4 Beispieltabelle

Manche Reaktionen brauchen Energie

Beide Stoffe haben Raumtemperatur, ungefähr 20 °C.

Wenn beide miteinander reagieren ...

... sinkt die Temperatur deutlich. Nur noch −7 °C!

1 | Bariumhydroxid und Ammoniumthiocyanat reagieren miteinander – und dabei wird es kalt.

Das Gegenteil von Energie „abgeben" ist Energie „aufnehmen". Gibt es auch ein Gegenteil von „exotherm"?

Exotherm und endotherm • Bei exo-
5 thermen Reaktionen wird Energie freigesetzt. Je länger solche Reaktionen
verlaufen, desto heißer kann es zum
Beispiel im Reagenzglas werden. Es
gibt dann mehr thermische Energie im
10 Reagenzglas. Wie wäre das bei einer
umgekehrten Reaktion? Es würde im
Reagenzglas kälter werden. Denn die
Stoffe, die dort reagieren, würden
thermische Energie aufnehmen.
15 Solche Reaktionen gibt es tatsächlich.
Man nennt sie endotherme Reaktionen. Bild 1 ist dafür ein Beispiel.

Laden und Entladen • Der Akku im
Handy gibt Energie ab. Denn im Akku
20 laufen exotherme chemische Reaktionen ab. Das setzt Energie frei – und
zwar als elektrische Energie. Beim
Aufladen des Akkus ist es umgekehrt.
→ 2 | Dann finden im Akku endo-

2 | Laden des
Akkus

25 therme Reaktionen statt. Dazu muss
man Strom anlegen. Die chemischen
Stoffe im Akku nehmen dann Energie
auf. Endotherme Reaktionen sind also
auf Energiezufuhr angewiesen.

> Chemische Reaktionen, die nur
> dann ablaufen, wenn dauernd
> Energie zugeführt wird, nennt
> man endotherme Reaktionen.

Aufgaben

1 ☑ Nenne zwei Beispiele für endotherme Reaktionen.

2 ☒ Zeichne ein Energiediagramm für
eine endotherme Reaktion. → ▣

3 ☒ Beim Brennen eines Streichholzes
muss zu Beginn Energie zugeführt
werden. Begründe, warum es sich
dabei nicht um eine endotherme
Reaktion handelt.

Material A

Exotherm oder endotherm?

1 ⊠ Ordne die chemischen Reaktionen in den Bildern 3–7 danach, ob sie exotherm oder endotherm sind.
Begründe anschließend deine Entscheidung.

3 Wärmekissen

4 Spiegelei braten

5 Elektroauto an der Ladestation

6 Feuerwerk

7 Brennende Eisenwolle

Material B

Energiesparen durch Recycling

Die Herstellung von Aluminium aus Bodenschätzen erfordert mehrere energieintensive endotherme Reaktionen. Weniger Energie ist notwendig, um altes Aluminium durch Umschmelzen zu recyceln. Das Diagramm in Bild 8 zeigt den jeweiligen Bedarf.

1 ⊠ Lies aus dem Diagramm den Energiebedarf für die Bereitstellung von 1 kg Aluminium aus Bodenschätzen und aus recyceltem Aluminium ab.

2 ⊠ Der Bedarf an Aluminium liegt in Deutschland bei rund 2 Milliarden kg pro Jahr. Berechne, wie viel Energie sich durch Recycling einsparen ließe.

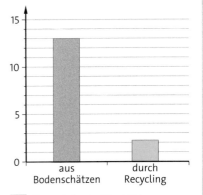
8 Energiebedarf in kWh zur Herstellung von jeweils 1 kg Aluminium

Chemische Reaktionen

Zusammenfassung

Neue Stoffe • Bei chemischen Reaktionen entstehen aus den Ausgangsstoffen neue Stoffe, die Reaktionsprodukte. Es findet also eine Stoffumwandlung statt. Dabei kann man zum Beispiel ein Aufglühen, einen Farbumschlag oder eine Gasentwicklung beobachten. Um chemische Reaktionen übersichtlich zu notieren, benutzt man Reaktionsgleichungen.

1 Feststoff + Flüssigkeit → Gas (in der Wirklichkeit)

Darstellung im Modell • Stoffe und ihre Reaktionsprodukte kann man mit Modellen veranschaulichen. Da alle Stoffe aus kleinsten Teilchen bestehen, verwendet man oft ein sogenanntes Teilchenmodell. Dabei werden die Teilchen z. B. als Kugeln in verschiedenen Farben und Größen dargestellt. Bei einer Reaktion geht kein Teilchen verloren und keines wird neu gebildet. Die Teilchen ordnen sich nur neu an.

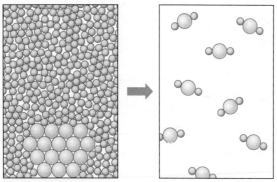

2 Feststoff + Flüssigkeit → Gas (im Modell)

Energie • Energie tritt in verschiedenen Formen auf, z. B. als Lageenergie, Bewegungsenergie oder thermische Energie. Die verschiedenen Energieformen sind ineinander umwandelbar. Energie lässt sich speichern – je nach Energieform gut oder weniger gut. Besonders gut lässt sich Energie in Form von chemischer Energie speichern. Diese steckt zum Beispiel in Holz, Kohle, Erdöl oder Erdgas.

Aktivierungsenergie • Chemische Reaktionen starten nicht von alleine, sondern nur nach Zufuhr von Aktivierungsenergie. Diese wird meist in Form von thermischer Energie (Wärme) zugeführt.

Chemische Reaktionen und Energie • Bei chemischen Reaktionen wird immer Energie umgewandelt. Wenn Energie freigesetzt wird, spricht man von einer exothermen Reaktion. Meist wird die chemische Energie dabei in Wärmeenergie umgewandelt.
Reaktionen, die nur ablaufen, wenn man fortwährend Energie zuführt, nennt man endotherme Reaktionen.

3 Eine exotherme Reaktion

Teste dich! (Lösungen im Anhang)

Merkmale chemischer Reaktionen

1 ▣ Das Mädchen in Bild 4 fährt mit ihrem Roller zur Schule. Eine Mitschülerin behauptet, dass bei dieser Fahrt eine chemische Reaktion stattgefunden hat. Erläutere, ob sie recht hat.

2 Die A-Jugend des Fußballvereins veranstaltet einen Rundenabschluss mit Lagerfeuer. Es wird ein großer Haufen an Holz verbrannt. Die Reaktionsgleichung dazu ist aber etwas durcheinandergeraten:
Asche + Holz → Sauerstoff + Kohlenstoffdioxid
a ▣ Korrigiere die Reaktionsgleichung.
b ▣ Welche Merkmale von chemischen Reaktionen lassen sich dabei beobachten? Erläutere.
c ▣ Für den Hunger werden Würste gegrillt und Stockbrot gebacken. Begründe, ob es sich hierbei um chemische Reaktionen handelt.

3 Ali hat 16 g Schwefel und will daraus Eisensulfid herstellen.
a ▣ Nenne den Stoff, den er noch dafür braucht.
b ▣ Gib an, wie viel von diesem Stoff er braucht.
c ▣ Wie viel Eisensulfid kann er aus diesen 16 g Schwefel höchstens herstellen? Begründe.
d ▣ Zeichne die chemische Reaktion von Kupfer und Schwefel als Teilchenmodell.

Chemische Reaktionen und Energie

4 Damit ein Benzinmotor funktioniert, braucht er eine sogenannte Zündkerze, die Funken erzeugt.
a ▣ Begründe, warum man für die Verbrennung von Benzin einen Zündfunken braucht.
b ▣ Gib zwei weitere Wege an, wie man Benzin noch zum Brennen bringen könnte.

4 Eine chemische Reaktion im Motor?

5 Eine chemische Reaktion auf dem Grill?

6 Wärmekissen

5 Wenn man bei einem Wärmekissen ein Metallplättchen im Innern knickt, heizt sich das Kissen für eine Weile auf und wird schließlich fest. → 6 Grund dafür ist, dass im Innern eine chemische Reaktion in Gang gesetzt wird.
a ▣ Entscheide, ob es sich um eine exotherme oder endotherme Reaktion handelt.
b ▣ Wie bezeichnet man das Knicken des Plättchens aus reaktionsenergetischer Sicht?
c ▣ Zeichne das Energiediagramm dieser chemischen Reaktion.

Metalle – wertvoll und wichtig

Die Siegerinnen und Sieger im Sport werden mit Bronze, Silber und Gold geehrt. Metalle und ihre Legierungen sind wertvoll. Wie unterscheiden sie sich?

Nur wenige Metalle kommen in der Natur in reiner Form vor. Wie gewinnt man Metalle?

Das Türschloss aus Eisen hat einmal schön geglänzt. Was ist passiert?

Was genau sind Metalle?

1 Sind Metalle grundsätzlich hart, stabil und glänzend?

Ein Blick in die Geschichtsbücher zeigt: Metalle waren immer sehr wichtig. Es gab ganze Zeitalter, die nach Metallen benannt wurden.

5 Wenn du dich in deiner Umgebung umschaust, werden dir viele Stoffe auffallen: Kunststoffe, Holz, Metalle ... Metalle spielen in der Chemie eine wichtige Rolle. Was ist typisch für 10 diese Stoffgruppe?

Verformbarkeit • Alle Metalle sind verformbar. → ▣ Das kannst du leicht feststellen, wenn du einen dünnen Draht in eine bestimmte Form bringen 15 willst. Sogar dicke Stahlträger können sich durch große Krafteinwirkung verbiegen. Dabei zerbrechen die Metalle nicht so einfach.

Elektrische Leitfähigkeit • Metalle lei-20 ten sehr gut den elektrische Strom. Auch einige andere Stoffe können den Strom leiten, aber Metalle sind die Spitzenreiter unter den Stromleitern.

Wärmeleitfähigkeit • Sicherlich haben 25 sich viele schon einmal den Finger an einem heißen Kochtopf aus Metall verbrannt. Metalle leiten nämlich auch Wärme hervorragend. → ▣

Metallischer Glanz • Metalle haben 30 eine glänzende Oberfläche. Allerdings kann dieser Glanz auch sehr schnell wieder verschwinden, wenn das Metall chemisch reagiert.
Für die Schmuckherstellung sind 35 daher überwiegend Gold und Silber interessant, da sie sehr beständig sind. Besonders Gold ist aufgrund seiner Farbe und seines seltenen Vorkommens ein begehrtes Metall.

> Metalle bilden eine Stoffgruppe. Alle Stoffe in dieser Stoffgruppe haben mehrere gleiche Eigenschaften.

xaxequ

Lexikon
Videos
Tipps

das **Leichtmetall**
das **Schwermetall**
das **Edelmetall**
das **unedle Metall**

Es gibt aber auch eine Reihe von Unterschieden zwischen den Metallen:

Magnetisierbarkeit • Nur wenige Metalle sind magnetisierbar, nämlich nur Eisen, Cobalt und Nickel. Die anderen Metalle lassen sich von einem Magneten nicht anziehen.

Härte • Manche Metalle sind so weich, dass man sie mit einem Fingernagel ritzen kann. Dazu gehört Blei. Daher verwendete man es früher gerne beim Dachausbau. Es lässt sich leicht in die entsprechende Form schneiden und biegen. → 2

Schmelztemperatur • Die Schmelztemperaturen der Metalle sind sehr unterschiedlich. Ein einziges Metall ist sogar schon bei Raumtemperatur flüssig: Quecksilber.

Leicht- und Schwermetalle • Auch die Dichte ist sehr unterschiedlich. Man unterscheidet Leichtmetalle, z. B. Aluminium, und Schwermetalle, z. B. Blei.

Edelmetalle und unedle Metalle • Einige Metalle, z. B. Gold, gehen normalerweise keine chemischen Reaktionen ein. Sie bleiben für immer unverändert. Solche Metalle nennt man Edelmetalle.
Andere Metalle können mit einer Reihe von Stoffen reagieren. Dabei verändern sie sich. Beispielsweise verschwindet dann der Metallglanz. Eisen ist ein Beispiel für diese unedlen Metalle, denn Eisen kann rosten.

2 Abdichtung eines Schornsteins mit Blei

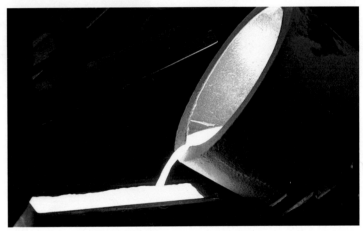

3 Aluminium ist oberhalb von 660 °C flüssig.

Aufgaben

1 ✉ Nenne die gemeinsamen Eigenschaften der Stoffgruppe der Metalle.

2 ✉ Nenne die magnetisierbaren Metalle.

3 ✉ Erkläre, warum Gold ein begehrtes Material für die Schmuckherstellung ist.

Was genau sind Metalle?

„Bleigießen" an Silvester

Weil Bleiverbindungen giftig sind, verwendet man heute Alternativen zu Blei. Ein geeignetes Ersatzmetall beim ursprünglichen Bleigießen ist Zinn. An Silvester ist es beliebt, aus den dabei entstehenden Formen die Zukunft „vorherzusagen".

Materialliste: Kerze, großer Löffel, Zinngranulat, Becherglas mit Wasser

1 Gib auf den Löffel einen halben Teelöffel Zinn. Halte den Löffel über eine brennende Kerze.

2 Wenn sich eine gelbliche Haut gebildet hat, gießt du das Zinn in das Wasser.

3 🖐 ☒ Beim Abschrecken von Zinn in Wasser ändert sich der Aggregatzustand. Stelle die Aggregatzustandsänderung als Stop-Motion-Film nach.

a Lege mit ausgeschnittenen Pappteilchen das erste Bild und fotografiere es. Verschiebe nun die Teilchen in kleinen Bewegungen und mache ein neues Foto.

b Füge deine Fotos mit einer App für Stop-Motion-Animationen zusammen. Prüfe die Abspielgeschwindigkeit und füge Fotos gegebenenfalls mehrmals ein.

1 Erhitzen von Zinn

2 Abschrecken in Wasser

Ermittlung der Schmelztemperatur von Zinn

Mit einem Versuchsaufbau wie in Bild 4 kannst du die Schmelztemperatur von Zinn überprüfen.

Materialliste: Teelicht, Löffel, Thermometer, Zinn, Stativ, Erhöhung für Teelicht

1 Baue den Versuch auf und überprüfe die Schmelztemperatur von Zinn.

Zinn	232 °C
Blei	327 °C
Zink	420 °C
Aluminium	660 °C
Kupfer	1085 °C
Eisen	1538 °C

3 Schmelztemperaturen

2 ☒ Begründe, warum dieser Versuchsaufbau nur bei Zinn, Zink und Blei funktioniert.

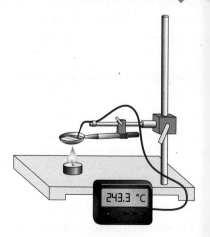

4 Versuchsaufbau zur Messung der Schmelztemperatur

Material C

Welche Münzen sind magnetisch?

Materialliste: Cent- und Euro-münzen, Magnet

1 Untersuche, welche Münzen magnetisierbar sind, also von einem Magneten ange-zogen werden.
☒ Erstelle eine Tabelle mit deinen Ergebnissen. → 5

2 ☒ Ergänze in deiner Tabelle zu jeder Münze die enthal-tenen Metalle. → 6

3 ☒ Nur zwei der enthaltenen Metalle sind magnetisierbar. Welche? Begründe deine Entscheidung.

Münze	Magnetisierbar?	Enthaltene Metalle
1 Cent	?	?
2 Cent	?	?
5 Cent	?	?
...	...	...

5 Mustertabelle

Metalle in Geldmünzen

Die rötlichen Cent-Stücke bestehen aus Eisen mit einem Überzug aus Kupfer.

Die goldglänzenden Cent-Stücke bestehen aus einem Schmelzgemisch aus Kupfer, Aluminium, Zink und Zinn.

Der innere Teil der 1-Euro-Münze besteht aus einem Schmelzgemisch aus Kupfer und Nickel. Der äußere Teil enthält zusätzlich Zink. Bei der 2-Euro-Münze ist es umgekehrt.

6

Material D

Nicht die Finger verbrennen!

Materialliste: Metallstreifen aus Aluminium, Kupfer und Eisen, Silberlöffel, Glasstab, Brenner

Achtung • Verbrennungsgefahr!

1 Fünf Schülerinnen und Schüler erhalten jeweils einen Gegenstand von einer Sorte.

2 Haltet die Spitzen der Gegen-stände gleichzeitig in die Flamme. Der Abstand von den Fingern zur Materialspitze sollte bei allen gleich sein. Achtet darauf, dass ihr die Ge-genstände rechtzeitig weg-legt, bevor sie zu heiß werden.

3 ☒ Dokumentiere, in welcher Reihenfolge die Gegenstände heiß werden.

7

4 ☒ Kochtöpfe werden aus Aluminium, Kupfer und Eisen (Cromargan) herge-stellt, nicht aber aus Silber. Begründe.

Man findet eigentlich nur Erze

[1] Hier wird kein Eisen abgebaut, sondern Eisenerz.

[2] Hämatit (Eisenoxid)

Es gibt nur wenige Metalle, die auf der Erde in ihrer reinen Form vorkommen. Dazu gehören die Edelmetalle Gold, Silber und Platin. Der weitaus 5 **größere Teil der Metalle liegt in Form von Erzen vor.**

Oxide und Sulfide • Wie du bereits weißt, reagieren Metalle leicht mit Sauerstoff zu Metalloxiden, z. B.:

10 Eisen + Sauerstoff → Eisenoxid

Neben Sauerstoff reagieren Metalle auch mit Schwefel. Bei dieser Reaktion entstehen Metallsulfide, z. B.:

Kupfer + Schwefel → Kupfersulfid

15 **Erze** • Die meisten Metalle liegen in der Erde als Metallverbindungen vor. Wenn diese Metallverbindungen wirtschaftlich genutzt werden, nennt man sie Erze.

20 **Erze als Schmuck** • Erze sehen ganz anders aus als die Metalle. Kupferoxid beispielsweise ist nicht kupferrot, sondern schwarz.

Manche Erze werden auch als Schmuck 25 genutzt, z. B. polierter Hämatit (ein Eisenoxid) oder Malachit (eine Kupferverbindung). → [2] [3]

Erze als Rohstoff • Aus den Erzen kann man die Metalle gewinnen. Daher werden 30 zum Beispiel Eisenoxide in riesigen Mengen in Bergwerken abgebaut. → [1] Oft ist dies mit erheblichen Folgen für die Umwelt verbunden, z. B. Wasserverschmutzung und Abholzung. Auch der 35 Transport und die Aufarbeitung der Erze kann die Umwelt belasten. Ob sich der Abbau einer Lagerstätte lohnt, hängt vor allem vom Metallgehalt ab. Bei einem wertvollen Metall wie Kupfer 40 kann sich der Abbau schon ab einem Kupfergehalt von 1 Prozent lohnen.

xogixu

Lexikon
Tipps

das **Erz**
die **Reduktion**
das **Reduktionsmittel**
die **Redoxreaktion**

Wie kommt man nun aber vom Erz zum Metall, also zum Beispiel vom Kupferoxid zum reinen Kupfer?

Reduktion • Wenn Kupferoxid Sauerstoff abgibt, entsteht reines Kupfer.

Kupferoxid → Kupfer + Sauerstoff

Kupferoxid ist bei dieser Reaktion ein Sauerstoffgeber. Dieser Vorgang wird Reduktion genannt.
Um diesen Prozess ablaufen zu lassen, wird ein Reaktionspartner benötigt, der mit dem Sauerstoff des Kupferoxids reagiert und diesen aufnimmt. Dieser Sauerstoffnehmer wird als Reduktionsmittel bezeichnet. Er hat ein größeres Bindungsbestreben zu Sauerstoff als Kupfer.

Redoxreaktion • Holzkohle bietet sich für diese Reaktion an. Der Kohlenstoff aus der Holzkohle verbindet sich mit dem Sauerstoff. Er ist das Reduktionsmittel. Kohlenstoff wird dabei zu Kohlenstoffdioxid oxidiert. → 4
Da Oxidation und Reduktion gleichzeitig ablaufen, spricht man auch von einer Reduktions-Oxidations-Reaktion, kurz Redoxreaktion. → 5

> Viele wichtige Metalle kommen in der Natur nur als Erze vor. Die Metalle gewinnt man z. B. durch Reduktion bestimmter Erze.

3 Malachit (roh und poliert) ist eine Kupferverbindung.

4 Reaktion von Kupferoxid mit Kohlenstoff – dargestellt mit Playmais

Aufgaben

1 ☒ Nenne drei Metalle, die in der Natur in reiner Form vorkommen.

2 ☒ Erläutere, was man unter einem Erz versteht.

3 ☒ Erkläre die Begriffe Oxidation, Reduktion und Redoxreaktion.

4 ☒ Du willst reines Eisen gewinnen. Gelingt dir das durch feines Zerreiben von Eisenoxid? Erkläre.

5
| Kupferoxid | + | Kohlenstoff | → | Kupfer | + | Kohlenstoffdioxid |
| (Sauerstoffgeber) | | (Sauerstoffnehmer) | | | | |

Man findet eigentlich nur Erze

Kupfergewinnung zu Ötzis Zeiten

1 Bild von Ötzi mit Beil

1991 wurde in den Ötztaler Alpen eine über 5000 Jahre alte Mumie gefunden. Sie war im Gletscher konserviert worden und durch die Gletscherschmelze zum Vorschein gekommen. Die Mumie „Ötzi" hatte einige Gegenstände bei sich, die die Forscher faszinierten. Unter anderem besaß Ötzi ein Beil mit einer Klinge aus Kupfer. Ötzis Beil war eine Sensation: Man wusste jetzt, dass die Menschen in der Steinzeit schon in der Lage waren, Kupfer aus Kupferoxid zu gewinnen. Wie aber kamen Ötzis Zeitgenossen an das Kupfer?

2 Ötzis Beil

1 ☑ Betrachte die Bilder 3, 4 und 5. Ordne die folgenden Textstücke den Bildern zu:

a „Ich glaube, ich vermische die Kohle mit dem Erz noch besser."

b „Ist das heiß hier. Das Luftpumpen geht ganz schön in die Arme."

c „Das flüssige Kupfer müsste sich jetzt am Boden gesammelt haben. Ich öffne nun den Ofen, damit die Schlacke hinausfließen kann."

d „Also das Zerkleinern ist wirklich anstrengend. Bring mir noch mehr Holzkohle."

e „Der Ofen sieht gut aus. Hast du auch an die Öffnung für die Luftzufuhr gedacht?"
„Klar. Ohne Luft brennt die Kohle ja nicht."

3

4

5

2 ☒ Beschreibe mit eigenen Worten, wie die Kupfergewinnung in der Steinzeit ablief.

3 ☒ Formuliere die Wortgleichungen zu den ablaufenden Reaktionen.

Material B

Kupferoxid und Kohlenstoff

Materialliste: Kupferblech, Aktivkohle, Brenner, Tiegelzange, feuerfeste Unterlage

6 Kupferwanne mit Aktivkohle

1 Schneide dir ein Kupferblechquadrat mit der Kantenlänge 5 cm zurecht. Biege die Ränder nach oben.
Halte die entstandene Kupferwanne in die Brennerflamme, bis das Blech schwarz ist. Lass die Form abkühlen.

2 Bedecke den Boden der Wanne mit Aktivkohle. Halte dann die Wannenform wieder in die Flamme. → 6 Lass die Wanne abkühlen, ohne zu wackeln. Nach dem Abkühlen entsorgst du die Aktivkohle.

3 ☒ Beschreibe deine Beobachtungen bei allen Teilen des Versuchs.

4 ☒ Formuliere Vermutungen, welche Reaktionen hier abgelaufen sein könnten. Erstelle dazu auch die Reaktionsschemata.

5 ☒ Begründe, ob Kupfer oder Kohlenstoff ein größeres Bestreben hat, sich mit Sauerstoff zu verbinden.

Material C

Gewinnung von Silber aus Silberoxid

Silber kommt in der Natur sowohl in reiner Form als auch in Verbindungen vor.

7 Reines Silbernugget aus der Natur

Materialliste: Reagenzglas, Silberoxid , Spatel, Brenner, Reagenzglasklammer

1 Gib 2–3 Spatel Silberoxid in das Reagenzglas. Spanne es schräg in ein Stativ ein. Erhitze es und halte einen glimmenden Span in die Öffnung.

8 Silberoxid erhitzen

2 ☒ Erstelle eine Wortgleichung für den Vorgang.

3 ☒ Vergleiche die Reaktion mit der Reduktion von Kupferoxid. Nenne die Unterschiede. Formuliere eine Vermutung, warum dies so ist.

4 ☒ Begründe, ob es sich um eine Reduktion handelt. Verwende in deiner Begründung den Begriff Sauerstoffgeber.

5 ☒ Entscheide, ob es sich beim Erhitzen von Silberoxid um eine exotherme oder endotherme Reaktion handelt.

Eisen aus dem Hochofen

1 Modell eines antiken Rennofens

2 Hochofen von heute

3 Pyrit –
ein Eisenerz

Die Gewinnung von Eisen hat eine mehr als 2000 Jahre alte Tradition. Bereits die Römer gewannen Eisen mithilfe eines Rennofens. Heute findet 5 die Eisengewinnung mit dem Hochofen statt. Wie schafft man es, aus Eisenerz reines Eisen zu erhalten?

Hochofen • Um Eisen in großen Mengen zu gewinnen, wird ein Hochofen 10 benötigt. Im Prinzip ist das eine riesige gemauerte, feuerfeste Röhre. Außen ist sie mit Stahl ummantelt.
Der Hochofen wird immer von oben befüllt. Es wird ein Gemisch von Eisen- 15 erz und Zusatzstoffen eingefüllt. Die Zusatzstoffe, z. B. Kalk und Sand, dienen dazu, störende Stoffe im Eisenerz

zu binden. Abwechselnd wird auch immer eine Schicht Koks zugefügt. 20 Dabei handelt es sich um eine aufbereitete Kohle, die annähernd aus reinem Kohlenstoff besteht.

Redoxreaktion • Bei hohen Temperaturen verbrennt ein Teil der Kohle zu 25 Kohlenstoffdioxid. Dieses Kohlenstoffdioxid reagiert mit weiterem Kohlenstoff zu Kohlenstoffmonooxid. → 4 Kohlenstoffmonooxid ist ein Gas, das giftig und ziemlich reaktionsfähig ist. 30 Beispielsweise hat es ein großes Bindungsbestreben zu Sauerstoff. Es entzieht dem Eisenoxid den Sauerstoff. → 5 Bei dieser Redoxreaktion wird viel Energie frei, die den Hoch- 35 ofen heizt. Außerdem erhält man durch diese Reaktion das gewünschte Eisen. Das entstehende Kohlenstoffdioxid ist gasförmig und entweicht nach oben.

4 Kohlenstoff + Kohlenstoffdioxid → Kohlenstoffmonooxid

5 Kohlenstoffmonooxid + Eisenoxid → Kohlenstoffdioxid + Eisen

veraro

Lexikon
Videos
Tipps

der **Hochofen**
der **Koks**
das **Kohlenstoffmonooxid**
die **Schlacke**
das **Thermitverfahren**

Reaktionsprodukte • Das flüssige Eisen sammelt sich unten im Hochofen. Darüber schwimmt die leichtere Schlacke. Sie ist aus den Zusatzstoffen und aus anderen Stoffen im Eisenerz entstanden.

Das Roheisen wird abgelassen und zur Bearbeitung weitertransportiert. Roheisen ist sehr spröde und wird deshalb meist noch zu Stahl weiterverarbeitet. Auch die Schlacke wird entfernt und zu Schotter oder Zement aufbereitet. Die heißen Abgase nutzt man zum Anheizen von Luft, die dann mit Druck in den unteren Teil des Hochofens geblasen wird.

> Im Hochofen wird Eisenoxid durch Zugabe von Kohlenstoff zu Eisen reduziert. Dabei wird Kohlenstoff zu Kohlenstoffdioxid oxidiert.

Thermitverfahren • Einen „Hochofen im Kleinen" nutzt man beim Verschweißen von Bahnschienen. → 6 Dabei wird flüssiges Eisen zwischen zwei Schienenstücke gegossen. Dadurch entsteht eine glatte Nahtstelle. Um das flüssige Eisen zu erhalten, wird eine stark exotherme Reaktion gestartet. Man entzündet mit einem Zündstab ein Gemisch aus Eisenoxid und Aluminiumgrieß. → 🔲 Außerdem fügt man die Metalle Vanadium und Mangan hinzu. Das erhöht die Belastbarkeit der Nahtstelle.

Das Eisenoxid wird durch Aluminium reduziert. Dabei wird viel Energie frei. Das Eisen schmilzt und fließt in die Form zwischen den Schienen.

6 Thermitschweißen von Schienen → 🔲

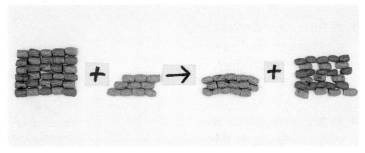

7 Thermitreaktion – dargestellt mit Playmais

Aufgaben

1 ▣ Nenne das Reduktionsmittel, mit dem Eisenoxid im Hochofen reduziert wird.

2 ▣ Erkläre, weshalb in den Hochofen durch seitliche Düsen ständig große Mengen Luft eingeblasen werden.

3 ▣ Beschreibe das Thermitverfahren und gib die Wortgleichung für die ablaufende Reaktion an.

Eisen aus dem Hochofen

Material A

Den Hochofen verstehen

An den Vorgängen im Hochofen sind eine Reihe von Stoffen beteiligt. Lies dazu den Text. → 1

1 ☑ Erkläre, warum sich das Eisen unten im Hochofen ansammelt.

2 ☒ Beschreibe mit eigenen Worten, wie man aus Eisenerz Eisen gewinnt.

3 ☒ Formuliere die Reaktionsgleichungen für die zwei wesentlichen Reaktionen, die im Hochofen stattfinden.

4 ☒ Begründe, warum die Wasserkühlung im Text rechts nicht erwähnt wird.

5 ☒ Nenne die Aufgaben der Zusatzstoffe bei der Eisenherstellung.

6 ☒ „Die Schlacke schützt das Eisen vor Oxidation." Erkläre, was damit gemeint ist.

7 ☒ Jeder Hochofenbetreiber strebt einen möglichst hohen Gewinn an. Notiere Vorschläge, mit welchen Maßnahmen man dies erreichen könnte.

Rein und Raus beim Hochofen

In den Hochofen kommen:
- Eisenerz (= Eisenoxid mit verschiedenen Verunreinigungen)
- Zusatzstoffe (= Kalk, Sand und weitere Stoffe)
- Koks (= Kohlenstoff) als Reduktionsmittel
- Luft (= Stickstoff, Sauerstoff und andere Gase)

Aus dem Hochofen kommen:
- Roheisen (Eisen mit einem Anteil an Kohlenstoff und anderen Stoffen, z.B. Silicium)
- Schlacke (= Calciumoxid, Siliciumdioxid und andere Oxide)
- Gichtgase (Kohlenstoffdioxid, Stickstoff u.a.)

1

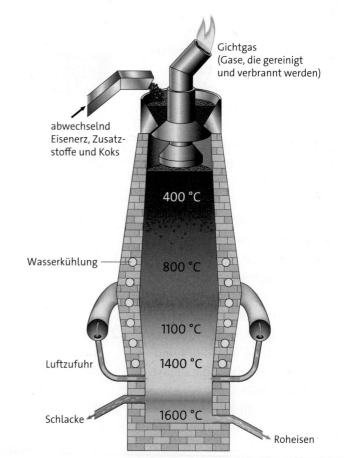

2 Hochofen (Schema) → ⊡

Eisengewinnung durch Direktreduktion

Alternative zum Hochofen • Im Hochofenprozess wird viel Energie benötigt. Außerdem ist die Stahlindustrie mit 6 Prozent am Kohlenstoffdioxid-Ausstoß beteiligt. Eine Alternative zum Hochofen ist die Direktreduktion.

Verfahren der Direktreduktion • Bei der Direktreduktion wird Eisenoxid anstatt mit Koks mit Wasserstoff und Kohlenstoffmonooxid reduziert. Diese Gase werden aus einem Gasgemisch aus Erdgas, Kohlenstoffdioxid und Wasserdampf gewonnen. Die Eisenoxid-Pellets werden mit dem Gasgemisch in Eisenschwamm umgewandelt, der weiterverarbeitet werden kann. → ③ ④

Vorteile der Direktreduktion • Die Prozesse laufen im Gegensatz zum Hochofen bei deutlich geringeren Temperaturen ab. Der klassische Hochofen muss immer laufen. Ihn herunterzufahren, kostet Zeit und somit auch Geld. Bei der Direktreduktion kann der Ofen relativ kurzfristig stillgelegt werden, zum Beispiel um Reparaturen oder Wartungen durchzuführen.

Nachteile der Direktreduktion • Der Wasserstoff für die Direktreduktion wird noch aus Erdgas erzeugt. Dies erfordert hohe Umwandlungskosten. Soll Stahl komplett ohne Kohlenstoffdioxid-Ausstoß produziert werden, müssten für die Erzeugung des Wasserstoffs ausschließlich erneuerbare Energien eingesetzt werden. Dies erfordert jedoch noch höhere Kosten.

③ Eisenoxid-Pellets

④ Eisenschwamm

5   Eisenoxid + Wasserstoff → Eisen + Wasser

Aufgaben

1 ☑ Nenne die Vor- und Nachteile der Direktreduktion.

2 ☒ Stelle in einer Abbildung die beiden Möglichkeiten der Roheisengewinnung gegenüber. Nenne dabei die Ausgangsstoffe, welche Reaktionen ablaufen und welche Stoffe entstehen.

Edle und unedle Metalle

1 Ein vergoldeter Türgriff

2 Ein Türgriff aus Eisen

Manche Metalle behalten ihren Glanz über lange Zeit, andere hingegen sehen schnell matt oder gar rostig aus. Woher kommt dieser Unterschied?

5 **Edle Metalle** • Metalle, die kein oder nur ein geringes Bestreben haben, mit anderen Stoffen zu reagieren, werden als edle Metalle bezeichnet. Sie behalten ihren Glanz und ihr Aussehen. 10 Bekannte edle Metalle sind Gold, Silber und Platin. Auch Quecksilber ist ein relativ edles Metall. Seine glänzende Oberfläche bleibt bei Kontakt mit Luft nahezu unverändert.

15 **Unedle Metalle** • Metalle, die ein großes Bestreben haben, sich mit anderen Stoffen zu verbinden, bezeichnet man als unedle Metalle. Sie verlieren zum Beispiel schnell ihren Metallglanz. 20 Bekannte unedle Metalle sind Aluminium, Eisen und Blei. Unedle Metalle kann man auch daran erkennen, dass sie mit Säuren reagieren. Dabei wird Wasserstoff freigesetzt. → ⊡

25 **Oxidierte Oberfläche** • Aluminium ist ein sehr unedles Metall. Es hat ein sehr großes Bestreben, sich mit dem Sauerstoff der Luft zu verbinden. Allerdings ist diese Oxidschicht des Aluminiums 30 so dünn, dass man sie nicht sehen kann. Sie bildet eine stabile und geschlossene Oberfläche. Durch sie ist das darunterliegende Aluminium vor weiterer Oxidation geschützt.

> Metalle können in edle und unedle Metalle eingeteilt werden. Unedle Metalle haben ein großes Bestreben, mit anderen Stoffen zu reagieren. Edle Metalle reagieren dagegen kaum mit anderen Stoffen.

Aufgaben

1 ▣ Nenne die Verbindungen, die entstehen, wenn Aluminium, Blei oder Eisen mit dem Sauerstoff der Luft reagieren.

2 ▣ Sortiere die im Text genannten Metalle von edel nach unedel.

unedel ... edel

Magnesium Aluminium Zink Eisen Kupfer Silber Platin Gold

3 Von ganz unedel bis ganz edel

vexuqo

Lexikon
Video
Tipps

das **edle Metall**
das **unedle Metall**

Material A

Reaktion unedler Metalle mit Säure

Materialliste: Magnesium, Spatel, verdünnte
Salzsäure ⟨!⟩, Reagenzgläser

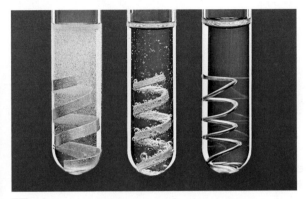

4 Magnesium, Zink und Kupfer in Salzsäure

1 Gib eine Spatelspitze Magnesiumgranulat
oder ein Stück Magnesiumband in ein Reagenzglas.

2 Gieße 1,5 cm hoch verdünnte Salzsäure hinzu.

3 ⊡ Beschreibe deine Beobachtung.

4 ⊠ Begründe, warum du Metallgegenstände
generell nicht mit Essig reinigen solltest.

5 ⊡ In Bild 4 siehst du Magnesium, Zink und
Kupfer jeweils in einem Reagenzglas mit
Salzsäure.
Beschreibe die Unterschiede bei den drei
Metallen und ihrer Reaktion mit Salzsäure.

Material B

Mit Strategie erfolgreich experimentieren

Aus Silberoxid, Kupferoxid und Eisenoxid sollen
die reinen Metalle zurückgewonnen werden. Als
Hilfsstoff steht dir Kohlenstoff zur Verfügung.
Du darfst Kohlenstoff aber nur einmal einsetzen.
Nachdem du ein Metall gewonnen hast, steht
es dir als Reinstoff für weitere Experimente zur
Verfügung.

1 ⊠ Plane eine Versuchsreihe, mit der du alle
Metalle gewinnen kannst. Dokumentiere
deine Planung in Form eines Protokolls.

2 ⊠ Diskutiere deine Planung mit einem Partner und einigt euch auf eine gemeinsame
Vorgehensweise.

3 ⊠ Formuliere die Wortgleichungen für die
abgelaufenen Reaktionen.

5

Metalle sind gefährdet

1 Der Eiserne Steg in Frankfurt

Der Eiserne Steg in Frankfurt ist eine Eisenbrücke über den Main. Regelmäßig sind hier Teams beschäftigt, die rostigen Stellen auszubessern 5 **und zu streichen. Warum ist dieser Arbeitsaufwand notwendig?**

Korrosion • Unter Korrosion versteht man die chemische Zersetzung von Metallen. Dabei entstehen neue Stoffe mit 10 anderen Eigenschaften. Die Korrosion des Eisens wird als Rosten bezeichnet.

Bedingungen des Rostens • Eisen rostet unter Anwesenheit von Sauerstoff und Wasser. Rost entsteht, wenn sich 15 Wasserteilchen zwischen den Eisenoxid-Teilchen einlagern. Es handelt sich also um ein wasserhaltiges Eisenoxid. Rost bildet eine poröse Oberfläche. Dadurch kann verstärkt Feuchtig- 20 keit und Sauerstoff an die betroffenen Stellen gelangen und der Rost breitet sich aus. Andere Metalle oxidieren auch. Es entstehen dabei aber Oberflä-

chen, die sehr kompakt sind. Dadurch 25 wird das Metall geschützt.

Korrosionsschutz • Um die Korrosion von Metalloberflächen zu verhindern, kann man die Oberfläche mit einem korrosionsbeständigen Metall über- 30 ziehen. Auch Lackieren oder Ölen kommen in Frage.

> Unedle Metalle korrodieren. Bei Eisen nennt man diesen Vorgang Rosten. Dies kann durch Überziehen der Metalloberfläche mit einer Schutzschicht verhindert werden.

Aufgaben

1 ✏ Nenne vier Gegenstände, die rosten können.

2 ✖ Das Rosten von Eisen ist eine Oxidation. Erstelle die Wortgleichung für diesen Vorgang.

tujacu

Lexikon
Tipps

die **Korrosion**
das **Rosten**
der **Korrosionsschutz**

Material A

Unedle Metalle korrodieren

Jährlich entstehen weltweit durch Umwelteinflüsse Korrosionsschäden in Milliardenhöhe. Betroffen ist auch die Schifffahrt. → [2] Beim Korrodieren verändern sich die Materialeigenschaften der Metalle. In einem Versuch kannst du selbst testen, wovon es abhängt, dass ein Metall korrodiert.

Materialliste: Reagenzgläser, Reagenzglasständer, Eisennagel, Zinknagel, Aluminiumnagel, Wasser, Salz

1 Baue den Versuch entsprechend Bild 3 auf. Lass den Versuch eine Woche stehen und beobachte, was passiert.

2 ☒ Beschreibe deine Beobachtungen.

3 ☒ Gib an, von welchen Faktoren es abhängt, wie schnell ein Metall korrodiert.

4 ☒ Nenne Möglichkeiten, wie du die Nägel vor dem Rosten hättest schützen können.

[2] Rostendes Schiff

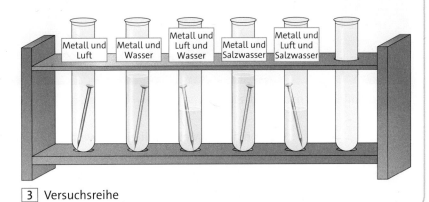

Metall und Luft · Metall und Wasser · Metall und Luft und Wasser · Metall und Salzwasser · Metall und Luft und Salzwasser

[3] Versuchsreihe

Material B

Wärmekissen aus Eisen

Materialliste: Becherglas, Spatel, Uhrglas, Thermometer, Eisenpulver, feinkörnige Aktivkohle, Kochsalz, Wasser

Mische 16 g Eisenpulver mit 3 g Aktivkohle. Füge 3 g Kochsalz hinzu und befeuchte es mit 2,5 ml Wasser. Gib die Mischung auf das Uhrglas.

1 ☒ Erstelle ein Versuchsprotokoll.

2 ☒ Formuliere die Wortgleichung. Die Aktivkohle, das Kochsalz und das Wasser müssen dabei nicht berücksichtigt werden. Sie beschleunigen nur die Reaktion.

3 ☒ Begründe, warum sich das Gemisch so stark erwärmt.

Eisenpulver · Aktivkohle · Kochsalz

[4]

Werkstoffe nach Maß

1 Nicht alles, was nach Gold aussieht, ist auch wirklich aus Gold.

Wenn man ein Metall mit einem weiteren Stoff zusammenschmilzt, entstehen Legierungen. Legierungen haben andere, oft sogar bessere Eigenschaften als die 5 **reinen Metalle.**

Eisenlegierungen • Stahl ist eine Legierung, die überwiegend Eisen enthält, außerdem einen kleinen Anteil Kohlenstoff und noch weitere Elemente, meis-
10 tens andere Metalle.
Wegen der vielen Kombinationsmöglichkeiten gibt es inzwischen Tausende von Stahlsorten für alle möglichen Anwendungen. Stahl ist bei Weitem
15 der wichtigste metallische Werkstoff und das meiste Eisen wird zu Stahl verarbeitet.
Im Haushalt kommt oft Edelstahl (Chrom-Nickel-Stahl) zum Einsatz.
20 Er rostet nicht und ist sehr hart.

Goldlegierungen • Reines Gold ist wegen seiner Farbe und seiner Beständigkeit als Schmuck sehr beliebt. Allerdings hat reines Gold einen großen
25 Nachteil: Es ist zu weich.
Daher werden dem Gold in der Schmuckindustrie weitere Metalle zugemischt. Durch Zugabe von Silber und Platin entsteht Weißgold. Auch Kupfer
30 kann als Zusatz dienen. Dann entsteht Rotgold. Diese Goldlegierungen sind deutlich härter als reines Gold.
In Goldschmuck wird der Goldanteil mit einem Prägestempel eingestanzt.
35 So besteht 750er-Gold zu 75,0 Prozent aus Gold.
Auch Goldmünzen bestehen nicht unbedingt aus reinem Gold. Die bekannten Krügerrand-Münzen etwa sind aus
40 917er-Gold gefertigt. Der Rest ist Kupfer – zur Erhöhung der Kratzfestigkeit.

veqifo

Lexikon
Tipps

die **Legierung**
der **Stahl**
die **Bronze**
das **Messing**
das **Lötzinn**

Bronze • Bronze ist eine Legierung aus den Metallen Kupfer und Zinn. Bronze ist härter als reines Kupfer. Da sie zudem noch gut zu gießen ist, nutzte der Mensch diese Legierung schon vor 5000 Jahren. Die Bronzezeit ist nach dieser Legierung benannt.
Heute ist Bronze ein beliebter Werkstoff für technische Geräte, Kirchenglocken und Kunstgegenstände.

Messing • Wenn dem Kupfer ein anderes Metall zugefügt wird, nämlich ungefähr 40 Prozent Zink, entsteht Messing. → ⬛3 Diese Legierung sieht sehr ähnlich aus wie Gold, ist aber ganz erheblich preiswerter. Musikinstrumente wie Trompeten oder Saxofone sind oft aus Messing. → ⬛1 Auch Schrauben werden häufig aus Messing hergestellt, weil diese Legierung kaum oxidiert und keine Funken schlägt.

Lötzinn • Wenn man Zinn zum Beispiel mit Blei zusammenschmilzt, erhält man Lötzinn. Diese Legierung schmilzt — je nach Mengenverhältnis der Metalle — schon bei etwa 190 °C. Allerdings ist Blei ein giftiges Schwermetall und sollte daher nicht verwendet werden. Beim Verlöten gibt man etwas geschmolzenes Lötzinn auf zwei Metallteile, die miteinander verbunden werden sollen, und lässt das Lötzinn dann erstarren.

> Legierungen sind metallische Stoffgemische. Sie haben andere Eigenschaften als die reinen Metalle.

⬛2 Gold, Silber, Bronze …

	Kupfer	Messing	Zink
Farbe	rötlich	braun bis goldgelb (je mehr Zink, desto heller)	blassgrau
Schmelztemperatur	1085 °C	1065–902 °C (je mehr Zink, desto niedriger)	420 °C
Dichte	$\frac{8,9\,\text{g}}{\text{cm}^3}$	ca. $8,6\,\frac{\text{g}}{\text{cm}^3}$ (je mehr Zink, desto niedriger)	$7,1\,\frac{\text{g}}{\text{cm}^3}$
Härte (nach Mohs)	3,0	3–4 (je nach Zinkgehalt)	2,5
Stromleitfähigkeit	sehr hoch	hoch	weniger hoch

⬛3 Eigenschaften von Kupfer, Messing und Zink

Aufgaben

1 ⬚ Nenne die wichtigste Eisenlegierung.

2 ⬚ Gib an, was mit 900er-Gold gemeint ist.

3 ⬚ Vergleiche die Eigenschaften von Kupfer, Messing und Zink. → ⬛3

Werkstoffe nach Maß

Material A

Beim Gruppenpuzzle mehr erfahren

1 Teilt eure Klasse in die vier Gruppen A, B, C und D ein.

2 ☒ Jede Gruppe sucht sich eine interessante Legierung als Thema aus. Tragt in eurer Gruppe möglichst viele Informationen zu eurer Legierung zusammen.

3 Anschließend bildet je ein Mitglied aus Gruppe A, B, C und D eine neue Gruppe.

4 In dieser neuen Gruppe seid ihr die Experten für eure Legierung.
☒ Stellt in der Gruppe eure Legierung vor.

5 ☒ Erstellt anschließend in eurem Heft eine Übersicht über die vier Legierungen.
→ 1

> Legierung Gruppe A
>
> Name:
>
> Bestandteile:
>
> Dichte:
>
> Schmelztemperatur:
>
> Verwendung:

1

Material B

Löten – Metalle verbinden

2 Löten eines Kupferrohrs

3 Löten von Schmuck

Um Metallstücke dauerhaft miteinander zu verbinden, wird gelötet. Dabei werden zwei Metallflächen mit einem Metall mit geringer Schmelztemperatur verbunden. Die beiden Metalle verbinden sich zu einer Legierung.

Materialliste: Kupferblech, Stahlwolle, Kupferdraht, Lötzinn, Gasbrenner, Tiegelzange, feuerfeste Unterlage, Stativmaterial

1 Reinige die Werkstücke mit der Stahlwolle. Es sollte kein Staub oder Fett auf der Oberfläche haften.

2 Spanne das Kupferblech in ein Stativ. Lege dann ein kleines Stück Draht darauf.

3 Erhitze von oben und halte das Lötzinn an den Übergang vom Blech zum Draht.

4 ☒ Begründe, warum die Oberfläche staub- und fettfrei sein muss.

5 ☒ Informiere dich über die Inhaltsstoffe des Lötzinns.

6 ☒ Nenne Gegenstände aus deinem Umfeld, die gelötet wurden.

Material C

Eine goldene Münze? → ▣

Kann man rotbraune Kupfermünzen in glänzende Goldmünzen verwandeln?

Materialliste: Spülmittel, Haushaltsessig, Spatel, 2 Bechergläser (100 ml und 250 ml), Dreifuß mit Drahtnetz, Brenner, Tiegelzange, Thermometer, Petrischale, Papiertücher, 2 Kupfermünzen, 0,8 g Zinkpulver ◇ ◈, 2,0 g Natriumhydroxid ◈, Wasser

Reinigen der Münzen
Reinige die Kupfermünzen mit etwas Spülmittel und Essig. Sie sollen möglichst blank sein.

Verzinken
Miss 40 ml Wasser in dem kleinen Becherglas ab. Gib vorsichtig 2,0 g Natriumhydroxid hinzu. Dabei entsteht

eine Lauge, die schwere Verätzungen hervorrufen kann. Arbeite also vorsichtig und sauber. Wenn etwas danebengeht, informiere sofort die Lehrkraft.
Gib das Zinkpulver und die sauberen Münzen hinzu. Erhitze vorsichtig auf 80 °C. Kontrolliere die Temperatur mit dem Thermometer. Schalte dann den Brenner aus. Decke das Becherglas mit einer Petrischale ab. Lüfte den Raum.
Schütte den Inhalt des Becherglases nach 2 Minuten in das große Becherglas, das zur Hälfte mit Wasser gefüllt ist. Nimm die Münzen mit der Tiegelzange heraus und spüle sie unter fließendem Wasser gründlich ab.
Säubere alle verwendeten Geräte unter fließendem Wasser. Die Lauge kannst du in den Ausguss schütten.

Herstellen der Legierung
Halte die gereinigte Münze für 5–10 Sekunden in die rauschende Brennerflamme. Kühle die Münze unter fließendem Wasser ab.

1 ▣ Beschreibe das Aussehen der Münze nach dem Reinigen, nach dem Verzinken und am Ende des Versuchs.

2 ▣ Informiere dich im Buch, welche Legierung entstanden sein könnte.

3 ▣ Versuche die Vorgänge auf der Münzoberfläche mithilfe des Teilchenmodells zu erklären. Begründe, weshalb hier sicherlich kein Gold entstanden ist.

4 Reinigen der Münzen

Lauge

Zink

5 Verzinken

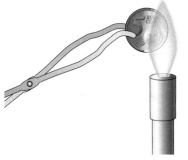

6 Herstellen der Legierung

Werkstoffe nach Maß

1 Ausbildung an einem Lötgerät

2 Arbeit an einer Fräsmaschine

Berufe im Bereich „Metalle"

Michael, Funda, Fatih und Leni haben ihren
Schulabschluss gemacht. Heute ist der erste
Tag an der Berufsschule und die vier treffen
sich zufällig in der Pause.

5 Michael: Mensch, ich freu mich, euch zu sehen.
Was macht ihr denn hier? Ich dachte, die Schule
ist nur für Industriemechaniker gedacht.

Funda: Glaubst du ernsthaft, dass so viele
Leute Industriemechaniker lernen? Ich mache
10 die Ausbildung zum CNC-Fräser.

Leni: Als Mädchen?

Funda: Klar. Bei der Berufsberatung habe ich
herausgefunden, dass es zum Beispiel wichtig ist,
sehr sorgfältig zu sein. Ich programmiere und
15 überwache Fräsmaschinen. Dabei laufen die Vorgänge weitgehend computergesteuert ab. Jetzt
in der Ausbildung arbeite ich natürlich auch mit
Feile und Bohrer an Metall – es ist ja wichtig,
dass ich erst mal die Grundlagen verstanden
20 habe. Nach der Ausbildung würde ich gerne im

Luft- oder Raumfahrzeugbereich arbeiten. Und
was machst du eigentlich?

Fatih: Meine korrekte Berufsbezeichnung
lautet – in drei Jahren, wenn ich fertig bin –
25 Anlagenmechaniker.

Funda: Und das heißt ...?

Fatih: Ich werde später in Unternehmen zum
Beispiel große Kessel und Behälter für die
Lebensmittelindustrie herstellen und zusam-
30 menbauen. Ich kann aber auch in einer Erdöl-
raffinerie arbeiten.
Auf jeden Fall bin ich dafür verantwortlich,
dass die Maschinen laufen. Ich muss sie auch
warten, also dafür sorgen, dass sie lange funk-
35 tionieren.

Michael: Das klingt, als ob wir dann Kollegen
sein könnten. Ich werde Geräteteile oder Bau-
gruppen für Anlagen herstellen.
Und ich übernehme dann auch Reparatur-
40 und Wartungsaufgaben. Dann werden wir
zusammen dafür sorgen, dass im Betrieb alles
läuft.

3 Ausbildung zur Industriemechanikerin

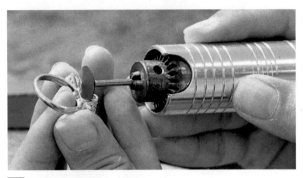

4 Goldschmiedin bei der Arbeit

Leni: Und ich werde Goldschmiedin. Mir liegt es, etwas in der Hand zu haben und daraus
45 etwas zu formen und kreativ tätig zu sein.

Funda: Macht ihr denn gar nichts mit dem Computer?

Leni: Doch. Wir können Entwürfe am PC erstellen, aber letztendlich ist der Rest schöne
50 Handarbeit. Vielleicht kann ich dann mal einen kleinen Laden aufmachen. Dann bin ich mein eigener Chef. Seht ihr den Typ dahinten? Der träumt davon, eine eigene Schmiedewerkstatt zu haben. Allerdings lernt er nicht Schmied,
55 sondern das heißt jetzt Metallbauer, Fachrichtung Metallgestaltung.

Fatih: Das ist ja auch cool. Macht er dann Ritterrüstungen für die vielen Ritter, die hier so rumlaufen?

60 Leni: Haha. Nee, er hat gesagt, er kann dann so teure Gartenzäune und Tore machen. Sein Hobby ist aber wohl das Mittelalter – also vielleicht macht er dann doch noch Waffen und Rüstungen.

65 Funda: Also das ist ja echt interessant, was für Berufe hier so sind. Total unterschiedliche Berufe und trotzdem haben wir alle die gleiche Basis.

5 Und später gibt es dann noch viele Möglichkeiten, sich fortzubilden ...

Aufgaben

1 ⌨ Nenne die Berufe, die in dem Gespräch erwähnt wurden, und gib kurz ihren Tätigkeitsschwerpunkt an.

2 ✉ Erläutere, warum bei einer CNC-Fräserin Sorgfalt genauso wichtig ist wie bei einem Goldschmied.

Verlorenes Metall?

1 | Ausgediente Handys

In Elektrogeräten wie Handys sind viele wertvolle Metalle enthalten. Was passiert mit unserem Metallmüll?

Metallrecycling • Ein Großteil des
5 Metallmülls kann wiederverwendet werden. Genaues Aussortieren und Ordnen sind dafür notwendig, da sich die Methoden zur Weiterverarbeitung je nach Metall bzw. Legierung unter-
10 scheiden. → 2

Stahlschrott kann zur Eisengewinnung wieder eingeschmolzen werden. Kupferschrott wird eingeschmolzen und zu einem Metallblock gegossen, der
15 neben Kupfer noch weitere Metalle enthält. Sie lassen sich in einem weiteren Arbeitsschritt durch die Zufuhr elektrischer Energie voneinander trennen.

20 **Gründe für Metallrecycling** • Sowohl der Erzabbau als auch die Verarbeitung zu reinen Metallen sind energieaufwendig und sehr teuer. Metallrecycling verbraucht weniger Energie.
25 Außerdem sind Metalle keine nachwachsenden Rohstoffe und daher nur begrenzt vorhanden. Der Bedarf an Metallen für neue Elektrogeräte wie z.B. Handys steigt und erfordert
30 eine sorgfältige Entsorgung. Bei Elektrogeräten kommt noch hinzu, dass diese Schadstoffe enthalten können. Daher ist eine ordnungsgemäße Entsorgung umso wichtiger.

> Metallmüll kann durch Recycling wiederverwendet werden. Der hohe Bedarf an Metallen erfordert dies.

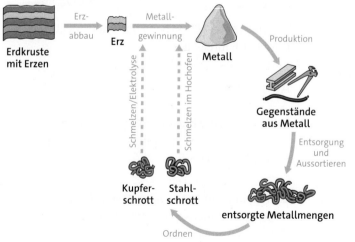

2 | Metallrecycling

Aufgaben

1 ☒ Beschreibe das Recycling von Metallen.

2 ☒ Begründe, warum Elektrogeräte ordnungsgemäß entsorgt werden sollten.

Material A

Recycling von Getränkedosen

Getränkedosen bestehen meist aus Aluminium. Seit 2003 sind Getränkedosen pfandpflichtig. Daher werden nun 98 % der Getränkedosen wiederverwertet.

1 ⊠ Gib mögliche Gründe an, warum nicht 100 % der Getränkedosen recycelt werden.

2 ⊠ Vergleiche die Zahlen in der Tabelle miteinander. → 3 Begründe, warum es sinnvoll ist, Aluminium auf jeden Fall zu recyceln.

3 ⊠ Nenne Alternativen zu Getränkedosen.

4 ⊠ Lies den Text „Aluminium aus Bauxit". Erkläre, weshalb die Herstellung von neuem Aluminium die Umwelt stark belastet.

Aluminium aus Bauxit

Ausgangsmaterial für neues Aluminium ist Bauxit. Es wird in riesigen Mengen abgebaut, z.B. in Australien. Danach wird es in speziellen Fabriken in Aluminiumoxid umgewandelt. Daraus entsteht dann in einer weiteren Fabrik unter großem Energieverbrauch Aluminium.

	Neu hergestelltes Aluminium	Receltes Aluminium
Energiebedarf	13,0 kWh	2,2 kWh
Wasserbedarf	57 l	2 l
CO_2-Ausstoß	200 g	10 g
Abfall	3,7 kg	0,1 kg

3 Umweltauswirkungen der Aluminiumproduktion (pro kg Aluminium)

Material B

So wertvoll ist ein Smartphone

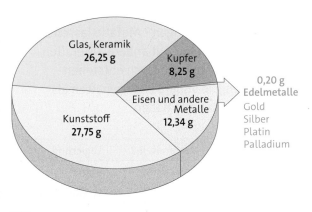

4 Zur Produktion eines Smartphones werden verschiedene Stoffe benötigt.

In Deutschland liegen ca. 210 Millionen Althandys in den Schubladen herum.

1 ⊠ Berechne, wie viel Kupfer und wie viele Edelmetalle dort schlummern. → 4

2 ⊠ Wie könntest du Menschen überzeugen, ihr altes Smartphone dem Recyclingkreislauf zuzuführen? Gib verschiedene Argumente an.

3 ⊠ Eine weitere Möglichkeit ist es, das kaputte Smartphone in eine Handyklinik zu geben. Recherchiere im Internet, welche Reparaturen in einer Handyklinik möglich sind.

Metalle – wertvoll und wichtig

Zusammenfassung

Die Stoffgruppe der Metalle • Metalle bilden eine Stoffgruppe. Das kann man an ihren gemeinsamen Eigenschaften erkennen:
Alle Metalle leiten Wärme und den elektrischen Strom gut, sind verformbar und besitzen eine glänzende Oberfläche, wenn sie frisch poliert sind.
Die einzelnen Metalle kann man anhand einiger spezieller Eigenschaften unterscheiden:
Nur Eisen, Cobalt und Nickel sind magnetisch. Härte, Schmelz- und Siedetemperaturen, die Dichte oder zum Beispiel das Bindungsbestreben zu Sauerstoff sind jeweils verschieden.

Gewinnung von Metallen • In der Natur kommen nur Edelmetalle wie Gold, Silber oder Platin in reiner Form vor. Alle anderen Metalle sind Verbindungen mit anderen Stoffen eingegangen. Man nennt diese Verbindungen Erze. Sauerstoff ist ein häufiger Verbindungspartner. Um das reine Metall zu gewinnen, muss diese Reaktion rückgängig gemacht werden. → 1

Edle und unedle Metalle • Metalle, die ein großes Bestreben haben, mit anderen Stoffen zu reagieren, bezeichnet man als unedle Metalle. Unedle Metalle sind zum Beispiel Magnesium und Aluminium. Edle Metalle, z. B. Silber und Gold, haben dagegen ein geringes Bestreben, mit anderen Stoffen zu reagieren.
Um die chemische Zersetzung von Metallen zu verhindern, überzieht man die Oberflächen mit einem korrosionsbeständigen Metall.
Die Korrosion von Eisen bezeichnet man als Rosten.

Eisen aus dem Hochofen • Eisen ist ein sehr wichtiger Rohstoff. Man gewinnt ihn aus Eisenoxid, also aus Eisenerzen. In Hochöfen wird in mehreren Reaktionsschritten das reine Eisen gewonnen. Dazu ist Kohlenstoff nötig, der in Form von Koks in den Hochofen eingefüllt wird.
In der Hitze des Hochofens entsteht zunächst Kohlenstoffmonooxid. Dieses reaktionsfähige Gas entzieht dem Eisenoxid den Sauerstoff:

Kohlenstoffmonooxid + Eisenoxid
→ Kohlenstoffdioxid + Eisen

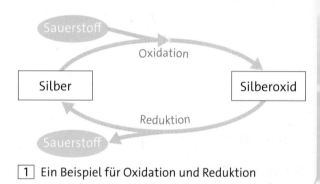

1 Ein Beispiel für Oxidation und Reduktion

Interessante Legierungen • Metalle lassen sich im flüssigen Zustand mit anderen Metallen zusammenmischen. Dadurch entstehen Legierungen, die andere Eigenschaften als die Ausgangsmetalle haben.

Bestandteil 1	Bestandteil 2	Legierung
Eisen	Kohlenstoff	Stahl
Gold	Silber	Weißgold
Kupfer	Zink	Messing

2 Wichtige Legierungen

Teste dich! (Lösungen im Anhang)

Metalle und Legierungen

1 ⊠ Nenne die gemeinsamen Eigenschaften der Metalle.

2 ⊠ In einigen Sätzen hat sich der Fehlerteufel eingeschlichen. Übernimm die Sätze korrigiert in dein Heft.
- Legierungen sind Moleküle aus mindestens zwei Metall-Atomen.
- Legierungen haben oft bessere Eigenschaften als die reinen Metalle.
- Stahl ist eine Legierung aus Eisen und Kupfer.
- Stahl ist die wichtigste Legierung weltweit.
- Blei ist die Legierung mit der höchsten Dichte.

3 Edelstahl – vielfältig genutzt

Reduktion und Oxidation

3 ⊠ Erkläre am Beispiel des Erzes Malachit und seinen Reaktionen die Begriffe Oxidation, Reduktion und Redoxreaktion.

4 ⊠ Zinkoxid kann mit Aluminium reduziert werden. Mit Kupfer funktioniert dies nicht. Erkläre.

5 ⊠ Ein Kohlenfeuer erreicht Temperaturen um 1000 °C. Im Hochofen herrschen aber Temperaturen von bis zu 1600 °C. Erkläre, woher diese zusätzliche Energie kommt.

6 ⊠ In Bild 4 siehst du einen Versuchsaufbau für das Thermitverfahren. Das Thermitgemisch besteht aus Eisenoxidpulver und Aluminiumgrieß.
a Erkläre die Reaktion, die nach dem Entzünden stattfindet.
b Erkläre, warum dieses Verfahren beim Zusammenfügen von Schienen zum Einsatz kommt.

— Wunderkerze

— Gemisch aus Eisenoxid und Aluminium

— Roheisen

— Sand

4 Thermitverfahren

Edle und unedle Metalle

7 ⊠ Beschreibe, wodurch sich Edelmetalle und unedle Metalle unterscheiden.

8 ⊠ Gib die Bedingungen des Rostens an. Erkläre, wie Metalloberflächen vor Korrosion geschützt werden können.

Die Ordnung der Elemente

Was ist ein chemisches Element?

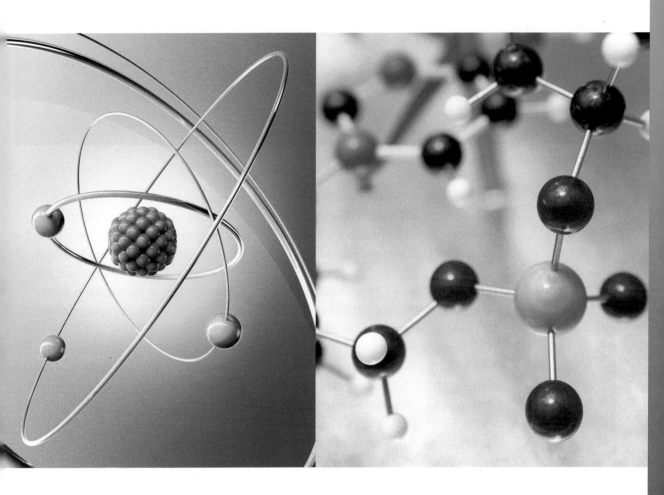

Was ist ein Atom?

Was ist ein Molekül?

Aus was besteht unsere Welt?

1 Gibt es einen Ur-Stoff, aus dem alles besteht?

Woraus besteht unsere Welt? Das fragten sich schon die alten Griechen. Sie meinten, dass alles aus Erde, Wasser, Feuer und Luft bestehen würde.

2 Demokrit

5 **Etwa 400 v. Chr. •** Der griechische Philosoph Demokrit hatte eine andere Idee: Angenommen, man teilt einen Gegenstand immer und immer wieder in der Hälfte – dann kommt bestimmt 10 ein Punkt, an dem man ihn nicht mehr teilen kann. Diese unteilbaren Teilchen nannte er Atome (griech. atomos: unteilbar). Für ihn bestand die Welt aus winzigen, für das Auge unsicht-15 baren, unteilbaren Teilchen.

3 Dalton

Im Jahr 1803 • Über 2000 Jahre später griff John Dalton, ein Engländer, die Idee von Demokrit wieder auf. Er stellte sich die Atome als kleine, massive Ku-20 geln vor. Je nach Atomsorte sind sie unterschiedlich groß und unterschiedlich schwer. Dieses Kugelteilchenmodell wird auch heute noch benutzt, z. B. in Modellbaukästen: Dort hat man den 25 Atomsorten Farben gegeben, z. B. Rot für Sauerstoff-Atome oder Grün für Chlor-Atome. Diese Farben sind aber frei erfunden. In Wirklichkeit kann man Atome nicht direkt betrachten.

Nach Dalton sind Atome winzige Kugeln, die sich in Größe und Masse unterscheiden.

Aufgaben

1 ⊠ Beschreibe, was sich Demokrit unter Atomen vorstellte.

2 ⊠ Nenne Eigenschaften, in denen sich Atome nach Dalton unterscheiden.

3 ⊠ „Stickstoff-Atome sind blau." Nimm Stellung zu dieser Aussage.

repaya

Lexikon
Video
Tipps

das **Atom**
das **Kugeteilchenmodell**

Material A

Ein Beleg für Daltons Theorie? → [◻]

Materialliste: 6 Messzylinder (100 ml), Wasser, Erbsen, Linsen, Alkohol (Spiritus ◈ ⟨!⟩)

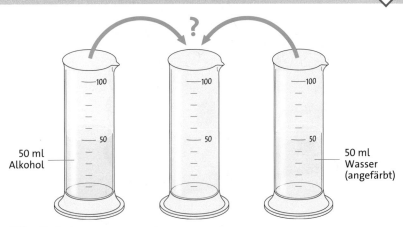

4 | Alkohol-Wasser-Versuch

1 Gib Alkohol in Messzylinder 1, bis genau 50 ml erreicht sind. Beim Ablesen des Füllstands musst du aufpassen: Dein Auge muss genau auf der Höhe des oberen Rands der Flüssigkeit sein. → [5]

2 Messzylinder 2 füllst du mit genau 50 ml Wasser.

3 Schütte nun beide Flüssigkeiten vorsichtig und gleichzeitig in Messzylinder 3. Schwenke vorsichtig um und lies dann ab, wie viel Gemisch sich im Messzylinder befindet.

4 ▨ Nenne das bei diesem Versuch zu erwartende Messergebnis.

5 ▨ Du hast das Messergebnis mit eigenen Augen gesehen. Versuche, dafür eine Erklärung zu finden oder eine Theorie aufzustellen. Denke auch an mögliche Messfehler.

6 Führe jetzt noch einen Modellversuch durch:

a Gib genau 50 ml Erbsen in Messzylinder 4 und 50 ml Linsen in Messzylinder 5. Schütte die abgemessenen Erbsen und Linsen gleichzeitig in Messzylinder 6. Schüttle mehrfach um, indem du den Zylinder quer hältst und die Öffnung mit der Hand verschließt. Lies das Ergebnis ab.

b ▨ Erkläre, wie sich die Größe der Erbsen und der Linsen auswirkt.

7 ▨ Erkläre das Ergebnis des Alkohol-Wasser-Versuchs mithilfe des Erbsen-Linsen-Modells.

8 ▨ Begründe, ob der Alkohol-Wasser-Versuch für oder gegen die Theorie von Dalton spricht.

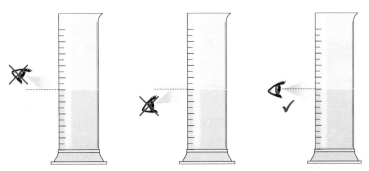

5 | Ablesen beim Messzylinder: Man darf nicht von oben oder unten, sondern muss aus gleicher Höhe blicken.

Kugelteilchen, Kuchenteilchen oder ...?

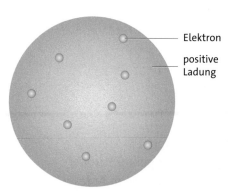

1 Joseph John Thomson stellte sich 1897 Atome noch ähnlich wie einen Rosinenkuchen vor.

2 Thomson

3 Rutherford

Sind Atome wirklich massive Kügelchen? Neue Experimente lassen Zweifel aufkommen.

Im Jahr 1897 • Der britische Physiker Joseph John Thomson entdeckte, dass aufgeheizte Atome Elektronen abgeben können. Andere Experimente hatten bereits gezeigt, dass sich Elektronen aufgrund ihrer negativen Ladung gegenseitig abstoßen. Thomsons Gedanke: Die Elektronen müssen im Atom verteilt sein wie Rosinen in einem Kuchen. Und was ist dann mit dem Rest des Kuchens? Atome sind insgesamt elektrisch neutral. Daher nahm Thomson an, dass es auch eine über das gesamte Atom verteilte positive Ladung gibt. Diese bildet den gebackenen Teig.

Im Jahr 1911 • Nach Dalton und Thomson machte sich auch Ernest Rutherford, ein neuseeländischer Physiker, auf Spurensuche zum Atombau. Er führte den sogenannten Streuversuch durch:

Eine dünne Goldfolie wurde mit positiv geladenen α-Teilchen beschossen. →④ → ▣ Dabei konnten drei Fälle unterschieden werden:
(A) Ein Bruchteil der α-Teilchen wurde von der Folie reflektiert.
(B) Ganz wenige α-Teilchen wurden von der Folie zur Seite hin abgelenkt.
(C) Weit über 99 Prozent der α-Teilchen passierten die Folie, ohne Spuren zu hinterlassen.

Kern-Hülle-Modell • Rutherford fasste seine Beobachtungen als Kern-Hülle-Modell zusammen: Im Innern des Atoms gibt es einen aus positiv geladenen Protonen aufgebauten Kern. Er ist winzig, trägt aber über 99,9 Prozent der gesamten Atommasse in sich. Trifft ein α-Teilchen direkt auf diesen Kern, so wird es reflektiert (A). Kommt ein α-Teilchen dem Atomkern sehr nahe, so wird es aufgrund der positiven Ladung zur Seite hin abgelenkt (B).

hadoki

Lexikon
Videos
Tipps

das **Kern-Hülle-Modell**
das **Elektron**
das **Proton**
das **Neutron**
das **Element**

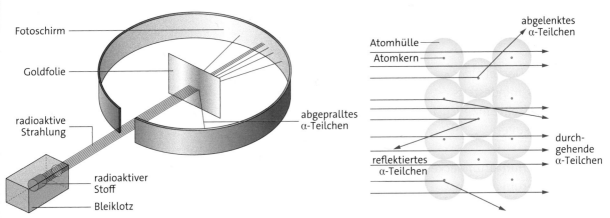

Fotoschirm

Goldfolie

radioaktive
Strahlung

radioaktiver
Stoff

Bleiklotz

abgepralltes
α-Teilchen

Atomhülle
Atomkern

abgelenktes
α-Teilchen

reflektiertes
α-Teilchen

durch-
gehende
α-Teilchen

4 Ernest Rutherford führte den berühmten Streuversuch durch → ▣

Um den Kern herum befindet sich die von Elektronen gebildete Atomhülle. Sie ist viel größer als der Kern. → **5** Elektronen haben nur eine ganz kleine Masse. Für α-Teilchen, die sich durch die Hülle bewegen, ist dieser Bereich praktisch „leer". Die α-Teilchen können die Hülle ungehindert passieren (C).

> Atome haben einen Kern und eine Hülle. Im Kern sind die Protonen, in der Hülle die Elektronen.

Den Kern genauer untersucht • Atome bestehen also aus Protonen (p^+) im Kern und Elektronen (e^-) in der Hülle. Die Elektronen sind in ständiger Bewegung und stoßen sich – wegen ihrer gleichen Ladung – gegenseitig ab. Doch was hält die positiv geladenen Protonen im Kern zusammen? Die Antwort ist ein weiterer Bestandteil im Kern: die Neutronen (n). Diese sind nicht elektrisch geladen, das heißt neutral.

Anhand dieser drei Bestandteile werden die Atomsorten, auch Elemente genannt, unterschieden.

Kennzahlen von Atomen • Jedes Element hat ein Elementsymbol, eine Ordnungszahl und eine Massenzahl. → **6** Die Ordnungszahl gibt die Zahl der Protonen an. Die Massenzahl entspricht der Summe an Protonen und Neutronen. Da Atome insgesamt neutral sind, ist die Anzahl der Protonen gleich der Anzahl der Elektronen.

Aufgaben

1 ☒ Erkläre, warum Thomson sein Modell Rosinenkuchenmodell nannte.

2 ☒ Nenne die drei Bestandteile, aus denen Atome aufgebaut sind.

3 ☒ Nenne die Kennzahlen, an denen man Atome unterscheiden kann.

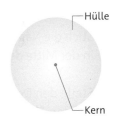

Hülle

Kern

5 Kern-Hülle-Modell

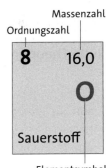

Massenzahl
Ordnungszahl

8   16,0

O

Sauerstoff

Elementsymbol

6 Das Element Sauerstoff

Kugelteilchen, Kuchenteilchen oder …?

Streuversuch im Modell

Materialliste: Deckel eines Schuhkartons, mindestens 6 kleine Nägel, eine möglichst kleine Metallkugel

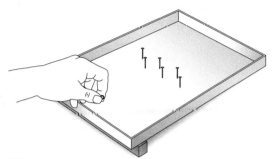

1 Lege den Schuhkartondeckel verkehrt herum auf den Tisch. Zeichne eine Startlinie ca. 3 cm vom Rand entfernt ein.

2 Stich die Nägel im Zickzack in der Mitte des Deckels ein.

3 Stelle den Deckel nun so auf den Tisch, dass der Startbereich leicht erhöht ist.

1 Modellversuch

4 Lass nun eine Metallkugel vom Startbereich aus losrollen und beobachte, wohin sie rollt. Wiederhole den Versuch.

5 ☒ Dokumentiere, wie oft die Kugel einen Nagel trifft, ihn berührt oder dazwischen hindurchrollt.

6 ☒ Gib an, wofür die Nägel in dem Modell stehen.

7 ☒ Beurteile dein Ergebnis im Hinblick auf das Modell von Rutherford.

Material B

Neue Theorien

1 ☒ Hätten Dalton und Thomson zur selben Zeit gelebt, hätten sie sich sicher über ihre Modelle ausgetauscht. Verfasse in Thomsons Namen einen Brief an Dalton, in dem er ihn über seine neuen Erkenntnisse informiert.

2 ☒ Erkläre, warum Daltons Kugelmodell heute gelegentlich immer noch verwendet wird.

Der Gang der Wissenschaft

Forscher hören ja nicht auf zu forschen. Dabei entdecken sie manchmal auch Unerwartetes. Die neuen Ergebnisse passen dann nicht zu den alten Theorien. Also versucht man, die alten Theorien anzupassen oder zu erweitern. Aber das reicht nicht immer. Manchmal muss man die alten Theorien völlig durch neue Theorien ersetzen.

2

Material C

Thomson gegen Rutherford

Aufgrund der Versuchsergebnisse von Rutherford wurde Thomsons Rosinenkuchenmodell erweitert und damit abgelöst.

1 ☒ Erstelle einen Vergleich in Form einer Tabelle, in der du die Gemeinsamkeiten und die Unterschiede der beiden Atommodelle darstellst.

Material D

Kennzahlen von Atomen

Anhand von Ordnungszahl und Massenzahl kannst du die Elemente erkennen oder die Anzahl der anderen Bestandteile, z. B. der Neutronen, berechnen.

Dazu ein Beispiel: Das Element Kohlenstoff hat die Ordnungszahl 6 und die Massenzahl 12. Da die Ordnungszahl die Zahl der Protonen angibt, müssen Kohlenstoff-Atome 6 Protonen haben.
Atome sind elektrisch neutral. Also müssen Kohlenstoff-Atome auch 6 Elektronen haben.

Element	Ordnungs-zahl	Massen-zahl	Protonen	Elek-tronen	Neu-tronen
Kohlenstoff	6	12	6	6	6
Sauerstoff	8	?	?	?	8
Schwefel	?	?	?	16	16
Eisen	?	56	26	?	?

3 Kennzahlen von drei Elementen

Die Neutronen kannst du anhand der Massenzahl bestimmen. Die Massenzahl ist ja die Summe aus der Anzahl der Protonen und der Neutronen. Also besitzt ein Kohlenstoff-Atom auch 6 Neutronen. → 3

1 ⊠ Übernimm die Tabelle in dein Heft und fülle sie durch Berechnen aus. → 3

2 ⊠ Wasserstoff hat die Massenzahl 1. Wie viele Neutronen hat ein Wasserstoff-Atom?

Material E

Dünne Hülle, fast nichts

Krasse Theorie

Eigentlich unglaublich: Rutherford behauptet, dass die Atomhülle 3000-mal größer ist als der Atomkern. Trotzdem wiegt die Hülle fast gar nichts. Der winzige Kern wiegt viel mehr.
Das liegt daran, dass die Elektronen nahezu keine Masse haben. Wenn sie nicht die negative Ladung tragen würden – man könnte sie fast „übersehen".
Laut Rutherford müsste man ein Stück Goldfolie aus 20 Gold-Atomen eigentlich so zeichnen (Atomkerne in Rot):

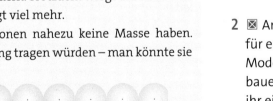

4

1 ⊠ Erkläre, warum die α-Teilchen in Rutherfords Versuch die Hüllen der Gold-Atome mühelos durchdringen konnten.

2 ⊠ Angenommen, ihr wollt für euren Klassenraum ein Modell von einem Atom bauen. Als Atomkern nehmt ihr eine Erbse, die 5 mm groß ist.
Berechne, wie groß dann die Hülle sein müsste. Notiere auch ein geeignetes Material für die Hülle.

Kugelteilchen, Kuchenteilchen oder ...?

Wie groß sind eigentlich Atome?

Echte Winzlinge • Atome sind wirklich winzig. Sie haben einen Durchmesser von ungefähr 0,000 000 0001 m.

Ein Gedankenexperiment • Da die winzigen
5 Atome schlecht vorstellbar sind, sollst du ein Gedankenexperiment durchführen: Stelle dir vor, du streckst deine Hand aus und jemand legt dir ein Atom in deine Handfläche. Nun kommt eine tolle Erfindung zum Einsatz:
10 ein Größenverdoppler. Bei jedem Knopfdruck wird das gewünschte Objekt in seiner Größe verdoppelt. Das soll nun mit dir und dem Atom in deiner Handfläche geschehen. Dieser Vorgang wird so oft wiederholt, bis
15 das Atom in deiner Hand so groß ist wie eine Erbse. Was schätzt du, welche Größe du dann hättest: 200 m, 3 km, 50 km? Du wärst 100 000 km groß! Das bedeutet, dass die Erde für dich wie ein Fußball wäre. → 1

20 **Mühsam zu zählen** • Ein weiterer Vergleich: Ein Fingerhut ist mit Wasser gefüllt. → 2 Stelle dir vor, die Menschheit will die Wasserteilchen in diesem Fingerhut zählen. Alle 7 500 000 000 Menschen zählen mit. Jeder
25 Mensch zählt pro Sekunde ein Teilchen. Wenn die Menschheit nur noch zählen würde – ohne zu essen, ohne zu schlafen oder sonst irgendetwas zu tun: Wie lange würde sie brauchen?
30 Die Menschheit wäre unfassbar lange beschäftigt, nämlich etwa 30 000 Jahre! Und das nur für die Teilchen in einem Fingerhut voll Wasser.

Nanoteilchen • Vielleicht hast du schon ein-
35 mal etwas von Nanoteilchen gehört. Dabei handelt es sich um winzige Strukturen, die besondere Eigenschaften aufweisen. Nanoteilchen sind etwa 10-mal so groß wie Atome. Also handelt es sich immer noch
40 um unvorstellbar winzige Strukturen.

1 Ein Riese – mit der Erde als „Fußball"

2 Fingerhut, mit Wasser gefüllt

Erweitern und Vertiefen

Entdeckung der Radioaktivität

Strahlende Stoffe • Rutherfords Streuversuch beruht auf der Entdeckung der radioaktiven Strahlung, zu der auch die α-Teilchen gehören. Die Radioaktivität wurde 1896 vom Physiker Antoine Henri Becquerel durch Zufall beim Experimentieren mit Uranerzen entdeckt. Becquerel untersuchte zunächst die Phosphoreszenz von verschiedenen Mineralien. Unter Phosphoreszenz versteht man die Eigenschaft mancher Stoffe, noch nachzuleuchten, wenn die Einwirkung von Licht oder Röntgenstrahlen schon beendet ist.
Bei seinen Experimenten bemerkte Becquerel, dass Uran auch Spuren auf einer Fotoplatte hinterlässt, wenn es nicht zuvor mit Licht bestrahlt wurde. Daraus schloss er, dass Uransalze von sich aus strahlen.

Die Forscherin Marie Curie • Marie Sklodowska kam 1891 von Polen nach Paris, um dort Mathematik und Physik zu studieren, da in Frankreich das Studieren für Frauen erlaubt war. Nach ihrem Studium begann sie als Doktorandin für Becquerel zu forschen. Ihre Forschung zu strahlenden Substanzen wurde erheblich durch die Entdeckung der Röntgenstrahlung von Wilhelm Conrad Röntgen und die zeitgleiche Entdeckung der radioaktiven Strahlung von Becquerel beeinflusst.
Im Jahr 1895 heiratete sie Pierre Curie. Sie forschte mit ihm gemeinsam in einem selbst eingerichteten Labor in einem Schuppen. Nach einigen Jahren gelang es dem Ehepaar Curie, zwei radioaktive Elemente aus Uranerz zu isolieren. Sie nannten diese Elemente

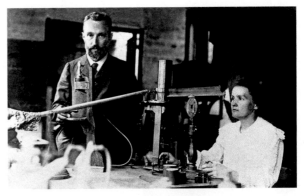

3 Pierre und Marie Curie im Labor

35 Polonium (lat. polonia: Polen) und Radium (lat. radio: strahlen).
Für ihre Arbeit erhielt Marie Curie 1903 gemeinsam mit ihrem Mann und Becquerel den Nobelpreis für Physik. 1911 folgte der
40 Nobelpreis in Chemie als Anerkennung der Entdeckung des Radiums. Damit war Marie Curie die erste Person, die zweimal mit einem Nobelpreis ausgezeichnet wurde. 1934 starb Marie Curie an Anämie, einer
45 besonderen Form der Blutarmut, im Alter von 67 Jahren.

Aufgaben

1 ✎ Beschreibe mit eigenen Worten, wie Becquerel die Radioaktivität entdeckte.

2 ✎ Nenne das Element, für dessen Entdeckung Marie Curie den Nobelpreis erhielt.

3 ✉ Überlege, was Curies Tod mit ihrer Arbeit zu tun gehabt haben könnte.

Wie viel wiegt ein Atom?

1 Kann man Atome wiegen?

Atome sind unvorstellbar winzig. Dann muss auch ihre Masse sehr klein sein. Kann man Atome wiegen und wie viel wiegen sie?

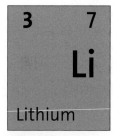

3	7
Li	
Lithium	

2 Das Element Lithium

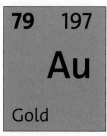

79	197
Au	
Gold	

3 Das Element Gold

⁵ **Atommasse** • Man kann aus den Elementkärtchen unter anderem die Massenzahl entnehmen. → 2 3 Die Massenzahl gibt an, wie viel ein Atom wiegt. Bei Lithium sind dies 7 u, ¹⁰ bei Gold 197 u.
Die Einheit u ist eine sehr kleine Gewichtseinheit: 1 u entspricht 0,00000000000000000000000166 g. Einzelne Atome kann man nicht wie ¹⁵ einen Apfel auf die Waage legen und die Masse bestimmen.

Das Mol • Um Stoffportionen wiegen zu können, muss man viele Atome zu einer Stoffportion zusammenfassen. ²⁰ Dies hat man getan und diese Stoffportion 1 Mol genannt.

Um 1 Mol eines Stoffs zu erhalten, muss man $6,022 \cdot 10^{23}$ (600 Trilliarden) Teilchen dieses Stoffs nehmen.

²⁵ **Molare Masse** • Unter der molaren Masse versteht man die Masse von 1 mol Teilchen. Diese entspricht genau der Massenzahl dieser Atomsorte In der Einheit $\frac{g}{mol}$. Das bedeutet, wenn ³⁰ man die Stoffportion von 1 mol Lithium-Atomen hat, so wiegt diese 7 g. → 2 Ein halbes Mol Lithium-Atome wiegt folglich 3,5 g. Umgekehrt lässt sich folgern, dass bei einer Masse 14 g Lithium ³⁵ die Stoffportion von 2 mol vorliegt.

> Die Massenzahl gibt an, wie viel u ein Atom wiegt und wie viel Gramm 1 Mol dieser Atome wiegt.
> 1 Mol ist eine Stoffportion von $6,022 \cdot 10^{23}$ Teilchen.

56 g Eisen 24 g Magnesium 32 g Schwefel
12 g Kohlenstoff 12 g Kohlenstoff 18 g Wasser 64 g Kupfer

4 1 Mol von verschiedenen Stoffen

Aufgaben

1 ☑ Gib an, wie viel ein Gold-Atom und wie viel 1 mol Gold-Atome wiegen.

2 ☒ Berechne, wie viel Mol bei 591 g Gold vorliegen.

Material A

Atommasse, Mol und molare Masse

Teste dein Wissen zu den Begriffen Atommasse, Mol und molare Masse. → $\boxed{5}$

1 ☒ Ordne den Begriffen 1–5 die passenden Beschreibungen A–E zu.

Begriff		Beschreibung	
1	molare Masse	A	sehr kleine Gewichtseinheit, in der die Masse von Atomen angegeben wird
2	Mol	B	Gewichtseinheit für die molare Masse
3	Massenzahl	C	Masse von 1 mol Teilchen des Stoffs
4	Gewichtseinheit u	D	gibt an, wie viel u ein Atom bzw. 1 mol Atome in g wiegen
5	Gewichtseinheit $\frac{g}{mol}$	E	bestimmte Anzahl der Teilchen eines Stoffs, nämlich $6,022 \cdot 10^{23}$

$\boxed{5}$

Material B

Mit Massenzahlen umgehen

Den Zusammenhang zwischen Atommasse, Mol und molarer Masse zu kennen, ist der erste Schritt. Die Anwendung dieser Zusammenhänge ist der nächste Schritt.

1 ☒ Gib an, wie viel folgende Stoffe wiegen:
a 1 Atom Aluminium
b 1 mol Chrom
c 4 Natrium-Atome
d 16 Kohlenstoff-Atome
e 7 mol Helium
f 2,5 mol Kohlenstoff
g 0,2 mol Aluminium
h 17,3 mol Natrium

2 ☒ Gib an, wie viele Teilchen man bei folgenden Massen hat:
a 12 u Kohlenstoff
b 69 u Natrium
c 12 g Helium
d 81 g Aluminium
e 208 g Chrom
f 30 g Kohlenstoff
g 80,5 g Natrium
h 21,4 g Helium

3 ☒ Gib an, was mehr wiegt:
a 3 mol Kohlenstoff oder 2 mol Natrium
b 1000 Chrom-Atome oder 0,2 mol Helium
c eine Stecknadel oder 1000 000 Chrom-Atome
d 1 mol Chrom oder 13 mol Helium

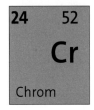

$\boxed{6}$ Kennzahlen verschiedener Elemente

Die Atomhülle unter die Lupe genommen

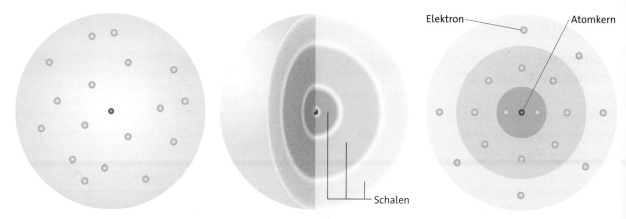

1 Ein Chlor-Atom in den Vorstellungen von Ernest Rutherford (links) und Niels Bohr (Mitte und rechts)

Auch nach Rutherford stand die Forschung nicht still. Niels Bohr, ein Schüler von Ernest Rutherford, schaute sich die Atomhülle genauer
5 **an und entwickelte daraus eine neue Vorstellung zum Aufbau der Atome.**

Im Jahr 1913 • Bohr führte Experimente zur Abspaltung der Elektronen aus einem Atom durch. Dabei stellte er
10 fest, dass man unterschiedlich viel Energie benötigt, um ein Elektron vom Atom zu lösen. Er folgerte, dass sich einige Elektronen näher, andere weiter entfernt vom Kern befinden müssen.
15 Aus diesen Erkenntnissen entwickelte er sein Atommodell. Gruppen von Elektronen, die sich auf einem ähnlichen Energieniveau befinden, bilden gemeinsam eine Elektronenschale.
20 Diese „Schalen" umgeben den Kern kugelförmig. Dabei sind die darin enthaltenen Elektronen nicht an einem festen Ort, sondern bewegen sich ständig um den Atomkern. Dieses
25 Atommodell nennt man daher „Schalenmodell".

2 Bohr

Schalenbesetzung • Die verschiedenen Schalen können unterschiedlich viele
30 Elektronen aufnehmen. So kann die innerste Schale nur mit 2 Elektronen besetzt werden. Die 2. Schale kann 8 und die 3. bis zu 18 Elektronen aufnehmen. Für die Besetzung der äußer-
35 sten Schale gilt, dass sie immer nur mit bis zu 8 Elektronen besetzt werden kann. Eine Ausnahme von dieser Regel bildet die Besetzung der 1. Schale. Diese hat nur Platz für 2 Elektronen.

> Die Atomhülle gliedert sich in Schalen. Die innerste Schale kann bis 2, die 2. und 3. jeweils bis 8 Elektronen aufnehmen.

Aufgaben

1 ☑ Gib an, wie viele Elektronen auf die einzelnen Schalen passen.

2 ☒ Nenne Gemeinsamkeiten und Unterschiede der Atommodelle von Rutherford und Bohr.

Material A

Lückenlos (?)

Im Jahr **(A)** entwarf der dänische Wissenschaftler Niels Bohr eine neue gedankliche Vorstellung vom Aufbau der Atome. Durch die Forschungen von **(B)** wusste er, dass Atome einen winzigen Kern besitzen, in dem sich die gesamte **(C)** Ladung und nahezu die gesamte Masse befindet.

Doch über den Aufbau der Atomhülle war nur bekannt, dass sich darin die **(D)** befinden. Bohr machte sich Gedanken, wie die Atomhülle aufgebaut sein könnte. Er kam zu dem Ergebnis, dass sich die Elektronen in **(E)** bewegen. In die innerste Schale passen **(F)** Elektronen, in die 2. und 3. Schale jeweils **(G)** Elektronen.

Zunächst werden immer die **(H)** Schalen besetzt. Erst wenn diese voll besetzt sind, darf man die äußere Schale auffüllen. Die Elektronen, die sich auf der Außenschale befinden, nennt man **(I)**.

1 ☒ Ergänze die Lücken (A) bis (I). Schreibe den Text in dein Heft.

Material B

Verschiedene Elemente

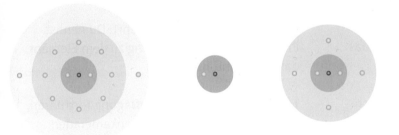

3 Drei Elemente im Schalenmodell

1 ☒ In Bild 3 siehst du Atome von drei verschiedenen Elementen, dargestellt im Schalenmodell nach Niels Bohr. Finde heraus, um welche Elemente es sich handelt. Nutze dazu das Periodensystem am Ende des Buchs.

2 ☒ Zeichne das Schalenmodell für die Elemente Helium, Natrium und Fluor. → 4 Achte auf die Maximalbesetzung der verschiedenen Elektronenschalen.

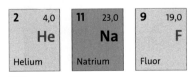

2	4,0
He	
Helium	

11	23,0
Na	
Natrium	

9	19,0
F	
Fluor	

4 Helium, Natrium und Fluor

Material C

Sprunghaft anders

... Deshalb spaltete ich alle sechs Elektronen von den Kohlenstoff-Atomen ab. Dabei machte ich eine merkwürdige Entdeckung:
Um die ersten vier Elektronen abzuspalten, war nicht viel Energie nötig. Für die zwei letzten Elektronen aber brauchte man viel mehr Energie. Das passte nicht zu den Ergebnissen von Rutherford. So kam ich zu meinem Atommodell ...

1 ☒ Lies den oben stehenden Brief, den Bohr an eine Kollegin schrieb. Erkläre die Beobachtung, die Bohr machte.

Die Atomhülle unter die Lupe genommen

Methode

Multi-Interview

Eine gute Möglichkeit zum Üben ist das Multi-Interview. Du kannst es hier am Beispiel des Schalenmodells ausprobieren.

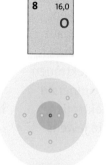

1. Schritt Falte ein DIN-A4-Papier zur Hälfte und klebe es zusammen.

1 Beispiel für eine Multi-Interview-Karte

2. Schritt Wähle dir ein Element aus und schreibe sein Elementsymbol groß auf die Vorderseite des Kärtchens. → 1
Schreibe die Massenzahl des Elements oben rechts, die Ordnungszahl oben links über das Elementsymbol.

3. Schritt Drehe das Kärtchen um und zeichne die ersten drei Schalen des Schalenmodells und einen Kern, in den du Elementsymbol, Massen- und Ordnungszahl schreibst.

4. Schritt Zeichne die Elektronenverteilung zu deinem gewählten Element in die Elektronenschalen ein. Achte dabei auf die maximale Anzahl der Elektronen pro Schale.
Wenn du dir unsicher bist, lass das Ergebnis von der Lehrerin oder dem Lehrer prüfen.

5. Schritt Stehe nun auf, gehe durch das Klassenzimmer und tausche dich in der Klasse mit deinen Klassenkameraden aus. Halte deinem Interviewpartner die Kärtchenvorderseite mit dem Elementsymbol hin. Dein Partner nennt dir die Elektronenverteilung.
Prüfe seine Lösung mit deiner Kärtchenrückseite.

6. Schritt Nun ist es umgekehrt: Du nennst ihm die Elektronenverteilung zu dem Element, das er gewählt hat.

7. Schritt Du kannst die Befragung fortführen, bis du viele von deinen Klassenkameraden interviewt hast.

2

3

Erweitern und Vertiefen

Modell gleich Modell?

Im Alltag • Häufig begegnet man Modellen, z. B. Modellflugzeugen, einem Globus als Modell der Erde oder einem Augenmodell beim Augenarzt. Sie alle bilden die Wirklichkeit
5 verkleinert oder vergrößert ab. Man nennt sie Anschauungsmodelle oder – wenn sie Abläufe verdeutlichen – Funktionsmodelle.

In der Chemie • Die Atommodelle in der Chemie sind keine Abbildungen der Wirklichkeit.
10 Sie sind nur Vorstellungshilfen, um bestimmte Aspekte besser beschreiben und verstehen zu können. Diese sogenannten Gedankenmodelle können als Modellbau oder als Zeichnung vorliegen. → 5 Sie machen etwas Unbeob-
15 achtbares für uns vorstellbar, obwohl sie oft nur Teilaspekte der Wirklichkeit aufgreifen.

Ablösung alter Modelle • In diesem Kapitel werden fünf Modelle zum Atombau vorgestellt. Jedes Modell liefert eine neue Grund-
20 idee. Außerdem erweitert es das vorherige Modell um dazugewonnene Erkenntnisse. Wenn ein Modell im Widerspruch zu neuen Erkenntnissen steht, wird es erweitert. Eventuell muss man es aber auch komplett verwerfen und
25 durch ein ganz neues Modell ersetzen.

Modelle zur Auswahl • Je nach Phänomen, das man mit einem Modell erklären möchte, kann ein Modell gut oder weniger gut sein. Beispielsweise braucht man Thomsons Rosinenkuchen-
30 modell nicht, um den Alkohol-Wasser-Versuch auf Seite 159 zu erklären. Es bietet sich aber hervorragend an, wenn es um Elektrizität geht.

4 Modellhubschrauber

Aufgaben

1 ▣ Erläutere, was man in der Chemie unter einem Modell versteht.

2 ▣ Erstelle eine Tabelle, in der du Anschauungsmodelle naturwissenschaftlichen Gedankenmodellen gegenüberstellst.

3 ▣ In der Biologie werden oft bewegliche Skelettmodelle eingesetzt, um unseren Körperbau zu verstehen. Um was für eine Art von Modell handelt es sich hierbei?

4 ▣ Erläutere, welche Vor- und Nachteile das Modell in Bezug auf die Wirklichkeit hat. → 5

5 Atommodell aus Metall

171

Isotope – Zwillinge bei Elementen?

[1] Zwei Elemente und ihre Kennzahlen

Atome bestehen aus drei Bausteinen: Protonen, Elektronen und Neutronen. Deren Anzahl lässt sich aus Ordnungszahl und Massenzahl ermitteln. Doch
5 **manchmal treten dabei verblüffende Werte auf. Wie kann das sein?**

Halbe Neutronen? • Aus der Ordnungszahl kann man die Anzahl der Protonen und Elektronen ablesen. Die Mas-
10 senzahl entspricht der Summe der Teilchen im Kern. Das sind bekanntlich die Protonen und Neutronen. So kann man aus der Differenz von Massenzahl und Ordnungszahl die Anzahl der
15 Neutronen bestimmen.
Beim Sauerstoff kommt man auf 8 Neutronen.
Aber was ist bei Chlor los? Hat Chlor dann 18,5 Neutronen: 18 ganze Neu-
20 tronen und ein halbes Neutron?

Unterschiedliche Neutronenzahl • Halbe Neutronen gibt es nicht. Aber es gibt verschiedene Chlor-Atome. Manche haben 17 Neutronen, andere 19.

25 Atome eines Elements mit unterschiedlicher Neutronenzahl werden als Isotope bezeichnet. Sie haben alle die gleichen chemischen Eigenschaften. Etwa 75 Prozent aller Chlor-Atome
30 haben 17 Neutronen und damit die Massenzahl 35. Die restlichen 25 Prozent haben 19 Neutronen und damit die Massenzahl 37. Berücksichtigt man diese Verteilung, so ergibt sich für die
35 Massenzahl von Chlor ein Mittelwert von 35,5.

> Atome eines Elements mit gleicher Protonenzahl und unterschiedlicher Neutronenzahl nennt man Isotope.

Aufgaben

1 ☒ Erkläre mit eigenen Worten, was man unter Isotopen versteht.

2 ☒ Bei Sauerstoff ist die Massenzahl 16. Begründe, ob es von diesem Element Isotope geben kann.

Material A

Übersicht über Isotope

Es gibt Tabellen, in denen Isotope aufgeführt sind. In Bild 2 kannst du solch eine Tabelle für die ersten fünf Elemente sehen.

1 ☒ Betrachte die Tabelle. Gib an, wie viele Isotope es von den Elementen Wasserstoff (H) und Beryllium (Be) gibt.

2 ☒ Lies aus der Tabelle die Anzahl der Neutronen folgender Isotope ab: ^{8}He, ^{9}B, ^{12}Be.

Protonen	1	2	3	4	5
	H	He	Li	Be	B
Neutronen					
0	^{1}H				
1	^{2}H	^{3}He	^{4}Li	^{5}Be	
2	^{3}H	^{4}He	^{5}Li	^{6}Be	^{7}B
3		^{5}He	^{6}Li	^{7}Be	^{8}B
4		^{6}He	^{7}Li	^{8}Be	^{9}B
5		^{7}He	^{8}Li	^{9}Be	^{10}B
6		^{8}He	^{9}Li	^{10}Be	^{11}B
7		^{9}He	^{10}Li	^{11}Be	^{12}B
8		^{10}He	^{11}Li	^{12}Be	^{13}B
9				^{13}Be	^{14}B
10				^{14}Be	^{15}B
11					^{16}B
12					^{17}B

2 Isotopentabelle der ersten fünf Elemente

Material B★

Dem Gemisch auf der Spur

Isotop	Anteil in %
^{196}Hg	0,15
^{198}Hg	10,04
^{199}Hg	16,94
^{200}Hg	23,14
^{201}Hg	13,17
^{202}Hg	29,74
^{204}Hg	6,82

3 Übersicht über Vorkommen der Quecksilberisotope

Die in Elementkarten angegebene Massenzahl ergibt sich aus den Atommassen und dem Verhältnis der natürlich vorkommenden Isotope.

1 Bei Wasserstoff findet man die Massenzahl 1,01. ☒ Gib an, welches Wasserstoffisotop das mit Abstand häufigste ist.

2 Aus der Tabelle kannst du entnehmen, zu welchem Anteil die verschiedenen Isotope des Elements Quecksilber (Hg) vorkommen. → 3 Schlägt man im Periodensystem die Massenzahl nach, so findet man 200,6. ☒ Begründe durch Berechnung, wie man auf diese Zahl kommt.

Das Periodensystem sorgt für Ordnung

		Hauptgruppe (Anzahl der Außenelektronen)							
		I	II	III	IV	V	VI	VII	VIII
Periode (Anzahl der Schalen)	1	**1** 1,0 **H** Wasserstoff							**2** 4,0 **He** Helium
	2	**3** 6,9 **Li** Lithium	**4** 9,0 **Be** Beryllium	**5** 10,8 **B** Bor	**6** 12,0 **C** Kohlenstoff	**7** 14,0 **N** Stickstoff	**8** 16,0 **O** Sauerstoff	**9** 19,0 **F** Fluor	**10** 20,2 **Ne** Neon
	3	**11** 23,0 **Na** Natrium	**12** 24,3 **Mg** Magnesium	**13** 27,0 **Al** Aluminium	**14** 28,1 **Si** Silicium	**15** 31,0 **P** Phosphor	**16** 32,1 **S** Schwefel	**17** 35,5 **Cl** Chlor	**18** 40,0 **Ar** Argon
	4	**19** 39,1 **K** Kalium	**20** 40,1 **Ca** Calcium	**31** 69,7 **Ga** Gallium	**32** 72,6 **Ge** Germanium	**33** 74,9 **As** Arsen	**34** 79,0 **Se** Selen	**35** 79,9 **Br** Brom	**36** 83,8 **Kr** Krypton

1   Das Periodensystem der Elemente (Ausschnitt)

Das Periodensystem bringt Ordnung in die Elemente. Doch nach welchen Merkmalen oder Regeln ist es aufgebaut?

2   Mendelejew

3   Meyer

Blick in die Geschichte • Schon 1869 haben der Russe Dmitri Mendelejew und der Deutsche Lothar Meyer versucht, ein Ordnungssystem für die Elemente zu finden. → 2 3 Sie ordneten die Elemente nach steigender Atommasse und ähnlichen Stoffeigenschaften. So entwickelten sie ein erstes Periodensystem. Heute wissen wir, dass die Ordnung im Periodensystem durch den Bau der Atome begründet ist.

Ordnungszahl • Alle Elemente im Periodensystem sind nach steigender Ordnungszahl angeordnet. Die Ordnungszahl entspricht der Anzahl der Protonen bzw. der Elektronen. Liest man das Periodensystem wie einen Text von links oben nach rechts unten, so steigt die Ordnungszahl und damit die Anzahl der Protonen und Elektronen in den Atomen um jeweils eins an.

Elementgruppen • Elemente mit ähnlichen Eigenschaften tauchen im Periodensystem regelmäßig auf. Sie stehen untereinander in einer Spalte und bilden eine Elementgruppe. Sie werden häufig auch als Elementfamilie bezeichnet. Ein Beispiel für eine solche Elementgruppe sind die Metalle Lithium, Natrium, Kalium, Rubidium und Caesium. Alle diese Metalle sind weich und reagieren heftig mit Wasser. Sie bilden die I. Hauptgruppe und werden als Alkalimetalle bezeichnet. Weitere Elementfamilien sind die Erdalkalimetalle (II. Hauptgruppe), die Halogene (VII. Hauptgruppe) und die Edelgase (VIII. Hauptgruppe).

Außenelektronen • Ein wichtiges Ordnungsmerkmal ist die Anzahl der Außenelektronen. Elemente mit der gleichen Anzahl an Außenelektronen

cigoqe

Lexikon
Tipps

das **Periodensystem**
die **Hauptgruppe**
die **Periode**

Zahl der Außenelektronen

Periode	I. Hauptgruppe	II. Hauptgruppe	III. Hauptgruppe	IV. Hauptgruppe	V. Hauptgruppe	VI. Hauptgruppe	VII. Hauptgruppe	VIII. Hauptgruppe
1	1 Wasserstoff							2 Helium
2	3 Lithium	4 Beryllium	5 Bor	6 Kohlenstoff	7 Stickstoff	8 Sauerstoff	9 Fluor	10 Neon
3	11 Natrium	12 Magnesium	13 Aluminium	14 Silicium	15 Phosphor	16 Schwefel	17 Chlor	18 Argon

Zahl der Schalen

4 Elemente der Hauptgruppen im Schalenmodell

werden als Gruppe zusammengefasst. Die Nummer der Gruppe gibt die Anzahl der Außenelektronen an. So haben alle Elemente der I. Hauptgruppe ein Außenelektron, die der V. Hauptgruppe fünf Außenelektronen. → **4**
Da die Elemente einer Hauptgruppe auch häufig ähnliche Eigenschaften besitzen, scheint die Anzahl der Außenelektronen entscheidend für die Eigenschaften der Stoffe zu sein.

Perioden • Ein weiteres Ordnungsmerkmal des Periodensystems ist die Anzahl der Elektronenschalen. Diese kann man an den Zeilen des Periodensystems ablesen. Die Zeilen werden auch Perioden genannt und haben dem Periodensystem seinen Namen gegeben. Atome, die in der ersten Zeile aufgeführt sind, bilden die erste Periode. Sie besitzen nur eine Elektronenschale. Alle Elemente der zweiten Periode besitzen zwei und die Elemente der dritten Periode drei Elektronenschalen.
→ **4** Die innerste Schale bezeichnet

man als K-Schale, die zweite als L-Schale und die dritte als M-Schale.

Das Periodensystem der Elemente vereint mehrere Ordnungsmerkmale: die Anzahl der Protonen und Elektronen, die Anzahl der Außenelektronen und die Anzahl der Elektronenschalen.

Aufgaben

1 ☒ Nenne die drei Ordnungsmerkmale des Periodensystems.

2 ☒ Gib die Bedeutung der Zeilen und Spalten im Periodensystem an.

3 ☒ Nenne das Element, dessen Atome zwei Schalen und 6 Außenelektronen besitzen.

4 ☒ Gib für die folgenden Elemente die Hauptgruppe und die Periode an: Sauerstoff, Brom, Natrium.

Das Periodensystem sorgt für Ordnung

Material A

Aufbau des Periodensystems

Der nebenstehende Text beschreibt, nach welchen Kriterien das Periodensystem aufgebaut ist.

1 ☒ Schreibe den Text in dein Heft. Ergänze die Lücken (A) bis (N) durch die aufgelisteten Begriffe:

Das unabhängig und nahezu zeitgleich von (A) und (B) entwickelte Periodensystem der Elemente vereint mehrere Ordnungsmerkmale. Beginnt man links oben und arbeitet sich nach rechts unten durch, so kann man feststellen, dass die Anzahl der (C) und (D) jeweils um eins zunimmt. Die Hauptgruppen stehen (E) untereinander. Alle Elemente einer Hauptgruppe haben die (F) Anzahl an Außenelektronen und weisen (G) Eigenschaften auf. Die Elemente der I. Hauptgruppe bezeichnet man als (H), die Elemente der II. Hauptgruppe als (I) und die der VII. Hauptgruppe als (J). Edelgase ist der Name der (K) Hauptgruppe. Die Zeilen im Periodensystem werden als (L) bezeichnet. Alle Elemente innerhalb einer (M) haben die gleiche Anzahl an (N).

Halogene, ähnliche, VIII., Elektronen, Elektronenschalen, gleiche, Mendelejew, Perioden, senkrecht, Alkalimetalle, Protonen, Periode, Erdalkalimetalle, Meyer

Material B

Gemeinsamkeiten erkennen

In Bild 1 sind Elemente zu Einheiten (rot, grün, blau) zusammengefasst.

1 ☒ Übertrage die drei Einheiten von Bild 1 in dein Heft. Versuche jeweils zu erkennen, wonach die Elemente sortiert wurden.
Notiere das jeweilige Sortierungskriterium an jede Einheit.

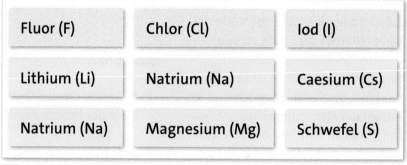

Fluor (F)	Chlor (Cl)	Iod (I)
Lithium (Li)	Natrium (Na)	Caesium (Cs)
Natrium (Na)	Magnesium (Mg)	Schwefel (S)

1 Hier wurden Elemente sortiert.

2 ☒ Sortiere die folgenden Elemente in die Einheiten von Bild 1 ein. Begründe deine Einteilung.
a Kalium (K)
b Silicium (Si)
c Brom (B)
d Argon (Ar)

3 ☒ Entwickle ähnlich wie in Bild 1 eine eigene Einheit aus 3 Elementen. Tauscht nun in Partnerarbeit eure Einheiten aus. Benennt das Sortierungskriterium und ein weiteres passendes Element.

Material C

Suchen und Finden im Periodensystem

Das Periodensystem berücksichtigt verschiedene Ordnungsmerkmale. Dabei sind die Elemente in Gruppen und Perioden eingeteilt.

1 ☒ Nenne die Elementsymbole der folgenden Elemente:
- II. Hauptgruppe und 3. Periode
- VII. Hauptgruppe und 2. Periode
- VIII. Hauptgruppe und 5. Periode
- IV. Hauptgruppe und 4. Periode

2 ☒ Gib für folgende Elemente Hauptgruppe und Periode an: Chlor (Cl), Magnesium (Mg), Radon (Rn), Aluminium (Al).

3 ☒ Erstelle Elementsteckbriefe nach dem abgebildeten Muster. → 2 Gib an, wie die Atome der gesuchten Elemente aufgebaut sind und welche Masse sie haben.
- Das Element steht in der 4. Periode der IV. Hauptgruppe.
- Dieses Element hat die Ordnungszahl 16.
- Die gesuchte Atomsorte hat 14 Elektronen.

Kalium (K)

Aufbau der Atome
Anzahl Protonen..................19
Anzahl Elektronen..............19
Anzahl Außenelektronen.......1
Anzahl Elektronenschalen ...4
Massenzahl.........................39

Eigenschaften des Stoffs
Siedetemperatur............774 °C
Schmelztemperatur........63 °C
Härte................................weich
Reaktivität...........reagiert mit vielen Stoffen

---

2 Steckbrief des Elements Kalium

Material D

Informationen gewinnen aus dem PSE

Mithilfe des Periodensystems der Elemente lassen sich viele Informationen gewinnen.

1 ☒ Übertrage die Tabelle in dein Heft und fülle mithilfe des Periodensystems die Lücken aus. → 3

Hauptgruppe	Periode	Elementsymbol	Element	Massenzahl	Protonen	Elektronen	Neutronen
II.	3.	...	...	...	...	...	...
...	...	P	...	...	...	...	...
...	...	...	Xenon	...	...	...	...
...	...	...	...	...	9	...	...
...	...	...	...	23	...	...	12
...	...	...	...	...	...	17	...

3

Das Periodensystem sorgt für Ordnung

Elektronen abspalten

Ein Argument für das Schalenmodell • Man kann Elektronen aus Atomen abspalten. Dazu führte Niels Bohr um 1913 Experimente durch. Aus den Ergebnissen dieser Forschungen
5 wurde das Atommodell von Rutherford weiter zum Schalenmodell entwickelt. Bohr stellte nämlich bei seinen Versuchen fest, dass man unterschiedlich viel Energie benötigt, um ein Elektron vom Atom zu lösen. Er folgerte, dass
10 sich einige Elektronen näher, andere dagegen weiter entfernt vom Kern befinden müssen.

Anziehung innerhalb einer Periode • Die Energie, die nötig ist, um ein Elektron von einem Atom zu trennen, nimmt bei den Atomen
15 innerhalb einer Periode zu. Man erklärt das so: Mit steigender Protonenzahl nimmt die Anziehungskraft des Kerns auf die Elektronen in derselben Schale immer mehr zu.

Anziehung innerhalb einer Gruppe • In einer
20 Gruppe nimmt diese Energie von oben nach unten ab. Auch das lässt sich mit dem

Schalenmodell erklären: Die weiter unten angeordneten Atome haben mehr Schalen. Dadurch steigt der Abstand ihrer Außenelek-
25 tronen zum Kern. Durch den größeren Abstand wird die Anziehung des Kerns geringer.

> Die Anzahl der Protonen im Kern und der Abstand der Außenelektronen zu diesen Protonen bestimmt die Anziehungskraft des Kerns auf die Außenelektronen.

Aufgaben

1 ☒ Beschreibe, wie sich die Anziehung auf die Elektronen innerhalb einer Periode verändert.

2 ☒ Nenne und erkläre die zwei Faktoren, die die Anziehung von Elektronen innerhalb eines Atoms bestimmen.

3 ☒ Erkläre die Zusammenhänge in dem Diagramm. → 1

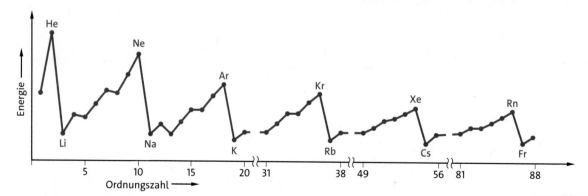

1 Energie zur Abspaltung des jeweils ersten Außenelektrons (bei allen Elementen des Periodensystems)

Erweitern und Vertiefen *

Das Kugelwolkenmodell

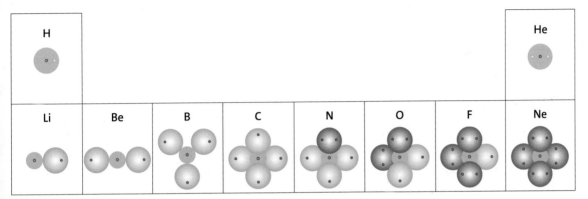

2 Die ersten zehn Elemente im Kugelwolkenmodell

Kugelwolken • Das Kugelwolkenmodell ist eine Weiterentwicklung des Schalenmodells. Demnach gibt es innerhalb der Elektronenschalen kugelförmige Bereiche, die sogenannten Kugel-
5 wolken, in denen sich die Elektronen mit großer Wahrscheinlichkeit aufhalten. → **2**
Die Elektronenverteilung nach dem Kugelwolkenmodell folgt einfachen Regeln:
- Eine Kugelwolke ist der wahrscheinliche
10 Aufenthaltsraum für maximal 2 Elektronen.
- In der ersten Schale befindet sich nur eine Kugelwolke. Sie ist zentral um den Kern angeordnet.
- In der äußersten Schale gibt es bis zu 4 Ku-
15 gelwolken. Sie nehmen den größtmöglichen Abstand zueinander ein.
- Jedes Elektron besetzt zunächst eine eigene Kugelwolke. Ab dem 5. Elektron werden die Kugelwolken doppelt besetzt.

Das Kugelwolkenmodell beschreibt die räumliche Anordnung der Elektronen in Form kugeliger Elektronenwolken.

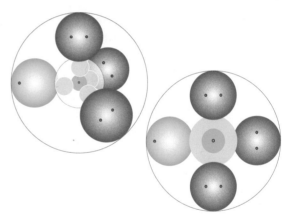

3 Darstellung von Chlor: dreidimensional (links) und zweidimensional (rechts)

Aufgaben

1 ☑ Stelle die Elemente der 3. Periode in der zweidimensionalen Form des Kugelwolkenmodells dar.

2 ☒ Begründe den Zusammenhang zwischen der Elektronenzahl in den äußeren Kugelwolken und der Nummerierung der Gruppe.

179

Nebengruppen*

Nebengruppen

II	III	IV	V	VI	VII	VIIIa	VIIIb	VIIIc	I	II	III
Be											B
Mg											Al
Ca	Sc	Ti	V	Cr	Mn	Fe	Co	Ni	Cu	Zn	Ga
Sr	Y	Zr	Nb	Mo	Tc	Ru	Rh	Pd	Ag	Cd	In
Ba	La	Hf	Ta	W	Re	Os	Ir	Pt	Au	Hg	Tl
Ra	Ac	Rf	Db	Sg	Bh	Hs	Mt	Ds	Rg	Cn	Nh

1 Das Periodensystem der Elemente (Ausschnitt)

Neben den Hauptgruppen gibt es im Periodensystem auch die Nebengruppen. Was ändert sich ab den Nebengruppen?

5 **Auffüllen von Schalen** • Nach unseren bisherigen Kenntnissen müsste das erste Nebengruppenelement Scandium (Sc) 3 Elektronen auf der äußeren Schale haben. Es hat aber nur 2. → 2
10 Dies kommt daher, dass ab der 4. Schale eine innere Schale mit weiteren

Elektronen aufgefüllt wird. Bei Scandium weist die 3. Schale nun 9 Elektronen auf und die äußere weiterhin
15 2 Elektronen. → 2
Beim nächsten Element Titan (Ti) sind auf der 3. Schale dann 10 Elektronen. Die 3. Schale kann, wenn sie nicht die äußerste Schale ist, bis zu 18 Elektro-
20 nen aufnehmen, wie es dann ab Zink (Zn) der Fall ist. Ab Gallium (Ga) wird die äußere Schale wieder weiter aufgefüllt. Bei Krypton (Kr) schließlich sind 2 Elektronen auf der innersten
25 Schale, 8 auf der 2., 18 auf der 3. und 8 auf der 4. Schale.

Maximale Schalenbesetzung • Das maximale Auffüllen innerer Schalen lässt sich mit folgender Formel berechnen:
30 $2 \cdot n^2$.
n steht dabei für die Schalen. Ist zum Beispiel die 4. Schale nicht die äußerste, so ergibt sich folgende Berechnung: $2 \cdot 4^2 = 32$.
35 Auf der 4. Schale können also bis zu 32 Elektronen aufgenommen werden.

> Bei den Nebengruppen werden innere Schalen mit Elektronen weiter aufgefüllt.

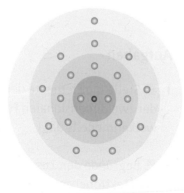

2 Schalenmodell von Scandium

Aufgaben

1 ☑ Nenne fünf Elemente aus den Nebengruppen.

2 ☒ Erkläre, wie es möglich ist, dass Krypton ebenso wie Neon 8 Außenelektronen aufweist.

Material A

Nebengruppenelemente im Schalenmodell

1 In Bild 3 siehst du die Darstellung zweier Nebengruppenelemente nach Bohr.

a ☑ Gib an, um welche Elemente es sich handelt.
→ 3

b ☒ Gib an, wie viele Elektronen maximal noch auf der 3. und auf der 4. Schale hinzukommen können.

c ☒ Nenne weitere Nebengruppenelemente der 4. Periode und gib an, wie viele Außenelektronen sie aufweisen.

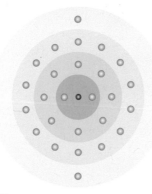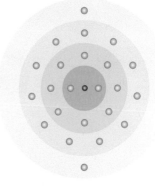

3 Zwei Nebengruppenelemente im Schalenmodell

2 ☒ Zeichne die Elemente Zink (Zn) und Gallium (Ga) im Schalenmodell.

3 ☒ Zeichne Cadmium (Cd) im Schalenmodell.

4 ☒ Bei den Nebengruppenelementen handelt es sich ausschließlich um Metalle. Erkläre, warum diese Elemente ähnliche Eigenschaften aufweisen.

Material B

Maximale Schalenbesetzung

Die maximale Besetzung mit Elektronen lässt sich mithilfe der Formel $2 \cdot n^2$ berechnen.

1 ☒ Gib an, wie viele Elektronen maximal auf die 3., 4., 5. und 6. Schale passen unter der Voraussetzung, dass diese nicht die äußersten Schalen sind.

Material C

Stimmt das?

Andreas und Carla hatten im Unterricht das Thema „Nebengruppen und Schalenmodell". Anschließend unterhalten sie sich darüber.

1 Lies dir die Aussagen der beiden durch.
☒ Begründe für jede Aussage, ob sie richtig oder falsch ist.

Aussagen:

a Andreas: Die 1. und die 2. Schale können nicht weiter aufgefüllt werden.

b Carla: Germanium (^{32}Ge) hat auf der 4. Schale 14 Elektronen.

c Andreas: Die 4. Schale kann immer bis zu 32 Elektronen aufnehmen.

d Carla: Scandium und Calcium haben beide 2 Außenelektronen.

4

Beschränkung auf das Wesentliche

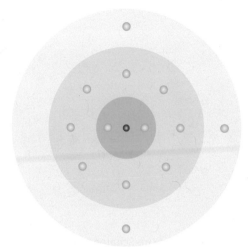

1 Aluminium mit allen seinen Elektronenschalen – Aluminium nur mit seinen Außenelektronen

In der Chemie geht es fast immer nur um die Außenelektronen. Die inneren Elektronenschalen braucht man meistens nicht zu beachten.

5 **Lewis-Schreibweise** • Der Amerikaner Gilbert Newton Lewis erkannte früh, dass die Anzahl der Außenelektronen wesentlich für die Eigenschaften von Atomen ist. Auf Basis dieser Erkennt-
10 nis entwickelte er eine vereinfachte Schreibweise zum Aufbau der Atomhülle. Entscheidend ist dabei, dass nicht alle Elektronen notiert werden, sondern nur die Außenelektronen.
15 Dabei stellt man jedes Außenelektron als einen Punkt dar, der um das Elementsymbol notiert wird. → 2 Bis zu vier Außenelektronen werden als Punkte notiert. → 3
20 Wenn weitere Außenelektronen hinzukommen, zeichnet man anstelle eines weiteren Punkts an einer Seite des Elementsymbols einen Strich, als Symbol für ein Elektronenpaar. → 4

25 Es ist nicht gestattet, einen Strich als Symbol für zwei Elektronen zu notieren, bevor nicht an allen Seiten des Elementsymbols ein Elektron als Punkt markiert worden ist.

> Bei der Lewis-Schreibweise werden nur die Außenelektronen notiert. Ein Punkt steht dabei für ein, ein Strich für zwei Außenelektronen.

Aufgaben

1 ▣ Gib an, wofür ein Punkt und wofür ein Strich in der Lewis-Schreibweise steht.

2 ▣ Gib an, wie viele Außenelektronen das Element Stickstoff hat. → 4

3 ▣ Nenne den Grund, weshalb Lewis eine Schreibweise für den Aufbau der Atomhülle entwickelte, bei der man nur die Außenelektronen notiert.

2 Natrium

3 Kohlenstoff

4 Stickstoff

Material A

Die Lewis-Schreibweise lesen

Aus der Lewis-Schreibweise kann man Informationen entnehmen.

1 ☒ Erstelle eine Tabelle, aus der man die Anzahl der Außenelektronen der in Bild 5 dargestellten Elemente entnehmen kann.

2 ☒ Sortiere die in Bild 5 stehenden Elemente in Gruppen nach ähnlichen Eigenschaften. Benenne die Gruppen, soweit du sie kennst.

3 ☒ Spiele das rechts beschriebene Lernspiel mit einem Mitschüler. → [6]

H·   Li·

A̲l̠·   ·F̲l̠

Mg·   Na·

·C̲l̠l |N̲e̠l

Be·   B̠·

·N̠l |A̲r̠l

[5] Außenelektronen einiger Elemente nach der Schreibweise von Lewis

Die Lewis-Schreibweise als Lernspiel

Lernen macht mehr Spaß mit einem Partner. Man kann auch mit spielerischen Formen erfolgreich sein: Noah sucht sich ein Element aus Bild 5 aus und nennt die Anzahl der Außenelektronen: „Mein Element hat 7 Außenelektronen."
Nun kommen zwei Elemente in Frage: Fluor (F) und Chlor (Cl).
Lisa stellt die passende Frage, um es herauszufinden:
„Hat dein Element 2 oder 3 Elektronenschalen?"
Noah antwortet: „3."
Lisa: „Dann ist es Chlor!"
Noah: „Richtig. Jetzt du!"
6

Material B

Die Lewis-Schreibweise anwenden

Es ist hilfreich, wenn man selbst die Elektronenverteilung gemäß der Lewis-Schreibweise notieren kann.

1 Notiere die Elektronenverteilung nach Lewis von folgenden Elementen:

a ☒ Schwefel (S), Silicium (Si) und Phosphor (P)
b ☒ Barium (Ba), Xenon (Xe) und Iod (I)

2 ☒ In Bild 7 ist die Elektronenverteilung des Elements Schwefel abgebildet. Notiere dieses Element nach der Schreibweise von Lewis.

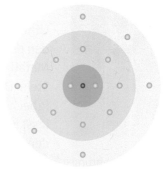

[7] Elektronenverteilung nach Bohr

Alkalimetalle

[1] Reaktion von Natrium mit Wasser → [⊡]

[2] Natrium schneiden mit dem Messer

[3] Aufbewahrung von Rubidium in einer Glasampulle

Natrium reagiert heftig mit Wasser. Wie verhalten sich die anderen Elemente der I. Hauptgruppe?

Gemeinsames • Die Elemente der
5 I. Hauptgruppe werden als Alkalimetalle bezeichnet. Sie besitzen ein Elektron auf ihrer äußersten Schale und sind sehr reaktionsfreudig. Alkalimetalle kann man anhand typischer
10 Verfärbungen in der nicht leuchtenden Brennerflamme identifizieren. Aufgrund ihrer geringen Dichte zählen sie zu den Leichtmetallen.

Lithium • Bei Lithium sieht man auf
15 den ersten Blick nicht, dass es ein Metall ist. Es ähnelt einem schwarzen Stein. Daher kommt auch der Name (griech. lithos: Stein). Mit etwas Kraft lässt es sich mit dem Messer schnei-
20 den. → [⊡] An der Schnittfläche erkennt man dann den typisch metallischen Glanz. Lithium ist an einer karminroten Flammenfärbung zu erkennen.

Natrium • Natrium lässt sich deutlich
25 leichter schneiden als Lithium. Auch hier ist beim Durchschneiden der metallische Glanz erkennbar. → [2] Im Vergleich zu Lithium läuft die Reaktion von Natrium mit Wasser noch
30 heftiger und schneller ab. → [1] Natrium zeigt eine kräftige gelbe Flammenfärbung.

Kalium • Der Schnitt mit dem Messer geht bei Kalium noch leichter.
35 Die Reaktion mit Wasser ist noch heftiger als bei Natrium, sodass es spontan zum Entzünden der entstehenden Gase kommen kann. Kalium zeigt in der Flamme eine rot-
40 violette Färbung.

Rubidium und Caesium • Bei diesen beiden Elementen ist die Reaktion bereits mit einer geringen Wassermenge so heftig, dass diese Stoffe nur in fest
45 verschlossenen Glasampullen aufbewahrt werden können. → [3] Die Reaktion von Caesium mit Wasser ist dabei noch heftiger als die von Rubidium.

> Alkalimetalle sind sehr reaktionsfreudig. Ihre Reaktivität nimmt von Lithium zu Caesium zu.

Aufgaben

1 ⬚ Gib an, welche Elemente zu den Alkalimetallen gehören.

2 ⬚ Nenne zwei gemeinsame Eigenschaften der Alkalimetalle.

Material A

Flammenfärbung → ▢

Materialliste: Brenner, Magnesiastäbchen, verdünnte Salzsäure ⟨!⟩, Kaliumchlorid, Natriumchlorid, Lithiumchlorid ⟨!⟩, Porzellanschale, Uhrgläser

Bestimmte Elemente zeigen in der Brennerflamme eine typische Farbe. Dafür taucht man ein Magnesiastäbchen in verdünnte Salzsäure und dann in die Stoffprobe. Nun wird das Stäbchen mit der Stoffprobe in die rauschende Brennerflamme gehalten. Danach wird es gereinigt, indem es abwechselnd in die verdünnte Säure und in die Flamme gehalten wird. Dies erfolgt so lange, bis die Flammenfärbung nicht mehr zu sehen ist.

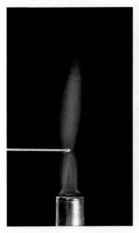

|4| Flammenfärbung bei Lithium, Natrium und Kalium

1 Führe den beschriebenen Versuch nacheinander mit folgenden Stoffproben durch: Kaliumchlorid, Lithiumchlorid und Natriumchlorid.
  ▨ Dokumentiere die Verfärbung der Brennerflamme bei jedem einzelnen Salz.

2 Die Verbindungen bestehen jeweils aus einem Chlor-Teilchen, das mit einem Kalium-, Lithium- oder Natrium-Teilchen verbunden ist.
  ▨ Gib an, welche Teilchen für die Flammenfärbung verantwortlich sind.

Material B

Vorhersagen treffen

1 ▨ Gib an, welche Angaben in die Lücken A, B und C gehören: →|5|
A: 17; 39; 64; 118
B: nicht schneidbar – mit dem Messer schneidbar – sehr leicht schneidbar
C: keine Reaktion mit Wasser – heftige Reaktion – explosionsartige Reaktion

Element	Schmelztemperatur (°C)	Härte	Reaktion mit Wasser
Lithium	180	mit dem Messer schwer zu schneiden	sichtbare Reaktion, löst sich langsam auf
Natrium	98	B	heftige Reaktion, schnelles Auflösen
Kalium	63	mit dem Messer leicht zu schneiden	entzündet sich, wenn man es in Wasser gibt
Rubidium	A	weich	explosionsartige Reaktion
Caesium	28	sehr weich	C

|5|

Erdalkalimetalle

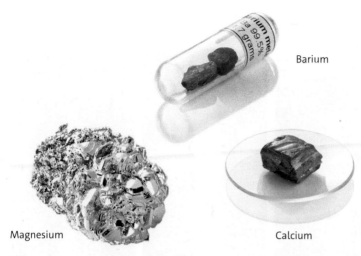

Barium

Magnesium

Calcium

1 Magnesium, Barium und Calcium

Magnesium, Barium und Calcium gehören zur II. Hauptgruppe. Was haben die Elemente dieser Gruppe gemeinsam?

Gemeinsames • Die Elemente der
5 II. Hauptgruppe nennt man Erdalkalimetalle. Sie besitzen zwei Elektronen auf ihrer äußersten Schale. Die Erdalkalimetalle Calcium, Strontium und Barium zeigen eine charakteristische
10 Flammenfärbung. → 4 Erdalkalimetalle sind reaktionsfreudig, aber sie reagieren nicht so heftig wie die Alkalimetalle. Die Reaktivität nimmt innerhalb der Erdalkalimetalle mit
15 steigender Atomgröße zu, das heißt, im Periodensystem von oben nach unten mit steigender Zahl der Perioden. Aufgrund ihrer Reaktivität kommen sie in der Natur nur in Verbindun-
20 gen vor.

Beryllium • Dieses Erdalkalimetall ist in vielen Verbindungen enthalten, z. B. im Smaragd. → 3 In der Industrie findet

2 Brennendes Magnesiumband

3 Smaragd

Beryllium Verwendung als Legierungs-
25 zusatz bei Metallen.

Magnesium • Magnesium kommt als Bestandteil in vielen Gesteinen vor. Es lässt sich leicht entzünden und verbrennt mit heller Flamme. → 2
30 Magnesium wird bei der Metallherstellung als Reduktionsmittel eingesetzt.

Calcium • Calciumverbindungen wie Kalk oder Gips sind bedeutend am Aufbau der Erdkruste beteiligt.
35 Im menschlichen Körper spielt Calcium als Bestandteil von Knochen und Zähnen eine wichtige Rolle. Calcium färbt die Brennerflamme ziegelrot.

Strontium und Barium • Auch diese bei-
40 den Erdalkalimetalle kommen als Verbindungen in der Erdkruste vor. Verwendung finden sie wie Beryllium als Legierungszusätze.
Strontium färbt die Brennerflamme in-
45 tensiv rot, Barium färbt sie grün.

> Die Elemente der II. Hauptgruppe werden als Erdalkalimetalle bezeichnet. Es handelt sich um reaktive Metalle, die in der Natur nur in Verbindungen vorkommen.

Aufgaben

1 ☑ Nenne die Elemente, die zu den Erdalkalimetallen gehören.

2 ☑ Nenne Vorkommen und Verwendung der Erdalkalimetalle.

Material A

Flammenfärbung → ▣

Materialliste: Brenner, Magnesiastäbchen, verdünnte Salzsäure ⟨!⟩, Bariumchlorid ⟨☠⟩, Calciumchlorid ⟨!⟩, Strontiumchlorid ⟨☠⟩, Porzellanschale, Uhrgläser

1 Führe den Versuch wie im gleichnamigen Material A auf Seite 185 beschrieben durch. Verwende dafür folgende Stoffproben: Bariumchlorid, Calciumchlorid und Strontiumchlorid.
   ✎ Dokumentiere die Verfärbung der Brennerflamme bei jedem einzelnen Salz.

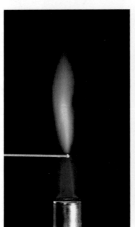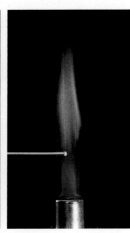

4 Flammenfärbung bei Calcium, Strontium und Barium

2 Die Verbindungen bestehen jeweils aus einem Chlor-Teilchen, das mit einem Barium-, Calcium- oder Strontium-Teilchen verbunden ist.

⊠ Gib an, welche Teilchen für die Flammenfärbung verantwortlich sind.

Material B

Wunderkerzen

Erdalkalimetalle werden bei Feuerwerken eingesetzt. Wunderkerzen enthalten unter anderem Bariumnitrat.

Materialliste: Aluminiumpulver ⟨☐⟩, Bariumnitrat ⟨☐⟩ ⟨☠⟩, Becherglas, Eisenpulver ⟨☐⟩, dünne Eisenstäbe, Uhrgläser, Rührstab, Stärke, heißes Wasser, Waage

1 Wiege 11 g Bariumnitrat, 1 g Aluminiumpulver, 5 g Eisenpulver sowie 3 g Stärke auf Uhrgläsern ab und gib sie in das Becherglas. Vermische nun die Stoffe sorgfältig und gib 2–3 ml heißes Wasser dazu.

2 Verrühre das Ganze nun zu einem steifen Brei und trage es auf die Spitzen der Eisenstäbe auf. Lass die Eisenstäbe 24 Stunden anschließend trocknen.

5 Wunderkerze beim Abbrennen

Achtung • Verbrennungs- und Brandgefahr! Das Entzünden der Wunderkerzen darf nur unter Aufsicht der Lehrkraft und im Abzug geschehen.

Halogene

1 | Fluor, Chlor, Brom und Iod

Was haben Fluor, Chlor, Brom und Iod gemeinsam?

Gemeinsames • Die Elemente der VII. Hauptgruppe bezeichnet man als Halogene. Sie besitzen 7 Außenelektronen und sind sehr reaktive Elemente. Die Halogene zählen zu den Nichtmetallen.

Fluor • Fluor ist das reaktivste von allen Elementen des Periodensystems. Das Gas reagiert spontan mit nahezu allen Stoffen. Leitet man es zum Beispiel über Holzwolle, Aluminium oder Ziegelsteine, so entflammen diese Stoffe spontan.

Chlor • Chlor ist bei Raumtemperatur ebenfalls gasförmig. Das stechend riechende Gas ist bereits in geringen Mengen giftig. Beim Einatmen reagiert es spontan mit den Lungenbläschen und zerstört diese. Aufgrund der

2 | Bleichwirkung von Chlor → ▣

Bakterien abtötenden Wirkung wird Chlor in sehr geringen Konzentrationen dem Wasser in Schwimmbädern zugesetzt. Außerdem besitzt es eine bleichende Wirkung. → 2 → ▣

Brom • Brom ist eines der ganz wenigen Elemente, die bei Raumtemperatur flüssig vorliegen. Es ist eine braune, stechend riechende Flüssigkeit, die allerdings bereits bei Raumtemperatur verdunstet. Die bräunlichen Dämpfe sind sehr reaktionsfreudig und giftig.

Iod • Betrachtet man Iod bei Raumtemperatur, so sieht man grauschwarze, glänzende Kristalle. Bei leichter Erwärmung sublimieren diese zu violetten Dämpfen. Auch wenn Iod weitaus weniger reaktionsfreudig ist als die anderen Halogene, so reagiert es dennoch mit vielen Stoffen, z. B. mit Metallen, Gummi oder Kork.

> Halogene sind reaktionsfreudige Stoffe. Fluor, Chlor und Brom sind giftig, Iod ist gesundheitsschädlich.

Aufgaben

1 ☑ Nenne die Elemente, die zur Familie der Halogene gehören.

2 ☒ Sortiere die Halogene nach ihrer Reaktionsfreudigkeit.

3 ☒ Gib an, welche Gemeinsamkeit die Halogene bezüglich des Baus ihrer Atomhülle haben.

Material A

Halogene und ihre Eigenschaften

Die Halogene haben ähnliche Eigenschaften. Dennoch unterscheiden sie sich in einigen Dingen.

1 ⊠ Übertrage die Tabelle in dein Heft und ordne dem jeweiligen Halogen seine typische Eigenschaft zu. → 3

	Halogen		Eigenschaft
1	Fluor	A	bei Raumtemperatur flüssig
2	Chlor	B	geht beim Erwärmen direkt vom festen in den gasförmigen Zustand über
3	Brom	C	extrem reaktionsfreudig, entflammt verschiedene Stoffe spontan
4	Iod	D	tötet Bakterien ab und wird deshalb zur Desinfektion eingesetzt

3 Fluor, Chlor, Brom, Iod mit einigen typischen Eigenschaften

Material B

Chloreinsatz im Schwimmbad – sinnvoll oder gefährlich?

4 Keimfreies Wasser durch Chlor

1 Lies den Text. → 5

a ⊠ Erkläre, warum es sinnvoll ist, Chlor ins Badewasser öffentlicher Bäder zu geben.

b ⊠ Nenne Gründe gegen den Einsatz von Chlor in öffentlichen Bädern.

c ⊠ Erkläre, warum speziell in Hallenbädern die Gefahr durch Chloramine besteht.

Baden im Schwimmbad – Gefahr für die Gesundheit?

Die Betreiber öffentlicher Bäder sind verpflichtet, dafür zu sorgen, dass sich die Badegäste nicht mit gefährlichen Krankheitserregern infizieren. Je größer die Zahl der Badegäste in Schwimmbädern ist, desto größer ist auch die Gefahr, dass Krankheitserreger ins Wasser gelangen.

Die Schwimmbadbetreiber geben daher geringe Mengen von Chlor ins Badewasser. Das giftige Chlor tötet die Krankheitserreger ab.

Manchmal kann man im Schwimmbad einen stechenden Geruch wahrnehmen. Dieser stammt jedoch nicht vom Chlor, das in den verwendeten Konzentrationen geruchlich nicht wahrnehmbar ist. Der stechende Geruch stammt von Verbindungen, die Chlor mit Harnstoff eingegangen ist. Harnstoff gelangt über die Haut oder durch den Urin in das Wasser. Dabei entstehen stechend riechende Chloramine.

Chloramine können die Augen und die Atemwege stark reizen.

Besonders Kinder und Asthmatiker sind anfällig für diese unerwünschten Wirkungen.

5

Edelgase

1 Xenon – Füllgas in Scheinwerfern

2 Bunte Werbung mit Leuchtstoffröhren

Xenon wird als Füllgas in modernen Scheinwerfern eingesetzt. Welche Eigenschaft macht man sich hier zunutze?

5 **Gemeinsames** • Die Elemente der VIII. Hauptgruppe bezeichnet man als Edelgase. Ihre herausragende Eigenschaft ist die extreme Reaktionsträgheit. Diese lässt sich mit dem Aufbau 10 ihrer Atomhülle erklären. Die äußerste Schale der Edelgase ist stets voll besetzt. Dies wird als Edelgaszustand bezeichnet, der von allen Atomen angestrebt wird.

15 **Helium** • Dieses farb- und geruchlose Gas wird aufgrund seiner Reaktionsträgheit und sehr geringen Dichte als sicheres Füllgas in Luftschiffen verwendet.

20 **Neon** • Auch dieses Gas ist ausgesprochen reaktionsträge. Da die ersten Leuchtstoffröhren mit Neon gefüllt waren, bezeichnet man sie heute noch als Neonröhren. → 2
25 Heute enthalten diese ein Gemisch aus Neon, Argon und Quecksilberdampf.

Argon • Aufgrund seiner Reaktionsträgheit wird Argon beim Schweißen 30 als Schutzgas verwendet. Es verhindert, dass Sauerstoff mit dem flüssigen Stahl in Kontakt kommt.

Krypton • Wird als Füllgas in Glühlampen gegeben. Da es sehr reaktionsträge 35 ist, verhindert es eine Reaktion des Glühdrahts mit anderen Stoffen und sorgt so für eine längere Lebensdauer.

Xenon • Da Xenon ebenfalls nicht mit anderen Stoffen reagiert, wird es in 40 Autoscheinwerfern verwendet. Ähnlich wie Krypton in Glühlampen erhöht es die Lebensdauer der Lampen.

> Edelgase sind sehr reaktionsträge. Dies liegt an der voll besetzten äußersten Elektronenschale. Dieser von allen Atomen angestrebte Zustand wird als Edelgaszustand bezeichnet.

Aufgaben

1 ☒ Gib für jedes der Edelgase ein Verwendungsbeispiel an.

2 ☒ Nenne und erkläre die wichtigste gemeinsame Eigenschaft der Edelgase.

Material A

Edelgase

In der VIII. Hauptgruppe stehen die Edelgase.

1 ⊡ Zeichne die Atomhüllen der Edelgase in der 1., 2. und 3. Periode nach der Modellvorstellung von Niels Bohr.

2 ⊠ Nenne die Gemeinsamkeiten, die diese Atomsorten bezüglich ihrer Atomhülle aufweisen.

3 ⊠ Gib an, was trotz der Gemeinsamkeit der Edelgase eine Besonderheit des Elements Helium in dieser Gruppe ist.

3 Das reaktionsträge Helium wird als Füllgas in Luftballons verwendet.

Material B

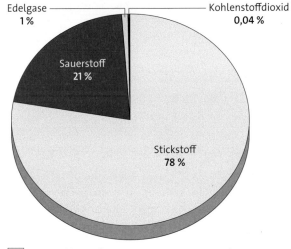

Edelgase
1 %

Kohlenstoffdioxid
0,04 %

Sauerstoff
21 %

Stickstoff
78 %

4 Darstellung der Zusammensetzung eines Gasgemischs

Stoff	Anteil an den Edelgasen in der Luft
Argon	99,74 %
Neon	0,2 %
Helium	0,049 %
Krypton	0,01 %
Xenon	0,001 %

5 Anteile der Edelgase in der Luft

Informationen aus Diagrammen und Tabellen entnehmen

Daten lassen sich in Diagrammen oder Tabellen darstellen. → 4 5

1 ⊡ Gib an, um welches Gasgemisch es sich in Bild 4 handelt.

2 ⊠ Nenne jeweils Vorteile für die Angabe von Daten in Diagrammform und in Tabellenform.

3 ⊠ Begründe, warum es nicht sinnvoll ist, die Edelgase im Diagramm von Bild 4 einzeln aufzuführen.

4 Berechne:
a ⊠ Wie viel Milliliter Edelgase befinden sich in 500 ml Luft (entspricht etwa einem Atemzug)?
b ⊠ Wie viel Milliliter der einzelnen Edelgase atmet man je Atemzug ein?

Die Ordnung der Elemente

Zusammenfassung

Atommodelle • Atome bestehen aus einem sehr kleinen Kern und einer großen Hülle. Der Kern setzt sich aus positiv geladenen Protonen und ungeladenen Neutronen zusammen. In der Atomhülle befinden sich die Elektronen. Der Aufbau der Atomhülle lässt sich mit dem Schalenmodell erklären. →[1] Einige Elektronen bilden zusammen eine Elektronenschale, die den Atomkern kugelförmig umgibt. Diese Schalen sind nicht massiv, sondern nur der Raum, in dem sich die Elektronen aufhalten und bewegen.

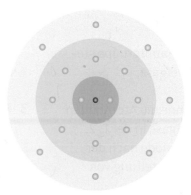

[1] Ein Chlor-Atom im Schalenmodell

Periodensystem • Das Periodensystem der Elemente (PSE) vereint mehrere Ordnungsmerkmale:

- Elemente, die untereinander stehen, haben gleich viele Außenelektronen. Solche Elemente bilden eine Hauptgruppe.
- Elemente, die in einer Zeile stehen, haben gleich viele Schalen. Die Zeilen nennt man auch Perioden.

Wenn man das System wie ein Buch von links oben nach rechts unten liest, steigt die Ordnungszahl immer weiter an.

		Hauptgruppe						
	I	II	III	IV	V	VI	VII	VIII
1	**1** 1,0 **H** Wasserstoff							**2** 4,0 **He** Helium
2	**3** 6,9 **Li** Lithium	**4** 9,0 **Be** Beryllium	**5** 10,8 **B** Bor	**6** 12,0 **C** Kohlenstoff	**7** 14,0 **N** Stickstoff	**8** 16,0 **O** Sauerstoff	**9** 19,0 **F** Fluor	**10** 20,2 **Ne** Neon
3	**11** 23,0 **Na** Natrium	**12** 24,3 **Mg** Magnesium	**13** 27,0 **Al** Aluminium	**14** 28,1 **Si** Silicium	**15** 31,0 **P** Phosphor	**16** 32,1 **S** Schwefel	**17** 35,5 **Cl** Chlor	**18** 40,0 **Ar** Argon
4	**19** 39,1 **K** Kalium	**20** 40,1 **Ca** Calcium	**31** 69,7 **Ga** Gallium	**32** 72,6 **Ge** Germanium	**33** 74,9 **As** Arsen	**34** 79,0 **Se** Selen	**35** 79,9 **Br** Brom	**36** 83,8 **Kr** Krypton

(Periode = Zeilenbeschriftung 1–4)

[2] Ausschnitt aus dem Periodensystem

Hauptgruppen und ihre Reaktivität • Die Alkali- und Erdalkalimetalle sowie die Halogene sind sehr reaktionsfreudige Elemente. Edelgase hingegen verhalten sich sehr reaktionsträge. Sie besitzen 8 Elektronen auf ihrer äußersten Elektronenschale. →[3] Eine Ausnahme bildet Helium mit 2 Elektronen auf der äußersten Schale. Dieser Zustand wird als Edelgaszustand bezeichnet.

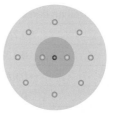

[3] Ein Neon-Atom: Die äußerste Schale ist voll besetzt.

Teste dich! (Lösungen im Anhang)

Atombau und Atommodelle

1 ✍ Vergleiche die Atommodelle von Dalton und Rutherford mit dem Schalenmodell.

2 ✍ Gib für die Elemente in Bild 4 an, aus wie vielen Protonen, Neutronen und Elektronen die Atome jeweils bestehen.

3 ⊠ Aus der Massenzahl kann man einige Informationen entnehmen.
a Gib die Masse eines Stickstoff-Atoms an.
b Berechne, wie viel 2 mol Blei wiegen.
c Berechne, wie viel Mol man bei 714 g Uran hat.

4 Atome eines Elements können unterschiedlich aufgebaut sein. → ⑤
a ✍ Gib an, wie man die unterschiedlich aufgebauten Atome eines Elements nennt.
b ⊠ Beschreibe, worin sich die beiden Atome in Bild 5 unterscheiden und was sie gemeinsam haben.

Periodensystem

5 Bild 6 zeigt ein Atom im Schalenmodell.
a ✍ Gib an, um welche Atomsorte es sich handelt. Nimm das PSE zu Hilfe.
b ✍ Befindet sich das dargestellte Atom im Edelgaszustand? Begründe deine Antwort.
c ✍ Stelle die Elemente Kohlenstoff (C), Magnesium (Mg) und Chlor (Cl) im Schalenmodell dar.
d ⊠ Gib das Elementsymbol und die Anzahl der Protonen, Neutronen und Elektronen folgender Elemente an:
• 3. Periode, I. Hauptgruppe
• 4. Periode, VII. Hauptgruppe
• 3. Periode, VIII. Hauptgruppe
e ⊠ Gib Periode und Hauptgruppe folgender Elemente an: Calcium (Ca), Selen (Se) und Argon (Ar). Gib die Anzahl der Protonen, Neutronen und Elektronen dieser Elemente an.

6 ⊠ Notiere die Atome von Lithium, Aluminium und Schwefel in der Lewis-Schreibweise.

7 ✍ Beschreibe die Merkmale der I. Hauptgruppe.

 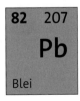 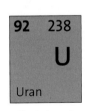

7	14
N	
Stickstoff	

82	207
Pb	
Blei	

92	238
U	
Uran	

④ Kennzahlen für die Elemente Stickstoff, Blei und Uran

3	6
Li	
Lithium	

3	7
Li	
Lithium	

⑤ Worin liegen die Unterschiede?

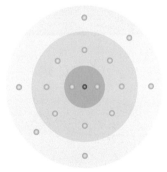

⑥ Das Schalenmodell eines Atoms

Drei Wege zum Edelgaszustand

Wasser und Sauerstoff sind zwei aus Molekülen aufgebaute Stoffe. Was kennzeichnet die Bindung zwischen Atomen eines Moleküls?

Natriumchlorid-Kristalle bestehen nicht aus Molekülen, sondern aus Ionengittern. Was versteht man unter einem Ion?

Metalle haben besondere Eigenschaften. Kupfer leitet beispielsweise sehr gut elektrischen Strom. Was zeichnet die Metallbindung aus?

Warum verbinden sich Atome?

1 Brennende Hindenburg, gefüllt mit Wasserstoff

2 Luftschiff heute, gefüllt mit Helium

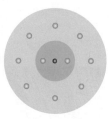

3 Stabil – ein Neon-Atom

4 Nicht stabil – ein Wasserstoff-Atom

1937 explodierte das Luftschiff Hindenburg kurz vor seiner Landung. → ▣ Es war mit hoch entzündlichem Wasserstoff gefüllt. Heute wird für
5 Luftschiffe nicht brennbares Helium verwendet. Wie lassen sich die unterschiedlichen Eigenschaften der zwei leichtesten Gase erklären?

Edelgasregel • Edelgase sind reaktions-
10 träge. Selbst bei starkem Erhitzen, unter hohem Druck oder bei Kontakt mit reaktionsfreudigen Partnern reagieren sie praktisch nicht. Edelgas-Atome haben jeweils 8 Elektronen in der äu-
15 ßersten Schale. Eine Ausnahme bildet das Helium-Atom. Seine einzige Schale ist schon mit 2 Elektronen voll besetzt. Haben Atome 8 Elektronen in der äußersten Schale (bzw. 2 Elektro-
20 nen bei nur einer Schale), so sind sie besonders stabil. → 3
Diese Gesetzmäßigkeit nennt man Edelgasregel. Sie ist der Grund, warum Edelgase so reaktionsträge sind.

25 **Edelgaszustand** • Atome, die die Edelgasregel nicht erfüllen, sind instabil. Das gilt auch für Wasserstoff-Atome. Sie sind sehr reaktionsfreudig. → 4 Den Edelgaszustand – in diesem Fall
30 zwei Elektronen auf der äußersten Schale – erreichen sie, indem sie sich mit weiteren Wasserstoff-Atomen oder wie beim Hindenburg-Brand mit Sauerstoff-Atomen verbinden. Da sich die
35 Atomkerne bei diesen chemischen Reaktionen nicht verändern, entstehen dabei keine „richtigen" Edelgase. Man spricht nur vom Edelgaszustand.

> Bei chemischen Reaktionen erreichen die beteiligten Atome den Edelgaszustand.

Aufgabe

1 ⊠ Überprüfe für die Atome der folgenden Elemente, ob sie jeweils die Edelgasregel erfüllen: Bor, Argon, Phosphor, Magnesium, Neon.

vazaja

Lexikon
Video
Tipps

die **Edelgasregel**
der **Edelgaszustand**

Material A

Mut zur Lücke

1 ☒ Schreibe den nebenstehenden Text in dein Heft.
→ 5 Ergänze die Lücken (A) bis (H) durch die angegebenen Begriffe 1–8.

1 Edelgasregel, 2 Edelgase,
3 Edelgaszustand, 4 Reaktion,
5 Halogene, 6 Elektronen,
7 Ausnahme, 8 äußersten

Erdalkalimetalle und Halogene sind sehr reaktionsfreudig. **(A)** dagegen sind extrem reaktionsträge. Erklären lässt sich diese Beobachtung, wenn man sich die Atome der genannten Elementgruppen näher anschaut. Edelgas-Atome haben jeweils 8 **(B)** auf der äußersten Schale. Eine **(C)** bildet das Helium-Atom. Seine einzige Schale ist bereits mit 2 Elektronen voll besetzt. Damit erfüllen die Atome aller Edelgase die **(D)**. Anders sieht es bei den Atomen der Erdalkalimetalle und den Atomen der **(E)** aus. Die Atome der Erdalkalimetalle besitzen 2 Elektronen auf der **(F)** Schale. Die Atome der Halogene besitzen 7 Elektronen auf der äußersten Schale. Keines der genannten Atome erfüllt damit die Edelgasregel. Den **(G)** erreichen die Atome erst, indem sie sich mit anderen Atomen verbinden. Es muss also eine chemische **(H)** ablaufen.

5

Material B

Das Periodensystem hilft!

1 Suche im Periodensystem die folgenden Elemente:
Natrium, Calcium, Schwefel, Stickstoff, Chlor, Kohlenstoff, Kalium, Brom, Krypton, Fluor, Lithium und Silicium.

a ☒ Gib an, wie viele Elektronen die Atome der genannten Elemente jeweils auf ihrer äußersten Schale haben.

b ☒ Überprüfe, ob sich die Atome der genannten Elemente jeweils im Edelgaszustand befinden.

2 Suche im Periodensystem das Element Sauerstoff.

a ☒ Begründe, warum sich ein Sauerstoff-Atom nicht im Edelgaszustand befindet.

b ☒ Überprüfe, ob ein Sauerstoff-Atom durch Aufnahme von 2 Elektronen den Edelgaszustand erreicht.

3 In Bild 6 ist ein unbekanntes Atom im Schalenmodell dargestellt.

a ☒ Bestimme mithilfe des Periodensystems das zugehörige Element.

b ☒ Gib an, wie viele Elektronen das Atom abgeben muss, damit es den Edelgaszustand erreichen kann.

c ☒ Diskutiert in Kleingruppen, ob das Atom auch durch Aufnahme von 5 Elektronen den Edelgaszustand erreichen könnte.

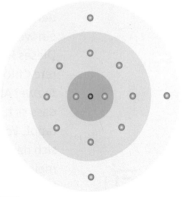

6 Das unbekannte Atom

Die Elektronenpaarbindung

1 Verschiedene Verbindungen im Modell

Molekülmodelle zeigen uns miteinander verbundene Atome. Was kennzeichnet diese Bindung zwischen den Atomen?

5 **Elektronenpaarbindung** • Alle Atome streben nach einer vollen Außenschale. Eine Möglichkeit, dies zu erreichen, ist das Eingehen einer Elektronenpaarbindung. Betrachten wir dazu ein
10 Chlor-Atom: Bei diesem Atom befinden sich auf der äußersten Schale 7 Elektronen. →2
Um die äußerste Schale mit 8 Elektronen voll zu besetzen, bräuchte es noch
15 ein weiteres Elektron.
Dieses Problem löst sich, wenn mehrere Chlor-Atome aufeinandertreffen. Je zwei Atome nähern sich so weit an, dass sich ein Teil ihrer Schalen über-
20 lappt. Von beiden Atomen befindet sich dann je ein Elektron in dem gemeinsamen Bereich beider Atomhüllen. →3
Durch dieses gemeinsame Elektronen-
25 paar haben nun beide Cl-Atome 8 Elektronen auf der äußersten Schale.

Wir sagen: Beide Atome befinden sich jetzt im Edelgaszustand.

Und wie halten sie zusammen? • Das
30 gemeinsame negativ geladene Elektronenpaar zieht jeweils die beiden positiv geladenen Atomkerne an. Dadurch bleiben die zwei Atome miteinander verbunden. Diese Verbindung nennt
35 man wegen des gemeinsamen Elektronenpaars Elektronenpaarbindung. Oft benutzt man auch den Begriff Atombindung, da sich bei dieser Bindung Atome verbinden.

·C̄l̄|

2 Chlor mit Außenelektronen

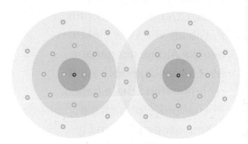

|C̄l̄ — C̄l̄|

3 Elektronenpaarbindung im Chlormolekül → ▣

dikahu

Lexikon
Videos
Tipps

die **Elektronenpaar-
bindung**
die **Doppelbindung**
die **Dreifachbindung**

Doppelbindung • Treffen zwei einzelne Sauerstoff-Atome (O) aufeinander, gehen sie miteinander 2 Elektronenpaarbindungen ein. → 6 → ▣ Dadurch haben die Atome jeweils zwei Elektronen auf der äußersten Schale gemeinsam und erreichen den Edelgaszustand.

Dreifachbindung • Es gibt auch dreifache Elektronenpaarbindungen. Beispielsweise sind zwei Stickstoff-Atome (N) über eine solche Bindung verbunden. → 6 → ▣

Lewis-Schreibweise • In der Lewis-Schreibweise stellen Punkte einzelne Außenelektronen dar und geben Aufschluss darüber, wie viele Bindungen ein Atom eingehen muss, um den Edelgaszustand zu erreichen. → 4 5 Die Striche um die Elementsymbole kennzeichnen nichtbindende Elektronenpaare. Ein Strich zwischen zwei Atomen steht für ein gemeinsames Elektronenpaar und damit auch für die Elektronenpaarbindung. Doppelbindungen stellt man als Doppelstrich dar, Dreifachbindungen als Dreifachstrich.

Moleküle • Teilchen aus zwei oder mehreren Atomen, die über Elektronenpaarbindungen verbunden sind, bezeichnet man als Moleküle.

> Bei einer Elektronenpaarbindung teilen sich zwei Atome ein, zwei oder drei Elektronenpaare. Dadurch erreichen beide Atome den Edelgaszustand, also eine voll besetzte äußerste Elektronenschale.

$\cdot \overline{\underset{\cdot}{\text{O}}} |$

4 Sauerstoff mit Außenelektronen

$\cdot \overline{\underset{\cdot}{\text{N}}} |$

5 Stickstoff mit Außenelektronen

$\langle \text{O} = \text{O} \rangle \qquad | \text{N} \equiv \text{N} |$

6 Sauerstoff (O_2) und Stickstoff (N_2) in der Lewis-Schreibweise → ▣

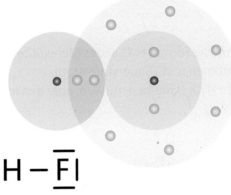

$\text{H} - \overline{\text{F}} |$

7 Elektronenpaarbindung zwischen Wasserstoff und Fluor

Aufgaben

1 ▣ Erläutere, wie man am Aufbau der Atomhülle erkennen kann, ob der angestrebte Edelgaszustand erreicht ist.

2 ▣ Erkläre, warum manche Moleküle Zweifach- oder Dreifachbindungen haben.

3 ▣ Stelle die Elektronenpaarbindung zwischen zwei Fluor-Atomen in der Lewis-Schreibweise dar.

Die Elektronenpaarbindung

Molekülformeln verstehen

Die Molekülformeln zu verstehen ist kein Problem:

Beispiel 1 Wasserstoff besteht aus ganz einfachen Molekülen. Es sind einfach zwei Wasserstoff-Atome miteinander verbunden. Die Formel dafür lautet H_2. Eine kleine tiefgestellte Zahl, wie hier die 2, gibt also an, wie viele Atome in dem Molekül verbaut sind.

1 Wasserstoff, Formel H_2

Beispiel 2 Wasser hat die Formel H_2O. Jedes Molekül besteht aus 2 Wasserstoff-Atomen und 1 Sauerstoff-Atom. Eigentlich hätte man H_2O_1 schreiben müssen, aber den Index 1 lässt man einfach weg.

2 Wasser, Formel H_2O

Beispiel 3 Wasserstoffperoxid hat die Formel H_2O_2. Jedes Molekül besteht also aus 2 Wasserstoff-Atomen und aus 2 Sauerstoff-Atomen.

3 Wasserstoffperoxid, Formel H_2O_2

Beispiel 4 Oft ist nicht nur von einem einzigen Molekül die Rede, sondern von mehreren. Dann stellt man eine Zahl vor die Formel. Wenn es beispielsweise um drei Wasserstoffmoleküle geht, schreibt man in der Chemie also $3\,H_2$.

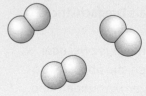

4 Drei Wasserstoffmoleküle, Formel $3\,H_2$

Aufgaben

1 ☒ Baue die Formel CH_4 mit Knete oder mit Playmaiskörnern.

2 ☒ Stelle zeichnerisch dar, was mit $2\,NH_3$ gemeint ist.

Methode

Valenzstrichformeln aufstellen

Eine Molekülformel dient dazu, die Art und die Anzahl der Atome in den Molekülen einer chemischen Verbindung anzugeben. Um anschließend herauszufinden, wie die Atome miteinander verknüpft sind, kann wie folgt vorgegangen werden:

1. Zunächst wird die Molekülformel des betrachteten Stoffs aufgeschrieben. Dabei wird die Atomart durch das entsprechende Elementsymbol, die Atomanzahl durch entsprechende Ziffern angegeben.

2. Für alle am Aufbau des Moleküls beteiligten Atome wird mithilfe des Periodensystems die Zahl der Außenelektronen bestimmt.

3. Alle am Aufbau des Moleküls beteiligten Atome werden in der Lewis-Schreibweise dargestellt.

4. Die Atome werden als Elektronenformel geschrieben und nun so kombiniert, dass alle Atome die Edelgasregel erfüllen. Jedes einzelne Elektron eines Atoms muss ein „Partnerelektron" in einem Nachbaratom finden.

5. Zwei einzelne Elektronen (als Punkte dargestellt) von zwei verschiedenen Atomen werden zu einem Elektronenpaar (als Strich dargestellt) zusammengefasst. Da durch dieses Elektronenpaar eine Bindung zwischen den Atomen entsteht, nennt man es bindendes Elektronenpaar. Man bezeichnet die Darstellung als Valenzstrichformel.

Herleitung einer Valenzstrichformel am Beispiel von Kohlenstoffdioxid

1 Molekülformel von Kohlenstoffdioxid

$$CO_2$$

2 Anzahl der Außenelektronen

   C: IV. Hauptgruppe, 4 Außenelektronen
   O: VI. Hauptgruppe, 6 Außenelektronen

3 Atome in der Lewis-Schreibweise

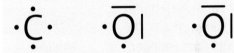

4 Elektronenformel

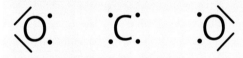

5 Valenzstrichformel

$$\langle O = C = O \rangle$$

Aufgaben

1 ☒ Gib an, was man unter einer Molekülformel versteht.

2 ☒ Entwickle nach dem beschriebenen Verfahren die Valenzstrichformel für ein Wasser-Molekül (H_2O) und für ein Methan-Molekül (CH_4).

3 ☒ Erkläre den Unterschied zwischen Molekülformel und Valenzstrichformel.

Die Elektronenpaarbindung

Anzahl der Bindungen

In der Chemie musst du oft die chemischen Formeln von Verbindungen ermitteln. Dazu ist es wichtig zu wissen, wie viele Elektronenpaarbindungen das Atom eines Elements eingehen kann.

1 ⊠ Übernimm die Tabelle von Bild 1 in dein Heft und fülle sie komplett aus. Du kannst auch das Periodensystem zu Hilfe nehmen.

2 ⊠ Kannst du einen Zusammenhang zwischen der Zugehörigkeit zu einer Hauptgruppe und der Anzahl der Bindungen erkennen?

Formuliere Sätze wie: „Die Elemente der VII. Hauptgruppe können eine Bindung eingehen."

Element	Hauptgruppe	Anzahl der Bindungen
Fluor	?	?
Sauerstoff	?	?
Schwefel	?	?
Stickstoff	?	?
Phosphor	?	?
Brom	?	?
Kohlenstoff	?	?
Silicium	?	?
Iod	?	?
Chlor	?	?

1 Zusammenhang zwischen Hauptgruppe und Anzahl der Bindungen

Chemische Formeln

In chemischen Formeln, z. B. CO_2, stecken viele Informationen. Die Formel CO_2 bedeutet, dass ein Kohlenstoff-Atom mit zwei Sauerstoff-Atomen verbunden ist.
Umgekehrt kann man aus zeichnerischen Darstellungen herauslesen, was die richtige Formel einer Verbindung ist.

1 ⊠ In Bild 2 siehst du die Darstellung einer Verbindung. Gib die Molekülformel der dargestellten Verbindung an.

2 ⊠ Stelle die folgenden Verbindungen im Schalenmodell und als Valenzstrichformel dar:
- HCl
- NH_3
- CO_2
- CH_4

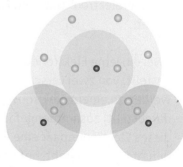

2 Wie lautet die chemische Formel?

Material C

Formeln ermitteln

Wenn man die Zahl der Außenelektronen zweier Elemente kennt, kann man Rückschlüsse auf die Molekülformel ziehen. Beispiel: Ein Sauerstoff-Atom hat 6 Außenelektronen, ihm fehlen also zwei Elektronen zur vollen Schale. Es braucht also zwei Bindungen. Ein Wasserstoff-Atom braucht für eine volle Schale nur eine Bindung. Deshalb reagieren zwei Wasserstoff-Atome mit einem Sauerstoff-Atom. Die Formel lautet H_2O.

Ammoniak:

NH oder NH_2 oder NH_3 oder NH_4?

Methan:

CH oder CH_2 oder CH_3 oder CH_4?

Chlorwasserstoff:

HCl oder H_2Cl oder H_3Cl oder H_4Cl?

3 Welche Formel stimmt?

1 ⊠ In Bild 3 stehen verschiedene Molekülformeln für Verbindungen zur Auswahl. Entscheide dich für die richtige und begründe deine Antwort.

2 ⊠ Notiere die Molekülformeln für folgende Stoffe:
- Bromwasserstoff
- Schwefelwasserstoff
- Iodwasserstoff
- Phosphan (Phosphorwasserstoff)
- Chlor
- Siliciumdioxid

Material D

Entstehung von Wasser

Wasserstoff ist ein Gas. Wenn man dieses Gas entzündet, verbrennt es. Es reagiert also mit Sauerstoff. Bei dieser chemischen Reaktion entsteht Wasser.

Im Verhältnis 2 : 1

Wasser hat die Formel H_2O. Das sagt etwas darüber aus, wie Wassermoleküle zusammengesetzt sind. Zur Erzeugung von Wassermolekülen benötigt man doppelt so viele Wasserstoff-Atome wie Sauerstoff-Atome.

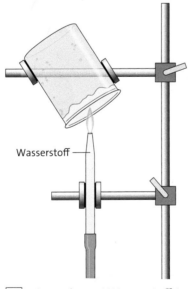

Wasserstoff

4 Hier verbrennt Wasserstoff. In dem Becherglas sammeln sich Wassertröpfchen.

1 ⊠ Welche der folgenden chemischen Formeln für Sauerstoff und Wasserstoff sind richtig? Begründe jeweils deine Antworten.
- O oder O_2 oder O_3
- H oder H_2 oder H_3

2 ⊠ Notiere die Reaktionsgleichung für die Verbrennung von Wasserstoff:
- im Schalenmodell
- in der Molekülformel-Schreibweise
- in der Valenzstrichformel-Schreibweise

Die Elektronenpaarbindung

Methode

Molekülmodelle aus dem Baukasten

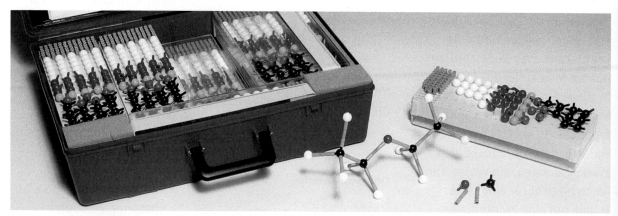

[1] Molekülbaukasten

Kugel-Stab-Modell • Die einzelnen Kugeln des Baukastens stellen Atome dar, die zu Molekülmodellen zusammengesteckt werden können. Die Kugeln sind verschiedenfarbig. →[1] Da man Atome nicht sehen kann, sind die Farben dieser Kugeln beliebig gewählt.

- Schwarze Kugeln stehen für Kohlenstoff-Atome. Sie besitzen vier Andockstellen, da Kohlenstoff-Atome vier Außenelektronen besitzen und folglich vier Elektronenpaarbindungen eingehen können.
- Weiße Kugeln stehen für Wasserstoff-Atome. Da Wasserstoff-Atome nur eine Elektronenpaarbindung eingehen, besitzt ihr Modell nur eine Andockstelle.
- Rote Kugeln stehen für Sauerstoff-Atome. Sie haben zwei Andockstellen.

Um die Elektronenpaarbindungen im Molekül deutlich hervorzuheben, werden die Kugeln mit Stäbchen zusammengesteckt. Daher heißt dieses Modell Kugel-Stab-Modell. Ein Stäbchen steht für zwei Elektronen bzw. eine Elektronenpaarbindung.

Andere Modelle • Das Kalottenmodell ist genau wie das Kugel-Stab-Modell ein räumliches Modell, das die Struktur von Molekülen veranschaulicht. Allerdings sind die Elektronenpaarbindungen nicht extra dargestellt. Die einzelnen Kugelausschnitte (Kalotten) werden mit Druckknöpfen verbunden. →[2]

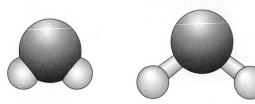

[2] Das Wassermolekül: Kalottenmodell (links), Kugel-Stab-Modell (rechts)

Aufgaben

1 ⊠ Beschreibe das Kugel-Stab-Modell.

2 ⊠ Erkläre, was die Stäbchen beim Kugel-Stab-Modell darstellen.

Material E

Modelle erkennen und zeichnen

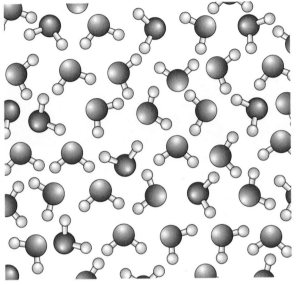

3 Wassermoleküle in Modelldarstellung

1 In Bild 3 siehst du einen winzigen Ausschnitt aus einem Tropfen Wasser in Modelldarstellung.

a ☑ Gib an, um welches Modell es sich handelt.

b ☒ Zeichne Bild 3 als Kalottenmodell in dein Heft.

c ☒ Das Wasser wird nun erhitzt, bis es gasförmig wird. Wie müsstest du die Modelldarstellung in Bild 3 nun verändern? Zeichne sie in dein Heft.

2 ☒ Zeichne Chlorwasserstoff (HCl) als Valenzstrichformel, als Kugel-Stab-Modell und als Kalottenmodell in dein Heft.

Material F

Digitale Molekülmodelle erstellen

Im Internet gibt es kostenlose Programme, mit denen Moleküle als Modell am Bildschirm dargestellt werden können. → 4

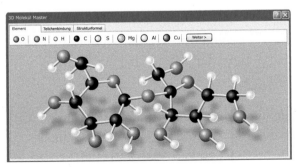

4 Programm zum Erstellen von Molekülmodellen

Mithilfe verschiedener Werkzeuge kann man Molekülmodelle digital erstellen. Sie lassen sich dreidimensional auf dem Monitor anzeigen und sogar drehen und wenden.

1 ☒ Besorge dir ein kostenloses Programm zum Erstellen von Molekülen. Erstelle dann die Modelle für folgende Moleküle:
- Wasserstoff (H_2)
- Wasser (H_2O)
- Methan (CH_4)
- Ammoniak (NH_3)

2 ☒ Baue die Modelle der Moleküle von Aufgabe 1 mit einem herkömmlichen Molekülbaukasten wie in Bild 1 auf S. 204.

Die Ionenbindung

1 Natrium reagiert sehr heftig mit Chlor. Dabei entsteht Kochsalz (Natriumchlorid).

Warum reagieren Natrium und Chlor so heftig miteinander?
Um das zu verstehen, muss man sich den Atombau näher ansehen.

⁵ **Warum sie reagieren** • Wenn sich Natrium und Chlor verbinden, versuchen ihre Atome – wie bei anderen Reaktionen auch –, den Edelgaszustand zu erreichen. Da Natrium in seiner Außen-¹⁰schale aber nur ein Elektron hat, kann das nicht durch Elektronenpaarbindungen geschehen.

Übertragung eines Elektrons • Chlor hat ein größeres Bestreben, Elektronen ¹⁵ an sich zu ziehen, als Natrium. Wenn sich diese Atome nahekommen, zieht also das Chlor-Atom das Außenelektron des Natrium-Atoms stark an. Diese Anziehung geht so weit, dass ²⁰ das Außenelektron des Natrium-Atoms in die fast volle Außenschale des Chlor-Atoms springt. Die äußere Schale des Chlor-Atoms wird dadurch aufgefüllt und erreicht so den Edel-

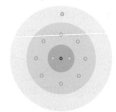

2 Natrium-Atom

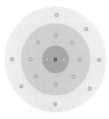

3 Chlor-Atom

²⁵ gaszustand. Das Natrium-Atom gibt also sein Außenelektron ab.
Die Folge: Die äußere Schale existiert nicht mehr. Dadurch wird die weiter innen liegende – volle (!) – Schale die ³⁰ neue Außenschale. So erreicht auch das Natrium-Atom den Edelgaszustand.

Und andere Salze? • Bei vielen anderen Reaktionen funktioniert das genauso. ³⁵ Atome mit wenigen Außenelektronen können dabei immer ihre Außenelektronen abgeben, Atome mit volleren Außenschalen können diese Elektronen aufnehmen. Die dabei entstehenden Stoffe heißen Salze. Bei Salzbil-⁴⁰dungen wird Wärme freigesetzt. → 1
Es handelt sich dabei um exotherme Reaktionen.

> Bei Salzbildungen springen alle Außenelektronen eines Atoms vollständig auf die Außenschale des anderen Atoms. So erreichen beide den Edelgaszustand.

nebenu

Lexikon
Tipps

das **Salz**
das **Ion**
das **Kation**
das **Anion**
die **Ionenbindung**
das **Ionengitter**

Entstehung von Ionen • Die Natrium-Atome haben nach der Reaktion ein Elektron weniger, die Chlor-Atome ein Elektron mehr. Die Anzahl der Protonen im Kern hat sich aber nicht geändert. Dadurch sind die Teilchen jetzt positiv bzw. negativ geladen. Solche geladenen Teilchen nennt man Ionen. Die positiv geladenen Ionen heißen Kationen, die negativ geladenen Anionen.

Schreibweise • In der Formelschreibweise werden die Ladungen als Hochzahl angegeben. Bild 4 zeigt, wie die Reaktionsgleichung zur Bildung von z. B. Natrium-Ionen aussieht.

Ionengitter • Die positiv und negativ geladenen Ionen ziehen sich gegenseitig an. Die entstehende Bindung wird Ionenbindung genannt. Viele positiv und negativ geladene Ionen lagern sich dabei regelmäßig zusammen: Es entsteht ein Ionengitter. Salzkristalle sind aus solchen Ionengittern aufgebaut. → 6

Durch eine Reaktion mit Elektronenübertragung entstehen positiv und negativ geladene Ionen. Diese ziehen sich gegenseitig an und lagern sich zu einem Ionengitter zusammen.

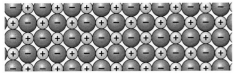

6 Ionengitter

Na	$\rightarrow$	Na$^+$	+	e$^-$
Natrium-Atom	$\rightarrow$	Natrium-Ion	+	ein Elektron

4

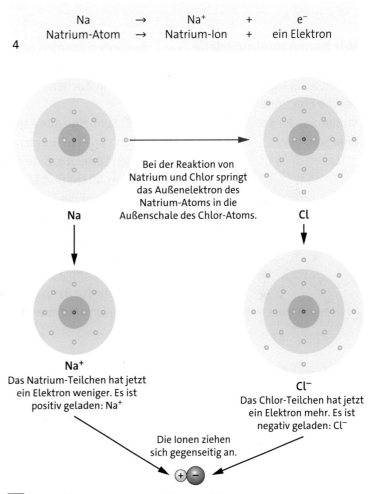

Na

Bei der Reaktion von Natrium und Chlor springt das Außenelektron des Natrium-Atoms in die Außenschale des Chlor-Atoms.

Cl

Na$^+$
Das Natrium-Teilchen hat jetzt ein Elektron weniger. Es ist positiv geladen: Na$^+$

Cl$^-$
Das Chlor-Teilchen hat jetzt ein Elektron mehr. Es ist negativ geladen: Cl$^-$

Die Ionen ziehen sich gegenseitig an.

5 Entstehung von Ionen und Ionengittern

Aufgaben

1 ☒ Beschreibe, wie Natrium- und Chlor-Atome bei ihrer Reaktion eine volle Außenschale erhalten.

2 ☒ Erkläre den Unterschied zwischen Atomen und Ionen.

3 ☒ Erkläre den Zusammenhalt eines Salzkristalls.

Die Ionenbindung

Wir bauen Ionenmodelle

Bei unseren Modellen zeichnen wir die Elektronen auf Papierstreifen. Jeder Streifen stellt eine Schale dar.

[1] Modell eines Natrium-Atoms

Zu ganzen Atomen oder Ionen zusammengebaut werden sie mit Zahnstochern. → [1]

1 ✎ Schneide aus Papier Streifen von 1 cm Breite mit folgenden Längen aus: je einmal 8 cm, 10 cm und 12 cm. Zeichne dann auf die Streifen die Elektronen des Na-Atoms ein. Stecke (beginnend mit dem kleinsten) die Streifen auf einen Zahnstocher. → [1] Beschrifte dann dein Natrium-Atom wie in Bild 1.

2 ⊠ Baue jetzt ebenso ein Na^+-Ion. Überlege, wie viele Schalen du brauchst.

3 ⊠ Baue jetzt Atome und Ionen von Lithium, Fluor und Chlor. Zeichne die Atome und die entsprechenden Ionen auch jeweils nebeneinander ins Heft. Erkläre, weshalb die Ionen den Edelgaszustand erreicht haben.

Bildung von Salzen

Natrium ist ein Metall, Chlor ein Nichtmetall. Metalle und Nichtmetalle können miteinander zu Salzen reagieren. Denn alle Metall-Atome haben nur wenige Außenelektronen, während alle Nichtmetall-Atome eine fast volle Außenschale haben. Bild 2 zeigt, wie Metalle und Nichtmetalle zu einem Salz reagieren können.

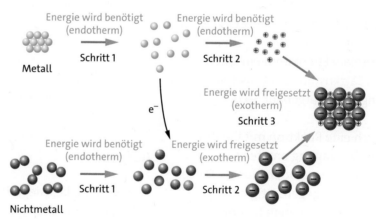

[2] Aus einem Metall und einem Nichtmetall entsteht ein Salz.

1 ✎ Gib an, wer bei der Ionenbildung Elektronen abgibt und wer sie aufnimmt. In welchem Schritt von Bild 2 geschieht das?

2 ⊠ Beschreibe und erkläre die drei Schritte. → [2] Verwende die Begriffe Atom, Außenelektron, Edelgaszustand, Ionengitter.

3 ⊠ Bei der Salzbildung gibt es exotherme und endotherme Teilreaktionen. Begründe, warum die Gesamtreaktion jedoch exotherm ist.

Material C

Edelgaszustand durch Ionenbildung

1 Viele Metall-Atome und Nichtmetall-Atome können durch Abgabe oder Aufnahme von Elektronen Ionen bilden. Dabei entstehen verschiedene Salze.

a ☒ Erkläre, wie das Lithium-Atom und das Fluor-Atom in Bild 3 den Edelgaszustand erreichen könnten.

b ☒ Nenne die Ionen, die sich dabei bilden.

c ☒ Nenne die Edelgase, die dieselbe Elektronenanordnung wie diese Ionen haben.

2 Die Außenelektronen sind immer entscheidend.

a ☒ Gib die Anzahl der Außenelektronen der folgenden Atome an: Mg, O, F, Al, N.

b ☒ Gib an, welche Atome von Teil a bei einer Reaktion Elektronen abgeben und welche Atome Elektronen aufnehmen. Wie viele Elektronen werden jeweils abgegeben bzw. aufgenommen? Gib an, welche Ionen entstehen.

c ☒ Gib an, welche Ionen bei chemischen Reaktionen aus den folgenden Atomen entstehen: K, Br, Ca, S. Verwende die Formelschreibweise.

 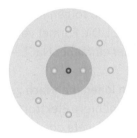

3 Modell eines Lithium- und eines Fluor-Atoms

Material D

Chemische Namen der Salze

Die Namen vieler Salze setzen sich zusammen aus dem Namen des Metalls, des Nichtmetalls und der Endung -id. Kochsalz, das Salz aus den Elementen Natrium und Chlor, heißt daher Natriumchlorid.

1 ☒ Gib die Namen für die folgenden Salze an: Salz aus Calcium und Fluor, aus Magnesium und Chlor, aus Kalium und Iod.

Material E

Zusätze in Speisesalz

1 ☒ Speisesalz kann mehrere Zusatzstoffe enthalten:

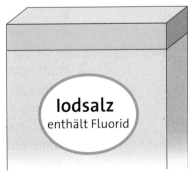

Iodsalz
enthält Fluorid

4 Iodsalz aus dem Supermarkt

Kalium- und Natriumfluorid werden zur Vorbeugung von Karies zugesetzt, Iodsalze zur Vorbeugung von Schilddrüsenerkrankungen.

a Gib an, aus welchen Ionen die Fluoridsalze bestehen.

b Bestimme die Ladung der Ionen.

2 ☒ Das Iod im Iodsalz wird meist in Form von Kaliumiodat zugesetzt. Informiere dich, wie Iodat-Ionen aufgebaut sind.

Die Ionenbindung

Formeln von Salzen aufstellen

Formel als Verhältnis der Ionenzahl • Im Ionengitter eines Salzkristalls sind viele Millionen von Ionen fest miteinander verbunden. Ihr Mengenverhältnis ist aber nicht beliebig. Bei der Entstehung von Kochsalz z. B. gibt je ein Natrium-Atom ein Elektron an ein Chlor-Atom ab und bildet so eine Ionengruppe. Somit hat ein Kochsalzkristall gleich viele Na^+- wie Cl^--Ionen. Es besteht also folgendes Mengenverhältnis: Na : Cl = 1 : 1. Die Formel von Kochsalz ist also Na_1Cl_1 oder einfacher NaCl. → 1

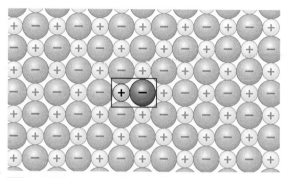

1 Natriumchlorid hat die Formel NaCl.

Und wenn Ionen mehrfach geladen sind? • Wenn ein Atom mehrere Elektronen abgibt, müssen entsprechend viele oder passende Reaktionspartner da sein. Wenn z. B. Magnesium mit Chlor reagiert, überträgt das Magnesium-Atom seine zwei Außenelektronen an zwei Chlor-Atome. Es entstehen also immer doppelt so viele Cl^- wie Mg^{2+}-Ionen. Somit ergibt sich folgendes Verhältnis: Mg : Cl = 1 : 2, also die Formel $MgCl_2$. → 2

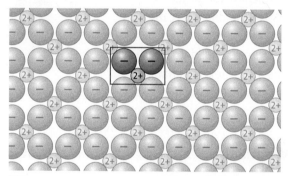

2 Magnesiumchlorid hat die Formel $MgCl_2$.

Ein weiteres Beispiel • Natrium reagiert mit Schwefel. Dabei gibt das Natrium-Atom ein Außenelektron an ein Schwefel-Atom ab. Damit auch das Schwefel-Atom eine volle Außenschale erhält, muss es von einem zweiten Natrium-Atom ein zweites Elektron bekommen. Es ergibt sich dann folgendes Verhältnis: Na : S = 2 : 1, also die Formel Na_2S.

Möglichst einfach • Um Formeln möglichst einfach zu schreiben, wird immer das kleinstmögliche Verhältnis angegeben.

Aufgaben

1 ☒ Beschreibe an einem selbst gewählten Beispiel, wie Formeln von Ionenverbindungen erstellt werden.

2 ☒ Stelle die Formeln der Salze auf, die entstehen, wenn folgende Stoffe miteinander reagieren:
   • Lithium und Fluor
   • Aluminium und Brom
   • Magnesium und Schwefel
   • Calcium und Chlor

Material F

Flussspat –
ein häufiges Mineral

Flussspat ist ein Mineral, das in der Natur häufig vorkommt. Reiner Flussspat ist farblos und transparent. Durch verschiedene Verunreinigung kann er aber fast alle Farben annehmen.

3 Flussspat

4 Roter Flussspat

1 Der chemische Name von Flussspat lautet Calciumfluorid.

a ☒ Zeichne ein Calcium-Ion und ein Fluorid-Ion in Modellschreibweise.

b ☒ Gib die Ladung der beiden Ionen an und erstelle die Formel von Calciumfluorid.

Material G

Formeln von
Ionenverbindungen

Wenn bei chemischen Reaktionen Ionen entstehen, müssen alle abgegebenen Elektronen vom Reaktionspartner aufgenommen werden. Die Anzahl der Atome bei der Reaktion muss daher passend sein. Einfache Beispiele findest du auf der Methodenseite links. Ein weiteres Beispiel: Wenn Aluminium mit Sauerstoff reagiert, gibt jedes Aluminium-Atom drei Elektronen ab.

Jedes Sauerstoff-Atom kann aber nur zwei Elektronen aufnehmen.
Alle Elektronen sind untergebracht, wenn zwei Aluminium-Atome mit drei Sauerstoff-Atomen zu Al_2O_3 reagieren. Um solche Formeln zu ermitteln, kann dir die Darstellung in Bild 5 eine Hilfe sein.

Aluminium

Sauerstoff

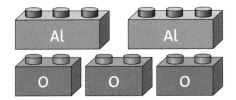

Aluminiumoxid
Al_2O_3

5

1 ☒ Erstelle die Formel der Ionenverbindungen, die bei der Reaktion folgender Stoffe entstehen:
• Natrium und Brom
• Kalium und Sauerstoff
• Calcium und Brom
• Calcium und Sauerstoff
• Aluminium und Schwefel

Die Metallbindung

[1] Aluminiumstäbe

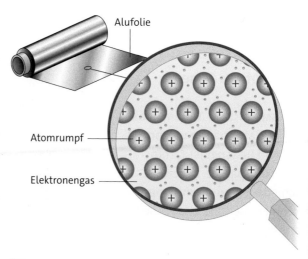

Alufolie

Atomrumpf

Elektronengas

[2] Aluminium unter der chemischen Lupe

Bei reinen Metallen sind nur Atome einer Sorte, z. B. nur Aluminium-Atome, miteinander verbunden. Wie erreichen solche Atome den
5 **Edelgaszustand?**

[3] Aluminium im Schalenmodell

Außenelektronen • Die Außenelektronen der Metall-Atome werden nur schwach vom Kern angezogen. Sie können leicht ihre Schale verlassen.
10 Anders als bei der Bildung von Ionen werden die äußeren Elektronen aber nicht an einen Reaktionspartner abgegeben.

Elektronengas • Die abgegebenen Au-
15 ßenelektronen können sich im Metall frei bewegen. Das ist im Modell vergleichbar mit den Teilchen eines Gases, die sich in einem Raum frei bewegen können. Deshalb werden die im
20 Metall frei beweglichen Elektronen auch als Elektronengas bezeichnet. → [2]

[4] Atomrumpf und Außenelektronen

Atomrumpf • Die inneren Elektronen werden vom Kern stärker angezogen.
25 Sie werden deshalb nicht abgegeben, sondern verbleiben beim Kern. Gemeinsam mit dem Kern bilden sie den sogenannten Atomrumpf. → [4] Dieser ist aufgrund des Protonenüber-
30 schusses positiv geladen.

Metallbindung • Ungleichnamige Ladungen ziehen sich gegenseitig an. Deshalb ist das negative Elektronengas in der Lage, die positiv geladenen
35 Atomrümpfe durch elektrische Anziehungskräfte zusammenzuhalten. Es bildet sich ein Metallgitter. Diese spezielle Form der Bindung innerhalb eines Metalls wird Metallbindung
40 genannt.

> In Metallen werden positiv geladene Atomrümpfe von frei beweglichen Elektronen zusammengehalten. Diese Form der Bindung nennt man Metallbindung.

cicimo

Lexikon
Tipps

das **Metallgitter**
das **Elektronengas**
der **Atomrumpf**
die **Metallbindung**

Der Bau der kleinsten Teilchen bestimmt die Eigenschaften. Die frei beweglichen Elektronen erklären die besonderen Eigenschaften der Metalle:

50 **Verformbarkeit** • Die Verformbarkeit der Metalle beruht darauf, dass die im Metallgitter angeordneten Atomrümpfe aneinander vorbeigleiten können. Dabei bleiben sie ständig von
55 Elektronen umgeben und werden auch in ihrer neuen Position fest zusammengehalten. → 5

Elektrische Leitfähigkeit • Im Gegensatz zu den Salzen verfügen Metalle
60 auch im festen Zustand über beweglich geladene Teilchen. Dadurch können die Elektronen bei einem geschlossenen Stromkreis ungehindert durch das Metall fließen. → 6

65 **Wärmeleitfähigkeit** • Wenn man ein Metall erhitzt, wird sowohl dem Atomrumpf als auch den freien Elektronen Energie zugeführt: Die Atomrümpfe schwingen stärker und stoßen
70 die benachbarten Atomrümpfe an. So wird die Wärmeenergie über das ganze Metall weitergegeben. Auch die freien Elektronen nehmen an der Wärmeleitung teil. Sie nehmen
75 die Energie in Form von zusätzlicher Bewegungsenergie auf und verteilen sie so über das Metall.

> Die Eigenschaften der Metalle lassen sich mit frei beweglichen Elektronen und positiv geladenen Atomrümpfen erklären.

Schlag von oben

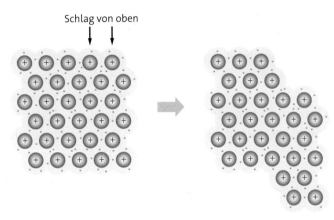

5 Metallkristalle lassen sich bei Druck verbiegen.

← zum Minus-Pol   zum Plus-Pol →

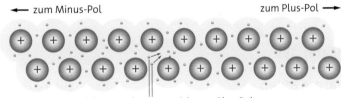

Elektronen bewegen sich zum Plus-Pol.

6 Stromfluss in einem Metall bei angelegter Spannung

Aufgaben

1 ⊡ Stelle Lithium und Natrium wie in Bild 4 mit Atomrumpf und Außenelektronen dar.

2 ⊠ Zeichne einen Ausschnitt eines Metallgitters von Magnesium. → 2

3 ⊠ Erkläre die Verformbarkeit der Metalle.

4 ⊠ Begründe, warum Metalle im Gegensatz zu Salzen den elektrischen Strom auch im festen Zustand leiten.

Die Metallbindung

Material A

Metalle lassen sich leicht verbiegen → ▣

In Bild 1 siehst du, wie gut ein Metalldraht verarbeitet werden kann.

1 ✗ Nenne die Eigenschaft der Metalle, die diese Verarbeitung ermöglicht, ohne dass der Draht bricht oder beschädigt wird.

2 ✗ Erkläre diese Eigenschaft durch den Aufbau der Metalle. Warum bleibt der Zusammenhalt der Atome im Draht beim Biegen erhalten?

3 ✗ Begründe, warum beim Erhitzen die Biegsamkeit noch erhöht wird.

1 Verarbeitung von Draht zu Schmuck

Material B

Wärme leiten → ▣

Materialliste: Becherglas, heißes Wasser, Stäbe aus Eisen, Kupfer, Plexiglas und Holz, Pappe mit Löchern, Wachs

1 Forme Kugeln aus Wachs und befestige sie an den Stäben. Schiebe die Stäbe durch die Pappe. Stelle dann alles ins heiße Wasser. → 2

a ✗ Gib an, welcher Stab am schnellsten heiß wird.

b ✗ Begründe, warum zwei der Stäbe schneller heiß werden als die anderen.

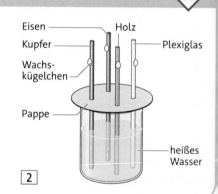

2

Material C

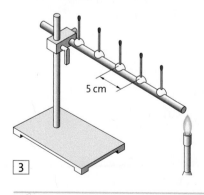

3

Sofort warm?

Materialliste: Gasbrenner, Streichhölzer, Wachskügelchen, Stativmaterial

1 Befestige die Streichhölzer mit den Wachskugeln auf einer Stativstange. → 3 Lass dabei immer 5 cm Abstand zwischen den Kugeln.

a ✗ Was passiert, wenn du das Ende der Stange erhitzt? Stelle eine Vermutung auf.

b ✗ Führe den Versuch durch. Beschreibe, was geschieht.

c ✗ Erkläre deine Beobachtung.

himuju

Videos
Tipps

Material D

Schalenmodell und Atomrumpfmodell

1 ⊠ Gib an,
a wie viele Protonen sich im Kern eines Mg-Atoms befinden.
b wie viele Elektronen sich in der Hülle eines Mg-Atoms befinden.
c aus wie vielen Schalen die Hülle eines Mg-Atoms aufgebaut ist.
d wie viele Außenelektronen ein Mg-Atom besitzt.

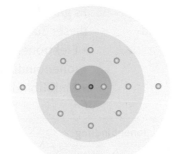

[4] Magnesium-Atom: Schalenmodell (links), Atomrumpf und Außenelektronen (rechts)

2 ⊠ Gib an, wie viele Elektronenschalen am Aufbau des Atomrumpfs eines Magnesium-Atoms beteiligt sind.

3 ⊠ Begründe, warum der Atomrumpf eines Magnesium-Atoms zweifach positiv geladen ist. → [4]

Material E

Temperaturabhängigkeit der elektrischen Leitfähigkeit

Materialliste: Messgerät (A), Gleichspannungsquelle (2 V), 4 Kabel, 2 Isolatoren, Eisendraht (ca. 1 mm Durchmesser), Streichhölzer

1 Baue den Versuch wie in Bild 5 auf.

2 Stelle am Netzgerät die Spannung so ein, dass durch den Draht ein Strom von etwa 50 mA fließt.

3 Entzünde nun das Streichholz und halte es unter den Draht. → [5]

4 ⊠ Erkläre die Veränderung der Stromstärke.

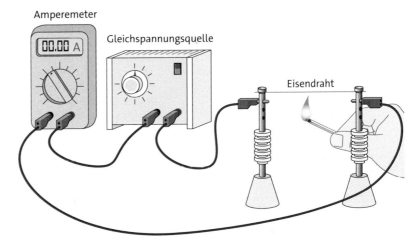

[5] Versuchsaufbau

Drei Wege zum Edelgaszustand

Zusammenfassung

Bindungen • Grundantrieb der Atome bei Bindungen ist es immer, den Edelgaszustand zu erreichen.

Es gibt drei Arten von Bindungen, durch die dieser Zustand zu erreichen ist:
• Elektronenpaarbindung
• Ionenbindung
• Metallbindung

	Elektronenpaarbindung	Ionenbindung	Metallbindung
Modell		$\oplus$ Na$^+$-Kation $\ominus$ Cl$^-$-Anion	$+$ Atomrumpf eines Na-Atoms
Entstehung	Die beiden Chlor-Atome geben jeweils ein Elektron in die gemeinsame Bindung. Dieses Elektronenpaar gehört dann zu beiden Atomkernen.	Das Natrium-Atom gibt ein Elektron an das Chlor-Atom ab. Dadurch entstehen Ionen: positiv geladene Natrium-Teilchen und negativ geladene Chlor-Teilchen. Die unterschiedlich geladenen Ionen ziehen sich an und sind dadurch miteinander verbunden.	Natrium-Atome ordnen sich in einem dreidimensionalen Gitter an. Dabei geben die Atome jeweils ein Außenelektron ab. Diese bilden ein sogenanntes Elektronengas, das sich zwischen den Atomen ausbreitet. Die Anziehung der positiv geladenen Atomrümpfe zu den Elektronen im Elektronengas sorgt für den stabilen Zusammenhalt.
Besonderheiten	Ein Atom kann bis zu vier solcher Elektronenpaarbindungen eingehen – entweder mit verschiedenen „Partnern" oder auch eine Doppel- oder Dreifachbindung mit einem „Partner".	Im Verlauf einer solchen Elektronenübertragungsreaktion kann es vorkommen, dass ein Atom zwei oder mehr Elektronen abgibt, um den Edelgaszustand zu erreichen. Es entstehen mehrfach positiv geladene Ionen. Gleiches gilt für die Elektronenaufnahme. So können auch mehrfach negativ geladene Ionen entstehen.	Je nach Anzahl der Außenelektronen kann die Zahl der abgegebenen Elektronen variieren.
Teilchen	Moleküle aus zwei oder mehreren Atomen	positiv und negativ geladene Ionen, die ein Ionengitter bilden	positiv geladene Atomrümpfe und frei bewegliche Elektronen
Beispiele	Wasserstoff, Sauerstoff, Chlor, Wasser, Fluorwasserstoff	Natriumchlorid, Magnesiumchlorid, Aluminiumoxid	Eisen, Kupfer, Silber, Natrium

1 Übersicht der Bindungsarten

Teste dich! (Lösungen im Anhang)

Elektronenpaarbindung

1 ☒ Erkläre, wie zwei Wasserstoff-Atome durch eine Elektronenpaarbindung den Edelgaszustand erreichen.

2 ☒ Erläutere, wie die Atome eines Moleküls mithilfe einer Elektronenpaarbindung zusammenhalten.

3 ☒ Erkläre am Beispiel von O_2 und N_2, warum manche Atome Doppel- oder Dreifachbindungen eingehen.

4 ☒ Gib folgende Moleküle in Lewis-Schreibweise mit allen Außenelektronen an: H_2O, F_2, HBr, CO_2, C_2H_2.

Ionenbindung

5 ☒ Erläutere, wie bei einer Ionenbindung die beteiligten Atome/Ionen die Edelgasregel erfüllen.

6 ☒ Warum sind die Ionen von Elementen der V. bis VII. Hauptgruppe immer negativ geladen? Erkläre.

7 ☒ Benenne folgende Salze: CaF_2, NaI, KBr, $MgCl_2$.

8 ☒ Übertrage die Tabelle in dein Heft und ergänze die Lücken. → [2]

Metallbindung

9 ☒ Wie erreichen Aluminium-Atome in einem Aluminiumstab den Edelgaszustand? Erkläre.

Summenformel	Beteiligte Ionen	Name der Ionenverbindung
$MgCl_2$	Mg^{2+} und Cl^-	Magnesium-chlorid
NaBr	?	Natriumbromid
?	K^+ und O^{2-}	Kaliumoxid
KCl	?	?
?	Ca^{2+} und Br^-	?
?	?	Magnesiumoxid
?	?	Aluminium-chlorid

[2] Formeln und Namen von Ionenverbindungen

[3] Metalle sind gute Wärmeleiter.

10 ☒ Beschreibe den Zusammenhalt der Metall-Atome.

11 ☒ Erkläre, was man unter dem Begriff „Elektronengas" versteht.

12 ☒ Metalle sind nicht spröde, sondern lassen sich verformen. Beschreibe, was beim Verformen eines Metalls geschieht.

13 ☒ Erkläre, warum Metalle gute Wärmeleiter sind. → [3]

Wasser – genau untersucht

Was stellt man fest, wenn man Wasser chemisch untersucht?

Was hat der Energieträger
Wasserstoff mit Wasser zu tun?

Was ist der Grund für die
Besonderheiten von Wasser?

Ohne Wasser kein Leben

1 Wassernutzung für viele alltägliche Zwecke

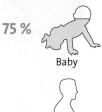

75 %
Baby

65 %
Erwachsener

50 %
Senior

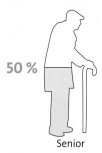

2 Wasseranteil im menschlichen Körper

Wasser spielt in vielen Lebensbereichen eine wichtige Rolle. Pro Tag verbraucht jeder von uns in Deutschland durchschnittlich 128 Liter Trinkwasser
5 **allein im Haushalt.**

Bedeutung von Wasser • Wir nutzen Wasser nicht nur, um unseren Durst zu stillen. Wir benötigen es auch für die tägliche Hygiene, zum Kochen,
10 Wäschewaschen oder für viele Freizeitbeschäftigungen wie Schwimmen, Surfen oder Skifahren.
Darüber hinaus wird Wasser auch in der Landwirtschaft und in der Indus-
15 trie zum Herstellen von Lebensmitteln und anderen Produkten wie Kleidung benötigt.

Wasser im Organismus • Der Körper eines Erwachsenen besteht zu 65 Pro-
20 zent aus Wasser. → 2 Es ist als Baustoff in den Zellen, im Blut, in den Verdauungssäften und Tränen vorhanden. Wasser dient im Körper als Lösungsmittel, über das Mineralstoffe
25 und Zuckerstoffe aus Nahrungsmitteln aufgenommen werden können. Gleichzeitig ist es auch Transportmittel, um Endprodukte des Stoffwechsels abzutransportieren. Dabei wird Wasser in
30 Form von Schweiß über die Haut oder in Form von Urin über die Nieren ausgeschieden. Zusätzlich wird über den Schweiß die Körpertemperatur reguliert. Wasser ist somit der Wärme-
35 regulator unseres Körpers.

Wasserbedarf • Täglich sollten wir 2 bis 3 Liter Wasser zu uns nehmen – davon 1,5 Liter über Getränke und den Rest über die Nahrung. Dabei richtet
40 sich der Wasserbedarf nach unserer körperlichen Aktivität und Gesundheit. Bei Krankheit oder beim Sport haben wir einen erhöhten Flüssigkeitsbedarf.

Wasserverteilung • Fast drei Viertel der Erdoberfläche sind mit Wasser bedeckt, und dennoch gibt es Wassermangel. Das meiste Wasser ist Salzwasser. Lediglich 3 Prozent des auf der Erde vorkommenden Wassers ist Süßwasser und nur ein Drittel davon steht zur Trinkwassergewinnung zur Verfügung. → 3

In Deutschland wird das meiste Trinkwasser aus Quellen, dem Grundwasser oder Seen, z. B. dem Bodensee, gewonnen. Dafür ist aber eine aufwendige Aufbereitung notwendig. In südlichen Ländern wird Trinkwasser oft aus Meerwasser gewonnen.

Etwa 2 Milliarden Menschen haben keinen Zugang zu sauberem Trinkwasser. Die Folgen davon sind Infektionskrankheiten, die oft zum Tod führen.

Virtuelles Wasser • Für die Herstellung von Lebensmitteln und Kleidung wird mehr Wasser benötigt, als darin tatsächlich enthalten ist.

So werden für die Herstellung einer Tasse Kaffee nicht 150 ml, sondern circa 140 Liter Wasser benötigt. Das meiste Wasser erfordert der Anbau der Kaffeebohnen, aber auch mit Transport und Herstellung der Verpackung ist Wasserverbrauch verbunden.

In einer Jeans stecken sogar 11000 Liter Wasser. Das entspricht der Füllung von 80 Badewannen. → 4

Dadurch ist unser Wasserverbrauch pro Kopf erheblich höher als nur der tägliche Wasserverbrauch des „fließenden" Wassers.

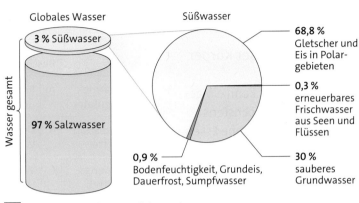

3 Wasserverteilung auf der Erde

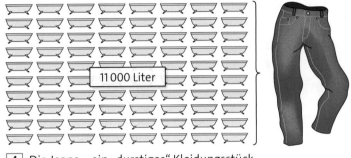

4 Die Jeans – ein „durstiges" Kleidungsstück

Wasser ist lebensnotwendig und erfüllt vielfältige Funktionen. Nur ein kleiner Teil des Wassers auf der Erde ist Trinkwasser. Für die Produktion vieler Produkte des täglichen Lebens sind enorme Wassermengen nötig.

Aufgaben

1 „Wasser ist Leben." Erkläre.

2 Beschreibe die Aufgaben, die Wasser in unserem Körper erfüllt.

3 Erkläre den Begriff „virtuelles Wasser".

221

Ohne Wasser kein Leben

Material A

Wasser und unser Körper

Ohne Flüssigkeit kann ein gesunder Mensch höchstens 3 Tage überleben, ohne Essen kommt er um die 70 Tage aus. Der Wasserhaushalt muss durch Wasserzufuhr und Ausscheidung im Gleichgewicht gehalten werden, damit das Wasser seine lebenswichtigen Funktionen im Körper erfüllen kann.

	Begriff		Beschreibung
1	Wärme-regulator	A	Endprodukte des Stoffwechsels, wie Harnstoff, werden über Wasser in Form von Urin ausgeschieden.
2	Transport-mittel	B	Die verwertbaren Nahrungsbestandteile werden in Wasser gelöst und so in die Zellen aufgenommen.
3	Lösungs-mittel	C	Wasser wird über Schweiß ausgeschieden. Auf der Haut erzeugt Schweiß Verdunstungskälte und kühlt so den Körper.

1 Zuordnung: Aufgaben von Wasser im Körper

1 ☒ Ordne die Beschreibungen A–C den Begriffen 1–3 zu.

Material B

Berechne deinen Wasserbedarf

Über den Tag verliert unser Körper Wasser, z. B. über Schweiß, Urin und über die Atmung. Diesen Verlust muss man ausgleichen, indem man genügend trinkt oder wasserhaltige Nahrungsmittel verzehrt. Wie viel Wasser man pro Tag benötigt, hängt von Gewicht, Alter, Umgebungstemperatur, körperlicher Bewegung und dem Gesundheitszustand ab. Bei heißen Temperaturen oder wenn wir Fieber haben, brauchen wir zum Beispiel mehr Wasser. Auch der Salzgehalt in Lebensmitteln spielt eine Rolle. Unser Körper signalisiert dann durch ein Durstgefühl, dass er Wasser benötigt. Aber zu viel trinken in kurzer Zeit kann auch gefährlich sein. Die Nieren können den Wasserhaushalt nicht mehr regulieren und der Körper überwässert. Die Folgen sind Schwindel, Erbrechen bis hin zu Organschäden und Tod.

1 Pro Tag benötigen wir circa 35 ml Flüssigkeit pro Kilogramm Körpergewicht.
☒ Berechne deinen individuellen täglichen Wasserbedarf in Litern, ausgehend von deinem Körpergewicht.

2 Die meisten Menschen trinken im Alltag zu wenig.
☒ Überlege dir Möglichkeiten zur Verbesserung.

3 ⬚ ☒ Recherchiere zum Thema „Wasservergiftung" im Internet und fertige einen Merksatz dazu an.

2 Wie viel sollte man täglich trinken?

Material C

Virtuelles Wasser

Um all die Waren zu produzieren, die wir täglich kaufen, werden durchschnittlich 4000 Liter Wasser pro Kopf und Tag gebraucht. Deutschland zählt damit zu den weltweit zehn größten Importeuren von virtuellem Wasser. In Bild 1 siehst du, wie viel virtuelles Wasser in verschiedenen Produkten steckt.

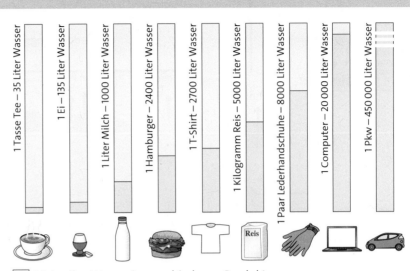

3 Virtuelles Wasser in verschiedenen Produkten

1 ⊠ Vergleiche den virtuellen Wassergehalt eines Eies mit dem eines Hamburgers.

2 ⊠ Erkläre, wie es sein kann, dass in 1 Liter Milch 1000 Liter Wasser stecken.

3 ⊠ Nenne Möglichkeiten, wie du dazu beitragen kannst, dass dein persönlicher „Wasserfußabdruck" kleiner wird.

Material D

Spanien, Niederlande oder Deutschland?

Die Tomate ist eines der Lieblingsgemüse der Deutschen. Doch nur 10 Prozent stammen aus heimischem Anbau. Der Großteil wird importiert aus Spanien oder den Niederlanden. In Bild 2 siehst du, wie viel Wasser für die Produktion einer Tomate in den drei Ländern nötig ist.

● verschmutztes Wasser
● Wasser aus Bodenfeuchte
● Oberflächenwasser/ Grundwasser

4 Verschiedene Wasseranteile für die Produktion einer Tomate.

1 Vergleiche die Menge und die Herkunft des Wassers bei den verschiedenen Tomaten. → 4
⊠ Nenne Gründe für die unterschiedliche Verteilung des Wassers.

2 ⊠ Für die Tomaten welcher Herkunft würdest du dich beim Kauf entscheiden? Begründe deine Wahl.

Wasser unterwegs

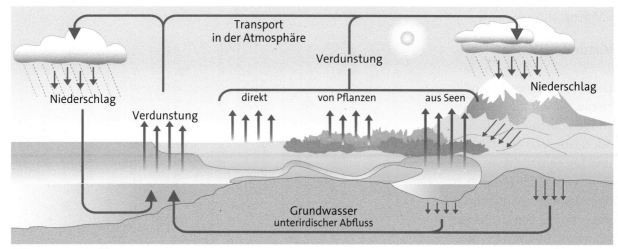

Transport
in der Atmosphäre

Verdunstung

Niederschlag

Verdunstung

direkt   von Pflanzen   aus Seen

Niederschlag

Grundwasser
unterirdischer Abfluss

1 Wasserkreislauf

Über schlechtes Wetter wie Regen oder Hagel ärgert man sich häufig. Doch dies ist ein wichtiger Bestandteil des natürlichen Wasserkreislaufs.

5 **Verdunstung und Kondensation** • Über den Ozeanen, Seen, Flüssen und dem Land verdunstet Wasser durch die Sonneneinstrahlung. →1 Auch Pflanzen geben Wasser über ihre Blätter ab,
10 das dann verdunstet. Es steigt als Wasserdampf in die Atmosphäre auf. Dort trifft der Dampf auf kühlere Luftschichten, wodurch er zu Tröpfchen kondensiert. Diese sind dann als Ne-
15 bel oder Wolken für uns sichtbar und werden durch Wind weitergeleitet.

Niederschlag • Treffen genug Wassertröpfchen in einer Wolke aufeinander, so bilden sich Regentropfen, die als
20 Niederschlag wieder zur Erde fallen. In noch höheren Lagen gefriert der Wasserdampf zu Eiskristallen, die sich zu Schneeflocken oder Hagelkörnern

vereinen können und wieder herab-
25 fallen. So kann es sein, dass es auch im Sommer kleine Eisbröckchen hagelt.
Der gefallene Niederschlag verdunstet zum Teil wieder. Das erkennt man
30 beispielsweise an austrocknenden Pfützen.

Abfluss und Versickerung • Ein weiterer Teil des Wassers fließt als Oberflächenwasser oberirdisch in Flüsse
35 und Seen. Nur ein Bruchteil davon versickert in der Erde und wird als unterirdischer Abfluss dem Grundwasser zugeführt. →1 Dieses mündet letztendlich wieder in die Ozeane.
40 So schließt sich der Kreislauf. Es verschwindet kein Wasser, aber es kommt auch keines hinzu.

> Unser Wasser befindet sich in ständiger Bewegung in einem natürlichen Kreislauf, der von der Sonne angetrieben wird.

Woher stammt das Trinkwasser? •

Trinkwasser kann aus verschiedenen
Wasservorkommen gewonnen werden: aus Salzwasser durch Entsalzen,
aus Quellen, Oberflächengewässern
oder aus Grundwasser.

Oberflächenwasser • Um Trinkwasser
aus Quellen, Seen und Flüssen zu gewinnen, wird das Wasser über Rohrleitungen zum Wasserwerk transportiert. → 2 So werden zum Beispiel
circa 4 Millionen Menschen mit Wasser aus dem Bodensee versorgt.

Grundwasser • Grundwasser entsteht
aus versickerndem Oberflächenwasser. Beim Weg durch die Erdschichten
nimmt das Wasser Stoffe wie Kalk,
Eisen und Kohlensäure aus dem Boden
auf. Gleichzeitig wirkt der Boden als
natürlicher Filter, der unerwünschte
Stoffe aus dem Sickerwasser zurück-
hält. Die Trinkwassergewinnung erfolgt durch den Bau eines Brunnens
über der wasserführenden Schicht.
Zur Wasserförderung werden Pumpen
eingesetzt.

Aufbereitung im Wasserwerk • Die
zuständigen Wasserwerke versorgen
die Verbraucher in Deutschland mit
Trinkwasser. Jedoch muss das Wasser
einige Qualitätskriterien erfüllen. Es
muss frei von Krankheitserregern sein,
eine Mindestkonzentration von Mineralstoffen aufweisen, geschmacksneutral und farb- und geruchlos sein.
Deutschland besitzt mit die höchsten
Qualitätsstandards für Trinkwasser.

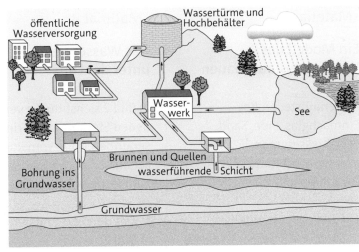

2 Wasserversorgung

3 Wasseranalyse im Labor

Zur Trinkwassergewinnung gibt
es verschiedene Möglichkeiten.
Wasserwerke bereiten das Wasser
nach bestimmten Gütekriterien auf.

Aufgaben

1 ☒ Beschreibe den Wasserkreislauf.

2 ☒ Beschreibe die Rolle der verschiedenen Aggregatzustände im
Wasserkreislauf.

3 ☒ Nenne Möglichkeiten zur
Trinkwassergewinnung.

Wasser unterwegs

Material A

Ein Modell des Wasserkreislaufs bauen

Materialliste: großes Einmachglas, Erde, Sand, Kies, Kressesamen, Wasser, Frischhaltefolie, Gummiband

1 Fülle das Glas mit Kies, Sand und Erde. → ☐1☐ Gieße dann kräftig und streue die Kressesamen auf die Erde. Verschließe das Glas zuletzt mit Frischhaltefolie.
   ☒ Notiere täglich deine Beobachtungen.

☐1☐ Modell des Wasserkreislaufs

Material B

Das Wasserwerk unter der Lupe

In Bild 2 siehst du die verschiedenen Stationen der Trinkwasseraufbereitung vom Rohwasser aus Grundwasser bis hin zum fertigen Trinkwasser.

1 Lies den Text und betrachte Bild 2.

☒ Beschreibe die verschiedenen Stationen im Wasserwerk.

2 Die von Natur aus im Rohwasser enthaltenen Bestandteile sind für uns nicht gesundheitsschädlich.
   ☒ Begründe, warum das Wasser trotzdem aufbereitet wird.

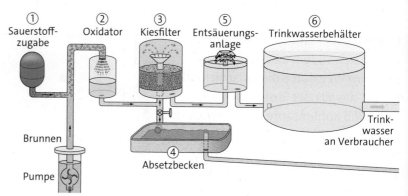

☐2☐ Grundwasseraufbereitung im Wasserwerk

Zunächst wird dem Rohwasser Sauerstoff zugeführt (1). Durch den Sauerstoff werden im Oxidator (2) bestimmte Stoffe in unlösliche Stoffe umgewandelt. Diese unlöslichen Bestandteile können anschließend durch einen Filter mit Sand oder Kies aus dem Wasser entfernt werden (3). Dadurch verändert sich sowohl der Geschmack als auch die Färbung des Wassers. Im Absetzbecken (4) werden die ausgeflockten Bestandteile gesammelt und abgeführt. Manchmal enthält das Rohwasser von Natur aus zu viel Kohlensäure und muss dann entsäuert werden (5). In Trinkwasserbehältern (6) wird das fertige Trinkwasser gesammelt, bevor es über Rohrleitungen zum Verbraucher gelangt.

3

Material C

Trinkwassergewinnung aus Salzwasser

In vielen küstennahen Ländern, in denen Trinkwasser knapp ist, wird Trinkwasser aus Meerwasser gewonnen.

Ein mögliches Verfahren ist die Meerwasserentsalzung durch Sonneneinstrahlung. → 4 → ▣
Hierbei wird das salzhaltige Wasser von der Sonne erwärmt. Das Wasser verdunstet und schlägt sich am Glasdach der Anlage als Kondensat nieder. Das Salz bleibt zurück. Das flüssige Wasser läuft an der Glasscheibe herab und wird in einer Rinne gesammelt.

Dem gewonnenen Wasser müssen noch Mineralsalze zugeführt werden. Für die Meerwasserentsalzung im großen Maß reicht die Sonneneinstrahlung nicht aus. Das Salzwasser muss daher erhitzt werden, was sehr viel Energie erfordert.

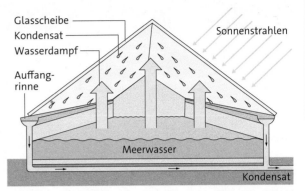

4 Anlage zur Trinkwassergewinnung aus Meerwasser → ▣

1 ☒ Beschreibe den Aufbau und die Funktion der Anlage zur Trinkwassergewinnung. → 4

2 ☒ Erläutere Vor- und Nachteile der Meerwasserentsalzung durch Sonneneinstrahlung.

Material D

Destillation von Salzwasser

Materialliste: Stativmaterial, Brenner, Rundkolben, passender Gummistopfen mit Lochbohrung, Thermometer, Destillationsaufsatz, Liebig-Kühler mit 2 Gummischläuchen, Laborboy, Wasseranschluss, Becherglas, Kochsalzlösung, Siedesteinchen

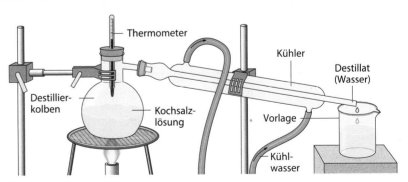

5 Destillationsapparatur im Labor

1 Baue die Apparatur wie in Bild 5 auf. Achte dabei auf die Schräglage des Liebig-Kühlers.

2 Erhitze die Kochsalzlösung bis zum Sieden und beobachte.
☒ Fertige ein Protokoll an.

3 ☒ Gib an, welche Eigenschaften der Stoffe Wasser und Salz man sich bei der Destillation zunutze macht.

Aufbereitung von Abwasser

[1] Luftbild einer Kläranlage

Täglich nutzen wir Trinkwasser zum Duschen, Geschirrspülen oder Spülen der Toilette. Doch was passiert danach mit dem schmutzigen Abwasser?

5 **Die Kläranlage** • Nachdem das Wasser in unserem Abfluss verschwunden ist, gelangt es unter den Straßen über die Kanalisation zu einer Kläranlage. Dort wird das verschmutzte Wasser 10 wieder zu frischem Wasser aufbereitet. Dazu sind allerdings einige Schritte notwendig. Die Aufbereitung gliedert sich in drei Reinigungsstufen: die mechanische, die biologische und 15 die chemische Reinigung.

Mechanische Reinigung • Als Erstes wird das Abwasser mithilfe von Rechen, Sandfang und einem Vorklärbecken von grobem Schmutz befreit. 20 Dinge wie Plastikteile, Essensreste und Toilettenpapier werden dabei ausgesondert, entwässert und zu einer Deponie gebracht oder verbrannt.

Biologische Reinigung • In der biolo-25 gischen Reinigungsstufe kommen Mikroorganismen in sogenanntem Belebtschlamm zum Einsatz. Die Mikroorganismen zersetzen mithilfe von Sauerstoff pflanzliche und tie-30 rische Verunreinigungen im Wasser. Danach sind rund 90 % der ursprünglichen Verunreinigungen beseitigt.

Chemische Reinigung • In der folgenden chemischen Reinigungsstufe 35 werden Problemstoffe mit Flockungsmitteln gebunden. Die Verbindung aus Problemstoff und Flockungsmittel wird dann aus dem Wasser entfernt. In allen Reinigungsschritten entsteht 40 Schlamm. Dieser wird in Faultürme geleitet. Dort bilden sich durch Gärung Biogase, die als Brennstoff eingesetzt werden können. Der übrige Teil der Faulschlämme ist als Dünger geeignet.

> In einer Kläranlage gibt es drei Reinigungsstufen: die mechanische, die biologische und die chemische Reinigung. Nach den drei Reinigungsstufen kann das gereinigte Wasser wieder der Umwelt zugeführt werden.

Aufgaben

1 ☒ Beschreibe die drei Reinigungsstufen in der Kläranlage mit eigenen Worten.

2 ☒ Erkläre, welche Funktion die Mikroorganismen im Klärvorgang haben.

worigu

Lexikon
Videos
Tipps

die **Wasserreinigung**
die **Kläranlage**

Material A

Die Kläranlage im Modell

Materialliste: 4 Joghurtbecher mit je einem Loch im Boden (Bleistiftdicke), Becherglas, Kaffeefilter, Wattepads, Sand, Kies, Aktivkohle, verschmutztes Wasser (zum Beispiel aus einer Pfütze), Spülwasser

1 Bau der Kläranlage
a Wasche den Sand und den Kies, bis das Wasser klar ist.
b Decke die Löcher der Joghurtbecher jeweils mit einem Wattepad ab.
c Fülle je einen Joghurtbecher zur Hälfte mit Aktivkohle, Sand und Kies. Setze die drei Filter in den vierten Joghurtbecher, in dem ein Kaffeefilter steckt. → 2

c Staple nun alle Becher in das Becherglas.

2 Gieße das verschmutzte Wasser oben in den Turm. Bewahre einen Rest zum späteren Vergleich auf.
a Beobachte und beschreibe, wie sich die Filter auf das Schmutzwasser auswirken.
b Vergleiche das Filtrat mit dem ursprünglichen Schmutzwasser.

3 Bereite eine neue Kläranlage vor. Leite diesmal das Spülwasser hindurch.
a ☑ Beschreibe deine Beobachtung.
b ☒ Beschreibe, was passiert, wenn du das Filtrat schüttelst.

Kies

Sand

Aktivkohle

Kaffeefilter

2 Kläranlage im Modell → ▣

4 ☒ Erkläre, warum in den Joghurtbechern unterschiedliche Materialien eingesetzt werden.

Material B

Die drei Klärstufen der Wasseraufbereitung im Detail → ▣

1 ☑ In Bild 3 ist der Klärvorgang schematisch dargestellt. Benenne die drei Klärstufen A, B und C. → 3

2 ☒ Informiere dich über die Kläranlage, die für deinen Wohnort zuständig ist. Erstelle einen Steckbrief der Kläranlage.

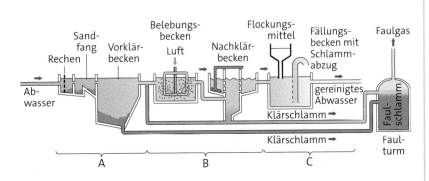

3 Eine Kläranlage mit drei Klärstufen

Element oder Verbindung?

1 Ist Wasser ein Ur-Element unserer Welt?

Die alten Griechen glaubten, Wasser wäre ein grundsätzliches Element des Universums. Heute sehen wir das anders.

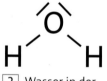

2 Wasser in der Lewis-Schreibweise

5 **Wasser – eine Verbindung** • Die Formel H_2O steht für Wasser. Wasser ist also eine Verbindung aus den Elementen Wasserstoff und Sauerstoff. → 3 Ein Wassermolekül besteht aus zwei 10 Wasserstoff-Atomen und einem Sauerstoff-Atom, die über Elektronenpaarbindungen miteinander verbunden sind. → 2

Wasser herstellen • Wasser kann man 15 am einfachsten herstellen, indem man Wasserstoff und Sauerstoff zur Reaktion bringt. Dazu mischt man die beiden Gase im Verhältnis 2 : 1. Beim geringsten Zünd- 20 funken explodiert ein solches Knallgasgemisch. Es findet also eine heftige chemische Reaktion statt. Bei dieser Reaktion entsteht Wasser. Eine Reaktion, bei der ein neuer Stoff hergestellt 25 wird, nennt man Synthese. Für die Herstellung von Wasser ergibt sich folgende Reaktionsgleichung:

	Element	Verbindung
Aufbau	gleiche Atome oder Moleküle aus gleichen Atomen	Moleküle aus verschiedenen Atomen
Beispiele	Sauerstoff, Wasserstoff	Wasser

3 Übersicht: Element und Verbindung

Wasserstoff + Sauerstoff → Wasser
$$2\,H_2 \quad + \quad O_2 \quad \rightarrow \quad 2\,H_2O$$

Wasser ist eine Verbindung aus den Elementen Wasserstoff und Sauerstoff. Aus diesen Elementen lässt sich auch wieder Wasser herstellen.

kesuqu

Lexikon
Video
Tipps

die **Verbindung**
das **Element**
der **Wasserstoff**
die **Analyse**
die **Synthese**

Zerlegung mit Strom • Zerlegt man eine Verbindung, erhält man die Elemente, aus denen sie bestand. Dies nennt man Analyse. Mithilfe von elektrischem Strom lässt sich Wasser zerlegen. Dazu braucht man einen Plus- und einen Minuspol und eine Spannung von circa 3 Volt. Außerdem muss das Wasser ein wenig Säure enthalten, weil es sonst den Strom nicht leitet. Der Hofmannsche Apparat ist die passende Apparatur dafür. Durch die angelegte Spannung wird das Wasser allmählich zersetzt.
Dabei lässt sich Folgendes feststellen: An beiden Polen bildet sich Gas, aber am Minuspol ist das Gasvolumen doppelt so groß. Das liegt daran, dass bei der Zerlegung von Wasser doppelt so viel Wasserstoff wie Sauerstoff entsteht. → 5

Nachweis der Gase • Die in der Wasseranalyse entstehenden Gase kann man in Reagenzgläsern auffangen. Mit dem am Pluspol entstandenen Gas führt man eine Glimmspanprobe durch. Das Aufleuchten des glimmenden Spans im Reagenzglas ist ein Nachweis für Sauerstoff. Mit dem Gas vom Minuspol führt man eine Knallgasprobe durch. Dazu hält man das Reagenzglas an eine offene Flamme. Ein kurzes Ploppgeräusch gilt als Nachweis für Wasserstoff.

> Wasser lässt sich mithilfe von elektrischem Strom in die Elemente Sauerstoff und Wasserstoff zerlegen.

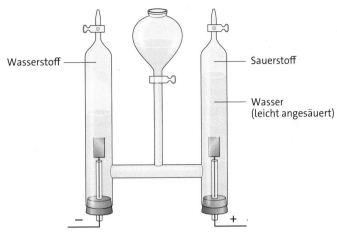

Wasserstoff

Sauerstoff

Wasser
(leicht angesäuert)

4 Hofmannscher Zersetzungsapparat → ▣

5
$$2\,H_2O \rightarrow 2\,H_2 + O_2$$

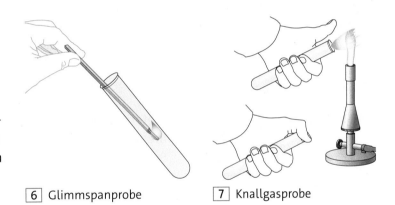

6 Glimmspanprobe

7 Knallgasprobe

Aufgaben

1 ⊠ Begründe, weshalb Wasser kein chemisches Element ist.

2 ⊠ Erkläre die Begriffe Synthese und Analyse am Beispiel Wasser.

3 ⊠ Beschreibe die Funktionsweise des Hofmannschen Zersetzungsapparats.

Element oder Verbindung?

Zerlegung von Wasser

Was geschieht, wenn man elektrischen Strom durch Wasser leitet, das leicht angesäuert ist?

Materialliste: 2 Nägel, Becherglas, Kabel, Krokodilklemmen, Batterie (4,5 V), verdünnte Schwefelsäure (5%ig, ⬦)

Gib verdünnte Schwefelsäure in das Becherglas. Befestige mit einer Krokodilklemme an jedem Nagel ein Kabel und stelle die Nägel in das Becherglas.

1 Aufbau des Versuchs

Dabei dürfen sich die Nägel nicht berühren. →1
Verbinde nun die beiden Kabel mit der Batterie und beobachte.

1 ⬚ Erstelle ein Versuchsprotokoll. Beschreibe dabei auch, ob die Vorgänge an den beiden Nägeln gleich oder unterschiedlich sind.

2 ⬚ Vergleiche den Aufbau und die Ergebnisse des Versuchs mit der Wasserzersetzung in einem Hofmann-Zersetzungsapparat.

3 ⬚ Schlage vor, wie man die entstehenden Gase auffangen und nachweisen könnte.

Material B

Wasserstoff nachweisen

Wasserstoff ist ein hochentzündliches Gas. Die folgenden Versuche darfst du daher nur mit kleinen Mengen und in Gegenwart der Lehrkraft durchführen!

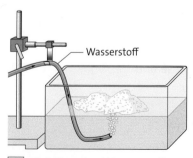

2 Einleiten von Wasserstoff

Materialliste: Reagenzgläser, Brenner, Kunststoffwanne, Seifenwasser, Teelöffel, Wasserstoff ⬦ ⬦ und Sauerstoff ⬦ ⬦ aus Vorratsflaschen

• Lass ein Reagenzglas durch die Lehrkraft mit Wasserstoff befüllen. Verschließe es mit dem Daumen. Zieh den Daumen weg und halte das Reagenzglas schnell an eine Brennerflamme. Achte genau auf das auftretende Geräusch.
• Gib etwas Seifenwasser in die Kunststoffwanne. Lass dann Wasserstoff in die Seifenlauge einleiten. →2 Nimm mit

einem Teelöffel einige Schaumblasen und halte sie an die Brennerflamme. Wiederhole den Versuch, lass aber von der Lehrkraft zusätzlich etwas Sauerstoff in das Seifenwasser einleiten.

1 ⬚ Beschreibe die Beobachtungen bei den Versuchen.

2 ⬚ Erkläre, welche Rolle die Seifenblasen in dem Versuch spielen.

3 ⬚ Erkläre, warum die Reaktion mit zusätzlichem Sauerstoff heftiger ist.

Methode

Symbolgleichungen aufstellen

In der Chemie will man Reaktionen statt als Wortgleichung oft auch als Symbolgleichung schreiben, z. B. so: $2 H_2 + O_2 \rightarrow 2 H_2O$
Symbolgleichungen sind kurz, präzise und weltweit verständlich. Wie aber kommt man von der Wortgleichung zur Symbolgleichung? Das zeigen die folgenden 4 Schritte:

Schritt 1 Formuliere die Wortgleichung.

Schritt 1 Wasserstoff + Sauerstoff → Wasser

Schritt 2 Ersetze die Wörter durch Formeln. Denke dabei an die Erreichung des Edelgaszustands. Zum Beispiel muss Wasserstoff die Formel H_2 haben, weil es sonst nicht den Edelgaszustand erreichen würde.

Schritt 2 $H_2 + O_2 \rightarrow H_2O$

Schritt 3 Zähle ab, ob vor und nach dem Reaktionspfeil gleich viele Atome stehen. In unserem Beispiel fehlt rechts ein Sauerstoff-Atom. Das kann nicht sein. Denn bei einer Reaktion gehen keine Atome verloren.

Schritt 3 $H_2 + O_2 \rightarrow H_2O$

Wo ist das zweite O geblieben?

Schritt 4 Gleiche die Symbolgleichung aus, sodass vor und nach dem Reaktionspfeil gleich viele Atome jeder Art stehen.
Dazu muss man manchmal mehrere Möglichkeiten ausprobieren. In unserem Beispiel kann man sich fragen, was mit dem zweiten Sauerstoff-Atom passiert ist: Es hat sich mit einem weiteren Wasserstoffmolekül zu einem zweiten Wassermolekül verbunden.

Schritt 4 $2 H_2 + O_2 \rightarrow 2 H_2O$

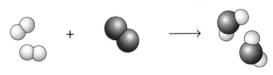

Aufgaben

1 ☑ Man kann zwei Arten von Reaktionsgleichungen unterscheiden. Nenne sie.

2 ☒ Warum hat Sauerstoff die Formel O_2?

3 Stelle die Symbolgleichung auf für:
a ☒ die Reaktion von Wasserstoff (H_2) mit Stickstoff (N_2) zu Ammoniak (NH_3)
b ☒ die Verbrennung von Traubenzucker ($C_6H_{12}O_6$)

Wasser – immer noch rätselhaft?

1 Manche Tiere laufen auf dem Wasser. → ▣

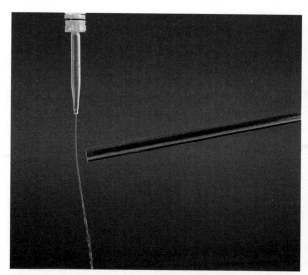

2 Wasser lässt sich im elektrischen Feld umlenken.

Wasserläufer können auf der Wasseroberfläche laufen. Ein Wasserstrahl kann durch einen geriebenen Stab umgelenkt werden. Um diese Eigenschaften
5 des Wassers zu verstehen, müssen wir das Wassermolekül näher anschauen.

Ladungen im Molekül · In Bild 2 wurde ein Kunststoffstab elektrisch aufgeladen. Damit kann man einen Wasser-
10 strahl anziehen. Das zeigt, dass es im Wassermolekül elektrische Ladungen gibt. Wie entstehen diese Ladungen?

Elektronegativität · Im Wassermolekül halten die Sauerstoff- und die Wasser-
15 stoff-Atome durch Elektronenpaarbindungen über ein gemeinsames Elektronenpaar zusammen. Die Anziehung innerhalb der Bindung ist aber nicht von beiden Seiten gleich stark. Wie
20 stark Bindungselektronen angezogen werden, wird durch die Elektronegativität (EN) ausgedrückt. → 3

Die Elektronegativität wird als Zahl ohne Einheit angegeben. Fluor-Atome,
25 die die stärkste Anziehungskraft besitzen, wurde dabei der Wert 4,0 zugewiesen. → 3 Aus Tabelle 3 kann man entnehmen, dass die Elektronegativität von Sauerstoff (EN = 3,5) größer ist
30 als die von Wasserstoff (EN = 2,1).

Unterschiedliche Teilladungen · Durch diese unterschiedlich starke Anziehung sind die Bindungselektronen näher beim Sauerstoff-Atom als beim
35 Wasserstoff-Atom. In Bild 4 sind diese verschobenen Bindungselektronen daher mit Keilen dargestellt. Im Bereich des Sauerstoff-Atoms gibt es durch die Nähe der zusätzlichen Bindungselek-
40 tronen eine negative Teilladung. Das wird durch δ^- (sprich: Delta minus) ausgedrückt. Bei den Wasserstoff-Atomen sind die Bindungselektronen weiter entfernt – eine positive Teil-
45 ladung (δ^+) entsteht.

Element	EN
Na	0,9
Si	1,8
H	2,1
C	2,5
N	3,0
Cl	3,0
O	3,5
F	4,0

3 Elektronegativitäten von einigen Elementen

yuyume

Lexikon
Video
Tipps

die **Elektronegativität**
das **Dipolmolekül**
die **Wasserstoffbrücke**

Dipolmolekül · Durch den gewinkelten Bau des Wassermoleküls führen seine Teilladungen dazu, dass das gesamte Molekül zwei Pole hat: Man nennt es daher ein Dipolmolekül oder sagt auch: Die Bindungen im Wassermolekül und das ganze Molekül sind polar.

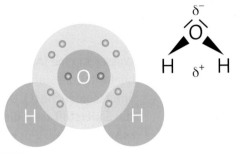

4 Die Bindungen im Wassermolekül

Wasserstoffbrücken · Die verschiedenen Pole benachbarter Wassermoleküle ziehen sich gegenseitig an. → **5** Diese Anziehung zwischen den Molekülen bezeichnet man als Wasserstoffbrücke. Die Wasserstoffbrücken sorgen durch die Anziehung benachbarter Moleküle zur Seite und nach innen sowie die fehlende Anziehung nach oben für die Oberflächenspannung des Wassers. Dies ermöglicht Wasserläufern, auf dem Wasser zu laufen, als hätte es eine Haut. Auch die charakteristische runde Tropfenform kommt dadurch zustande. → **6**

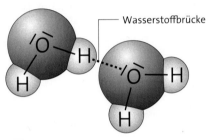

5 Wasserstoffbrücke

Weitere Eigenschaften · Die Wasserstoffbrücken sind auch Ursache für die vergleichsweise hohe Siedetemperatur. Auch die Löslichkeit von Wasser in anderen Stoffen wird durch die Wasserstoffbrücken beeinflusst. So löst sich Wasser am besten in polaren Stoffen, die ebenfalls Wasserstoffbrücken ausbilden können.

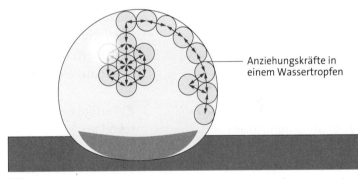

6 Wasserstoffbrücken sorgen für die Tropfenform (Wassermoleküle sind hier als Kugeln dargestellt).

> Das Wassermolekül hat unterschiedliche Teilladungen. Es ist ein Dipolmolekül. Zwischen den verschiedenen Dipolmolekülen herrschen Anziehungskräfte, die Wasserstoffbrücken.

Aufgaben

1 ☒ Wasser ist ein Dipolmolekül. Erkläre.

2 ☒ Erläutere die Entstehung der Oberflächenspannung beim Wasser. Verwende dazu Fachbegriffe.

Wasser – immer noch rätselhaft?

Alles klar?

1 ⊠ Ordne den Buchstaben (A)–(L) im Text die zugehörigen Begriffe zu. Schreibe den Text in dein Heft.

Bindungselektronen, Dipol, Wasserstoffbrücken, Sauerstoff-Atom, Teilladungen, positiven, Wasserstoff-Atomen, Oberflächenspannung, Verbindung, H_2O, negativen, Elektronegativitäten

Wasser ist eine **(A)**, die aus zwei **(B)** und einem **(C)** besteht. Daher lautet die Summenformel **(D)**. Die beiden Elemente besitzen unterschiedliche **(E)**. Durch diese Differenz entstehen **(F)** im Molekül. Sauerstoff zieht die **(G)** aus der Elektronenpaarbindung näher zu sich. Deshalb gibt es im Bereich des Sauerstoff-Atoms einen **(H)** Pol und im Bereich der Wasserstoff-Atome einen **(I)** Pol. Wasser ist deshalb ein sogenannter **(J)** mit polaren Elektronenpaarbindungen. Zwischen benachbarten Wassermolekülen können sich deshalb **(K)** ausbilden. Das heißt, der positive Pol des einen Moleküls zieht den negativen Pol eines benachbarten Moleküls an und umgekehrt. Wasserstoffbrücken sind die Ursache für die **(L)** des Wassers.

Material B

Dipol oder kein Dipol? → ⊡

Materialliste: Kunststoffstab, Katzenfell (ersatzweise Mikrofasertuch), Bürette, Waschbenzin ⬦ ⟨!⟩ ⬦ ⬦ (oder ähnliches Alkan)

1 Versuchsteil A:
Reibe mit dem Katzenfell über den Kunststoffstab hin und her, bis du es knistern hörst.
Drehe einen Wasserhahn leicht auf, sodass du einen dünnen Wasserstrahl erhältst. Halte dann den Stab in die Nähe des Wasserstrahls und beobachte, was mit dem Strahl passiert.

2 Versuchsteil B:
Wiederhole den Versuch mit einem Waschbenzinstrahl aus einer Bürette.

3 ⊡ Fertige ein Versuchsprotokoll an.

4 ⊠ Erkläre das Ergebnis des Versuchsteils A mithilfe der Bilder 1 und 2. Beschreibe

auch, was mit dem Stab beim Reiben geschehen ist.

5 ⊠ Betrachte das Ergebnis des Versuchsteils B. Erkläre, wie sich Waschbenzin von Wasser unterscheiden muss.

1 Normaler Wasserstrahl

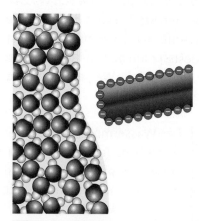

2 Abgelenkter Wasserstrahl

Material C

Hat Wasser eine Haut?

Materialliste: Glasschüssel, Büroklammern, Küchenpapier, Wasser, Spülmittel

Fülle die Glasschüssel halb voll mit Wasser. Versuche, mit dem Küchenpapier die Büroklammern vorsichtig auf die Wasseroberfläche zu legen, sodass sie schwimmen. → ▣

1 ▣ Betrachte die Büroklammern auf der Wasseroberfläche von der Seite. Beschreibe die Berührungsstellen zwischen den Büroklammern und dem Wasser.

2 ⊠ Gib nun etwas Spülmittel ins Wasser. Beschreibe, wie sich das Spülmittel auswirkt.

3 ⊠ Erkläre deine Beobachtungen.

3 Warum zerlaufen die Tropfen nicht?

Materialliste: 1-Cent-Münze, Tropfpipette, Wasser, Speiseöl

Schätze, wie viele Tropfen Wasser auf die Münze passen. Gib mithilfe der Pipette langsam Wassertropfen auf die Münze und zähle sie. Wiederhole danach den Versuch mit Öl.

4 ⊠ Erkläre deine Beobachtungen. Worin besteht der Unterschied zwischen dem Verhalten von Wasser und dem von Öl?

Material D

Polar oder unpolar?

Je größer die Differenz zwischen den Elektronegativitätswerten zweier Atome ist, desto polarer ist die Bindung.

1 ⊠ Berechne die Elektronegativitätsdifferenz folgender Bindungen: H–H, H–F, H–Cl, H–Br, H–O, O–O, C–O, C–Cl, C–N. Sortiere die Bindungen anschließend aufsteigend nach ihrer Polarität.

H 2,1							He –
Li 1,0	Be 1,5	B 2,0	C 2,5	N 3,0	O 3,5	F 4,0	Ne –
Na 0,9	Mg 1,2	Al 1,5	Si 1,8	P 2,1	S 2,5	Cl 3,0	Ar –
K 0,8	Ca 1,0	Ga 1,6	Ge 1,8	As 2,0	Se 2,4	Br 2,8	Kr –
Rb 0,8	Sr 1,0	In 1,7	Sn 1,8	Sb 1,9	Te 2,1	I 2,5	Xe –
Cs 0,7	Ba 0,9	Tl 1,8	Pb 1,8	Bi 1,9	Po 2,0	At 2,2	Rn –

4 Elektronegativitätswerte im Periodensystem der Elemente

2 ⊠ Es gibt Zusammenhänge zwischen den Elektronegativitätswerten der Elemente und ihrem Atombau. Finde diese Zusammenhänge in Tabelle 4 und beschreibe sie.

Wasser – immer noch rätselhaft?

Dipol oder nicht?

Um festzustellen, ob ein Molekül ein Dipol ist, muss man die Polaritäten der Bindungen und die Struktur genauer betrachten. Wir betrachten hierzu das Beispiel Wasser:

Schritt 1 Entnimm dem Periodensystems der Elemente die Elektronegativitätswerte der am Molekül beteiligten Atome:
Wasserstoff = 2,1 und Sauerstoff = 3,5

Schritt 2 Berechne die Elektronegativitätsdifferenz der Atome:
$\Delta EN = EN \text{ (Sauerstoff)} - EN \text{ (Wasserstoff)}$
$= 3,5 - 2,1 = 1,4$

Schritt 3 Zeichne die Verbindung als Valenzstrichformel und bestimme die Teilladungen der einzelnen Atome: δ^- und δ^+

Schritt 4 Betrachte die Struktur. Liegen die Ladungsschwerpunkte auseinander oder fallen sie zusammen? Im Wassermolekül liegen die Ladungsschwerpunkte auseinander. Es handelt sich daher um einen Dipol.
Beachte: Nicht jedes Molekül mit polaren Bindungen ist auch ein Dipol. Die Bindungen im Kohlenstoffdioxidmolekül sind beispielsweise polar mit einer EN-Differenz von 1.
Die beiden negativen Teilladungen an den Sauerstoff-Atomen gehen jedoch in entgegengesetzte Richtungen. → 2 Dadurch heben sie sich auf. Ihr Ladungsschwerpunkt liegt genau in der Mitte des Moleküls – genau da, wo auch die positive Teilladung ist. Insgesamt gesehen ist das Molekül daher kein Dipol.

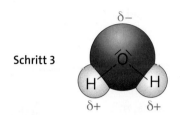

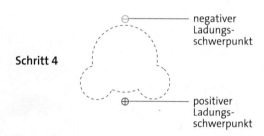

1 Schritt 3 und 4

2 Teilladungen (A) und Ladungsschwerpunkte (B) im Kohlenstoffdioxidmolekül

Aufgaben

1 Wir betrachten die Moleküle HCl, CH_4, $CHCl_3$.
a ▸ Baue die Moleküle mit einem Molekülbaukasten.
b ⊠ Entscheide mit der Schritt-für-Schritt-Anleitung, welche der Moleküle Dipole sind.

Erweitern und Vertiefen

Nichtbindende Elektronenpaare

Das Methanmolekül • Das Methanmolekül (CH_4) ist ganz gleichmäßig gebaut. Um das Kohlenstoff-Atom herum sind vier gleichberechtigte Bindungen. →⁣ 3

5 Es lohnt sich, ein solches Methanmolekül auch einmal mit dem Molekülbaukasten zu bauen. Denn wenn man sich das Molekül genau anschaut, sieht man: Jede Bindung ist ein direkter Nachbar zu allen anderen Bindungen.

10 Eine solche Struktur bezeichnet man auch als Tetraeder.

Der Winkel im Wassermolekül • Das Wassermolekül ist ganz ähnlich wie Methan gebaut. In der Mitte ist das Sauerstoff-Atom. Es hat aber nicht

15 vier Bindungen, sondern nur zwei. Zwei der Bindungen sind hier ersetzt durch Elektronenpaare, die das Sauerstoff-Atom sowieso schon hatte. Diese Elektronenpaare nennt man nichtbindende Elektronenpaare. Sie benötigen mehr Platz und

20 stoßen sich gegenseitig ab. Dadurch entsteht die gewinkelte Molekülstruktur des Wassers. Dies wird durch das Elektronenpaarabstoßungsmodell veranschaulicht. →⁣ 4

Die Dichteanomalie des Wassers • Bei den meis-
25 ten Stoffen gilt: Je tiefer die Temperatur, desto größer die Dichte. Festes Wachs geht deshalb in flüssigem Wachs unter.

Bei Wasser stellt man jedoch etwas Faszinierendes fest: Die Dichte nimmt beim Abkühlen zwar
30 zu, aber nur bis zu einer Temperatur von 4 °C. Darunter nimmt die Dichte wieder ab. Verantwortlich dafür ist die gewinkelte Struktur des Wassers. Durch Ausbilden von Wasserstoffbrücken zwischen den Molekülen entsteht eine
35 sperrige Anordnung, die ziemlich viel Raum einnimmt. →⁣ 5 Dies erklärt, warum Eis leichter ist als flüssiges Wasser und Eiswürfel an der Wasseroberfläche schwimmen.

Aufgaben

1 ▣ Baue Methan und Wasser als Luftballonmodell.

2 ⊠ Wie ist das Ammoniakmolekül (NH_3) gebaut? Zeichne es oder baue es als Modell.

3 CH_4-Modell aus 4 Ballons

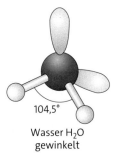

104,5°

Wasser H_2O
gewinkelt

4 Elektronenpaarabstoßungsmodell von Wasser

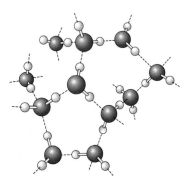

5 Sperrige Struktur im Eis

Wasserstoff als Energieträger

1 Start einer Rakete

Bei einem Raketenstart sind rund 11 Millionen PS aktiv. Die Energie für diese unvorstellbare Leistung liefert eine chemische Reaktion zwischen 5 **Wasserstoff und Sauerstoff.**

Eigenschaften von Wasserstoff • Zu den möglichen Energieträgern der Zukunft zählt Wasserstoff. Wasserstoff ist das erste Element im Periodensystem. 10 Bei Raumtemperatur ist er ein farb-, geruch- und geschmackloses Gas, in Form eines zweiatomigen Moleküls H_2. →⟦2⟧ Wasserstoff ist leichter als Luft, weshalb er früher zum Beispiel als 15 Füllgas in Luftschiffen verwendet wurde. Wasserstoff ist brennbar, unterhält die Verbrennung aber nicht.

2 H_2-Molekül

3 Explodierender Wasserstoff

Wasserstoff als Energieträger • Wasserstoff bildet mit Sauerstoff ein explosi-20 ves Reaktionsgemisch, das sogenannte Knallgas. Bei dieser stark exothermen Reaktion wird sehr viel Energie frei. Das zeigt sich, wenn man einen kleinen Ballon mit Wasserstoff füllt und den 25 Ballon dann – mit sehr viel Sicherheitsabstand – entzündet. →⟦3⟧ Der Ballon explodiert mit einem lauten Knall. Bei dieser Knallgasreaktion entsteht als Produkt Wasser bzw. Wasserdampf:

$$\text{Wasserstoff} + \text{Sauerstoff} \rightarrow \text{Wasser}$$
$$2\,H_2 + O_2 \rightarrow 2\,H_2O$$

Einsatz von Wasserstoff • Die Knallgasreaktion lässt sich in kleinen Mengen kontrollieren, sodass man die frei 35 werdende Energie nutzen kann. So wird Wasserstoff beispielsweise als Raketenantrieb oder in Autos als Benzinersatz verwendet.

> Wasserstoff ist durch seine Eigenschaften ein alternativer Treibstoff.

Aufgabe

1 ☒ Nenne Eigenschaften von Wasserstoff.

Material A

Wasserstoff – ein Knaller → ▣

Materialliste: Stativmaterial, starrer Metalldraht (ca. 20 cm), Streichhölzer, lange Kerze, Standzylinder, Wasserstoff aus der Gasflasche ◈ ⬙

1 Bohre den Metalldraht von unten in die Kerze, sodass du sie sicher damit halten kannst. Befestige den Standzylinder kopfüber am Stativ. Der Standzylinder wird von deiner Lehrkraft mit Wasserstoff gefüllt. Führe die entzündete Kerze langsam von unten in den Standzylinder und ziehe sie wieder heraus.

2 ⊠ Erkläre den Knall, den es beim ersten Einführen der Kerze gibt.

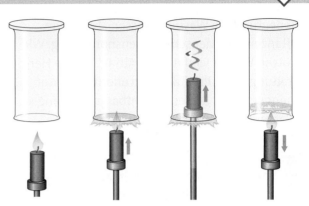

4 Eine Kerze wird in einen mit Wasserstoff gefüllten Standzylinder eingeführt.

3 ⊠ „Wasserstoff ist brennbar, unterhält die Verbrennung aber nicht." Erkläre diese Aussage.

Material B

Wasserstoff im Vergleich

Wasserstoff bietet im Vergleich zu anderen Treibstoffen eine Reihe von Vorteilen. In dem Diagramm siehst du einen Vergleich von Wasserstoff mit anderen Treibstoffen. Bei gleicher Menge: Wie viel Energie liefert jeweils der Treibstoff?

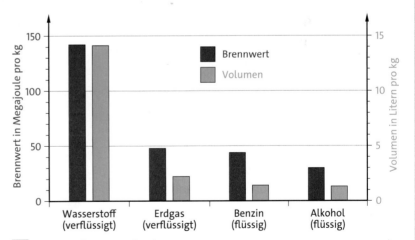

5 Treibstoffe im Vergleich

1 ⊠ Beschreibe das Diagramm.

2 ⊠ Vergleiche Wasserstoff mit den anderen Treibstoffen. Was fällt dir auf?

3 ⊠ Bewerte, ob Wasserstoff insgesamt ein geeigneter Energieträger ist. Gehe dabei auf Vor- und Nachteile der Eigenschaften von Wasserstoff für die Technik ein.

Wasser – genau untersucht

Zusammenfassung

Bedeutung von Wasser • Wasser ist für Tiere, Pflanzen und Menschen lebensnotwendig. Wir nutzen Wasser vielfältig im Alltag. Für die Herstellung vieler Produkte sind enorme Wassermengen nötig. Dieses unsichtbar enthaltene Wasser bezeichnet man auch als virtuelles Wasser. Wasser ist ein kostbares Gut. Von der gesamten Wassermenge auf der Erde sind 97 Prozent Salzwasser und 3 Prozent Süßwasser. Nur ein geringer Teil des Süßwassers steht als Trinkwasser zur Verfügung. → 1

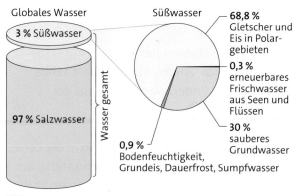

1 Wasserverteilung auf der Erde

Wasser ist kein Element • Chemisch gesehen ist Wasser eine Verbindung. Es besteht aus den Elementen Wasserstoff und Sauerstoff. Die Atome liegen dabei im Verhältnis 2:1 vor und die Formel lautet H_2O.
Wasser lässt sich durch Zufuhr von elektrischer Energie in seine Elemente zerlegen:

$$2\,H_2O \rightarrow 2\,H_2 + O_2$$

Die entstehenden Gase kann man nachweisen: Wasserstoff mit der Knallgasprobe, Sauerstoff mit der Glimmspanprobe.

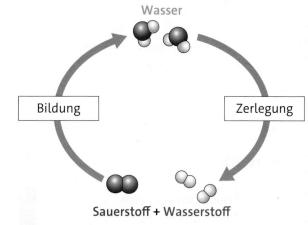

2 Zerlegung und Herstellung von Wasser

Eigenschaften von Wasser • Wasser ist eine Flüssigkeit mit besonderen Eigenschaften. Die unterschiedliche Elektronegativität von Wasserstoff- und Sauerstoff-Atomen führt zu einem Dipol im Wassermolekül.
Zwischen Wassermolekülen können sich Wasserstoffbrücken ausbilden, die für einen festen Zusammenhalt sorgen und dadurch auch z. B. die typische Wassertropfenform entstehen lassen.

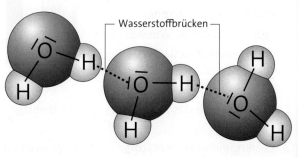

3 Wasserstoffbrücken zwischen Wassermolekülen

Teste dich! (Lösungen im Anhang)

Bedeutung von Wasser

1 ◰ Ohne Wasser – kein Leben. Erläutere die Rolle, die Wasser in unserem Leben spielt. Gehe dabei auf die Verwendung, unseren Wasserbedarf und die Funktionen im Organismus ein.

2 ◲ Erkläre, wie es sein kann, dass in einer Jeans 11 000 Liter Wasser stecken.

3 ◲ Skizziere schematisch den Wasserkreislauf und gib die Aggregatzustandsänderungen mit Pfeilen an.

4 ◲ Beschreibe die Aufgaben des Wasserwerks. Gehe dabei auf das Grund- und das Oberflächenwasser ein.

Eigenschaften von Wasser

5 ◲ Welche Aussagen aus Bild 4 sind korrekt? Notiere diese in deinem Heft.

6 ◲ Beschreibe, welche Bedingungen für ein Dipolmolekül erfüllt sein müssen.

7 ◲ Berechne mithilfe von Bild 5 die Elektronegativitätsunterschiede folgender Verbindungen und gib jeweils an, ob es sich um Dipole handelt:
a) CH_4 b) CO_2 c) NH_3 d) NO_2

8 ◲ Wasserläufer sind Insekten, die auf der Wasseroberfläche laufen können und nicht untergehen. Erkläre, wie das funktionieren kann.

Wasser ist ein Dipol.

Wasser ist nach außen positiv geladen.

Wasser besteht aus Wasserstoff und Stickstoff.

Wasser ist nach außen negativ geladen.

Wasser ist nach außen neutral.

Wasser ist ein Element.

Wasser kann man herstellen.

4 Aussagen als Textkärtchen

H	2,1													
Li	1,0	Be	1,5	B	2,0	C	2,5	N	3,0	O	3,5	F	4,0
Na	0,9	Mg	1,2	Al	1,5	Si	1,8	P	2,1	S	2,5	Cl	3,0
K	0,8	Ca	1,0	Ga	1,6	Ge	1,8	As	2,0	Se	2,4	Br	2,8
Rb	0,8	Sr	1,0	In	1,7	Sn	1,8	Sb	1,9	Te	2,1	I	2,5

5 Einige Elektronegativitätswerte

6 Schwimmender Eisberg

9 ◲ Erkläre mit Fachbegriffen, warum ein Eisberg im Wasser schwimmt.

Vielfalt der Salze

Im Meer ist viel Salz enthalten. Wie gewinnt man reines, sauberes Kochsalz?

Im Alltag ist oft von Kochsalz die Rede. In der Chemie geht es aber auch um viele andere wichtige Salze.

Bei Salat denkt man nicht an Salze. In der Chemie wird aber auch zum Beispiel der Gehalt an Nitratsalzen im Salat gemessen.

Kochsalz – das weiße Gold

1 Salz ist lebensnotwendig.

Kochsalz ist heute für wenig Geld überall zu haben. Das war nicht immer so: Früher galt es als „weißes Gold" und wurde sogar als Zahlungsmittel ⁵ **verwendet.**

Salz früher • Im Mittelalter wurde Salz über weite Wege – die „Salzstraßen" – nach Europa eingeführt und war sehr kostbar. Wo Salz bei uns abgebaut ¹⁰ wurde, entstanden oft reiche Städte. Ortsnamen mit „hall" wie Schwäbisch Hall, Bad Reichenhall oder Halle an der Saale erinnern noch heute daran.

Kochsalz ist lebenswichtig • Unser ¹⁵ Körper braucht täglich 3–5 g dieses wichtigen Minerals. Es regelt unter anderem den Flüssigkeitshaushalt und den Blutdruck unseres Körpers. Wenn wir im Sommer schwitzen, ver- ²⁰ liert der Körper mit dem Wasser auch Salz. Leistungssportler nehmen daher spezielle Getränke zu sich, um den Salzverlust auszugleichen. Im Allgemeinen reichen aber Leitungswasser ²⁵ und normale Nahrung.

Ein Multitalent • Salz ist weit mehr als ein Mittel zum Würzen von Speisen. Es hilft beispielsweise, Lebensmittel haltbar zu machen. ³⁰ Nach Unfällen oder bei Operationen verwenden Ärzte eine 0,9%ige Kochsalzlösung gegen den Blutverlust. Sie wird „physiologische Kochsalzlösung" genannt. ³⁵ Im Winter dient Streusalz zum Auftauen von Eis und Schnee auf den Straßen. Als Viehsalz wird gepresstes Steinsalz in Ställen oder im Wald den Tieren angeboten.

⁴⁰ **Salzgewinnung** • Salz wird bei uns aus Salzstöcken weit unter der Erde gewonnen. Die Salzlagerstätten in Mitteldeutschland beispielsweise entstanden vor etwa 250 Millionen ⁴⁵ Jahren in der Zechsteinzeit. Große Teile Mitteleuropas waren damals von Meeren bedeckt, die oft nur eine schmale Verbindung zu den Ozeanen hatten. Auch aus dem Meer wird Salz ⁵⁰ durch Verdunsten des Wassers gewonnen.

2 Kochsalzkristalle unter der Lupe

Entstehung der Salzlager • In flachen Binnenmeeren wie zum Beispiel im Werra-Fulda-Becken kam es zur Bildung der heutigen Salzlagerstätten. Beim damals herrschenden heißen Klima verdunstete das salzhaltige Meerwasser schneller, als es der seltene Regen ersetzen konnte. Dadurch stieg die Salzkonzentration immer mehr an, bis das wenige Wasser das Salz nicht mehr komplett lösen konnte. Ungelöstes Salz sank in Kristallen auf den Meeresboden. Dieses Salz wurde überzogen mit vom Land her hereingewehten Staub- und Sandschichten. → 2

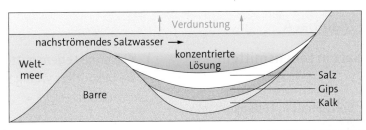

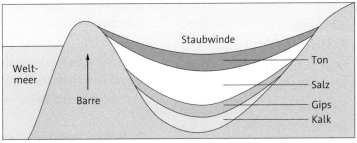

3 Entstehung der Salzlager

Salz aus dem Bergwerk • Salz wird heute oft direkt abgebaut. Dazu wird salzhaltiges Gestein durch Sprengung und Abbau mit großen Maschinen aus dem Boden geholt. → 4 Das so gewonnene Steinsalz nutzt man als Streusalz. Als Speisesalz muss es durch Lösen, Filtrieren und Eindampfen noch von Gesteinsbestandteilen gereinigt werden.

4 Abbau von Salz im Bergwerk

Siedesalzsalinen • In Salinen kann seit etwa 50 Jahren Salz durch Lösen direkt in der Erde gewonnen werden. Man bohrt dazu unter Tage Löcher in die salzhaltige Erdschicht und füllt sie mit Wasser. Dieses Wasser löst das Salz. Die entstehende Salzlösung kann man nach einiger Zeit hochpumpen.

> Salzlager entstanden aus urzeitlichen Meeren. Dieses Salz kann in Salinen durch Lösen oder in Bergwerken durch direkten Abbau gewonnen werden.

Aufgaben

1 ⊠ Nenne Verwendungsmöglichkeiten von Salz und seine Funktion im menschlichen Körper.

2 ⊠ Beschreibe die Entstehung der Salzlager.

3 ⊠ Beschreibe die Gewinnung von Salz im Bergbau und die Gewinnung von Salz in Salinen.

247

Kochsalz – das weiße Gold

Material A

Salz in Lebensmitteln

Salzgehalt in Lebensmitteln (in g Salz pro 100 g)

Lebensmittel	g Salz
Kartoffeln	0,05
Karotten, gekocht	0,10
Dosenkarotten	4,00
Schweinefleisch	0,20
Fleischwurst	2,50
Emmentaler Käse	0,90
Tomate, roh	0,02
Tomatenketchup	3,00
Salzstangen	4,50
Salami	5,00
Fertigpizza	2,50
Bohnen, roh	0,01

1

1 ☒ Nenne Lebensmittel, die besonders wenig Salz enthalten. → 1

2 ☒ Nenne Folgen von zu hohem Salzkonsum. → 2

3 ☒ Vergleiche den Salzgehalt von frischen und verarbeiteten Lebensmitteln. → 1

4 ☒ Berechne, mit wie viel Gramm eines Lebensmittels die empfohlene Tagesdosis erreicht wird:
a für Kinder bis 10 Jahren
b für Erwachsene

Salzkonsum

Zu viel Salz kann den Blutdruck erhöhen und Herzerkrankungen verursachen. Zudem erhöht sich das Risiko, an Nierenleiden oder Osteoporose zu erkranken. Mit einer salzarmen Diät würden Menschen mit Bluthochdruck weniger Medikamente benötigen. Für einen Erwachsenen reichen etwa 5 g Salz pro Tag. Kindern bis 10 Jahren genügt 1 g pro Tag, Babynahrung sollte gar nicht gesalzen sein. Schon kleine Mengen Salz können für Babys tödlich sein.

2

Material B

Streusalz ist umstritten

1 Lies die Empfehlung der Stadtverwaltung. → 3
☒ Nenne die Nachteile der Verwendung von Streusalz im Winter.

2 ☒ Schreibe einen Leserbrief zu dem Thema. Beziehe darin auch die Vorteile des Streuens mit ein.

Auf Streusalz verzichten

Lässt sich Schnee nicht komplett räumen, weil er zu nass oder angefroren ist, sollte mit abstumpfenden Mitteln gestreut werden. Am besten geeignet sind Sand oder Feinsplitt. Beides kann man im Supermarkt oder im Baumarkt erwerben. Dabei ist darauf zu achten, dass dem Streumaterial kein Salz beigemischt ist. Auftauende Mittel wie Streusalz dürfen nur im Ausnahmefall benutzt werden, wenn die Glätte nicht anders beseitigt werden kann. Für Hunde ist es besonders wichtig, auf Streusalz zu verzichten, denn das aggressive Salz greift die Pfoten der Tiere an. Streusalz schadet aber auch Pflanzen, trägt zum Rosten von Metallen bei und schädigt Beton. Deshalb bittet das Umweltamt, wirklich nur in Ausnahmefällen Streusalz zu benutzen. Räumen ist außerdem Pflicht, um Unfälle zu vermeiden.

3

Material C

Wir gewinnen Kochsalz aus Steinsalz → ▣

Hier geht es darum, aus Steinsalz, wie es aus dem Bergwerk kommt, reines Kochsalz zu gewinnen.

4 Steinsalz

5 Kochsalz

Materialliste: grob gemahlenes Steinsalz, Becherglas, Trichter mit Filterpapier, Erlenmeyerkolben, Dreifuß, Gasbrenner, Abdampfschale

Vorsicht • Am Ende kann es spritzen! Abkühlen lassen!

1 ▣ Zeichne die drei Schritte von Bild 6 ab und beschrifte sie passend mit den Begriffen Lösen, Eindampfen und Filtrieren. Führe den Versuch in der richtigen Reihenfolge durch.

2 ▣ Gib an, was sich nach dem Filtrieren im Erlenmeyerkolben befindet.

3 ▣ Erkläre, welche Eigenschaften des Salzes und des Gesteins die Trennung von Salz und Gestein ermöglichen.

6 Drei Arbeitsschritte

Material D

Wie sind die Salzlager entstanden?

Materialliste: Becherglas (250 ml), Spatel, Kochsalz, Wasser, Dreifuß, Drahtnetz, Gasbrenner

1 Fülle ca. 100 ml Wasser in das Becherglas. Gib dann so lange Salz ins Wasser, bis trotz des Rührens ein Bodensatz bleibt.

2 Erhitze deine gesättigte Salzlösung, bis etwa die Hälfte des Wassers verdampft ist.

3 ▣ Notiere deine Beobachtungen.

4 ▣ Erkläre mithilfe deiner Beobachtungen die Entstehung der Salzlager.

5 ▣ Erkläre, was in der Realität der Salzlösung im Glas und dem Verdampfen durch den Gasbrenner entspricht.

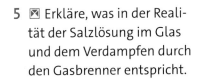

7 Abbau von Salz aus Salzlagern

Die Eigenschaften der Salze

1 Kristalle von Natriumchlorid (Kochsalz, links), Kupfersulfat (Mitte) und Calciumfluorid (rechts)

Eine ganze Gruppe von Ionenverbindungen wird nach ihrem bekanntesten Mitglied, dem Kochsalz, benannt: die Salze. Was haben sie gemeinsam?

2 Natriumchlorid-Gitter

⁵ **Hohe Schmelztemperaturen** · Alle Salze sind bei Zimmertemperatur fest. Sie schmelzen erst bei Temperaturen von mehreren Hundert Grad:

Lithiumbromid	550 °C
¹⁰ Kaliumchlorid	770 °C
Natriumchlorid (Kochsalz)	800 °C
Natriumfluorid	990 °C
Magnesiumoxid	2800 °C

Löslichkeit in Wasser · Viele Salze ¹⁵ lösen sich gut in Wasser. In anderen Lösungsmitteln, z. B. in Benzin oder Spiritus, lösen sie sich dagegen nicht.

Salze bilden Kristalle · Viele Salze bilden Kristalle mit jeweils für sie ²⁰ typischen Formen. Kochsalzkristalle z. B. sind immer würfelförmig. → 1

Salze sind spröde · Salze sind sehr spröde: Die Kristalle zerbrechen schon bei geringem Stoß oder Druck. Das ²⁵ kann man beobachten, wenn man grobes Salz zerreibt und dasselbe auch mit einem Metall versucht, zum Beispiel mit Zinkkörnern.

Elektrische Leitfähigkeit · Hier stellt ³⁰ man Folgendes fest: → ▣
- Salzkristalle leiten den elektrischen Strom nicht.
- Geschmolzene oder in Wasser gelöste Salze leiten den elektrischen ³⁵ Strom dagegen gut.

> Außer Kochsalz gibt es zahlreiche andere Salze. Diese Stoffgruppe hat eine Reihe gemeinsamer Eigenschaften.

Aufgaben

1 ▣ Nenne typische Eigenschaften von Salzen.

2 ▣ Erstelle einen Steckbrief der Stoffgruppe Salze.

Material A

Kochsalz und andere Salze zum Schmelzen bringen

Dieser Versuch gelingt nur, wenn du das Reagenzglas einige Zeit ruhig an die heißeste Stelle des Brenners hältst. → 3

Materialliste: Lupe, Gasbrenner, schwer schmelzbares Reagenzglas, Reagenzglasklammer, Porzellanschale, Kochsalz (Natriumchlorid), andere Salze, z. B. Kaliumnitrat ⟨⟩, Kaliumchlorid, Natriumsulfat oder Natriumnitrat ⟨⟩ ⟨!⟩

Betrachte die Kochsalzkristalle mit einer Lupe.
Versuche dann, 1 cm hoch Kochsalz im Reagenzglas zu schmelzen. Wenn dir das gelingt, gieße das Geschmolzene schnell in die Porzellanschale aus. Wiederhole den Versuch mit einem anderen Salz.

1 ☑ Schreibe ein Versuchsprotokoll.

2 ☑ Vergleiche die Schmelztemperaturen der Salze.

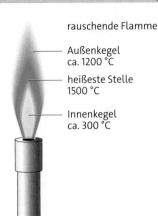

rauschende Flamme

Außenkegel ca. 1200 °C

heißeste Stelle 1500 °C

Innenkegel ca. 300 °C

3 Temperaturen im Gasbrenner

3 ☑ Erläutere, was dieser Versuch über den Zusammenhalt der einzelnen Teilchen der Salzkristalle aussagt.

Material B

Salze und elektrische Leitfähigkeit

Bei der elektrischen Leitfähigkeit von Salzen spielt Wasser eine große Rolle.

Materialliste: Bechergläser (100 ml), Spatel, destilliertes Wasser, Kochsalz (Natriumchlorid), andere Salze (z. B. Kaliumchlorid oder Natriumsulfat), Kochsalzkristall, Leitfähigkeitsmessgerät → 4

1 Vergleiche die Leitfähigkeit der Salze.

a ☑ Prüfe einen Salzkristall auf elektrische Leitfähigkeit.

b ☑ Prüfe auch destilliertes Wasser auf elektrische Leitfähigkeit.

c ☑ Löse eine Spatelspitze Salz in ca. 50 ml destilliertem Wasser und prüfe die Salzlösung auf Leitfähigkeit.

d ☑ Löse drei weitere Spatelspitzen Kochsalz und prüfe erneut. Beschreibe die Beobachtungen.

e ☑ Wiederhole die Schritte a–d mit einem anderen Salz.

f ☑ Stelle deine Ergebnisse in einer Tabelle zusammen.

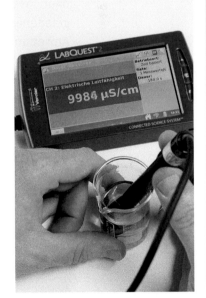

4 Prüfung der Leitfähigkeit

Die Eigenschaften der Salze erklären

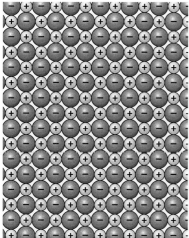

1 Festes Kochsalz

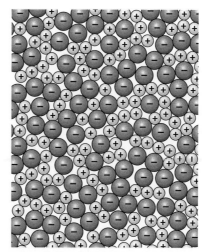

2 Geschmolzenes Kochsalz

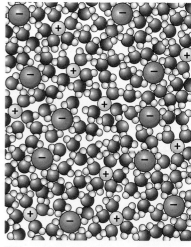

3 In Wasser gelöstes Kochsalz

Du weißt schon, dass Salze gemeinsame Eigenschaften haben. Alle diese Eigenschaften lassen sich mit dem Aufbau der Salze aus Ionen erklären.

5 **Salze haben eine hohe Schmelztemperatur** • Salze sind aus Ionengittern von positiven und negativen Ionen aufgebaut. Zwischen den unterschiedlich geladenen Ionen herrschen starke
10 Anziehungskräfte. Um diese Anziehungskräfte zu überwinden, braucht man viel Energie in Form von Wärme. Die Folge: Die Schmelztemperaturen der Salze – und auch ihre Siedetempe-
15 raturen – sind sehr hoch.

Salze bilden Kristalle • Zwischen den positiven und negativen Ionen herrschen nach allen Seiten gleich starke Anziehungskräfte. Dadurch ordnen
20 sich Ionen zu einem gleichmäßigen Ionengitter an. Es entsteht ein Kristall, also ein hartes Gebilde mit geraden und glatten Kanten.

Salze sind spröde • Obwohl die Ionen
25 im Gitter einen starken Zusammenhalt haben, sind Salze spröde und brechen leicht. Eine winzige Verschiebung um eine Ionenschicht führt bereits dazu, dass Abstoßungskräfte
30 zwischen Ionen ausgelöst werden. Ionen mit gleicher Ladung, die nun benachbart liegen, stoßen sich gegenseitig ab. → 4

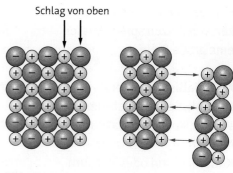

4 Spaltung eines Salzkristalls → ▣

Die Eigenschaften der Salze kann man mit ihrem Bau aus positiv und negativ geladenen Ionen erklären.

nibudi

Lexikon
Video
Tipps

die **Hydratation**
die **Hydrathülle**

Ionen treffen auf Wassermoleküle •
Kochsalz löst sich problemlos in Wasser. Dabei sind die zwei Stoffe doch
sehr verschieden: Salzkristalle bestehen aus Ionengittern, Wasser besteht
aus Molekülen mit Elektronenpaarbindungen. Die Wassermoleküle haben
allerdings eine wichtige Besonderheit:
Sie sind Dipolmoleküle mit positiven
und negativen Teilladungen. → 5

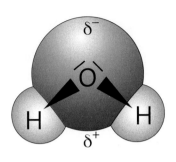

5 Dipolmolekül Wasser mit Teilladungen

Der Lösevorgang • Was geschieht, wenn
ein Salz in Wasser gelöst wird? Die Seiten der Wassermoleküle mit der positiven Teilladung werden von den negativ
geladenen Ionen, bei Kochsalz also von
den Chlorid-Ionen, angezogen. Die Seite der Wassermoleküle mit der negativen Teilladung wird von den positiven
Ionen, bei Kochsalz von den Natrium-
Ionen, angezogen. → 7 Wenn Wassermoleküle in ihrer Bewegung an ein passendes Ion stoßen und dann mehrere
Wassermoleküle daran „ziehen", wird es
aus dem Ionengitter herausgelöst. → 6

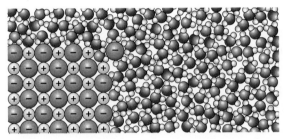

6 Wassermoleküle lösen ein Chlorid-Ion.

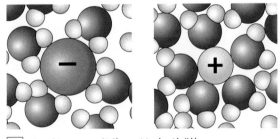

7 Zwei Ionen mit ihrer Hydrathülle

Hydratation • Wenn ein Ion aus dem
Gitter gelöst ist, wird es sofort von
weiteren Wassermolekülen umlagert.
Diesen Vorgang nennt man Hydratation. Die durch die Wassermoleküle
entstandene „Hydrathülle" hält die
Ionen davon ab, wieder ins Kristallgitter zurückgezogen zu werden. → 7

> Salze lösen sich in Wasser, weil die
> zwei Pole des Wassers die Ionen aus
> dem Ionengitter herausziehen. Die
> entstehende Hydrathülle verhindert
> eine Rückkehr ins Ionengitter.

Aufgaben

1 ⊠ Erkläre, warum Salze spröde sind.

2 ⊠ Beschreibe, wie sich Salze in Wasser lösen. Verwende Fachbegriffe.

3 ⊠ Begründe, warum der Rückweg
für die gelösten Ionen ins Gitter
unmöglich ist.

Die Eigenschaften der Salze erklären

Ionen wandern

Materialliste: Netzgerät, Kabel mit Klemmen, Graphitelektroden, Pipette, Filterpapier, Kaliumnitrat-Lösung, Kupferchlorid ⟨!⟩ ⟨↯⟩, Kaliumpermanganat ⟨⚗⟩ ⟨!⟩ ⟨↯⟩

Baue den Versuch wie in Bild 1 auf. Tränke das Filterpapier mit Kaliumnitrat-Lösung. Gib jeweils einen Kristall Kupferchlorid und Kaliumpermanganat

auf die Startlinie. Lege dann 20–25 V Gleichstrom an. Halte das Filterpapier durch Auftropfen von etwas Wasser ständig feucht.

1 ☒ Beschreibe deine Beobachtungen.

2 ☒ Erkläre, welche Ionen zu welchem Pol wandern. Erkläre auch, welche Ladung Permanganat-Ionen haben müssen.

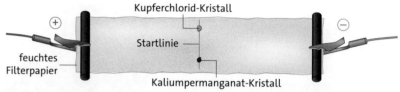

1 Ionen zwischen Plus- und Minuspol

Labels: Kupferchlorid-Kristall, Startlinie, feuchtes Filterpapier, Kaliumpermanganat-Kristall

Kristallbildung beobachten

Materialliste: Mikroskop, Teelöffel, Becherglas, Objektträger, Deckglas, Pipette, Kochsalz, Wasser, Brenner, Holzklammer

1 Löse einen Teelöffel Salz in 10 Teelöffeln heißem Wasser auf.

2 Gib mit der Pipette 1 Tropfen Salzlösung auf den Objektträger.

3 Halte den Objektträger mit der Holzklammer und bewege ihn immer wieder leicht über die Brennerflamme, sodass das Wasser verdampft.

4 Mikroskopiere den Rand des Tropfens bei schwacher Vergrößerung. Wenn du die ersten Kristalle erkennst, kannst du auch bei mittlerer Vergrößerung mikroskopieren.

5 ☒ Beschreibe deine Beobachtungen. Fertige eine Skizze der Kochsalzkristalle an.

6 Versuche mit deinem Handy die Kristalle über das Objektiv des Mikroskops zu fotografieren. Dazu musst du sehr sorgsam den passenden Abstand des Handys zum Objektiv finden.

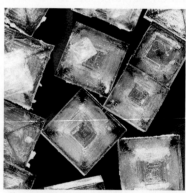

2 Kochsalzkristalle unter dem Mikroskop

7 ☒ Beschreibe die Form der Kochsalzkristalle.

8 ☒ Erkläre die Form der Kochsalzkristalle. Zeichne dazu ein Ionengitter eines Kochsalzkristalls.

Material C

Salze lösen sich in Wasser

Materialliste: 5 Reagenzgläser, Reagenzglasständer, Thermometer, Spatel, Ammoniumnitrat , Calciumchlorid ⟨!⟩, Kaliumchlorid, Kaliumnitrat ⟨�⟩, Natriumchlorid, Wasser

1 Gib in jedes Reagenzglas 3 ml Wasser und einen Spatel eines der fünf Salze. Schüttle vorsichtig, bis das Salz gelöst ist, und miss dann sofort die Temperatur.

2 ✗ Protokolliere die Temperaturveränderungen in einer Tabelle. Vergleiche deine Werte.

Beim Lösen eines Salzes laufen immer zwei Vorgänge ab: das Herauslösen der Ionen aus dem Ionengitter und die anschließende Umlagerung von Wassermolekülen. Für das Herauslösen der Ionen aus dem Ionengitter muss ein gewisser Energiebetrag, die Gitterenergie, aufgewendet werden. Lagern sich Wassermoleküle um die herausgelösten Ionen, wird Energie frei, die sogenannte Hydratationsenergie.
Ist die Hydratationsenergie größer als die Gitterenergie, so wird Energie an die Umgebung abgegeben. Die Lösung erwärmt sich.
Ist stattdessen die benötigte Gitterenergie größer als die frei werdende Hydratationsenergie, so kühlt sich die Lösung ab.

3

3 ✗ Lies den Text. → 3 Erkläre mithilfe der Informationen darin, die verschiedenen Versuchsergebnisse.

Material D

Wie funktioniert das Streusalz?

Auf Eis befindet sich immer eine sehr dünne Schicht von geschmolzenem Wasser. Dieser „Wasserfilm" wird auch dann vom Eis nachgebildet, wenn man ihn wegwischt. Wir sagen: „Eis und Wasser sind im Gleichgewicht." Wenn nun Salz darauf gestreut wird, löst das Wasser das Salz und die Wassermoleküle lagern sich um die gelösten Ionen (Hydratation).
Ist das Wasser dem Eis-Wasser-Gleichgewicht entzogen, wird neues Wasser gebildet. Dadurch schmilzt das Eis. Dieser Vorgang setzt sich fort, bis alles Salz gelöst ist.
Zudem gefriert die entstandene Salzlösung erst unter −20 °C, da die Salz-Ionen die Gitterbildung beim Eis stören. Zusätze von Calciumchlorid oder Magnesiumchlorid setzen den Gefrierpunkt noch weiter herunter. Diese Salze sind zudem weniger schädlich für die Umwelt.

4

5 Streudienst im Winter

1 Lies den Text:
a ✗ Erkläre das Schmelzen des Eises durch den Lösevorgang von Salz mit einer Zeichnung.
b ✗ Erkläre, welcher Effekt verhindert, dass das aufgetaute Wasser wieder gefriert.

Salzlösungen – verschieden konzentriert*

1 Das Tote Meer

Das Wasser des Toten Meeres ist viel salzhaltiger als andere Meere. Wie lässt sich der Salzgehalt verschiedener Meere angeben?

₅ **Konzentrationen angeben ·** Unter Konzentration versteht man den Anteil eines Stoffs an einer Lösung. Um die Salzkonzentration verschiedener Meere zu vergleichen, kann man ₁₀ den Salzgehalt in $\frac{g}{l}$ angeben. Das Tote Meer enthält z. B. bis zu $360\frac{g}{l}$ Salz. Wasser aus den anderen Weltmeeren liegt im Durchschnitt bei $38\frac{g}{l}$.

Konzentrationsangabe mit Mol · In der ₁₅ Chemie gibt man die Konzentration von Lösungen oft auch in $\frac{mol}{l}$ an. Was bedeutet das? Ein Beispiel: In einem Liter Wasser sind 29,25 g Kochsalz (NaCl) gelöst. Die ₂₀ Konzentration beträgt dann $29,25\frac{g}{l}$. Wie viel $\frac{mol}{l}$ sind das? Dazu berechnet man zuerst die molare Masse von NaCl. Im Periodensystem findet man für Na eine Atommasse von 23,0 u und ₂₅ für Cl 35,5 u. Dies ergibt eine molare Masse von $58,5\frac{g}{mol}$ für NaCl. → 2

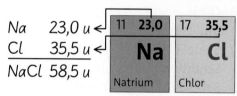

$$Na \quad 23,0\ u$$
$$Cl \quad 35,5\ u$$
$$\overline{NaCl \ 58,5\ u}$$

2 Die molare Masse bestimmen

Dann teilt man die 29,25 g durch die molare Masse von $58,5\frac{g}{mol}$ und kommt dabei auf 0,5 mol. Man weiß ₃₀ jetzt, dass 0,5 mol Natriumchlorid in einem Liter Wasser gelöst sind. Die Konzentration beträgt also $0,5\frac{mol}{l}$. Man sagt auch: Die Lösung ist 0,5-molar.

> Die Konzentration von Lösungen kann man in $\frac{g}{l}$ oder in $\frac{mol}{l}$ angeben.

Aufgaben

1 ⊡ Nenne zwei Möglichkeiten, um Konzentrationen von Salzlösungen anzugeben.

2 ⊠ Erkläre folgende Angabe: Kochsalzlösung $2\frac{mol}{l}$.

Material A

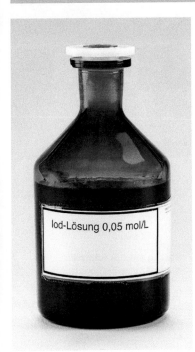

Iod-Lösung 0,05 mol/L

3 | 0,05 $\frac{mol}{l}$ Iod-Lösung

Mol, molare Masse und Konzentration

1 ⊠ Erkläre die Begriffe Mol, molare Masse und Konzentration.

2 ⊠ Berechne mithilfe des Periodensystems die molare Masse von LiCl, $MgCl_2$ und Fe_2O_3.

3 ⊠ Ermittle die Masse von:
- 1 mol $CaCl_2$
- 0,5 mol $AlBr_3$
- 3,5 mol Na_2S
- 5 mol $KMnO_4$

4 ⊠ Berechne, wie viel Mol der Stoffproben vorliegen:
- 46,00 g Na
- 145,20 g Ge
- 299,25 g Rb

5 ⊠ Gib die Konzentration in $\frac{mol}{l}$ an:
- Weltmeer mit 38 $\frac{g}{l}$ NaCl
- Totes Meer mit 360 $\frac{g}{l}$ NaCl

6 ⊠ Berechne die Masse von Iod in einem Liter der Lösung links. → 3

7 ⊠ Gib an, wie groß die molare Masse eines Stoffs ist, von dem in 40 g 0,5 mol enthalten sind.

Material B

Konzentrationsangaben

1 ⊠ Gib bei den folgenden Salzlösungen jeweils die Konzentration in $\frac{mol}{l}$ an:
- bei einer Lithiumchlorid-Lösung (LiCl) mit der Konzentration 42,4 $\frac{g}{l}$
- bei einer Aluminium-chlorid-Lösung ($AlCl_3$) mit der Konzentration 400,5 $\frac{g}{l}$
- bei einer Kupfersulfat-Lösung ($CuSO_4$) mit der Konzentration 79,85 $\frac{g}{l}$

2 ⊠ Umgekehrt kann man aber auch $\frac{mol}{l}$ in $\frac{g}{l}$ umrechnen.
Gib jeweils die Konzentration in $\frac{g}{l}$ an:
- bei einer 2-molaren Rubi-diumchlorid-Lösung (RbCl)
- bei einer 0,5-molaren Ka-liumnitrat-Lösung (KNO_3)
- bei einer 1,6-molaren Natriumphosphat-Lösung (Na_3PO_4)
- bei einer 0,07-molaren Calciumdihydrogenphos-phat-Lösung $Ca(H_2PO_4)_2$

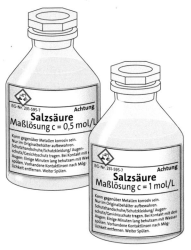

EG-Nr. 231-595-7   Achtung
Salzsäure
Maßlösung c = 0,5 mol/L
Kann gegenüber Metallen korrosiv sein. Nur im Originalbehälter aufbewahren. Schutzhandschuhe/Schutzkleidung/ Augen-schutz/Gesichtsschutz tragen. Bei Kontakt mit den Augen: Einige Minuten lang behutsam mit Wasser spülen. Vorhandene Kontaktlinsen nach Mög-lichkeit entfernen. Weiter Spülen.

EG-Nr. 231-595-7   Achtung
Salzsäure
Maßlösung c = 1 mol/L
Kann gegenüber Metallen korrosiv sein. Nur im Originalbehälter aufbewahren. Schutzhandschuhe/Schutzkleidung/ Augen-schutz/Gesichtsschutz tragen. Bei Kontakt mit den Augen: Einige Minuten lang behutsam mit Wasser spülen. Vorhandene Kontaktlinsen nach Mög-lichkeit entfernen. Weiter Spülen.

4 | Säuren mit verschiedenen Konzentrationen

Was ist eigentlich Mineralwasser?

1 Verschiedene Sorten von Mineralwasser

**Was haben die verschiedenen Mineral-
wassersorten gemeinsam und wodurch
unterscheiden sie sich?**

Analyse • Wenn du ein Etikett einer
5 Mineralwasserflasche untersuchst,
findest du darauf immer das Ergebnis
einer Analyse. →2 Aus der Analyse
kannst du ablesen, in welcher Menge
bestimmte Mineralien im Wasser
10 enthalten sind. In Klammern sind die
Mineralien in Ionenform angegeben.

Woher kommen diese Ionen? • Mineralwasser wird aus tiefen Brunnen gefördert. Bis das Wasser in diese Tiefe
15 gelangt, legt es einen weiten Weg
zurück. Zunächst sickert Regenwasser
in die Erde und dringt so weit ein, bis
es auf eine wasserundurchlässige
Schicht trifft.
20 Auf seinem monatelangen Weg durch
die verschiedenen Gesteinsschichten
löst es kleine Mengen der Gesteine.
So reichert es sich nach und nach mit
verschiedenen Ionen an.

Auszug aus der Analyse des Institutes Fresenius vom 21.03.2012:	
Kationen	**mg/L**
Natrium (Na)	10,4
Calcium (Ca)	359,0
Magnesium (Mg)	60,7
Anionen	**mg/L**
Sulfat (SO$_4$)	878,0
Hydrogen-carbonat (HCO$_3$)	253,0

2 Analyse eines Mineralwassers

25 Je nachdem, durch welche Gesteine
das Wasser sickert, nimmt es verschiedene Ionen mit.

> Verschiedene Mineralwassersorten
> unterscheiden sich in ihrem Gehalt
> an verschiedenen Ionen.

Aufgaben

1 ☑ Erkläre den Begriff Mineralwasser.

2 ☒ Beschreibe, woher Mineralwasser
seine Mineralien bekommt.

Material A

Mineralwasser entsteht

1 ☒ Erkläre die Entstehung von mineralhaltigem Tiefenwasser mithilfe von Bild 3.

2 ☒ In der Werbung von Mineralwasser heißt es oft: *„auf natürliche Art gefiltert".* Erkläre diese Aussage.

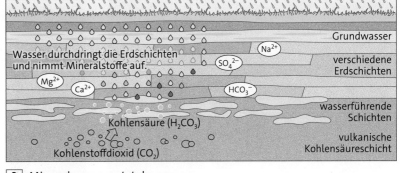

Grundwasser

Wasser durchdringt die Erdschichten und nimmt Mineralstoffe auf.

Na^{2+}
SO_4^{2-}
Mg^{2+}
Ca^{2+}
HCO_3^-

verschiedene Erdschichten

wasserführende Schichten

vulkanische Kohlensäureschicht

Kohlensäure (H_2CO_3)
Kohlenstoffdioxid (CO_2)

3 Mineralwasserentstehung

Material B

Ist Mineralwasser gesund?

1 ☒ Lies den Text. → **4** Gib an, welche Funktionen die einzelnen Mineralien im Körper haben.

Mineralien im Check

Natrium reguliert den Wasserhaushalt im Körper. Magnesium ist wichtig für Knochen und Muskeln. Ab einem Gehalt von 50 mg pro Liter darf sich ein Mineralwasser als „magnesiumhaltig" bezeichnen. Mithilfe von Calcium festigt unser Körper Knochen und Zähne. Enthält ein Mineralwasser mehr als 150 mg pro Liter Calcium, nennt man es „calciumhaltig".

4

Material C

Mineralien werden sichtbar

Materialliste: Mineralwasser, Leitungswasser, Sektverschluss (Agraffe), feuerfestes Uhrglas, Teelicht

1 Gib eine Teelöffelportion Mineralwasser auf ein feuerfestes Uhrglas.

2 Stelle das Uhrglas auf den Sektverschluss über ein brennendes Teelicht.

3 Beobachte einige Minuten lang, was geschieht. ☒ Beschreibe deine Beobachtung.

4 Wiederhole den Versuch mit Leitungswasser.

5 ☒ Vergleiche deine Beobachtungen beim Experiment mit Mineral- und Leitungswasser. Erkläre die Ergebnisse.

6 ☒ Beschreibe, welches Ergebnis zu erwarten wäre, wenn der Versuch mit Meerwasser durchgeführt würde.

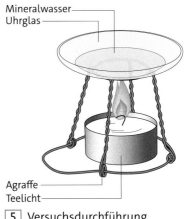

Mineralwasser
Uhrglas

Agraffe
Teelicht

5 Versuchsdurchführung

Vielfältige Salze – das Beispiel Nitrate

1 Die meisten Mineraldünger enthalten viel Nitrat.

2 Vor allem Blattgemüse enthält oft viel Nitrat.

Salze sind vielfältig einsetzbar. Nitrate beispielsweise finden als Dünger Verwendung. Wie sind Nitrate aufgebaut?

Zusammengesetzte Ionen • Salze sind
5 so vielfältig, weil sich viele positiv und negativ geladene Ionen in verschiedenen Kombinationen zusammenlagern können. Und das ist noch nicht alles: Es gibt auch Ionen, die aus mehreren
10 Atomen zusammengesetzt sind. Ein Beispiel für solche Ionen ist das Nitrat-Ion. → 3

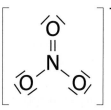

3 Struktur des Nitrat-Ions

Das Nitrat-Ion • Beim Nitrat-Ion (NO_3^-) sind um das Stickstoff-Atom herum
15 drei Sauerstoff-Atome über Elektronenpaarbindungen angelagert. Ein weiteres Elektron kann keinem der Atome zugeordnet werden. Das Gesamt-Ion ist daher einfach negativ
20 geladen. In der Formelzeichnung in Bild 3 ist das durch ein Minus über der Klammer ausgedrückt.

Entstehung von Nitraten • Im Boden und in Gewässern werden Nitrate
25 aus dem Stickstoff der Luft durch bestimmte Bakterien gebildet. Dieser Vorgang wird Stickstofffixierung genannt.

Vorkommen von Nitraten • Wegen der Stickstofffixierung kommen Nitrate in
30 Böden und Gewässern vor. Darüber hinaus begegnen uns Nitrate und daraus entstehende Nitrite (NO_2^-) als Zusatzstoffe in Wurstwaren. Sie dienen dort der Haltbarkeit und lassen die
35 Lebensmittel frischer rot aussehen. Im Körper werden Nitrate nicht gebraucht. Sie sind gesundheitlich umstritten und vor allem für Babys und Schwangere sogar gefährlich.

40 **Der Stickstoffkreislauf** • Wenn man Pflanzen untersucht, stellt man fest, dass sie viele verschiedene Stickstoffverbindungen enthalten. Den Stickstoff dafür nehmen sie mit dem Wasser in
45 Form von Nitraten auf.

qokumo

Lexikon
Tipps

das **Nitrat-Ion**
die **Stickstofffixierung**
die **Nitrifikation**
der **Stickstoffkreislauf**

Wenn die Pflanzen verwesen, wandeln bestimmte Bakterien die Stickstoffverbindungen wieder in Nitrate um. Diesen Vorgang nennt man Nitrifikation. → 4

Nitrate in Düngern • Wenn auf Äckern immer wieder Pflanzen abgeerntet werden, dann nimmt der Stickstoffgehalt der Äcker ab. In den Folgejahren wachsen die Pflanzen dann dort nicht mehr so gut oder zeigen Mangelerscheinungen, z. B. gelbliche Verfärbungen an den Blättern. → 5 Dagegen werden nitrathaltige Dünger verwendet. → 1

Überdüngung • Bei starker Düngung mit nitrathaltigem Dünger oder Gülle, die auch Nitrate enthält, können Nitrate in Gewässer und sogar ins Grundwasser gelangen. Um das zu verhindern, kann auch das Anpflanzen von sogenannter Gründüngung gegen Stickstoffmangel helfen. → 6 Solche Pflanzen haben an den Wurzeln stickstofffixierende Bakterien. So wird fehlender Stickstoff im Boden wieder nachgeliefert.

> Pflanzen brauchen Stickstoff zum Wachsen. Diesen nehmen sie in Form von Nitraten auf.

6 Feld mit Gründüngung

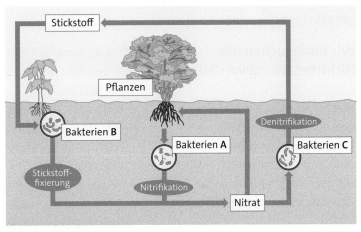
4 Der Stickstoffkreislauf

5 Stickstoffmangel führt zu Gelbfärbung.

Aufgaben

1 Nenne die chemische Formel des Nitrat-Ions.

2 Gib an, wo Nitrate vorkommen.

3 Beschreibe den Stickstoffkreislauf. → 4

4 Kühe fressen Pflanzen. Erkläre, wie der Stickstoff der Pflanzen wieder in den Kreislauf zurückkommt. → 4

Vielfältige Salze – das Beispiel Nitrate

Material A

Wir untersuchen die Nitratbelastung von Salat

Wenn Pflanzen mit Nitraten gedüngt werden, setzen sie nicht die ganzen Nährsalze um. Daher bleiben Reste von Nitraten in den Pflanzen zurück, vor allem in den Blättern.

Materialliste: Salatkopf, andere Gemüse (z. B. Rucola, Grünkohl, Spinatblätter), Waage, Reibschale mit Pistill, Messzylinder (50 ml), Wasser, Nitratteststäbchen

1 Der Salat muss erst „verflüssigt" werden.

1 ☒ Bestimme den Nitratgehalt der äußeren ungewaschenen Salatblätter:
- Miss nach Anleitung den Nitratgehalt von Wasser mithilfe von Nitratteststäbchen.
- Wiege genau 5 g von den äußeren Blättern des Salatkopfs ab und gib sie in die Reibschale. Füge exakt 45 ml Wasser dazu und zerreibe die Salatblätter gut mit dem Pistill. Miss den Nitratgehalt der Flüssigkeit.
- Ziehe vom gemessenen Gesamtnitratgehalt den Nitratgehalt des zugefügten Wassers ab. → 2
- Multipliziere diesen Wert jetzt noch mit dem Faktor 10. (Denn das gemessene Nitrat stammt aus 5 g Salatblättern von 50 g der Lösung.) → 2

2 ☒ Bestimme wie bei Versuch 1 den Nitratgehalt von Blättern im Innern des Salatkopfs auf folgende Weise:
- Nimm 10 g innere Salatblätter und 40 ml Wasser.
- Multipliziere den Nitratgehalt nach Abzug des Nitrats aus dem Wasser mit dem Faktor 5, da die Salatblätter jetzt nur ein Fünftel der untersuchten Flüssigkeit sind.

3 ☒ Wiederhole die Versuche 1 und 2 mit gut gewaschenen Salatblättern und vergleiche die Ergebnisse.

4 ☒ Wiederhole die Versuche 1 und 2 mit Salat und weiterem Gemüse aus verschiedenen Regionen und aus ökologischer Erzeugung. Vergleiche die Ergebnisse.

Berechnung des Nitratgehalts
(äußere Blätter des Salats)

1. Nitratgehalt der Probe

$$190 \frac{mg}{\ell} - 12 \frac{mg}{\ell} = 178 \frac{mg}{\ell}$$

Messergebnis des Salats mit Wasser | Messergebnis des Wassers | Nitratgehalt der Probe

2. Nitratgehalt der Salats

$$178 \frac{mg}{\ell} \cdot 10 = 1780 \frac{mg}{\ell}$$

Nitratgehalt der Probe | | Nitratgehalt der Salatblätter

2 Beispielrechnung

Material B

Nitrate und Gesundheit

Je Kilogramm Körpergewicht empfiehlt die Weltgesundheitsorganisation WHO eine maximale Aufnahme von 3,65 mg Nitrat pro Tag.

1 ⊠ Begründe, warum es für Salat je nach Jahreszeit verschiedene Grenzwerte gibt. → 4

2 ⊠ Berechne, wie viel Kopfsalat du im Winter maximal essen solltest.

3 🔲 ⊠ Lies den nebenstehenden Text und erstelle mithilfe von Internetrecherche einen Flyer der über Folgendes informiert:
   • Gesundheitsgefahren durch Nitrate
   • Wie kommen die Nitrate in den Salat?
   • Tipps, wie man Salat zubereiten sollte

3 Mineralwasser für Babys unterliegt besonders strengen Grenzwerten.

Anbauart	Zeitraum	Grenzwert
Freiland	01.05.–31.08.	$2500\frac{mg}{kg}$
Glashaus/Folie	01.04.–30.09.	$3500\frac{mg}{kg}$
Glashaus/Folie	01.10.–31.03.	$4500\frac{mg}{kg}$

4 Nitrat-Grenzwerte für Kopfsalat

Belasten Nitrate die Gesundheit?

Nitrate selbst sind für unseren Körper unschädlich. Nitrat konkurriert im Blut allerdings mit dem Transport von Iodid in die Schilddrüse. Wenn das Angebot an Iodid knapp und die Nitratbelastung hoch ist, versucht die Schilddrüse, den Iodidmangel durch Vergrößerung auszugleichen. Wenn ihr dies nicht gelingt, kann es zu Iodmangel-Folgeschäden kommen.

Das größere Problem bei den Nitraten ist aber, dass sie in Folgeprodukte umgewandelt werden können: in Nitrite und in Nitrosamine. Diese Folgeprodukte sind gesundheitsschädlich.

Nitrite: Die Umwandlung von Nitraten in Nitrite geschieht z. B. während der Aufbewahrung von Lebensmitteln, durch Bakterien in unserer Mundhöhle oder im Darm. Nitrit behindert den Sauerstofftransport der roten Blutkörperchen. Dafür sind Säuglinge besonders empfindlich, sodass für sie schon kleine Mengen an Nitrit zum Ersticken führen können.

Vor allem bei Wurst und Käse werden Nitrat und Nitrit als Konservierungsstoffe verwendet. Darüber hinaus lassen sie Wurst frisch und schön rot aussehen. Zusatzstoffe müssen auf der Verpackung angegeben sein. Sie verstecken sich oft unter den Bezeichnungen E 250 Natriumnitrit, E 251 Natriumnitrat und E 252 Kaliumnitrat.

Nitrosamine: Wenn man Lebensmittel erhitzt, die Nitrite enthalten, können die Nitrite mit Eiweißen reagieren. Dabei entstehen Nitrosamine. Tierversuche deuten darauf hin, dass Nitrosamine Krebs erregen können.

Vielfältige Salze – das Beispiel Gips

1 Gipser bei der Arbeit

heute auch häufig als Nebenprodukt verschiedener großtechnischer Verfahren an. Beispielsweise wird bei
²⁵ der Entschwefelung der Abgase von Kraftwerken Schwefel in Form von Gips „entsorgt".

In der Technik • Technisch nutzt man folgende Eigenschaft von Gips: Beim
³⁰ Erhitzen bis 130 °C wird das im Gips enthaltene Kristallwasser teilweise entzogen. Das Kristallwasser kann beim Anrühren dieses „gebrannten Gipses" mit Wasser wiederaufgenommen wer-
³⁵ den. Dabei kommt es zu einer Volumenzunahme der Kristalle. Wasseraufnahme und anschließendes Trocknen des Gipses wird als Abbinden bezeichnet. Dabei härtet er langsam aus. Dies wird
⁴⁰ für verschiedene Zwecke genutzt, z. B. zum Anlegen eines Gipsverbands oder zum Sichern von Spuren.

> Gips besteht aus Calcium- und Sulfat-Ionen. Im Gitter dieser beiden Ionen kann sich Wasser in Form von Kristallwasser einlagern.

Gips ist auch in Zeiten moderner Werkstoffe in vielen Bereichen unverzichtbar. Wie ist Gips aufgebaut?

$$\left[\begin{array}{c} \ddot{O} \\ \| \\ |\ddot{O} - S - \ddot{O}| \\ \| \\ \ddot{O} \end{array} \right]^{2-}$$

2 Struktur des Sulfat-Ions

Aufbau • Gips besteht aus Calcium-
⁵ (Ca^{2+}) und Sulfat-Ionen (SO_4^{2-}). Beim Sulfat-Ion sind, ähnlich wie beim Nitrat-Ion, Sauerstoff-Atome über Elektronenpaarbindungen mit Schwefel verbunden. Insgesamt hat das Sulfat-
¹⁰ Ion zwei zusätzliche Elektronen und ist daher zweifach negativ geladen. → **2** Die Calcium- und Sulfat-Ionen bilden ein Ionengitter. In diesem Ionengitter kann noch zusätzlich Wasser, das so-
¹⁵ genannte Kristallwasser, eingebaut werden. Gips wird daher mit folgender Formel dargestellt:
$CaSO_4 \cdot 2\,H_2O$

Gewinnung von Gips • Gips wird als
²⁰ Rohstoff vorwiegend bergmännisch aus Gipsgestein gewonnen. Er fällt

Aufgaben

1 ☒ Beschreibe den Aufbau des Sulfat-Ions.

2 ☒ Erkläre den Begriff Kristallwasser.

3 ☒ Gib an, für welche Zwecke Gips verwendet wird. Recherchiere dabei noch andere Beispiele als die im Text genannten.

Material A

Wir brennen Gips

3 | Anlegen eines Gipsverbands

Ein Gipsverband wird locker angelegt, weil Gips beim Abbinden durch das aufgenommene Kristallwasser um 1–2 % an Volumen zunimmt. Das Abbinden von Gips kannst du in einem Versuch selber testen.

Materialliste: Reagenzgläser, Reagenzglashalter, Gasbrenner, Calciumsulfat, innerer Teil einer Streichholzschachtel, Spatel, Becherglas (50 ml), Pflanzenöl, Münze, Wasser

1 Gib in ein Reagenzglas 5 cm hoch Calciumsulfat. Erhitze kräftig, bis du eine Veränderung beobachtest. Erhitze nicht zu lange, sonst kann der Gips später kein Wasser mehr aufnehmen.

2 ☒ Protokolliere deine Beobachtungen und erkläre.

3 Gib jetzt den gebrannten Gips aus deinem Reagenzglas in das Becherglas. Gieße dann langsam so viel Wasser dazu, dass ein zäher Brei entsteht.

4 Gib diesen Brei in die Streichholschachtel.

5 Öle nun eine Münze gut ein und drücke sie in den Gipsbrei. Hole sie nach 1–2 Minuten vorsichtig wieder heraus.

6 ☒ Erkläre, warum selbst feinste Rillen gut abgedrückt sind.

Material B

Wir untersuchen Kupfersulfat

Beim Salz Kupfersulfat bilden die Sulfat-Ionen mit Kupfer-Ionen (Cu^{2+}) ein Gitter. In dieses Gitter kann ebenso wie bei Gips Kristallwasser eingelagert werden.
$CuSO_4 \cdot 5 H_2O$

Materialliste: Reagenzglas, Reagenzglashalter, Gasbrenner, Kupfersulfat, Wasser

1 Gib in ein Reagenzglas 1–2 cm hoch blaues Kupfersulfat.

2 Erhitze das Kupfersulfat, bis du eine Veränderung beobachten kannst.

3 ☒ Fertige ein Protokoll an.

4 ☒ Erkläre deine Beobachtungen.

5 Mit Kupfersulfat kann Wasser nachgewiesen werden, das bei einem Versuch entsteht.

4 | Wasserhaltiges Kupfersulfat

☒ Beschreibe, wie man dabei vorgehen müsste. Mache mit deinem wasserfreien Kupfersulfat den Test dazu.

Vielfalt der Salze

Zusammenfassung

Gewinnung von Kochsalz • Natriumchlorid – unser Kochsalz – kann in unseren Regionen in Bergwerken durch Abbau unter Tage gewonnen werden.

Die Salzlager unter der Erde entstanden aus urzeitlichen Meeren, bei denen das Wasser immer wieder verdunstete.

Im Mittelmeerraum wird Salz gewonnen, indem man Meerwasser in großen Becken verdunsten lässt.

Eigenschaften von Salzen • Neben dem Kochsalz gibt es noch eine ganze Reihe weiterer Salze. Alle Salze haben folgende typische Eigenschaften:
• Sie haben hohe Schmelztemperaturen.
• Sie bilden Kristalle.
• Sie sind spröde.
• Sie sind meist gut wasserlöslich.
• Als Schmelze oder in Wasser gelöst leiten sie gut den elektrischen Strom.

Die Eigenschaften der Salze erklären • Die typischen Eigenschaften der Salzen kann man mit ihrem Bau aus positiv und negativ geladenen Ionen erklären. Zwischen den unterschiedlich geladenen Ionen herrschen starke Anziehungskräfte, dadurch lassen sich z. B. die hohen Schmelztemperaturen erklären.

Salze lösen sich in Wasser. Dabei ziehen die zwei Pole des Wassers die Ionen aus dem Ionengitter heraus. → 1 Die Wassermoleküle umlagern die Ionen. Die dabei entstehende Hydrathülle verhindert eine Rückkehr der Ionen ins Ionengitter.

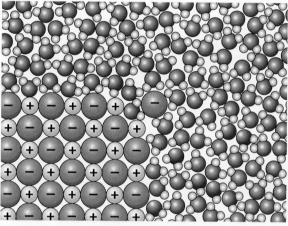

1 Wassermoleküle lösen ein Chlorid-Ion.

Mineralwasser • Mineralwasser entsteht durch Regenwasser, dass durch verschiedene Gesteinsschichten sickert. Verschiedene Sorten von Mineralwasser unterscheiden sich in ihrem Gehalt an verschiedenen Ionen. → 2

2

Vielfältige Salze • In der Natur kommen auch Ionen vor, bei denen mehrere Atome zusammen ein Ion bilden. Beim Nitrat-Ion z. B. ist ein Stickstoff-Atom mit drei Sauerstoff-Atomen verbunden – und zwar über Elektronenpaarbindungen. Durch ein zusätzliches Elektron werden diese verbundenen Atome zu einem NO_3^--Ion. Nitrate spielen vor allem als Pflanzendünger eine wichtige Rolle und sind ein Teil des weltweiten Stickstoffkreislaufs.

Teste dich! (Lösungen im Anhang)

Eigenschaften der Salze

1 ☑ Beschreibe die Möglichkeiten der Kochsalzgewinnung.

2 ☑ Erläutere, wie bei chemischen Reaktionen aus Atomen Ionen werden können.

3 Salze sind eine Stoffgruppe mit gemeinsamen Eigenschaften.
a ☑ Nenne die Eigenschaften der Salze.
b ☒ Erkläre diese Eigenschaften mithilfe des Aufbaus der Salze als Ionengitter.

4 Iod ist ein lebenswichtiges Spurenelement. Mangel an Iod kann zu Erkrankungen der Schilddrüse führen (Kropf).
a ☒ Gib die Formel des Wirkstoffs Kaliumiodid an.
b ☒ Zeichne das Kalium-Ion im Modell und gib seine Ladung an.

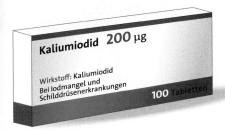

Kaliumiodid 200 µg

Wirkstoff: Kaliumiodid
Bei Iodmangel und
Schilddrüsenerkrankungen

100 Tabletten

3 Medikament gegen Iodmangel

Mineralwasser und Konzentrationen

5 Das Salz im Toten Meer ist anders zusammengesetzt als das Salz der Ozeane. → **4**
a ☒ Benenne die in Bild 4 aufgeführten Ionen.

b ☒ Wenn das Wasser verdunstet, lagern sich die enthaltenen Ionen zu Salzen zusammen. Gib die Formel möglicher Salze an, die dabei entstehen können.
c ☒ Erkläre den Aufbau eines Salzes am Beispiel von Kaliumchlorid.

Positiv geladene Ionen, Gehalt in $\frac{mg}{kg}$		Negativ geladene Ionen, Gehalt in $\frac{mg}{kg}$	
Mg^{2+}	ca. 36 000	Cl^-	ca. 190 000
Ca^{2+}	ca. 14 000	Br^-	ca. 1 000
Na^+	ca. 33 000	F^-	ca. 2
K^+	ca. 6 000	I^-	ca. 0,1

4 Gehalt an Ionen im Wasser des Toten Meeres

6 ☑ Erkläre, warum verschiedene Sorten von Mineralwasser eine unterschiedliche Ionenzusammensetzung haben.

7 ☒ Konzentrationen:
a Erkläre die Angabe $0,5 \frac{mol}{l}$.
b Wie viel g Natrium sind in einer 2-molaren Kochsalzlösung enthalten.

Vielfältige Salze

8 ☒ Zeichne das Sulfat-Ion und das Nitrat-Ion. Erkläre ihren Aufbau.

9 ☒ Beschreibe den Stickstoffkreislauf.

10 ☒ Erkläre die Begriffe Brennen und Abbinden von Gips.

Säuren und Alkalien – ätzende Stoffe

Zitronen enthalten Citronensäure. Können wir uns damit verätzen?

Laugenbrötchen werden mit Natronlauge gebacken. Sind sie völlig ungefährlich?

Und wenn sich im Klärwerk Säuren und Alkalien aus unseren Abwässern treffen ...?

Säuren und Alkalien – zwei Stoffgruppen

1 Reinigungsmittel mit Säuren und Alkalien

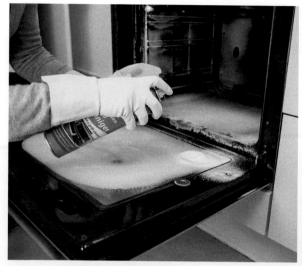

2 Backofenreiniger entfernt hartnäckigen Schmutz.

3 Gefahrenpiktogramm: Ätzwirkung

Schmutz wegätzen – das geht mit Säuren und Alkalien.

Säuren • Im Haushalt gibt es viele Säuren und saure Lösungen: Essig,
5 Sprudelwasser, Citronensäure, Ameisensäure und Salzsäure. Kalkränder an Waschbecken oder Duschbrausen lassen sich mit Säurelösungen entfernen. Der Kalk wird „weggeätzt".
10 Kalkschleier auf frisch verlegten Fliesen oder Bodenplatten beseitigt man mit Salzsäure. Der Kalk „geht in Lösung", wobei etwas Kohlenstoffdioxid entsteht. Säuren und saure Lösungen
15 greifen auch unedle Metalle wie Magnesium, Zink oder Eisen an. Auch hier geht das Metall in Lösung. Als zusätzliches Produkt entsteht dabei Wasserstoff. Alle Säuren schmecken sauer.
20 Das kennst du von den Fruchtsäuren. Bei gefährlichen Säuren oder sauren Lösungen darf man wegen der Ätzwirkung den Geschmack nicht testen.

Alkalien • Auch Alkalien gibt es zu
25 Hause: Seife, Soda, Waschpulver oder Rohrreiniger. Alkalische Lösungen, die man auch Laugen nennt, werden zur Schmutzbeseitigung (Putzen und Waschen) vielfältig genutzt. Sie fühlen
30 sich „seifig" an. Kalilauge und Natronlauge werden in großen Mengen in der Industrie verwendet. Mit diesen stark ätzenden Lösungen kann man auch Lacke von Möbeln entfernen.

35 **Gemeinsame Eigenschaften •** Saure und alkalische Lösungen leiten den elektrischen Strom. Dies spricht dafür, dass sie geladene Teilchen, Ionen, enthalten müssen.
40 Stark mit Wasser verdünnt sind saure und alkalische Lösungen meist ungefährlich, dürfen aber niemals in die Augen gelangen. Reine Säuren und Alkalien bzw. ihre konzentrierten Lö-
45 sungen sind wegen der Ätzwirkung sehr gefährlich.

zomano

Lexikon
Video
Tipps

die **Säure**
die **Alkalie**
die **Lauge**
der **Indikator**
der **pH-Wert**

Indikatoren • Saure und alkalische Lösungen reagieren mit vielen Farbstoffen. Dabei ändert sich der Farbton dieser Farbstoffe. Rotkohlsaft ist dafür ein Beispiel. Sein Farbstoff ist im sauren Bereich rot, im schwach alkalischen Bereich blau, im mittleren braugrün bis grün und im stark alkalischen gelb. Ist die Lösung weder sauer noch alkalisch, sondern neutral, so zeigt Rotkohlsaft eine blauviolette Farbe. →4 Solche Farbstoffe, kann man als Indikatoren (= „Anzeiger") für saure, neutrale und alkalische Lösungen nutzen.

pH-Wert • Der pH-Wert gibt an, wie konzentriert eine saure bzw. alkalische Lösung ist, das heißt, wie viele Säure- und Alkalieteilchen enthalten sind. → ⊡ Hierbei handelt es sich um H^+- und OH^--Teilchen. Saure Lösungen haben einen pH-Wert unter 7. Ein pH-Wert von 0 bedeutet, dass es sich um eine extrem saure Lösung handelt. Alkalische Lösungen haben einen pH-Wert über 7. Extrem alkalische Lösungen haben einen pH von 14. Neutrale wässrige Lösungen haben den pH-Wert 7. Die pH-Skala reicht also von pH 0 bis pH 14 mit pH 7 exakt in der Mitte. Von einer pH-Wert-Stufe zur nächsten steht allerdings nicht eine Verdopplung der H^+- bzw. OH^--Konzentration, sondern jeweils eine Verzehnfachung!

> Säuren und Alkalien reagieren mit vielen Stoffen, z. B. mit Indikatoren. Der pH-Wert ist ein Maß dafür, wie sauer oder alkalisch eine Lösung ist.

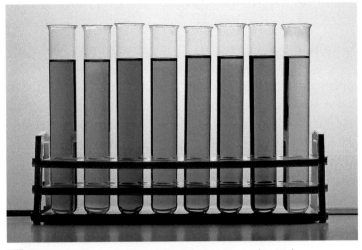

4 Rotkohlsaft – von pH = 0 (links) bis pH = 14 (rechts)

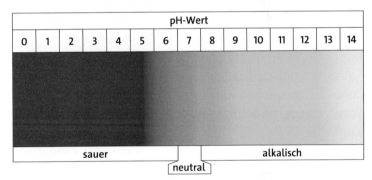

5 Die pH-Skala

Aufgaben

1 ☑ Nenne einige Säuren und einige Alkalien.

2 ☑ Liste gemeinsame Eigenschaften von Säuren und von Alkalien auf.

3 ☒ Erläutere, wie Indikatoren funktionieren.

4 ☒ Erläutere, was der pH-Wert über eine Lösung aussagt.

Säuren und Alkalien – zwei Stoffgruppen

Material A

Säuren und Kalk → ▣

Kalk findet man häufig in der Natur. Viele Lebewesen bilden nämlich Kalk als Baumaterial. Mit Säuren kannst du Kalk nachweisen: Kalk reagiert mit Säuren – und weil eines der Reaktionsprodukte das Gas Kohlenstoffdioxid ist, stellt man dann ein Aufschäumen fest.

Materialliste: Pipette, säurefeste Unterlage, Eierschalen, Muscheln, Marmor, Kalkstein, Calciumcarbonat, verschiedene Gesteinsproben vom Schulgelände, verdünnte Salzsäure ⟨!⟩

1 Tropfe mit der Pipette etwas Säure auf die verschiedenen Probestücke.

2 ☒ Beobachte genau und notiere deine Ergebnisse.

1 Muschelschalen bestehen aus Kalk.

Material B

Säuren und Metalle → ▣

Alle Säuren reagieren mehr oder weniger gut mit unedlen Metallen. Eines der Reaktionsprodukte ist ein Gas.

Materialliste: Pipette, 8 Reagenzgläser, Reagenzglasständer, Gasbrenner, Dreifuß, Abdampfschale, Magnesiumband, Eisenpulver ⟨🔥⟩, Zinkpulver ⟨🔥⟩ ⟨⚴⟩, verdünnte Schwefelsäure ⟨⚠⟩, 25%ige Essigsäure ⟨⚠⟩

1 Gib in drei Reagenzgläser jeweils etwas von einem Metall und 1 cm hoch verdünnte Schwefelsäure. Fange das entstehende Gas mit einem umgedrehten Reagenzglas auf und mache die Knallgasprobe. Wiederhole dann den gesamten Versuch mit Essigsäure.

2 ☒ Beobachte und halte die Ergebnisse tabellarisch fest.

3 Gib nach Ende der Reaktion den flüssigen Rest eines Reagenzglases in die Abdampfschale. Erhitze, bis die Flüssigkeit verdampft ist.

4 ☒ Beschreibe, was du nach dem Abdampfen feststellst.

Material C

Alkalien greifen an

Konzentrierte alkalische Lösungen sind sehr aggressiv gegenüber dem Keratin, aus dem unsere Hornhaut und unsere Haare bestehen.

Materialliste: 2 Reagenzgläser, Pipette, Reagenzglasständer, Reagenzglashalter, Vogelfeder, Haarsträhne, Natronlauge (32%ig) ⟨⚠⟩

Achtung • Schutzhandschuhe verwenden!

1 ☒ Gib in ein Reagenzglas eine abgetrennte Haarsträhne und in das andere eine Vogelfeder. Dazu gibst du jeweils 10 ml Natronlauge. Beobachte, was passiert.

2 ☒ Überlege, warum Abflussreiniger die gleiche Alkalie enthält, die in Natronlauge gelöst ist.

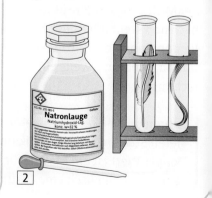

2

Material D

Indikatoren

Manche Indikatoren kann man sich selbst zubereiten. → 3

Rotkohlindikator

Frisch:
Klein geschnittener Rotkohl wird mit wenig Wasser gekocht. Flüssigkeit danach abgießen.

Konserve:
Rotkohlblätter auf dem Heizkörper trocknen, danach zerbröseln. Bei Bedarf wie Tee aufbrühen, ziehen lassen und abseihen.

3

Materialliste: Reagenzgläser, Reagenzglasständer, Pipette, Rotkohlindikator, Universalindikator, Phenolphthalein ◈ ⟨!⟩, Bromthymolblau, Stoffe aus dem Haushalt (Speiseessig – 5%ig, Kernseife, WC-Reiniger, Essigreiniger, Spülmaschinentabs) und aus dem Labor (verdünnte Säuren und Alkalien ◈ ⟨!⟩)

1 Untersuche die Stoffe aus dem Haushalt und die verdünnten

Säuren und Alkalien auf ihren pH-Wert. Benutze dazu den selbst gemachten Rotkohlindikator und die drei anderen Indikatoren.

2 ✍ Protokolliere deine Ergebnisse in einer Tabelle.

3 ⊠ Erläutere, wie man am besten den pH-Wert von Orangensaft bestimmen könnte.

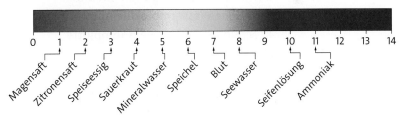

4 Farbverlauf bei Universalindikator – zugeordnete Lösungen

Material E

pH-Wert und Verdünnung

In Bild 5 wird eine Säure immer wieder um den Faktor 10 verdünnt.

1 ⊠ Formuliere eine Regel, wie sich der pH-Wert beim Verdünnen einer Säure ändert.

2 ⊠ Erkläre, warum pH = 6 für viele Fischarten noch erträglich, pH = 5 aber tödlich ist.

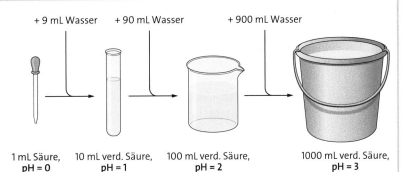

+ 9 mL Wasser   + 90 mL Wasser   + 900 mL Wasser

1 mL Säure, pH = 0   10 mL verd. Säure, pH = 1   100 mL verd. Säure, pH = 2   1000 mL verd. Säure, pH = 3

5 Mehrfaches Verdünnen einer Säure

Die entscheidenden Teilchen

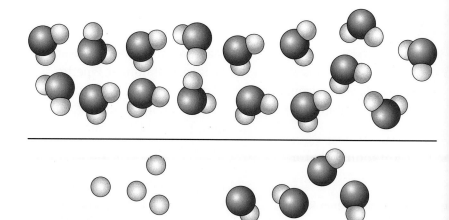

1 Ein kleines Glas Wasser – eine Fülle von Teilchen

Ein Schnapsglas mit 18 g Wasser: Darin befinden sich gut 60 Billiarden zerfallene Wassermoleküle und 10 Millionen Mal so viele komplette
5 **Wassermoleküle.**

Bruchstücke des Wassers • In einer Portion reinem Wasser gibt es nicht nur H_2O-Moleküle. Ein geringer Teil davon liegt in „zerbrochener" Form
10 vor – als H^+- und OH^--Teilchen. In neutralem Wasser ist die Anzahl dieser beiden Teilchen gleich. In sauren Lösungen überwiegt die Anzahl der H^+-Teilchen, in alkalischen Lösungen
15 ist die Zahl der OH^--Teilchen größer.

Säuren • Säuren sind also Stoffe, die grundsätzlich die Anzahl der H^+-Teilchen im Wasser erhöhen. Wird eine Säure in Wasser gegeben, spricht
20 man von saurer Reaktion.

Alkalien • Alkalien sind Stoffe, die grundsätzlich die Anzahl der OH^--Teilchen erhöhen. Wird eine Alkalie in

Wasser gegeben, so nennt man den
25 Vorgang alkalische Reaktion.

Oxonium- und Hydroxid-Ion • Das H^+-Teilchen ist sehr winzig. Es besteht ja nur aus einem Atomkern des Wasserstoffs – einem Proton. Es bindet
30 sich daher an ein Wassermolekül an. Diese entstehenden H_3O^+-Teilchen werden Oxonium-Ionen genannt. Das OH^--Teilchen, auch Hydroxid-Ion genannt, ist groß genug. Es bewegt sich
35 als Gegenspieler zu den Oxonium-Ionen in der wässrigen Lösung.

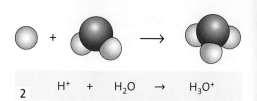

2   H^+ + H_2O → H_3O^+

> Säuren liefern H^+-Teilchen, Alkalien OH^--Teilchen. In sauren Lösungen überwiegt der H^+-Teilchenanteil, in alkalischen Lösungen die Zahl der OH^--Teilchen.

vajibi

Lexikon
Tipps

das **Oxonium-Ion**
das **Hydroxid-Ion**
das **Säurerest-Ion**
die **Neutralisation**

Säurerest-Ion • Neben den H⁺-Teilchen bringt jede Säure ein negativ geladenes Säurerest-Ion ein, denn die Ladungen innerhalb jeder Lösung müssen ausgeglichen sein. Salzsäure (HCl) bringt z. B. ein Chlorid-Ion (Cl⁻) ein:

$$\text{Salzsäure} \rightarrow \text{Wasserstoff-Ion} + \text{Chlorid-Ion}$$
$$\text{HCl} \rightarrow \text{H}^+ + \text{Cl}^-$$

Metall-Ion • Alkalien wie Natronlauge (NaOH) liefern zum Ladungsausgleich außer den Hydroxid-Ionen (OH⁻) noch positiv geladene Metall-Ionen in die Lösung:

$$\text{Natronlauge} \rightarrow \text{Natrium-Ion} + \text{Hydroxid-Ion}$$
$$\text{NaOH} \rightarrow \text{Na}^+ + \text{OH}^-$$

Neutralisation • Wenn saure und alkalische Lösungen zusammenkommen, treffen H⁺-Teilchen (bzw. H₃O⁺-Teilchen) und OH⁻-Teilchen aufeinander. Dabei reagieren diese beiden Ionen zu neutralen Wassermolekülen. → 3
So kann ein Überschuss der einen oder anderen Teilchenart in der Lösung ausgeglichen werden. Die Lösung ist dann neutral. Deshalb heißt diese Reaktion Neutralisation. Die Lösung hat dann einen pH-Wert von 7.

Salzbildung • Bei der Neutralisation bleiben sowohl die Metall-Ionen als auch die Säurerest-Ionen in Lösung. Vertreibt man alle Wassermoleküle, z. B. durch Eindampfen der Lösung, bleibt ein Salz als Feststoff zurück. Die Ionen haben sich zu einem Kristallgitter zusammengelagert. → 4

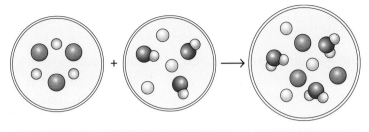

$$\text{Salzsäure} + \text{Natronlauge} \rightarrow \text{neutrale Natriumchlorid-Lösung}$$
$$\text{H}^+ + \text{Cl}^- + \text{Na}^+ + \text{OH}^- \rightarrow \text{H}_2\text{O} + \text{Na}^+ + \text{Cl}^-$$

3

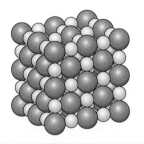

$$\text{Natrium-Ion} + \text{Chlorid-Ion} \rightarrow \text{Natriumchlorid}$$
$$\text{Na}^+ + \text{Cl}^- \rightarrow \text{NaCl}$$

4

Bei der Neutralisation entsteht eine neutrale Salzlösung (pH = 7). Wird diese eingedampft, lagern sich die Ionen zu Ionengittern (= Salzkristallen) zusammen.

Aufgaben

1 ▣ Gib an, welche Ionen in sauren und in alkalischen Lösungen im Überschuss vorhanden sind.

2 ▣ Erkläre an einem Beispiel den Begriff Säurerest-Ion.

3 ▣ Erkläre, was bei einer Neutralisationsreaktion geschieht. Notiere eine allgemeine Reaktionsgleichung.

Die entscheidenden Teilchen

Material A

Die gemeinsamen Teilchen

Untersuche, welche Ionen in sauren und alkalischen Lösungen vorkommen.

Materialliste: 3 Reagenzgläser, Reagenzglasständer, Kochsalz, verdünnte Salzsäure ⟨!⟩, verdünnte Natronlauge ⟨⟩, Universalindikator

1 Gib in das erste Reagenzglas etwas Kochsalzlösung, in das zweite etwas Salzsäure und in das dritte etwas Natronlauge. Füge jeweils 2 Tropfen Universalindikator zu.

2 ☒ Übertrage Tabelle 1 in dein Heft und notiere deine Beobachtungen darin.

3 ☒ Überlege mithilfe der Tabelle, welches Ion für die Eigenschaften der Säure bzw. der Lauge verantwortlich sein muss.

	Reagenzglas 1	Reagenzglas 2	Reagenzglas 3
Im Reagenzglas enthaltene Ionen	?	?	?
Farbe des Indikators	?	?	?

1 Auswertung des Versuchs

Material B

Neutralisationen

Neutralisationen sind im Labor wichtig, aber auch z. B. in Klärwerken.

> **Im Klärwerk**
>
> Unsere Abwässer sind oft deutlich sauer oder alkalisch. Dann müssen sie im Klärwerk neutralisiert werden, und zwar entweder mit Salzsäure oder mit Kalkwasser (Calciumhydroxid-Lösung). Denn nur Wasser mit einem neutralen pH-Wert darf anschließend in die Umwelt entlassen werden.

Materialliste: kleines Becherglas, Rührstab, Pipette, Brenner mit Dreifuß, Porzellanschale, verdünnte Salzsäure ⟨!⟩, verdünnte Natronlauge ⟨⟩, Universalindikator

1 Gib in das Becherglas ca. 10 ml Säure und 2 Tropfen Indikator. Füge dann ca. 5 ml Lauge hinzu. Tropfe nun langsam Lauge dazu. Rühre jeweils gut um, bis du eine deutliche Farbveränderung bemerkst. Gib danach die neutralisierte Lösung in die Porzellanschale und dampfe die Lösung sehr langsam und ganz vorsichtig ein.

Achtung • Zum Schluss des Eindampfens können die Reste spritzen!

2 ☒ Formuliere ein Versuchsprotokoll mit Reaktionsgleichungen.

3 ☒ Erkläre, aus welchem Stoff der Rückstand in der Porzellanschale bestehen muss.

4 ☒ Formuliere eine Reaktionsgleichung für den Fall, dass saure Abwässer in ein Klärwerk eingeleitet und mit Kalkwasser neutralisiert werden.

Material C

Magensäure neutralisieren

Im Magen sorgen bestimmte Drüsen dafür, dass eine saure Lösung abgesondert wird, die für die Verdauung des Speisebreis wichtig ist. Diese Lösung ist der Salzsäure sehr ähnlich. Sie hat bei nüchternem Magen einen pH-Wert von 1, bei vollem Magen einen pH-Wert von 2 bis 4.
Manchmal sondern die Drüsen zu viel Magensäure ab. Es kommt zum unangenehmen Sodbrennen. Dieses schmerzhafte Gefühl kann man durch Einnahme von neutralisierenden Substanzen beseitigen. Die neutralisierende Wirkung von Magentabletten kannst du selbst in einem Versuch testen.

2 Schmerzhaftes Sodbrennen

Materialliste: kleines Becherglas, verdünnte Salzsäure ⟨!⟩, Universalindikator, mehrere Magentabletten (Rennie®, Talcid® oder Riopan®)

1 Fülle verdünnte Salzsäure 1–2 cm hoch in das Becherglas und gib 2 Tropfen Universalindikator dazu. Füge dann eine Magentablette zu, rühre um und beobachte die Flüssigkeit.

2 ⊠ Erkläre die Wirkung des Medikaments im Magen.

Material D

Rallye zu den Salzen

Bei Neutralisationen können nach dem Eindampfen viele verschiedene Salze entstehen.

1 ⊠ Übertrage die Tabelle in dein Heft und ergänze sie. Dazu musst du überall im Buch nach Informationen suchen. Nutze auch das Stichwortverzeichnis im Anhang.
Ergänze die Tabelle, wenn du noch weitere Salze findest.

Säure	Säurerest-Ion	Alkalie	Salzlösung mit	Salzname	Salzformel
Salzsäure HCl	Chlorid Cl^-	?	Na^+ und Cl^-	Natriumchlorid	?
Schwefelsäure H_2SO_4	Sulfat SO_4^{2-}	Kaliumhydroxid KOH	?	?	K_2SO_4
Salpetersäure HNO_3	Nitrat NO_3^-	Calciumhydroxid $Ca(OH)_2$	Ca^{2+} und NO_3^-	?	$Ca(NO_3)_2$
Essigsäure CH_3COOH	Acetat CH_3COO^-	?	?	Lithiumacetat	?

3 Salze und ihre Namen

Salzsäure

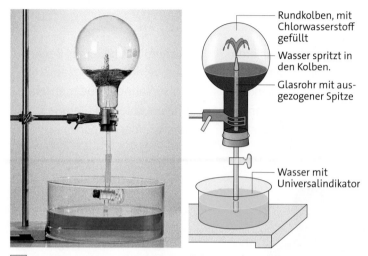

Rundkolben, mit Chlorwasserstoff gefüllt

Wasser spritzt in den Kolben.

Glasrohr mit ausgezogener Spitze

Wasser mit Universalindikator

1 Der Springbrunnenversuch → ▣

Chlorwasserstoff ist gut in Wasser löslich und bildet dabei Salzsäure. Das zeigt der Springbrunnenversuch.

Chlorwasserstoff • Wenn man konzen-
5 trierte Schwefelsäure auf Kochsalz tropft, entsteht ein Gas: Chlorwasserstoff mit der Formel HCl. Es ist farblos und stark ätzend. In Wasser ist es extrem gut löslich und bildet dabei
10 Salzsäure.

Der „Springbrunnenversuch" • Man füllt einen Rundkolben mit Chlorwasserstoff. Darunter stellt man ein Gefäß mit Wasser, das mit Universalindikator
15 angefärbt wurde. Beide Gefäße werden durch ein Glasröhrchen verbunden. Sobald ein paar Tropfen Wasser in den Kolben kommen, löst sich sofort viel Gas darin. Im Kolben bildet sich
20 also ein Unterdruck. Deshalb spritzt in Bild 1 das Wasser hoch in den Kolben. Die ursprünglich grüne Farbe des Universalindikators schlägt nach Rot um.

Dies zeigt die Bildung von Säure im
25 Kolben an.

Eigenschaften von Salzsäure • In einem Liter Wasser können sich bis zu 400 Liter Chlorwasserstoffgas lösen. Dann ist konzentrierte Salzsäure entstanden.
30 Sie heißt auch „rauchende" Salzsäure, weil sie über dem offenen Gefäß mit der Luftfeuchtigkeit Nebel bildet. Salzsäure reagiert wie andere Säuren mit Kalk und mit Metallen. Dabei bilden
35 sich ihre Salze, die Chloride.
Eine Mischung von konzentrierter Salzsäure mit konzentrierter Salpetersäure wird „Königswasser" genannt. Es reagiert sogar mit Gold, der „Königin der
40 Metalle", und löst es auf.

Vorkommen • In der Natur kommt Salzsäure außer in Vulkanseen vor allem im Magen von Menschen und Wirbeltieren vor. In der Industrie ist sie eine
45 der wichtigsten Grundchemikalien.

> Chlorwasserstoff löst sich gut in Wasser. Dabei entsteht Salzsäure.

Aufgaben

1 ✎ Nenne Eigenschaften von Salzsäure.

2 ✖ Beschreibe den Springbrunnenversuch.

3 ✖ Erkläre, warum Wasser nach dem Einleiten von Chlorwasserstoffgas den elektrischen Strom leitet.

betapu

Lexikon
Video
Tipps

die **Salzsäure**
der **Chlorwasserstoff**

Material A

Bildung von Salzen

1 Säure und Metall

Materialliste: Magnesiumband, Zinkgranulat, Kupferpulver, verdünnte Salzsäure, 3 Reagenzgläser, Reagenzglasständer, Pipette, Spatel

a Gib in je ein Reagenzglas 2 cm Säure und 2 cm Magnesiumband, ein Korn Zink bzw. eine Spatelspitze Kupferpulver. Beobachte. Dampfe die Lösungen nach der Reaktion ein.

b ⊠ Benenne die entstandenen Salze.

c ⊠ Formuliere die Wort- und Symbolgleichungen zu den ablaufenden Reaktionen.

2 Säure und Metalloxid

Materialliste: Magnesiumoxid, Zinkoxid, Kupferoxid, verdünnte Salzsäure, 3 Reagenzgläser, Reagenzglasständer, Spatel

a Gib in je ein Reagenzglas 2 cm Säure und eine Spatelspitze der Metalloxide. Dampfe die Lösungen nach der Reaktion ein.

b ⊠ Benenne auch hier die entstandenen Salze.

c ⊠ Formuliere einen Merksatz, auf welchen verschiedenen Wegen Salze entstehen können.

2 Zink in Salzsäure

Material B

Chlorid-Ionen identifizieren

Die Analytik ist ein vielfältiger Bereich in der Chemie. Ob Verschmutzungen in Gewässern, Belastungen in Böden, Pestizide in Lebensmitteln oder Schadstoffe im Kinderspielzeug – immer ist das Urteil der analytischen Chemiker gefragt. Sie untersuchen, wie viel von welchen Stoffen in einer Probe enthalten ist. In diesem Versuch kannst du mit Silbernitrat Chlorid-Ionen nachweisen.

Der weiße Niederschlag aus schwer löslichem Silberchlorid weist Chlorid-Ionen nach.

Materialliste: Silbernitrat-Lösung (0,1-molar), Pipette, Reagenzgläser, Natriumchlorid-Lösung, Natriumnitrat-Lösung, Calciumchlorid-Lösung, Salzsäure (2n), Essigsäure (5%ig).

1 Gib in das Reagenzglas 2–3 cm hoch von einer Lösung, die getestet werden soll.

2 Gib dazu einige Tropfen der Silbernitrat-Lösung. Beobachte.

3 Wiederhole den Versuch mit den anderen Proben.

3 Nachweis von Chlorid-Ionen

Ein Multitalent – die Schwefelsäure

1 Schwefelsäure ist zur Produktion von Kunstdüngern, Farbstoffen und Waschmitteln notwendig.

Schwefelsäure spielt nicht nur in der Industrie eine wichtige Rolle, sondern auch im Haushalt und in der Natur.

Konzentrierte Schwefelsäure • Reine, 5 also 100%ige Schwefelsäure ist eine farblose, ölige Flüssigkeit mit einer hohen Dichte ($1,8 \frac{g}{ml}$). Sie besteht aus H_2SO_4-Molekülen.

Reaktion mit Wasser • Konzentrierte 10 Schwefelsäure reagiert sehr heftig mit Wasser. Daher ist sie auch stark wasseranziehend (hygroskopisch). Man muss sie gut verschlossen aufbewahren, sonst zieht sie Luftfeuchtigkeit an 15 und verdünnt sich selbst. Viele Stoffe zerstört sie so, dass dabei Wassermole-

küle entstehen, mit denen sie dann reagieren kann. → 4 Daher ist konzentrierte Schwefelsäure sehr gefährlich.

20 **Verdünnte Schwefelsäure** • Erst nach dem Verdünnen hat Schwefelsäure die typischen Eigenschaften einer Säure. Denn beim Verdünnen mit Wasser dissoziiert sie. Unter Dissoziieren versteht 25 man die Auftrennung eines Moleküls in mehrere Moleküle, Atome oder Ionen. Von den H_2SO_4-Molekülen spalten sich hierbei H^+-Ionen ab. → 2 Neben einem H_3O^+-Ion entsteht dabei 30 als Säurerest-Ion ein HSO_4^--Ion, das Hydrogensulfat-Ion. Dieses Ion kann ein weiteres H^+-Ion abgeben. → 3 Dabei entstehen SO_4^{2-}-Ionen als Säurerest-Ionen. Sie heißen Sulfat-Ionen. 35 Die Schwefelsäure gehört zu den sogenannten starken Säuren, da sie in Wasser ihre H^+-Ionen sehr leicht und fast vollständig abgibt. Eine Schwefelsäure-Lösung enthält also fast ausschließlich 40 Ionen (H_3O^+, HSO_4^- und SO_4^{2-}).

Schwefelsäure + Wasser → Oxonium-Ion + Hydrogensulfat-Ion
2 $\quad H_2SO_4 \quad + \quad H_2O \quad → \quad H_3O^+ \quad + \quad HSO_4^-$

Hydrogensulfat-Ion + Wasser → Oxonium-Ion + Sulfat-Ion
3 $\quad HSO_4^- \quad + \quad H_2O \quad → \quad H_3O^+ \quad + \quad SO_4^{2-}$

voxayu

Lexikon
Video
Tipps

die **Schwefelsäure**
hygroskopisch
dissoziieren
das **Hydrogensulfat-Ion**
das **Sulfat-Ion**

Vorsicht beim Verdünnen • Wenn konzentrierte Schwefelsäure mit Wasser reagiert, wird sehr viel Energie frei. Die Säure wird dabei sehr heiß. Daher muss man beim Verdünnen die schwere Säure ins Wasser gießen. Wenn man es umgekehrt macht, bleibt das Wasser oben auf der Säure und erwärmt sich sehr stark. Es kann dann heftig verdampfen und Säuretröpfchen mitreißen.

Vorkommen • Freie Schwefelsäure ist in der Natur kaum zu finden. Die Salze der Schwefelsäure, die Sulfate und Hydrogensulfate, kommen dagegen häufig vor.
Ein Beispiel ist Calciumsulfat, das unter dem Namen Gips bekannt ist. Die Calciumsulfat-Kristalle in der Natur werden auch als Selenit oder Marienglas bezeichnet. → 5
Sulfate finden unter anderem Verwendung in Waschmitteln. → 1

Verwendung der Schwefelsäure •
Schwefelsäure wird als Batterieflüssigkeit in Autobatterien eingesetzt. In der chemischen Industrie ist sie mit einer Menge von über 400 000 Tonnen allein in Deutschland eine der wichtigsten Chemikalien zur Produktion von Düngemitteln und Farben. Außerdem ist Schwefelsäure für unzählige Produktionen als Katalysator von Bedeutung. Arzneistoffe, Farbstoffe für Textilien und einige Chemiefasern könnten ohne Schwefelsäure kaum hergestellt werden.

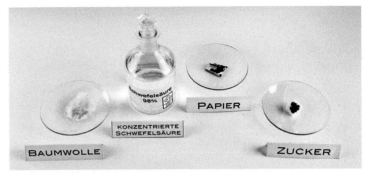

4 Konzentrierte Schwefelsäure reagiert mit Baumwolle, mit Papier und mit Zucker. → 🖸

5 Calciumsulfat in der Natur (Marienglas)

Konzentrierte Schwefelsäure besteht aus H_2SO_4-Molekülen. Sogar ihr Verdünnen ist gefährlich. Als Grundchemikalie ist sie für die chemische Industrie unverzichtbar.

Aufgaben

1 ☑ Nenne die Säurerest-Ionen der Schwefelsäure mit Namen und mit Formel.

2 ☒ Beschreibe Vorsichtsmaßnahmen beim Umgang mit Schwefelsäure.

3 ☒ Nenne Vorkommen und Verwendung von Schwefelsäure und ihrer Salze.

Ein Multitalent – die Schwefelsäure

Material A

Schwefelsäure auf der Waage

Ein Becherglas mit konzentrierter Schwefelsäure wurde offen auf einer Waage stehen gelassen. → 1 2

1 ☒ Erkläre, warum die Masse im Lauf der Zeit zunimmt.

1 Zu Beginn

2 Ein Tag später

Material B

Temperaturverlauf beim Verdünnen

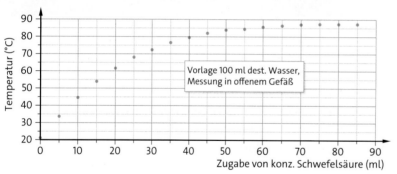

Vorlage 100 ml dest. Wasser, Messung in offenem Gefäß

3 Temperaturverlauf bei Zugabe von Schwefelsäure zu Wasser

1 Wenn konzentrierte Schwefelsäure mit Wasser reagiert, wird sehr viel Energie frei. In einem Beispielexperiment wurde Wasser mit vielen kleinen Portionen Schwefelsäure versetzt. Kurz nach der Zugabe von Säure wurde die Temperatur gemessen. → 3
☒ Beschreibe den Verlauf des Graphen in Bild 3.

2 ☒ Beim Verdünnen von konzentrierter Schwefelsäure mit Wasser findet eine chemische Reaktion statt. Formuliere die Reaktionsgleichung.

3 ☒ Erkläre die Temperaturzunahme bei dem Versuch.

Material C

Wie wirken WC-Reiniger?

Materialliste: saurer WC-Reiniger ⬦, Pipette, Spatel, Reagenzglas, Universalindikator

1 Löse eine Spatelspitze WC-Reiniger in Wasser. Untersuche die Lösung mit Universalindikator.

2 ☒ Erkläre die Farbänderung des Indikators.

3 ☒ Erkläre, wie der Reiniger Kalkablagerungen entfernt.

WC-Reiniger Pulver Gefahr Enthält Natriumhydrogensulfat.
Kann gegenüber Metallen korrosiv sein. Verursacht schwere Verätzungen der Haut und Augenschäden.

4 WC-Reiniger-Etikett

Erweitern und Vertiefen

Vielfach nützlich

Für Schwefelsäure und ihre Salze gibt es viele nützliche Anwendungen.

Zum Trocknen • Manche Stoffe im Chemielabor würden sofort mit Wasser reagieren. Man muss
5 sie so aufbewahren, dass sie nicht einmal mit Luftfeuchtigkeit in Kontakt kommen. Dabei hilft konzentrierte Schwefelsäure: Ein Exsikkator ist ein verschließbares Glasgefäß. →5 Unten gibt man konzentrierte Schwefel-
10 säure in das Gefäß. Sie nimmt die Luftfeuchtigkeit auf. Weiter oben ist eine Siebplatte als Abstellfläche für die Stoffe, die trocken gehalten werden sollen.

In Batterien • Jede Batterie hat einen Plus- und
15 einen Minuspol. Damit aus Batterie und Kabeln ein geschlossener Stromkreis wird, muss der Strom auch innen in der Batterie fließen können. Daher enthalten viele Batterien Salze oder Säuren, also auch Ionen.
20 Autobatterien enthalten Blei-Atome und Blei-Ionen. Diese reagieren miteinander, tauschen dabei Elektronen aus und setzen so den Stromfluss in Gang. Außerdem enthalten Autobatterien Schwefelsäure – sodass in der
25 Batterie Bleisulfat entsteht.

Als Abführmittel • Natriumsulfat oder Glaubersalz ist ein Salz, das stark abführend wirkt. In der Medizin wird es daher zur Behandlung von Verstopfungen angewendet. In der
30 Alternativmedizin ist es ein beliebtes Mittel zur Entschlackung, zum Beispiel zu Beginn einer Fastenkur.

Beim Röntgen • In normalen Röntgenbildern ist unser Magen und Darm ziemlich unsichtbar.
35 Das ändert sich, wenn man etwas Bariumsulfat-Lösung trinkt. Bariumsulfat ist also ein Röntgenkontrastmittel. →7 Außerdem ist Bariumsulfat in Wasser fast unlöslich. Daher werden keine gefährlichen
40 Barium-Ionen freigesetzt.

Aufgaben

1 ☑ Nenne ein Salz, das in Autobatterien enthalten ist.

2 ☒ Erkläre die Funktion des Exsikkators.

3 ☒ Erkläre die Rolle von Bariumsulfat beim Röntgen.

5 Exsikkator

6 Autobatterie

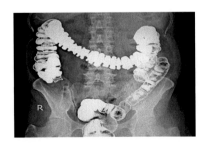

7 Röntgenbild des Dickdarms

Kohlensäure

1 Ist Kohlensäure ein Gas oder eine Säure?

Viele Getränke enthalten Kohlensäure. Könnte das nicht gefährlich sein?

Gase in Flüssigkeiten • Man kann Gase in Flüssigkeiten drücken. Die Gasteil-
5 chen verteilen sich dann zwischen den Molekülen der Flüssigkeit.
So ist es auch bei Kohlenstoffdioxid. Wenn man dieses Gas mit Überdruck in Wasser drückt, erhält man Sprudel-
10 wasser. Und wenn man die Sprudel-flasche öffnet, entweicht das Gas auch allmählich wieder. Durch Schütteln und durch Erwärmen entweicht das Gas noch schneller.

15 **Bildung von Kohlensäure** • Sprudel-wasser schmeckt aber nicht nur spru-delig, sondern auch sauer. Kohlen-stoffdioxid reagiert nämlich auch mit Wasser. Dabei entsteht Kohlensäure:

Kohlenstoffdioxid + Wasser → Kohlensäure
$$CO_2 \quad + \quad H_2O \quad \rightarrow \quad H_2CO_3$$

Trotzdem ist Sprudelwasser ungefähr-lich. Das liegt daran, dass nur ein sehr kleiner Teil des Kohlenstoffdioxids zu
25 Kohlensäure reagiert.

Abgabe von H⁺-Ionen • Die Moleküle der Kohlensäure können ein H^+-Ion abgeben. Als Säurerest-Ion bleibt ein Hydrogencarbonat-Ion (HCO_3^-) übrig.
30 Dieses Ion kann ein weiteres H^+-Ion abgeben. Dann bleibt als Säurerest-Ion ein Carbonat-Ion (CO_3^{2-}) übrig.

> Kohlenstoffdioxid reagiert in geringem Umfang mit Wasser zu Kohlensäure.

Aufgaben

1 ☒ Erkläre das Zischen beim Öffnen einer Sprudelflasche.

2 ☒ Kohlensäure kann zwei H^+-Ionen abgeben und auf diese Weise zwei Säurerest-Ionen bilden. Fomuliere dazu die Reaktionsgleichungen.

zaqiba

Lexikon
Tipps

die **Kohlensäure**
das **Hydrogencarbonat-Ion**
das **Carbonat-Ion**

Material A

Eine unbeständige Säure

Kohlenstoffdioxid entweicht leicht aus Sprudelwasser, vor allem bei Unterdruck und bei Erwärmen.

Materialliste: Kolbenprober, Sprudelwasserflasche, Stück Gummischlauch, Becherglas, Kalkwasser

1 Verbinde die offene Flasche über das Schlauchstück mit dem Kolbenprober. Die Verbindung muss luftdicht sein. →☐2 Bewege dann den Kolbenprober nach oben und wieder nach unten. Beobachte dabei genau. Ziehe dann den Kolbenprober wieder

hoch und drücke das aufgefangene Gas in Kalkwasser.

2 ☒ Beschreibe und erkläre deine Beobachtungen.

Kolbenprober

Sprudelwasser

☐2 Unterdruck anlegen

Materialliste: Becherglas, Brenner mit Dreifuß, Sprudelwasser, Universalindikator

3 Gib ca. 100 ml Sprudelwasser mit einigen Tropfen Indikator in das Becherglas. Erhitze bis zum Kochen und beobachte genau.

4 ☒ Erkläre das Versuchsergebnis.

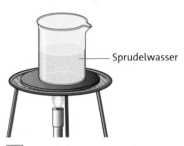

Sprudelwasser

☐3 Sprudelwasser erwärmen

Material B

Sprudelwasser herstellen

Materialliste: Becherglas, Kohlenstoffdioxid, Universalindikator

1 Gib in das Becherglas Wasser und etwas Indikator. Lass dann die Lehrkraft Kohlenstoffdioxid in das Wasser geben. Du kannst den Versuch auch mit Indikatorpapier und einem Sprudler zu Hause machen.

2 ☒ Erstelle ein Versuchsprotokoll.

3 ☒ Beschreibe die Anlage in Bild 4 und erkläre, auf welche Weise dort Sprudelwasser hergestellt wird.

4 ☒ Vergleiche die industrielle Herstellung von Sprudelwasser in Bild 4 mit der Funktionsweise eines haushaltsüblichen Sprudlers.

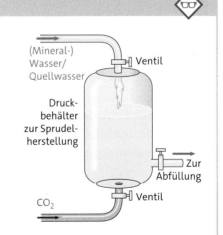

(Mineral-) Wasser/ Quellwasser

Ventil

Druckbehälter zur Sprudelherstellung

Zur Abfüllung

CO_2

Ventil

☐4 Herstellung von Sprudelwasser in der Industrie

Kohlensäure

Erweitern und Vertiefen

Weitere Säuren und ihre Salze

Phosphorsäure • Reine Phosphorsäure (H_3PO_4) ist bei Raumtemperatur fest und wie die Schwefelsäure stark wasseranziehend. Sie wird als 80- bis 85%ige Phosphorsäurelösung verkauft. Verdünnte Phosphorsäure wird zum Entrosten von Metallen und als Rostschutz genutzt. In der Lebensmittelindustrie findet man sie als Säuerungsmittel in Getränken wie z. B. Cola. →[1] Die Salze der Phosphorsäure werden als Konservierungsmittel und Antioxidantien genutzt. Sie verhindern, dass Fette ranzig werden oder Wurst und Fleischwaren sich verfärben. Außerdem werden Phosphate als Enthärter in Spülmaschinenmitteln eingesetzt. Der Hauptteil der Phosphate kommt allerdings als Dünger zum Einsatz.

Salpetersäure • Reine Salpetersäure (HNO_3) ist eine farblose Flüssigkeit. Sie zersetzt sich allerdings sehr leicht und hat dann einen gelblichen Farbton. Salpetersäure ist sehr gefährlich. Sie ist stark ätzend und setzt bei vielen Reaktionen giftige Gase frei. In Konzentrationen über 70 Prozent ist sie brandfördernd. Salpetersäure ist Ausgangsstoff für viele wichtige Produkte. Sie wird unter anderem zur Herstellung von Farbstoffen, Lacken, Medikamenten und Explosivstoffen wie Nitroglycerin genutzt. Die Salze der Salpetersäure heißen Nitrate. Sie werden in der Lebensmittelindustrie als Konservierungsmittel zum Pökeln von Wurstwaren verwendet. Außerdem werden sie als Düngemittel eingesetzt. →[2]

[1] Phophorsäure in Cola-Getränken

[2] Nitrate in Düngemitteln

Aufgaben

1 ☑ Gib an, wozu man die verschiedenen Säuren und ihre Salze nutzt.

Säure	Formel der Säure	Salze	Beispiel für Salz	Formel des Salzes
Phosphorsäure	H_3PO_4	Phosphate	Natriumphosphat	Na_3PO_4
Salpetersäure	HNO_3	Nitrate	Kaliumnitrat (Kalisalpeter)	KNO_3

[3] Wichtige Säuren und ihre Salze

Erweitern und Vertiefen

Entstehung von saurem Regen

4 Sichtbare Schäden durch sauren Regen

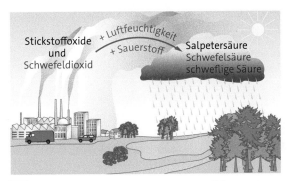

5 Entstehung von saurem Regen → [⊡]

Säure im Regen • In den 1980er Jahren stellte man mit Erschrecken fest, dass der Regen immer mehr Säure enthielt. Der pH-Wert des Regens lag immer weiter unter 7. Dies bedrohte vor allem
5 die Umwelt. Man befürchtete ein allgemeines „Waldsterben". Was war geschehen?

Entstehung • Wenn man Kohlenstoff verbrennt, entsteht Kohlenstoffdioxid. Dieses bildet mit Wasser Kohlensäure. Ähnlich ist es, wenn man
10 Schwefel verbrennt. Dabei entsteht Schwefeldioxid, das mit Wasser z. B. Schwefelsäure bilden kann. Allgemein gilt: Die Oxide von Nichtmetallen (Kohlenstoff, Schwefel, Stickstoff, ...) bilden zusammen mit Wasser Säuren. Die Abgase bilden
15 also zusammen mit der Luftfeuchtigkeit den sauren Regen. → 5

Ursachen und Folgen • Die schädlichen Nichtmetalloxide in Abgasen werden hauptsächlich von der Industrie, Kraftwerken und dem Verkehr ver-
20 ursacht. Der saure Regen bewirkt, dass sich der pH-Wert der Böden absenkt und schädigt somit Pflanzen. → 4 Weitere Folgen sind Steinfraß an

Denkmälern bis hin zu Atemwegserkrankungen bei Menschen.

25 **Gegenmaßnahmen** • Heutzutage aber hat man dieses Problem weitgehend in den Griff bekommen. So verwendet man jetzt z. B. Treibstoffe mit geringerem Schwefelanteil, Entschwefelungsanlagen in Kraftwerken und Abgaskatalysatoren in
30 Autos. Geschädigten Böden wird Kalk zugesetzt, um den pH-Wert wieder zu erhöhen. Darüber hinaus gibt es Grenzwerte für Stickoxide, die nicht überschritten werden dürfen. Der pH-Wert des Regens liegt heute wieder deutlich näher an
35 pH 7.

Aufgaben

1 ⊠ Beschreibe die Entstehung von saurem Regen und nenne Folgen davon.

2 ⊠ Nenne drei Maßnahmen gegen die Ursachen des sauren Regens.

Kalk in der Natur

1 Tropfsteinhöhle

Ein großer Anteil der Gebirge auf der Erde besteht aus Kalkstein. Höhlen mit Tropfsteinen gibt es nur in solchen Gesteinsformationen. Woraus besteht
5 dieses Gestein?

Salze der Kohlensäure • Kohlensäure kann zwei Säurerest-Ionen bilden. Entsprechend gibt es auch zwei Typen von Salzen der Kohlensäure: Carbonate
10 und Hydrogencarbonate.

Gebirge aus Salzen • Das bekannteste Carbonat ist Calciumcarbonat ($CaCO_3$), der Kalkstein. Aus Kalkstein bestehen Gebirge mit ihren Tropfsteinhöhlen.
15 Reiner Kalkstein ist weiß, z. B. als Kreidekalk oder als weißer Marmor. Meist ist er aber z. B. mit Ton gemischt und dann braun oder grau. Auch Schneckenhäuser, Muscheln, Korallen und Eier-
20 schalen bestehen aus Calciumcarbonat.

Verwitterung von Kalkstein • Calciumcarbonat ist in Wasser praktisch unlöslich. Dennoch werden Figuren aus Kalkstein, ja sogar Gebirge abgetra-
25 gen. Regenwasser enthält nämlich immer etwas Kohlensäure, die sich aus Kohlenstoffdioxid und Wasser bildet. Und Säuren reagieren mit Kalk. In diesem Fall entsteht dabei Calcium-
30 hydrogencarbonatlösung. → 2
Der Kalkstein wird dann als Calciumhydrogencarbonatlösung „weggeschwemmt".

Wasserhärte • Dieses Calciumhydro-
35 gencarbonat ist ein Bestandteil der sogenannten Wasserhärte. Wasser aus Brunnen in Regionen mit Kalksteingebirgen ist also meist hart.

> Die Salze der Kohlensäure heißen Carbonate bzw. Hydrogencarbonate. Calciumcarbonat ist das wichtigste Carbonat. Calciumhydrogencarbonatlösung ist Teil der Wasserhärte.

Calciumcarbonat + Kohlensäure → Calciumhydrogencarbonatlösung

2    $CaCO_3$ + H_2CO_3 → $Ca^{2+} + 2\ HCO_3^-$

sucuqi

Lexikon
Tipps

das **Carbonat**
das **Hydrogencarbonat**
die **Wasserhärte**

Tropfsteine • Kalkgebirge sind durch
die Auflösung des Kalksteins von
Spalten und Höhlen durchzogen. Dort
tropft das harte Wasser oft von der
Decke und lässt Tropfsteine wachsen.
Es findet dort nämlich die umgekehrte
Reaktion statt wie bei der Auflösung
von Kalkstein. → 4
Die gebildete Kohlensäure zerfällt
in Wasser und Kohlenstoffdioxid.
Kalkstein bleibt zurück.
Auf die gleiche Weise führt hartes
Wasser auch zu Kalkablagerungen
in Wasserrohren oder in Kaffee-
maschinen.

> Aus gelöstem Calciumhydrogen-
> carbonat kann in Tropfsteinhöhlen
> oder Wasserrohren wieder Kalkstein
> werden.

Andere Carbonate • Natriumcarbonat
(Na_2CO_3) mit dem Handelsnamen Soda
wird schon seit dem Altertum zur Herstellung von Waschlauge verwendet.
Die Ägypter nutzten es z. B. bei der
Mumifizierung ihrer Pharaonen.
Heute ist es ein wichtiger Grundstoff
der chemischen Industrie. Es ist an der
Herstellung von Glas, Seifen, Waschmitteln und manchen Farbstoffen beteiligt.
Natriumhydrogencarbonat ($NaHCO_3$)
mit dem Handelsnamen Natron wird
ebenfalls vielfältig verwendet. Es ist
Bestandteil im Backpulver, in Brause-
pulver, in Zahnpasta oder in Sportgetränken. Dabei hat es oft die Aufgabe,
ein Gas freizusetzen, nämlich Kohlenstoffdioxid.

3 Auch Fossilien bestehen oft aus Kalkstein.

Calciumhydrogencarbonatlösung → Calciumcarbonat + Kohlensäure

$$Ca^{2+} + 2\,HCO_3^- \quad \rightarrow \quad CaCO_3 \quad + \quad H_2CO_3$$

4

Aufgaben

1 ☑ Nenne Vorkommen von Calciumcarbonat in der Natur.

2 ☒ Hartes Wasser führt nicht nur
zur Bildung von Tropfsteinen in
Höhlen, sondern auch zu Kalkablagerungen an Küchengeräten.
Erkläre, wie diese Ablagerungen
zustande kommen.

3 ☒ Calciumcarbonat kann man
durch Säurezugabe nachweisen.
Es kommt dann zu einem Aufschäumen. Erkläre, welches Gas für dieses
Aufschäumen verantwortlich ist.

Kalk in der Natur

Material A

Carbonate und Säuren

Materialliste: Reagenzgläser, durchbohrter Stopfen mit gewinkeltem Glasröhrchen, Reagenzglasständer, Spatel, Pipette, Calciumcarbonat, Kalkstein, Eierschalen, Muscheln, verdünnte Salzsäure ⟨!⟩, Kalkwasser ⟨⇔⟩ ⟨!⟩

1 Gib eine Spatelspitze Calciumcarbonat und verdünnte Salzsäure in ein Reagenzglas. Leite das entstehende Gas in Kalkwasser. Untersuche entsprechend auch die anderen Stoffe.

2 ☒ Protokolliere deine Beobachtungen.

3 ☒ Erkläre die Reaktion und formuliere eine Reaktionsgleichung.

4 ☒ Erkläre, wie Kalkränder im Haushalt oder eine verkalkte Kaffeemaschine gereinigt werden können.

Material B

Kalkflecken auf Marmor

Herr Meyer will Flecken auf einer Fensterbank aus Marmor wegputzen. Er fragt sich, ob Essigreiniger dazu geeignet ist.

1 ☒ Erkläre, weshalb der Essigreiniger ungeeignet sein könnte.

Material D

Eigenes Brausepulver

Achtung • Versuch nur im Klassenzimmer durchführen!

Materialliste: Natriumhydrogencarbonat und Zitronensäure ⟨!⟩ aus der Apotheke, Zucker, Pappbecher, Teelöffel

1 Mischt kleine Mengen der Feststoffe und gebt dann etwas Wasser hinzu. Führt ausnahmsweise auch Geschmacksproben durch.

2 ☒ Protokolliert eure Beobachtungen. Wozu dienen die einzelnen Stoffe?

3 ☒ Versucht eure Brausemischungen zu optimieren.

Material C

Backpulver verstehen

Materialliste: 2 Reagenzgläser, Klammer, durchbohrter Stopfen mit gewinkeltem Glasröhrchen, Gasbrenner, Becherglas, Spatel, Natriumhydrogencarbonat, Kalkwasser ⟨⇔⟩ ⟨!⟩, Weinsäure ⟨⇔⟩, Spülmittel

1 Backpulver enthält oft Natriumhydrogencarbonat.

1 Gib 2 cm hoch Natriumhydrogencarbonat in ein Reagenzglas und erhitze vorsichtig. Leite das entstehende Gas in ein Reagenzglas mit Kalkwasser und beobachte.

2 ☒ Notiere Beobachtungen und eine Reaktionsgleichung.

3 Gib je eine Spatelspitze Natriumhydrogencarbonat und Weinsäure in das Becherglas und mische gut. Gieße dann 2 ml Wasser mit einigen Tropfen Spülmittel darüber.

4 ☒ Erkläre, warum Backpulver Gebäck locker macht.

Material E

Der Kalkkreislauf in der Natur

Du kennst bereits den ständigen Wasserkreislauf in der Natur: Flüssiges Wasser, z. B. im Meer, verdunstet zu Wasserdampf. Der Wasserdampf kondensiert zu Regentropfen. Der Regen ergibt schließlich einen Fluss, der dann wieder ins Meer fließt ...
Auch Kalk, Calciumhydrogencarbonat und Kohlenstoffdioxid bilden zusammen einen ähnlichen Kreislauf.

1 ☒ Beschreibe anhand von Bild 2, wie Kalkgebirge ständig aufgelöst und gleichzeitig aber auch neu gebildet werden.

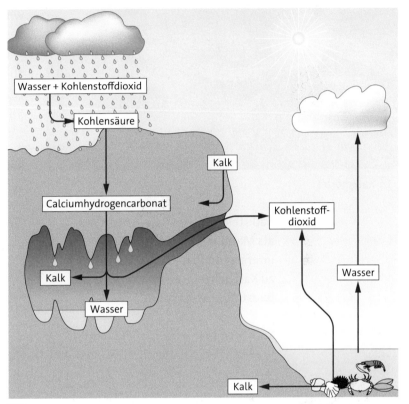

Wasser + Kohlenstoffdioxid
Kohlensäure
Kalk
Calciumhydrogencarbonat
Kohlenstoffdioxid
Kalk
Wasser
Wasser
Kalk

2 Meere und Kalkgebirge „verschwinden" ständig und bilden sich neu.

Material F

Hin und zurück

Lies den nebenstehenden Text.

1 ☒ Erkläre, warum sich Kalkablagerungen vor allem an Geräten bilden, in denen Leitungswasser erhitzt wird.

2 ☒ Notiere mögliche Gründe, warum sich Tropfsteine nur in wenigen Höhlen bilden.

Auflösung und Entstehung von Kalk

Kalk kann durch Kohlensäure aufgelöst werden. Es gibt aber auch die umgekehrte Reaktion. Dabei entsteht Kalk – und Kohlensäure wird freigesetzt.
Das ist in der Chemie häufig. Es gibt eine Hinreaktion und umgekehrt auch eine Rückreaktion.

Manchmal läuft die Hinreaktion besser ab, manchmal aber auch die Rückreaktion. Das hängt von den äußeren Bedingungen ab, z.B. vom Druck oder von der Temperatur. Bei unserem Beispiel begünstigt eine hohe Temperatur die Rückreaktion:

$$\text{Kalk + Kohlensäure} \underset{\text{Wärme}}{\overset{\text{Kälte}}{\rightleftharpoons}} \text{Calciumhydrogencarbonatlösung}$$

Kalk in der Technik

1 Kalkmörtel

Kalkstein ist beim Bauen nicht nur als Marmor oder als Naturstein interessant. Viel Kalkstein wird auch zu Kalkmörtel – einem der ältesten
5 Baustoffe – verarbeitet.

Kalk brennen • Kalk ($CaCO_3$) wird in großen Öfen bei über 1000 °C gebrannt.

Kalk	→	Branntkalk	+	Kohlenstoffdioxid
$CaCO_3$	→	CaO	+	CO_2

10 **Kalk löschen** • Der gebrannte Kalk findet in Mörteln Anwendung. Dazu wird er mit Wasser „gelöscht". Das geschieht heute meist im Kalkwerk. In einer stark exothermen Reaktion
15 entsteht dabei „Löschkalk".

Branntkalk	+	Wasser	→	Löschkalk
CaO	+	H_2O	→	$Ca(OH)_2$

Kalk beim Bauen • Löschkalk wird mit Sand gemischt als Mörtel verwendet.
20 Nach der Verarbeitung nimmt er über längere Zeit aus der Luft Kohlenstoffdioxid auf. Er „bindet ab" zu Kalkstein.

Löschkalk	+	Kohlenstoff-dioxid	→	Kalk	+	Wasser
$Ca(OH)_2$	+	CO_2		→ $CaCO_3$	+	H_2O

25 Damit ist der Kreislauf geschlossen.
→ 2

> Kalk findet in der Technik als Mörtel Verwendung. Der technische Kalkkreislauf zeigt, wie bei der Verarbeitung über die Stationen Branntkalk und Löschkalk wieder Kalk entsteht.

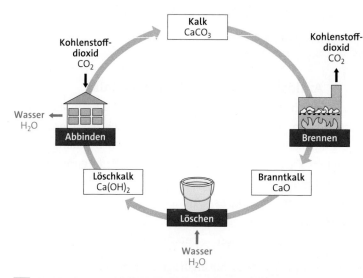

2 Der technische Kalkkreislauf

Aufgaben

1 ☒ Beschreibe mithilfe von Bild 2 den technischen Kalkkreislauf.

2 ☒ Begründe, warum man von einem Kreislauf spricht.

Material A

Der Kalkkreislauf

1 Wir brennen Kalk

Materialliste: Rohr aus feuerfestem Material (Stahlrohr mit ca. 20 cm Durchmesser), verzinktes Drahtgitter (Maschenweite 18 mm), drei Backsteine, Haartrockner mit Abstandsrohr, Kalkschotter (Körnung 15–25 mm), Holzkohlebriketts, Grillanzünder, Holzspan

a Baut die Steine wie in Bild 3 auf, legt das Gitter darauf und dann einige Grillanzünder.

b Darauf wird nun das Rohr gestellt. Der Ofen wird von oben zuerst mit einer Schicht Holzkohle befüllt, dann von unten mit einem brennenden Span entzündet.

c Nach und nach gibt man darauf ein Gemisch von Kalk und Holzkohle, bis der Ofen zur Hälfte gefüllt ist.

d Während des Kalkbrennens wird mit dem Haartrockner ca. 90–120 Minuten warme Luft durch das Loch geblasen. → ⟦3⟧

e Nach dem Abkühlen wird der fertige gebrannte Kalk ohne Kohlereste vorsichtig in einen Metalleimer gefüllt.

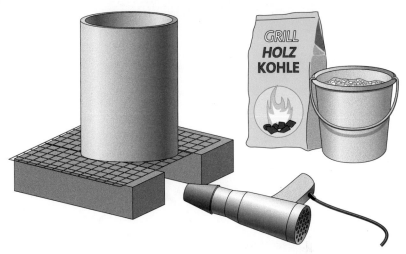

⟦3⟧ Versuchsaufbau

f ⊠ Vergleiche den Kalkstein vor und nach dem Brennen.

g ⊠ Vergleiche das Gewicht von 10 Steinen des Kalksteins mit 10 Stückchen gelöschtem Kalk. Erkläre.

2 Kalk löschen

Materialliste: Becherglas (400 ml), Indikatorpapier, Spatel, Branntkalk aus Versuch 1

a Wir geben in das mit 200 ml Wasser gefüllte Becherglas vorsichtig 2–3 Stück des gebrannten Kalks und untersuchen mit Indikatorpapier.

b ⊠ Erkläre deine Beobachtungen.

c ⊠ Gib an, ob die beobachtete Reaktion exotherm oder endotherm ist.

d Der restliche Löschkalk kann in einem Metalleimer mit der 1,5-fachen Menge Wasser abgelöscht werden und wird anschließend weiterverarbeitet.

3 Kalkmörtel

Materialliste: Löschkalk aus Versuch 2

a Der Löschkalk wird mit etwas Wasser verdünnt und mit einem Pinsel auf Backsteine o. Ä. aufgetragen. Alternativ kann man auch mit der 4- bis 6-fachen Menge Sand einen Mörtel herstellen und einige Steine vermauern.

b Erkläre, was beim Festwerden des Mörtels passiert.

Alkalien

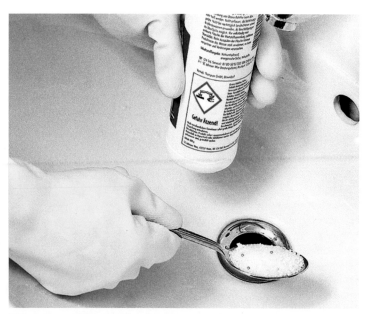

1 Rohrreiniger

Natriumhydroxid gehört zu den wichtigsten chemischen Grundstoffen. Es kommt bei der Herstellung von Seifen, Farbstoffen, Zellstoff und der Aluminiumherstellung aus Bauxit zum Einsatz.

Ätzkali • Kaliumhydroxid (KOH) ist auch unter dem Namen Ätzkali bekannt. Es wird ebenfalls in Abflussreinigern verwendet. Beim Lösen in Wasser werden OH⁻-Ionen freigesetzt, die Lösung wird alkalisch. Es entsteht Kalilauge. Kaliumhydroxid wird in großen Mengen zur Herstellung von Schmierseife, Glas, Farbstoffen und Batterien verwendet.

Calciumhydroxid • Dieser Stoff kommt auf der Baustelle als „Weißkalk" oder „Löschkalk" zum Einsatz. Wenn man Calciumhydroxid in Wasser auflöst, entsteht „Kalkwasser". → **3** Diese Calciumlauge dient z. B. zum Nachweis von Kohlenstoffdioxid.

> Natrium-, Kalium- und Calciumhydroxid werden in Haushalt, Gewerbe und Industrie vielfältig genutzt. Sie besitzen jedoch Gefahrstoffpotenzial.

Rohrreiniger zersetzen Schmutz mithilfe der Wirkung von Alkalien.

Ätznatron • Natriumhydroxid trägt den Namen Ätznatron. Der Name weist auf seine stark ätzende Wirkung hin. Es wird gerne in Abflussreinigern eingesetzt, da es sehr gut Haare und fettige Hautschuppen auflösen kann. Die Formel NaOH verrät, dass Natriumhydroxid beim Auflösen in Wasser Hydroxid-Ionen (OH⁻) abgibt und die Lösung alkalisch macht. → **2** Es entsteht Natronlauge.

2	Natriumhydroxid	→	Natrium-Ion	+	Hydroxid-Ion
	NaOH	→	Na⁺	+	OH⁻

3	Calciumhydroxid	→	Calcium-Ion	+	Hydroxid-Ionen
	Ca(OH)₂	→	Ca²⁺	+	2 OH⁻

Aufgaben

1 ☒ Beschreibe, wie man sich die Wirkung von Natriumhydroxid und Kaliumhydroxid im Haushalt zunutze macht.

2 ☒ Gib an, wofür Calciumhydroxid eingesetzt wird.

Material A

Auf der Suche nach Alkalien

Materialliste: Reagenzglas, Universalindikator, Kernseife, Waschlotion, Backofenspray, Schmierseife, Waschmittel

1 Untersuche die einzelnen Stoffe im Reagenzglas mit je 2 Tropfen Indikator. Nach jeder Untersuchung muss das Reagenzglas gut gespült werden. Feste Stoffe müssen vorher in Wasser gelöst werden.

2 ▣ Protokolliere deine Versuchsergebnisse. Nenne die Stoffe, die (in Wasser gelöst) Alkalien enthalten.

3 ▣ Erkläre, warum Seifenwasser im Auge brennt.

Name des Hydroxids	Name der Lauge	Ionen in der Lösung
Natriumhydroxid/Ätznatron	Natronlauge/Natriumlauge	Na^+, OH^-
Kaliumhydroxid/Ätzkali	Kalilauge/Kaliumlauge	K^+, OH^-
Calciumhydroxid	Kalkwasser/Calciumlauge	Ca^{2+}, $2\,OH^-$

4 Übersicht über einige Hydroxide und Laugen

Material B

Rohrreiniger untersuchen

Materialliste: Reagenzglas, Pinzette, Universalindikator, Rohrreiniger

Achtung • Schutzhandschuhe tragen!

1 Trenne mit der Pinzette die einzelnen Bestandteile des Rohrreinigers. Untersuche diese dann jeweils durch Lösen in Wasser und mit dem Indikator.

2 ▣ Nenne einen Bestandteil, der reinigungsaktiv ist.

5 Stoffe in einem Rohrreiniger

Material C

Kalkwasser selbst herstellen

Materialliste: Becherglas (ca. 200 ml), Filterpapier, Trichter und passender Erlenmeyerkolben, Trinkhalm, Spatel, Calciumhydroxid

1 Löse eine Spatelspitze Calciumhydroxid im Becherglas in ca. 100 ml Wasser. Filtriere das entstandene Gemisch in den Erlenmeyerkolben. Das Filtrat ist eine klare Lösung.

2 Blase mehrmals vorsichtig mit dem Trinkhalm ausgeatmete Luft in das selbst hergestelle Kalkwasser.

Achtung • Nicht am Trinkhalm saugen!

3 ▣ Erkläre, warum das Filtrieren beim Herstellen von Kalkwasser notwendig ist.

6 Trübung von Kalkwasser

Alkalien

H⁺-Räuber und OH⁻-Diebe

Ammoniak • Ammoniak (NH_3) ist in manchen
Reinigern, z. B. in Glasreinigern, enthalten. Es
hat einen stechenden Geruch. Eine Ammoniak-
Lösung zeigt bei Indikatoren eine deutlich alkali-
5 sche Reaktion. Dabei besitzt reiner Ammoniak
gar keine OH⁻-Ionen. Es verbindet sich aber im
Wasser mit H⁺-Teilchen zu Ammonium-Ionen
(NH_4^+). Damit wird die H⁺-Konzentration erheblich
verringert. NH_3 ist ein H⁺-Räuber.

$$NH_3 + H^+ \rightarrow NH_4^+$$

Soda • Waschsoda mit dem chemischen Namen
Natriumcarbonat wird zu Hause als Waschmittel
verwendet. Beim Lösen in Wasser zerfällt dieser
salzartige Stoff Na_2CO_3 in seine Ionen Natrium
15 (Na^+) und Carbonat (CO_3^{2-}). Das Carbonat-Teilchen
ist aber im Wasser ein echter H⁺-Räuber: Es wird
zum Hydrogencarbonat (HCO_3^-).

$$CO_3^{2-} + H^+ \rightarrow HCO_3^-$$

Ähnlich wie Soda reagiert auch Pottasche,
20 Kaliumcarbonat.

Metalloxide • Sehr viele Metalloxide zeigen
in Wasser eine alkalische Reaktion, denn
die Oxid-Ionen (O^{2-}) sind im Wasser sehr
wirkungsvolle H⁺-Räuber.

$$O^{2-} + H^+ \rightarrow OH^-$$

Die Konzentration der H⁺ nimmt ab, die der
OH⁻-Teilchen zu. Die Lösung wird alkalisch.

Kohlenstoffdioxid • Angenehm frisch, etwas
säuerlich schmeckt unser Sprudelwasser. Das
30 liegt an der Kohlensäure. Mineralwasser ist eine
kohlensaure Lösung.
Löst man Kohlenstoffdioxid in Wasser, so betätigen sich die CO_2-Moleküle als OH⁻-Diebe und
verändern damit das H⁺/OH⁻-Gleichgewicht
35 zugunsten der Wasserstoff-Ionen. Die Lösung
wird sauer.

$$CO_2 + OH^- \rightarrow HCO_3^-$$

Von diesen Hydrogencarbonat-Ionen (HCO_3^-)
ist jede Menge im Sprudel vorhanden, wie du auf
40 dem Etikett nachlesen kannst. → [1]

Analyseauszug/Analysis in mg/l:	
Natrium (Na^+)	11
Magnesium (Mg^{2+})	6
Calcium (Ca^{2+})	43
Chlorid (Cl^-)	18
Hydrogencarbonat (HCO_3^-)	150

1 Analyse des Instituts / Analysis by Institute

Aufgaben

1 ☒ Erkläre die alkalische Reaktion von
Ammoniak.

2 ☒ Begründe, warum man durch Einpressen
von Kohlenstoffdioxid in Leitungswasser ein
Getränk mit angenehm säuerlichem
Geschmack erhält.

Material D

Ammoniakwasser herstellen

Ammoniakgas löst sich sehr gut in Wasser. Die Lösung heißt Salmiakgeist und wird als Putzmittel genutzt. → 2
Kannst du nachweisen, dass dabei eine alkalische Reaktion abläuft?

Materialliste: Becherglas, Rotkohlsaft-Indikator, 20-ml-Spritze, Flasche mit Ammoniak-Lösung (20%ig)

1 Fülle das Becherglas zur Hälfte mit Wasser und gib 2 ml Rotkohlsaft-Indikator hinzu.

2 Halte die Spritze im Abzug in die geöffnete Ammoniakflasche und ziehe sie mit dem Gas über der Flüssigkeit voll auf.

3 Drücke das Gas anschließend in das Wasser im Becherglas.

2 Ammoniak in Glasreiniger

4 ☒ Nenne die Ionen, die in der Ammoniak-Lösung vorliegen.

Material E

Holzasche als Waschmittel?

In den Notzeiten nach den beiden Weltkriegen in Deutschland gab es kaum Waschmittel zu kaufen. Daher griff man auf ein altbewährtes Rezept mit Holzasche zurück.
Kann man aus Holzasche eine Lauge herstellen?

Materialliste: Becherglas (400 ml), Dreifuß, Drahtnetz, Gasbrenner, Erlenmeyerkolben (500 ml), Holzasche aus dem Ofen, Löffel, Filterpapier, Filtertrichter, Universalindikatorlösung oder Indikatorpapier, Pipette

1 Befülle das Becherglas gut zur Hälfte mit Wasser. Gib 3 Löffel voll Holzasche hinein und erhitze das Gemisch unter Rühren mit dem Gasbrenner bis zum Kochen.

2 Filtriere nach dem Abkühlen, sodass du die klare Lösung im Erlenmeyerkolben auffängst.

3 Prüfe die Lösung mit Universalindikatorlösung oder Indikatorpapier.

4 Entnimm einen Tropfen der Lösung mit der Pipette und verreibe ihn zwischen Daumen, Zeige- und Mittelfinger.

5 ☒ Holzasche enthält eine Reihe von Metalloxiden, auch Kaliumoxid (K_2O) und Calciumoxid (CaO). Erläutere, wie diese Stoffe die alkalische Reaktion hervorrufen.

3 Antiker Holzasche-Waschzuber mit Waschbrett

Säuren und Alkalien – ätzende Stoffe

Zusammenfassung

Eigenschaften • Säuren haben ebenso wie die Alkalien eine Reihe von gemeinsamen Eigenschaften. → $\boxed{1}$

Die H_3O^+-Ionen sind für die gemeinsamen Eigenschaften der Säuren, die OH^--Ionen für die gemeinsamen Eigenschaften der Alkalien verantwortlich.

Eigenschaft	Säuren	Alkalien
Ionen in Lösung	H_3O^+	OH^-
leiten elektrischen Strom	ja	ja
Färbung Universalindikator	rot bis gelb	blau bis blaugrün
pH-Wert	0 bis fast 7	über 7 bis 14
reagieren mit	unedlen Metallen und Kalk	
Besonderheiten	schmecken sauer	fühlen sich seifig an

$\boxed{1}$ Eigenschaften von Säuren und Alkalien

Schwefelsäure und Wasser • Konzentrierte Schwefelsäure besteht aus H_2SO_4-Molekülen. Erst wenn diese mit Wasser reagieren, entstehen die H_3O^+-Ionen der Säure. Dabei können zwei Säurerest-Ionen entstehen: HSO_4^- und SO_4^{2-}. Die aus ihnen entstehenden Salze heißen Hydrogensulfate und Sulfate.

Konzentrierte Schwefelsäure ist auch deshalb gefährlich, weil sie aus sehr vielen Stoffen Wasser zur Verdünnung abspaltet und die Stoffe dadurch völlig zerstört.

Salzsäure • Das Chlorwasserstoffgas (HCl) löst sich gut in Wasser. Dabei entsteht Salzsäure. Ihre Salze sind die Chloride mit dem Säurerest-Ion Cl^-.

Die Neutralisation • Wenn Säuren und Alkalien zusammentreffen, lagern sich die H_3O^+-Ionen der Säure und die OH^--Ionen der Alkalie zusammen. Dabei bildet sich neutrales Wasser. Die negativ geladenen Rest-Ionen der Säure und die positiv geladenen Ionen der Alkalie bilden ein Salz. Bei der Neutralisation entsteht also eine Salzlösung. Wird diese eingedampft, lagern sich die Ionen zu Ionengittern (= Salzkristallen) zusammen.

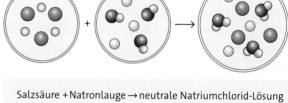

Salzsäure + Natronlauge → neutrale Natriumchlorid-Lösung

$$H^+ + Cl^- + Na^+ + OH^- \rightarrow H_2O + Na^+ + Cl^-$$

2

Wie entstehen Alkalien? • Alkalien bilden sich bei der Reaktion von Wasser mit Metallen oder auch mit Metalloxiden. Alkalien entstehen außerdem beim Lösen von festen Hydroxiden in Wasser. Beispiele:

Natrium + Wasser → Natronlauge + Wasserstoff

Calciumoxid + Wasser → Calciumlauge

Natriumhydroxid + Wasser → Natronlauge

Name der Lauge	Name des festen Hydroxids	Ionen in der Lösung
Natronlauge	Natriumhydroxid	Na^+ und OH^-
Calciumlauge (Kalkwasser)	Calciumhydroxid (Löschkalk)	Ca^{2+} und OH^-
Kalilauge	Kaliumhydroxid (Ätzkali)	K^+ und OH^-

$\boxed{3}$ Einige wichtige Alkalien

Teste dich! (Lösungen im Anhang)

1 ☝ Nenne gemeinsame Eigenschaften von Säuren.

2 ☝ Nenne gemeinsame Eigenschaften von Alkalien.

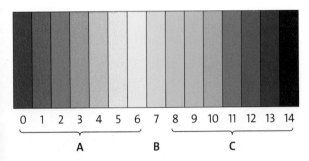

| 0 | 1 | 2 | 3 | 4 | 5 | 6 | 7 | 8 | 9 | 10 | 11 | 12 | 13 | 14 |

A   B   C

4 pH-Skala

Name der Säure	Ionen in Lösung	Name der Salze
Salzsäure	?	?
?	H_3O^+ und SO_4^{2-}	?
?	?	Hydrogen-carbonate
Essigsäure	?	?
?	H_3O^+ und HSO_4^-	?

5 Säuren und ihre Salze

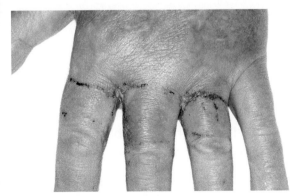

6 Verätzung der Haut durch konzentrierte Schwefelsäure

3 ☝ Welche Ionen sind für die gemeinsamen Eigenschaften von Säuren, welche für die gemeinsamen Eigenschaften von Alkalien verantwortlich?

4 ☝ Was gibt der pH-Wert an?

5 ☒ Wofür stehen die Buchstaben A, B und C in der Zeichnung? → 4

6 ☒ Welche Säure ist stärker: konzentrierte Essigsäure (pH 2,5) oder die Magensäure (ca. pH 1,5)?

7 ☝ Wie kann man den pH-Wert einer Lösung bestimmen?

8 ☒ Was ist ein Säurerest-Ion?

9 ☒ Übertrage die Tabelle von Bild 5 in dein Heft und fülle sie aus.

10 ☒ Erkläre den Begriff Neutralisation.

11 ☒ Welche Stoffe entstehen bei einer Neutralisation?

12 ☒ Das Salz Natriumsulfat entstand bei einer Neutralisation. Welche Säure und welche Lauge haben reagiert?

13 ☒ Erkläre, warum konzentrierte Schwefelsäure schwere Verletzungen verursachen kann. → 6

14 ☝ Nenne Anwendungen von Alkalien.

15 ☒ Beschreibe die Herstellung von Kalkwasser.

299

Elektrische Energie und chemische Prozesse

Moderne Kommunikation und die Internetnutzung basieren auf einer zuverlässigen und leistungsstarken Technik mit Stromspeichern. Nur so reißt der Datenstrom nicht ab.

Batterien dienen der mobilen Energieversorgung. Welche Batterien gibt es und wie funktioniert eine Batterie?

Benzin und Diesel haben in naher Zukunft ausgedient. Umwelt und Klima sollen auf Dauer nicht weiter belastet werden und auch die Erdölvorräte sind nur begrenzt. Was ist der Antrieb der Zukunft?

Elektronenübertragung

Magnesium

Kupferoxid

1 Was entsteht bei der Reaktion von Magnesium und Kupferoxid?

Silbergraues Magnesium reagiert mit schwarzem Kupferoxid. Was genau passiert dabei eigentlich?

Blick auf die Stoffe • Zu erkennen sind
5 typische Merkmale für eine chemische Reaktion. Ein Funkensprühen weist darauf hin, dass Energie umgesetzt wurde. Deutlich sichtbare Spuren eines rotbraunen Feststoffs zeigen, dass ein
10 neuer Stoff mit anderen Eigenschaften entstanden ist.

Magnesium	+	Kupferoxid	→	Magnesiumoxid	+	Kupfer
Mg	+	CuO	→	MgO	+	Cu

2

Kupfer-Ion	+	Elektronen	→	Kupfer
Cu^{2+}	+	$2\,e^-$	→	Cu

3 Elektronenaufnahme – eine Reduktion

Magnesium	→	Magnesium-Ion	+	Elektronen
Mg	→	Mg^{2+}	+	$2\,e^-$

4 Elektronenabgabe – eine Oxidation

Blick auf die Teilchen • Magnesium ist ein Element. Es besteht aus Magnesium-Atomen. Kupferoxid ist eine Ionen-
15 verbindung aus den Elementen Kupfer und Sauerstoff. Zweifach positiv geladene Kupfer-Kationen und zweifach negativ geladene Sauerstoff-Anionen bilden dabei ein Ionengitter.
20 Bei dem im Verlauf der Reaktion entstandenen rotbraunen Feststoff handelt es sich um elementares Kupfer. Die Kupfer-Kationen haben zwei Elektronen aufgenommen. → **3** Diese stammen
25 von den Magnesium-Atomen. → **4** Die so entstandenen zweifach positiv geladenen Magnesium-Kationen bilden mit den Sauerstoff-Anionen ein neues Ionengitter. Die Ionenverbindung
30 Magnesiumoxid ist entstanden. → **2**

Reduktion – Elektronenaufnahme • Im Verlauf der Reaktion haben Kupfer-Ionen Elektronen aufgenommen. Eine Elektronenaufnahme wird als Redukti-
35 on bezeichnet. Die Kupfer-Ionen wurden zu Kupfer-Atomen reduziert.

Oxidation – Elektronenabgabe • Im Verlauf der Reaktion haben Magnesium-Atome Elektronen abgegeben. Eine Elektronenabgabe wird als Oxidation bezeichnet. Die Magnesium-Atome wurden zu Magnesium-Ionen oxidiert.

Redoxreaktion • Elektronenabgabe und -aufnahme laufen stets gekoppelt ab. Man bezeichnet solche Elektronenübertragungsreaktionen daher als Redoxreaktionen.

Donator-Akzeptor-Prinzip • Die Magnesium-Atome geben ihre Elektronen ab. →[5] Stoffe, die Elektronen abgeben, werden als Elektronendonatoren (lat. donare: geben) bezeichnet. Diese Elektronen werden von den Kupfer-Kationen aufgenommen. Es entstehen neutrale Kupfer-Atome. Stoffe, die Elektronen aufnehmen, werden als Elektronenakzeptoren (lat. accipere: annehmen) bezeichnet. Dieses Prinzip des Gebens und Nehmens von Elektronen findet bei allen Redoxreaktionen statt. Man spricht aber auch bei anderen Reaktionen als den Redoxreaktionen, vom Donator-Akzeptor-Prinzip. Immer wenn ein Stoff etwas abgibt und ein anderer dieses aufnimmt, findet dieser Begriff Anwendung.

Begriff im Wandel der Zeit • Früher wurden Redoxreaktionen über die Aufnahme bzw. die Abgabe von Sauerstoff definiert. Laut der Definition wurde der Stoff, der Sauerstoff abgibt, reduziert und der Stoff, der ihn aufnimmt, oxidiert. Weil es auch

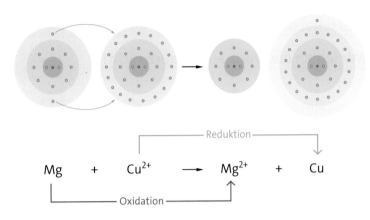

$$Mg \quad + \quad Cu^{2+} \quad \longrightarrow \quad Mg^{2+} \quad + \quad Cu$$

Reduktion — Oxidation

[5] Zwei Elektronen werden von einem Magnesium-Atom auf ein Kupfer-Ion übertragen.

Redoxreaktionen ohne Sauerstoffübertragung gibt, werden sie heute über die Abgabe bzw. Aufnahme von Elektronen definiert.

> Bei Redoxreaktionen gibt ein Donator Elektronen ab, der Akzeptor nimmt diese auf.
> Die Abgabe der Elektronen wird als Oxidation bezeichnet, die Aufnahme der Elektronen als Reduktion.

Aufgaben

1 ☑ Gib an, was man unter Oxidation und Reduktion versteht.

2 ☒ Erkläre, warum Oxidation und Reduktion immer gekoppelt ablaufen.

3 ☒ Erkläre die Begriffe Elektronenakzeptor und Elektronendonator am Beispiel der Reaktion von Magnesium mit Kupferoxid.

Elektronenübertragung

Material A

Mir fehlen die Worte – oder auch nicht!

Wird ein Gemisch aus Magnesiumpulver und Kupferoxid mithilfe eines Gasbrenners entzündet, so nehmen die im Kupferoxid enthaltenen **(A)** zwei Elektronen auf. Es bilden sich Kupfer-Atome. Die **(B)** stammen von den Magnesium-Atomen. Aus den **(C)** bilden sich durch **(D)** von jeweils zwei Elektronen zweifach **(E)** geladene Magnesium-Kationen. Diese Magnesium-Kationen bilden mit **(F)** ein Ionengitter.
Bei einer Oxidation werden Elektronen **(G)**, bei einer Reduktion Elektronen **(H)**. Das gleichzeitige Ablaufen von Oxidation und Reduktion bezeichnet man als **(I)**.

1 ⊠ Übertrage den Lückentext in dein Heft und ergänze die Lücken (A)–(F) mithilfe der vorgegebenen Begriffe.

positiv, abgegeben, Kupfer-Kationen, Abgabe, Redoxreaktion, Magnesium-Atomen, Elektronen, aufgenommen, Sauerstoff-Anionen

Material B

Eine weitere Redoxreaktion

Wird ein Zinkblech (Zn) in eine Kupfersulfat-Lösung (Cu^{2+} + SO_4^{2-}) getaucht, so bildet sich auf dem Blech nach einiger Zeit ein rotbrauner Feststoff. Die blaue Farbe der Kupfersulfat-Lösung verblasst. → ☐1
Es hat eine Redoxreaktion stattgefunden.

1 ⊠ Gib an, worum es sich bei dem rotbraunen Feststoff handelt.

2 In Bild 2 sind die Reaktionsgleichungen zu dieser Reaktion unvollständig dargestellt.
a ⊠ Übertrage sie in dein Heft.

☐1 Zinkblech in Kupfersulfat-Lösung

Reaktion a: Cu^{2+} + ... e^- → ...
Reaktion b: Zn → ... + 2 e^-

☐2

b ⊠ Ergänze nun die Lücken in den Reaktionsgleichungen.
c ⊠ Ordne zu, welche Gleichung die Reduktion und welche die Oxidation darstellt.

d ⊠ Markiere nun in den Reaktionsgleichungen den Elektronendonator und den Elektronenakzeptor.
e ⊠ Gib an, welche Teilchen bei dieser Reaktion oxidiert und welche reduziert werden.

Material C

Lehrerversuch: Magnesium und Kupferoxid

Materialliste: Gasbrenner, feuerfeste Unterlage, Magnesiumpulver 🔥, Kupfer(II)oxid ⚠️ 🔆, Spatel

Achtung • Versuch im Abzug durchführen! Nicht direkt in die Flamme schauen!

1 Der Versuch wird nach der Anleitung durchgeführt. → ☐3

☐3

2 ☒ Beschreibe die Ausgangsstoffe und die Produkte der Reaktion.

① 0,3 g Magnesiumpulver und 1 g Kupfer(II)oxidpulver werden auf einer feuerfesten Unterlage vermischt.

3 ☒ Notiere die Reaktionsgleichung und erläutere die Reaktion.

② Das Feststoffgemisch wird zu einer Strecke ausgezogen. Die Pulverlinie wird an einem Ende mit dem Brenner entzündet.

Material D

Zwei-Schalen-Versuch

Materialliste: 2 Petrischalen, Kupfersulfat-Lösung ⚠️ 🔆 🔆, Kupfer-Blechstreifen, Kabel mit Klemmen, Rotor, Magnesiumchlorid-Lösung, Magnesium-Anspitzer, Filterpapierstreifen

1 Stelle die beiden Schalen eng nebeneinander. Fülle die eine mit Kupfersulfat-Lösung, die andere gleich hoch mit Magnesiumchlorid-Lösung.

2 Stelle den Spitzer in die „Magnesiumschale" und das Kupferblech über den Rand in die „Kupferschale".

Verbinde die Metallstücke mit Klemmen und Kabeln mit dem Rotor. → ☐4

3 Befeuchte einen Filterpapierstreifen mit Wasser und lege ihn als Verbindung über die Ränder, sodass er in beide Lösungen taucht.

4 ☒ Fertige eine Versuchsskizze an.

5 ☒ Notiere die jeweiligen Reaktionen in den beiden Schalen. Gib an, ob dort eine Oxidation oder eine Reduktion abläuft.

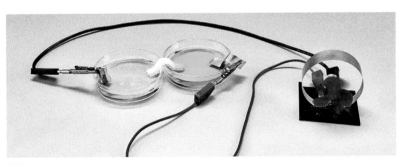

☐4 Zwei-Schalen-Versuch

Redoxreihe der Metalle

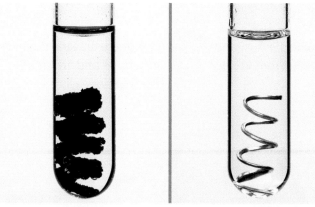

1 Zinkspirale in Kupfersulfat-Lösung (links), Kupferspirale in Zinksulfat-Lösung (rechts)

Auf der Zinkspirale, die in Kupfersulfat-Lösung taucht, hat sich eine dicke Schicht gebildet. Die in Zinksulfat-Lösung getauchte Kupferspirale sieht ₅ **unversehrt aus. Wieso ist das so?**

Edel oder unedel • Verschiedene Metall-Atome unterscheiden sich in ihrem Bestreben, Elektronen abzugeben, das heißt zu oxidieren. Je größer dieses ₁₀ Bestreben ist, desto unedler ist das Metall. Bei der Zinkspirale in Kupfersulfat-Lösung entstehen aus den Kupfer-Ionen der Lösung neutrale Kupfer-Atome.

₁₅ Dazu müssen die Kupfer-Ionen Elektronen erhalten haben. Das heißt, sie wurden reduziert. Die Elektronen kamen von den Zink-Atomen der Spirale. Die Zink-Atome wurden reduziert. ₂₀ Das edlere Metall Kupfer hat dem unedleren Metall Zink die Elektronen entrissen. Bei der Spirale aus Kupfer, die in Zinksulfat-Lösung taucht, passiert dies nicht. Dies liegt daran, dass Kupfer ein ₂₅ edleres Metall als Zink ist. Das heißt, es findet keine Elektronenübertragung statt.

Redoxreihe der Metalle • Wie Kupfer und Zink haben alle Metalle ein unter- ₃₀ schiedliches Bestreben, Elektronen abzugeben. Sortiert man die Metalle nach ihrer Oxidierbarkeit, erhält man die Redoxreihe der Metalle. → **2**

> Die Metalle unterscheiden sich in ihrem Bestreben, Elektronen abzugeben. Je größer dieses Bestreben ist, desto unedler ist ein Metall.

Aufgaben

1 ☒ Erkläre, wie sich edlere Metalle von unedleren Metallen unterscheiden.

2 ☒ Ein Eisenstab taucht in Kupfersulfat-Lösung. Gib an, ob sich eine Kupferschicht auf dem Stab bildet. Begründe deine Entscheidung.

3 ☒ Nenne zwei Metalle, bei denen sich keine Kupferschicht bildet, wenn man sie in Kupfersulfat-Lösung hält.

unedle Metalle										edle Metalle
Li	Mg	Al	Zn	Fe	Ni	Sn	Pb	Cu	Ag	Hg	Au

Neigung zur Abgabe von Elektronen

Neigung zur Aufnahme von Elektronen

| Li^+ | Mg^{2+} | Al^{3+} | Zn^{2+} | Fe^{3+} | Ni^{2+} | Sn^{2+} | Pb^{2+} | Cu^{2+} | Ag^+ | Hg^{2+} | Au^{3+} |

2 Die Redoxreihe der Metalle

Material A

Metalle einordnen

1 Betrachte die Redoxreihe der Metalle. → 2

a ☒ Übertrage die Aussagen aus Bild 3 in dein Heft und vervollständige die Lücken (A) bis (D).

b ☒ Begründe, warum Magnesium-Atome leicht Elektronen an Kupfer-Kationen abgeben.

c ☒ Gib an, an welche Metall-Ionen Kupfer-Atome Elektronen abgeben können.

> Metall-Atome, die in der Redoxreihe weiter **(A)** stehen, reagieren mit den Metall-Ionen, die weiter **(B)** in der Redoxreihe stehen.
>
> Metall-Atome, die in der Redoxreihe weiter **(C)** stehen, reagieren nicht mit den Metall-Ionen, die in der Redoxreihe weiter **(D)** stehen.

3

d ☒ Gib an, von welchen Metall-Atomen Aluminium-Ionen Elektronen aufnehmen können.

e ☒ Formuliere eigene Aufgaben und tausche sie mit deinem Nachbarn oder deiner Nachbarin aus.

Material B

Metalle testen → ▣

Materialliste: 3 × 3 Bechergläser, jeweils 3 Blechstreifen von Kupfer, Zink und Silber, Schmirgelpapier, Zinkchlorid ⟨!⟩ ⟨⟩ ⟨⟩, Kupfersulfat ⟨!⟩ ⟨⟩ und Silbernitrat ⟨⟩ ⟨⟩ ⟨⟩

Deine Lehrkraft hat für dich in Bechergläsern dreimal jeweils die folgenden drei Lösungen vorbereitet: 5%ige Lösungen von Zinkchlorid ⟨!⟩ ⟨⟩ ⟨⟩, Kupfersulfat ⟨!⟩ ⟨⟩ und Silbernitrat ⟨⟩ ⟨⟩ ⟨⟩

1 Reinige die Oberflächen der Blechstreifen mithilfe des Schmirgelpapiers.

2 Tauche in die erste Reihe der Bechergläser jeweils einen Kupferblechstreifen, in die zweite einen Zinkblechstreifen und in die dritte einen Silberblechstreifen.

3 Beobachte die drei Versuchsreihen einige Minuten.

4 ☒ Fertige eine Tabelle an, aus der ersichtlich wird, welche Metalle und welche Lösungen miteinander reagieren und welche nicht.

5 ☒ Erkläre die Beobachtungsergebnisse anhand der Redoxreihe der Metalle.

jeweils Bleche von Kupfer, Zink und Silber

4 Zinkchloridlösung

Kupfersulfatlösung

Silbernitratlösung

Elektrolyse in Kunst und Technik

1 Gutenberg-Denkmal in Frankfurt

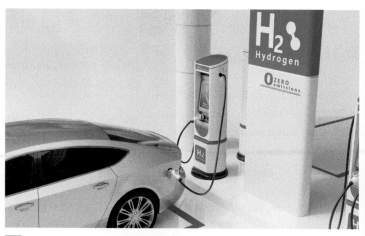

2 Ein Auto wird mit Wasserstoff betankt.

Ein Denkmal in Frankfurt und ein Sportwagen mit Wasserstoffantrieb – was haben sie gemeinsam?

Galvanoplastik • Bei dem Gutenberg-
5 Denkmal in Frankfurt handelt es sich
um eine Galvanoplastik. Zur Herstellung derartiger Kunstwerke wird eine
Vorlage des Kunstwerks aus Wachs
mit Graphit bestäubt. Dadurch wird sie
10 elektrisch leitend gemacht. Die Vorlage
wird dann mit einer Stromquelle verbunden und in eine wässrige Kupfer-
salz-Lösung getaucht. →3 Unter Zufuhr von elektrischer Energie läuft eine
15 Redoxreaktion ab. Auf der Vorlagenoberfläche bildet sich eine Schicht aus
elementarem Kupfer. Abschließend
wird die Vorlagensubstanz zerstört,
sodass nur der Metallüberzug
20 bestehen bleibt.

Wasserstoffgewinnung • Wasserstoff
könnte der Treibstoff der Zukunft sein.
Der große Vorteil von Wasserstoff ist
seine saubere „Verbrennung".

25 Egal ob er in Verbrennungsmotoren
verbrannt oder in der Brennstoffzelle
zur Stromgewinnung genutzt wird –
als Reaktionsprodukt entsteht jeweils
nur Wasser. Der Wasserstoff, der als
30 Treibstoff eingesetzt wird, kann aus
Wasser hergestellt werden. Durch Zufuhr von elektrischer Energie wird das
Wasser in die energiereichen Produkte
Wasserstoff und Sauerstoff aufgespal-
35 ten. →4 Auch hier läuft eine Redoxreaktion ab.

Elektrolyse • Chemische Reaktionen,
die unter Zufuhr von elektrischer Energie ablaufen, werden als Elektrolyse
40 bezeichnet. Es handelt sich um Elektronenübertragungsreaktionen. Im
Verlauf einer Elektrolyse wird elektrische Energie in chemische Energie umgewandelt.
45 Sowohl bei der Herstellung der Galvanoplastik als auch bei der Gewinnung
von Wasserstoff aus Wasser kommt
die Elektrolyse zum Einsatz.

Galvanoplastik – Blick auf die Teilchen

Galvanoplastik – Blick auf die Teilchen • Die mit Graphit bestäubte Vorlage für das Kunstwerk taucht in die Kupfersulfat-Lösung ein. → $\boxed{3}$ Die Vorlage wird mit dem Minuspol der Stromquelle verbunden. Die Cu^{2+}-Ionen wandern aus der Lösung zur Vorlagenoberfläche und werden dort zu Cu-Atomen reduziert:

$$Cu^{2+} + 2\,e^- \rightarrow Cu$$

Mit dem Pluspol der Stromquelle ist ein Kupferblech verbunden. Dort werden Cu-Atome aus dem Blech oxidiert. Dadurch gelangen weitere Cu^{2+}-Ionen in die Lösung.

$$Cu \rightarrow Cu^{2+} + 2\,e^-$$

Wasserstoffgewinnung – Blick auf die Teilchen • Für die Zerlegung von Wasser wird genutzt, dass im Wasser die H_2O-Moleküle zu einem ganz geringen Anteil in H^+-Ionen und OH^--Ionen aufgespalten vorliegen. In das Wasser wird ein Platinstab getaucht. Dieser wird mit dem Minuspol der Stromquelle verbunden. Am Platinstab werden die im Wasser vorliegenden H^+-Ionen reduziert:

$$2\,H^+ + 2\,e^- \rightarrow H_2$$

An einem zweiten, mit dem Pluspol der Stromquelle verbundenen Platinstab werden OH^--Ionen oxidiert:

$$4\,OH^- \rightarrow O_2 + 2\,H_2O + 4\,e^-$$

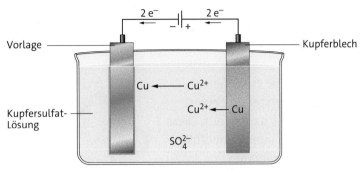

$\boxed{3}$ Herstellung einer Galvanoplastik durch Elektrolyse

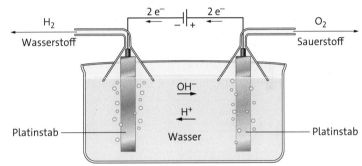

$\boxed{4}$ Wasserstoffgewinnung durch die Elektrolyse von Wasser

> Elektrolysen sind Redoxreaktionen, in deren Verlauf elektrische Energie in chemische Energie umgewandelt wird.

Aufgaben

1 ◈ Gib die Gemeinsamkeit von Bild 1 und 2 an.

2 ◈ Ordne den Atomen und Ionen in Bild 3 die Begriffe „Elektronendonator" und „Elektronenakzeptor" zu.

3 ◈ Begründe, warum die H^+-Ionen und die OH^--Ionen jeweils zu den Platinstäben wandern. → $\boxed{4}$

Elektrolyse in Kunst und Technik

Material A

Galvanoplastik

In Bild 1 sind die einzelnen Phasen zur Herstellung einer Galvanoplastik dargestellt. Diese sind jedoch in ihrer Reihenfolge durcheinandergeraten.

1 ☒ Bringe die Phasen A–D in die richtige Reihenfolge. →[1]

2 ☒ Beschreibe den Vorgang zur Herstellung einer Galvanoplastik mit eigenen Worten.

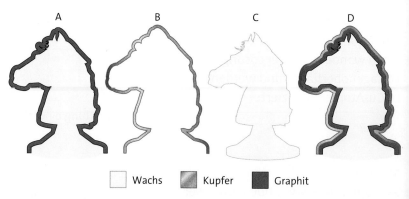

☐ Wachs ◨ Kupfer ◼ Graphit

[1] In der Reihenfolge vertauschte Phasen bei der Herstellung einer Galvanoplastik

Material B

Bringe Ordnung ins Chaos

Mark hat sich Kärtchen erstellt, mit deren Hilfe er sich die Vorgänge bei der Herstellung von Wasserstoff durch die Elektrolyse besser merken kann. →[2]

1 Schreibe die rechts dargestellten Begriffe jeweils auf kleine Kärtchen.

2 ☒ Bringe die Kärtchen in einen sinnvollen Zusammenhang. Dazu kannst du z. B. die Begriffe zu Gruppen zusammenfassen oder aus den Begriffen eine Mindmap erstellen. Vergleicht eure Zuordnungen zu zweit.

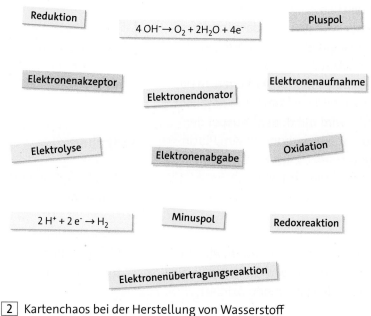

Reduktion

$4\,OH^- \rightarrow O_2 + 2H_2O + 4e^-$

Pluspol

Elektronenakzeptor

Elektronendonator

Elektronenaufnahme

Elektrolyse

Elektronenabgabe

Oxidation

$2\,H^+ + 2\,e^- \rightarrow H_2$

Minuspol

Redoxreaktion

Elektronenübertragungsreaktion

[2] Kartenchaos bei der Herstellung von Wasserstoff

Material C

Galvanisches Verkupfern → ▣

Durch Elektrolyse kann man ein unedles Metall mit einer dünnen Schicht eines edleren Metalls überziehen.

Materialliste: Becherglas, Eisennagel, Kupferblech, Kupfersulfat-Lösung ⚠ ☣, angesäuert mit Essigsäure (5%ig), Wasser, Ethanol 🔥 ⚠, Netzgerät, Kabel, 2 Klemmen

1 Fülle das Becherglas zur Hälfte mit Kupfersulfat-Lösung.

Reinige den Eisennagel mit Ethanol. Verbinde den Eisennagel über ein Kabel mit dem Minuspol und das Kupferblech mit dem Pluspol des Netzgeräts. → ③
Stelle beide Gegenstände in das Becherglas. Schalte das Netzgerät ein und stelle die Spannung $U = 4$ Volt ein.

2 ▣ Beschreibe deine Beobachtungen.

3 ⊠ Stelle die Reaktionsgleichungen für die ablaufenden chemischen Reaktionen auf.

③ Versuchsaufbau

4 ⊠ Begründe, warum sich die Gegenstände nicht berühren dürfen.

Material D

Herstellung von Aluminium

Aluminium wird durch die Elektrolyse von Aluminiumoxid (Al_2O_3) gewonnen. Dafür wird das Al_2O_3 in einem Ofen geschmolzen. → ④ In der Schmelze befinden sich nun frei bewegliche Al^{3+}-Ionen und O^{2-}-Ionen. Unten ist der Ofen mit einer Graphitschicht ausgekleidet, die als Minuspol dient. Dort nehmen die Al^{3+}-Ionen Elektronen auf. Es bildet sich elementares Aluminium. Als Pluspol dienen Graphitblöcke, die von oben in die Schmelze ragen. Hier geben die

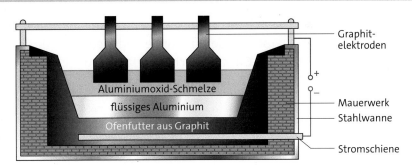

④ Schmelzflusselektrolyse zur Gewinnung von Aluminium

O^{2-}-Ionen Elektronen ab. Es bildet sich Sauerstoff (O_2).

1 ⊠ Entwickle Reaktionsgleichungen für die ablaufenden chemischen Reaktionen.

2 📖 ⊠ Recherchiere, warum Aluminium ein wichtiger Werkstoff für den Fahrzeugbau ist.

Vom Froschschenkel zur Batterie

1 Luigi Galvani (1737–1798)

2 Alessandro Volta (1745–1827)

3 Batterien heute

Noch vor weniger als 250 Jahren war elektrische Energie im Alltag der Menschen nicht vorhanden. Heute ist kaum noch jemand ohne kleine elektrische
5 **Energiespeicher unterwegs. Was haben Luigi Galvani und Alessandro Volta zu dieser Entwicklung beigetragen?**

Vom Froschschenkel • Der italienische Professor der Anatomie und Medizin
10 Luigi Galvani machte im Jahr 1780 durch Zufall eine interessante Entdeckung: Ein Froschschenkelnerv löste Muskelzuckungen aus, als er mit Instrumenten aus Kupfer und Eisen
15 bearbeitet wurde. Galvani selbst konnte dies nicht erklären.

Über eine Säule • Der Physikprofessor Alessandro Volta (Italien) erfuhr 1792 von den „Froschversuchen", forschte
20 ebenfalls und baute im Jahr 1800 die Voltasäule. →4 Mehrere Kupfer- und Zinkplatten waren in Schichten abwechselnd übereinandergelegt. →5 Dazwischen lagen mit Salzlösung oder
25 Säure angefeuchtete Textilstücke. An die oberste Zinkplatte und die unterste Kupferplatte montierte er jeweils einen Draht. Nachdem die Drähte zu einem Kreislauf geschlossen
30 wurden, floss ein elektrischer Strom.

Zur heutigen Batterie • Heute gibt es Batterien in den unterschiedlichsten Größen und Formen. →3 Sehr kleine Batterien, sogenannte Knopfzellen,

4 Historischer Nachbau der Voltasäule

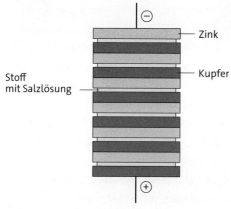

Zink

Kupfer

Stoff mit Salzlösung

5 Voltasäule (Schema) → ▣

dayawe

Lexikon
Video
Tipps

die **Voltasäule**
die **Batterie**

werden beispielsweise in Uhren oder Hörgeräten eingesetzt. 9-Volt-Block-batterien sind deutlich größer. →⌐6⌐ Sie werden z. B. in Rauchmeldern eingesetzt. Im Innern einer 9-Volt-Block-batterie sind, ähnlich wie bei einer Voltasäule, sechs Einzelbatterien kombiniert. →⌐7⌐ So ergibt sich die typische Quaderform.

Batterien – genauer betrachtet ·

Batterien aus dem Supermarkt haben trotz großer äußerlicher Unterchiede wichtige Gemeinsamkeiten:
- Alle Batterien besitzen zwei Pole: einen Plus- und einen Minuspol.
- Werden diese Pole leitend ohne Verbraucher verbunden, entsteht ein kurzgeschlossener Stromkreis. Die Batterie leert sich dann schnell und wird heiß.
- In einer zerlegten Batterie lassen sich immer zwei Bereiche unterscheiden, die (meistens) durch ein feuchtes Papier- oder Textilstück voneinander abgetrennt werden. Dort laufen Oxidation und Reduktion getrennt voneinander ab.
- Bei undichtem Gehäuse kann austretende Feuchtigkeit das elektrische Gerät beschädigen oder zerstören.
- In einer Batterie wird chemische Energie in elektrische Energie umgewandelt.

Je nach Einsatzort unterscheiden sich Batterien in Größe und Form. Der innere Aufbau ist aber bei allen Batterien sehr ähnlich. In allen Batterien laufen Redoxreaktionen ab.

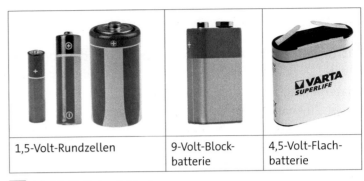

| 1,5-Volt-Rundzellen | 9-Volt-Block-batterie | 4,5-Volt-Flach-batterie |

⌐6⌐ Die Vielfalt der Batterien

⌐7⌐ Zerlegte 9-Volt-Blockbatterie

Aufgaben

1 Batterien und ihr Einsatz:
a ▣ Nenne mindestens zwei Batterietypen.
b ▣ Ergänze zu jedem Batterietyp zwei Einsatzmöglichkeiten.

2 ▣ Begründe, warum in einer Batterie der Ort der Oxidation und der Ort der Reduktion voneinander getrennt werden müssen.

3 ▣ Begründe, warum für den Bau einer Voltasäule 5-Cent- und 10-Cent-Münzen, nicht aber 10-Cent- und 20-Cent-Münzen verwendet werden können.

Vom Froschschenkel zur Batterie

Material A

Zitronenbatterie → ▣

Materialliste: Zitrone, Kupfernagel, Zinknagel, Kabel, Krokodilklemmen, Spannungsmessgerät, Elektromotor

1 Stecke in die Zitrone einen Kupfernagel und an einer anderen Stelle einen Zinknagel. Die Nägel dürfen sich in der Frucht nicht berühren. Verbinde dann die beiden Nägel über zwei Kabel mit einem Spannungsmessgerät.

2 Notiere den vom Spannungsmessgerät angezeigten Wert.

3 Überprüfe, ob du mit deiner Batterie auch einen Elektromotor betreiben kannst.

4 ☒ Gib an, wo bei deiner Batterie die beiden Pole sind.

5 ☒ Begründe, warum sich die beiden Nägel innerhalb der Zitrone nicht berühren dürfen.

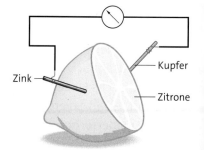

1 Aufbau der Zitronenbatterie

6 ☒ Begründe, warum die im Zitronensaft enthaltenen Ionen eine Voraussetzung für das Funktionieren der Batterie sind.

Material B

Knopfzellen im Vergleich

Knopfzellen erhielten ihren Namen durch die typische Bauform, die in Größe und Form einem Knopf ähnelt. Je nach eingesetztem Material unterscheidet man zwischen verschiedenen Typen:
- Lithium-Knopfzellen zeichnen sich durch ihre besonders hohe Lebensdauer und ihre Unempfindlichkeit gegenüber Temperaturschwankungen aus.
- Silberoxid-Knopfzellen können nicht auslaufen. Allerdings ist es kaum möglich, Silberoxid-Knopfzellen ohne einen gewissen Anteil an giftigem Quecksilber herzustellen.
- Alkali-Mangan-Knopfzellen sind vergleichsweise preiswert. Allerdings können diese Knopfzellen unter ungünstigen Bedingungen auch mal auslaufen.
- Zink-Luft-Knopfzellen besitzen eine besonders hohe Energiedichte. Zum Betreiben der Batterie ist allerdings immer der Sauerstoff aus der Luft nötig.

3 Lithium-Knopfzellen

1 Lies den Text. → ②
a ☒ Gib an, für welche Anwendung du welchen Knopfzellentyp einsetzen würdest: Spielzeug, LED-Taschenlampen, Armbanduhren, Herzschrittmacher, Computerplatinen, Hörgeräte.
b ☒ Begründe deine Zuordnung in Aufgabe 1a.

2

Erweitern und Vertiefen

Das Daniell-Element

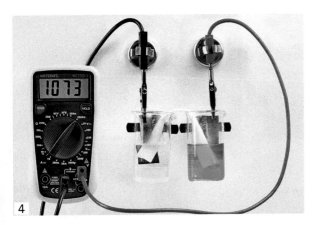

4

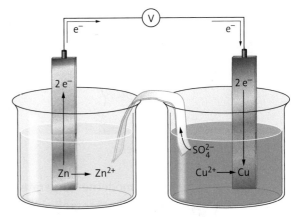

Eine einfache Batterie • Das Daniell-Element ist eine einfache Batterie. Es besteht aus Metall-stiften – einer aus Zink, der andere aus Kupfer. Diese werden als Elektroden bezeichnet. Die
5 Elektroden stecken in einer leitfähigen Flüs-sigkeit – dem Elektrolyten.
Beim Daniell-Element steckt die Zinkelektrode in einer Lösung aus Zinksulfat, die Kupferelektrode in einer aus Kupfersulfat.
10 Beide Lösungen werden durch ein in Kalium-nitrat-Lösung getränktes Filterpapier verbunden.
→ 4

Wie funktioniert diese Batterie? • Beim Zinkstift trennen sich von Zink-Atomen jeweils zwei
15 Elektronen ab. Zink wird also oxidiert.

Zink-Atom	→	Zink-Ion	+	Elektronen
Zn	→	Zn^{2+}	+	$2\,e^-$

Die Elektronen wandern durch das Kabel zum Kupferblech. Aus der Kupfersulfat-Lösung kom-

20 men Kupfer-Ionen an den Metallstift und nehmen die Elektronen auf. Sie werden also reduziert zu Kupfer-Atomen.

Kupfer-Ion	+	Elektronen	→	Kupfer-Atom
Cu^{2+}	+	$2\,e^-$	→	Cu

25 Um die Ladungen zwischen den Bechergläsern auszugleichen, gehen Sulfat-Ionen (SO_4^{2-}) durch das Filterpapier aus der Kupfersulfat-Lösung in die Zinksulfat-Lösung über. Mit der Zeit löst sich der Zinkstift auf und die Batterie funktioniert
30 nicht mehr.

Aufgaben

1 ⊠ Gib an, ob Zink oder Kupfer das edlere Metall ist.

2 ⊠ Welches Metall ist beim Daniell-Element Elektronendonator und welches Metall Elek-tronenakzeptor? Begründe deine Antwort.

315

Die Zink-Luft-Batterie

1 Hörgerät mit Zink-Luft-Batterie

2 Zink-Luft-Batterie mit abziehbarer Folie

Es gibt moderne Hörgeräte, die nur ein paar Millimeter groß sind und kaum auffallen. Wo kommt die Energie her, mit der solche Geräte betrieben werden?

5 **Blick auf die Stoffe** • Bei der Reaktion zwischen Zink und Sauerstoff wird Energie freigesetzt und es bildet sich Zinkoxid. In Knopfzellen wird die in Zink und Sauerstoff gespeicherte che-
10 mische Energie in elektrische Energie umgewandelt. Zink ist bereits in der Knopfzelle enthalten. Der Sauerstoff stammt aus der Luft. Damit er in die Batterie gelangen kann, muss jede Zink-
15 Luft-Batterie Luftlöcher besitzen. → 2

Blick auf die Teilchen • Im Laufe dieser Reaktion werden Elektronen von Zink-Atomen auf Sauerstoff-Atome über-

$$2\,Zn \quad \rightarrow \quad 2\,Zn^{2+} \quad + \quad 4\,e^-$$

3 Elektronenabgabe

$$O_2 \quad + \quad 4\,e^- \quad \rightarrow \quad 2\,O^{2-}$$

4 Elektronenaufnahme

tragen. Es bilden sich Zink-Kationen
20 und Sauerstoff-Anionen. → 3 4
Diese bilden zusammen Zinkoxid. Durch den entsprechenden Versuchs-aufbau finden Elektronenabgabe und -aufnahme an räumlich getrenn-
25 ten Orten statt. Die Elektronen kön-nen dann nur durch ein Kabel vom einen zum anderen Ort gelangen. So kann z. B. ein Hörgerät betrieben werden.

> Die Zink-Luft-Batterie arbeitet nach dem Donator-Akzeptor-Prinzip. Zink-Atome geben Elektronen ab, Sauerstoff-Atome nehmen sie auf.

Aufgaben

1 ◪ Nenne Geräte, bei denen Batte-rien möglichst klein sein müssen.

2 ◪ Gib an, welche Teilchen beim Benutzen einer Zink-Luft-Batterie Elektronendonatoren und welche Elektronenakzeptoren sind.

Material A

Einblick nehmen

Hier kannst du die Bauteile einer Zink-Luft-Knopfzelle näher kennenlernen.

5 Geöffnete Zink-Luft-Knopfzelle

Materialliste: Zink-Luft-Knopfzelle, Spitzzange, Schraubendreher (Schlitz)

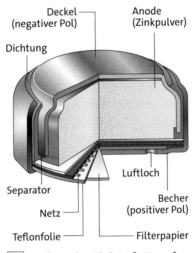

Deckel (negativer Pol)
Anode (Zinkpulver)
Dichtung
Luftloch
Separator
Becher (positiver Pol)
Netz
Teflonfolie
Filterpapier

6 Aufbau der Zink-Luft-Knopfzelle

1 Bei der Knopfzelle wird der äußere Stahldeckel nach außen gebogen, sodass man die inneren Bestandteile entnehmen und getrennt betrachten kann. → 5

2 ⊠ Lege die Einzelteile auf ein Blatt Papier und beschrifte sie mithilfe von Bild 6.

3 ⊠ Gib an, warum Zink-Luft-Batterien auf kleinstem Raum besonders viel Energie speichern können.

4 ⊠ Erkläre die Bedeutung des Separators für die Batterie.

Material B

Selbst gebaut

Spannungsmessgerät
Zinkstab
Kohlestab
Pappe
Natronlauge

7 Versuchsaufbau

Materialliste: Becherglas (250 ml), Kabel, Zinkstab, Spannungsmessgerät, Kohlestab, Pappe, 10%ige Natronlauge ⬨

1 Halte einen Zink- und einen Kohlestab in ein Becherglas. → 7 Stelle ein Stück Pappe so in das Becherglas, dass sich Zink und Kohlestab nicht berühren.

2 Der Zink- und der Kohlestab werden mithilfe von zwei Kabeln über ein Spannungsmessgerät verbunden.

3 Beobachte, was nach Einfüllen von 150 ml der 10 %igen Natronlauge passiert.

4 ⊠ Gib an, welche Teilchen beim Benutzen einer Zink-Luft-Batterie oxidiert und welche reduziert werden.

Akkumulatoren

1 Laden des Smartphones

2 Lithium-Ionen-Akku

Nur noch 5 Prozent – der Akku im Smartphone muss neu geladen werden. Was bedeutet das eigentlich?

Akku • Akku ist die Kurzbezeichnung
5 für Akkumulator. Dabei handelt es sich um eine Batterie, die mithilfe eines geeigneten Ladegeräts wieder aufgeladen werden kann. → 1 Was dabei geschieht, soll am Beispiel eines
10 Zink-Iod-Akkumulators erklärt werden.

Blick auf die Stoffe • In einem Zink-Iod-Akkumulator sind die Stoffe Zink und Iod enthalten. Beim Entladen reagieren diese Stoffe zu Zinkiodid. Dabei
15 wird Energie frei. Das Besondere an einem Zink-Iod-Akkumulator ist, dass man diese Reaktion umkehren kann, wenn man Energie zuführt. Beim Laden entstehen daher aus Zinkiodid
20 die Stoffe Zink und Iod.
Im Modellexperiment sieht der Ladevorgang des Zink-Iod-Akkus wie folgt aus: Zwei Kohlestäbe werden in eine Zinkiodid-Lösung eingetaucht und mit
25 einem Netzgerät verbunden. → 3
Nach kurzer Zeit bildet sich am Minuspol Zink, ein grauer Feststoff. Zur gleichen Zeit bildet sich am Pluspol rotbraunes Iod. Das Iod sinkt auf den
30 Boden. → 4

Blick auf die Teilchen • Beim Laden des Zink-Iod-Akkumulators wandern die Zink-Ionen (Zn^{2+}) zum Minuspol.

3 Wenn man eine Spannung an eine Zinkiodid-Lösung anlegt, ...

4 ... bilden sich Zink (silbern, links) und Iod (gelb, rechts).

Dort nehmen sie zwei Elektronen auf.
35 Es bilden sich Zink-Atome. → 5 Gleichzeitig wandern die Iodid-Ionen (I^-) zum
Pluspol. Zwei Iodid-Ionen geben jeweils ein Elektron ab und bilden ein
Iodmolekül (I_2). → 6 Beim Entladen
40 laufen diese beiden Redoxreaktionen
in umgekehrter Richtung ab.

Energieformen • Beim Entladen eines
Zink-Iod-Akkumulators wird ein Teil
der in Zink und Iod enthaltenen che-
45 mischen Energie in elektrische Energie
umgewandelt. → 7
So kann z. B. ein Elektromotor betrieben werden. Beim Laden dagegen
wird elektrische Energie in chemische
50 Energie umgewandelt. → 8 Für diesen Vorgang kann z. B. ein Netzgerät
eingesetzt werden.

Akkumulatortypen • Verschiedene
technische Geräte benötigen unter-
55 schiedliche Akkumulatoren. Beispielsweise kommen in tragbaren Geräten
wie Tablets, Smartphones und Note-
books Lithium-Ionen-Akkumulatoren
zum Einsatz. → 2 Zum Starten eines
60 Verbrennungsmotors in Autos werden
leistungsstarke Bleiakkumulatoren
benötigt.

> Beim Entladen eines Akkumulators
> laufen Redoxreaktionen ab. Es wird
> chemische Energie in elektrische
> Energie umgewandelt. Beim Laden
> laufen die Redoxreaktionen in um-
> gekehrter Richtung ab. Dabei wird
> elektrische Energie in chemische
> Energie umgewandelt.

Zink-Ion	+	Elektronen	→	Zink-Atom
Zn^{2+}	+	$2\,e^-$	→	Zn

5 Reduktion von Zink-Ionen beim Laden
eines Zink-Iod-Akkumulators

Iodid-Ionen	→	Iodmolekül	+	Elektronen
$2\,I^-$	→	I_2	+	$2\,e^-$

6 Oxidation von Iodid-Ionen beim Laden
eines Zink-Iod-Akkumulators

7 Energieumwandlung beim Entladen des Zink-Iod-Akkumulators

8 Energieumwandlung beim Laden des Zink-Iod-Akkumulators

Aufgaben

1 ⊠ Betrachte den Ladevorgang eines
Zink-Iod-Akkumulators. Begründe, wa-
rum es sich bei der Bildung von Zink-
Atomen um eine Reduktion handelt.

2 ⊠ Begründe, warum es sich bei
den Iodid-Ionen um Elektronendonatoren handelt.

3 ⊠ Entwickle analog zu den Bildern 5 und 6 die Reduktions- und
Oxidationsgleichung für das Entladen eines Zink-Iod-Akkumulators.

9 Bleiakku

Akkumulatoren

Modellversuch Akku → ▣

Materialliste: U-Rohr, 2 Kohlestäbe, Kabel, Klemmen, zwei durchbohrte Stopfen passend zum U-Rohr, 50 ml 5%ige Zinkiodid-Lösung ⚠ ⚗, Kleinelektromotor, Gleichspannungsnetzgerät

1 Baue den Versuch entsprechend Bild 1 auf.

a Aufladen: Stelle am Gleichspannungsnetzgerät für ca. 30 Sekunden eine Spannung von 6 V ein. Schreibe deine Beobachtungen auf.

b Entladen: Ersetze das Gleichspannungsnetzgerät durch den Elektromotor. Schreibe deine Beobachtungen auf.

2 ☒ Erkläre die beim Laden und beim Entladen gemachten Beobachtungen.

3 ☒ Entwickle sowohl zum Ladevorgang als auch zum Entladevorgang die zugehörigen Oxidations- bzw. Reduktionsgleichungen.

4 ☒ Begründe: „Der Zink-Iod-Akku ist kein echter Akku."

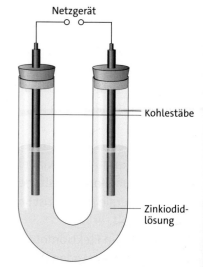

1 Modellversuch zum Zink-Iod-Akkumulator

Die Autobatterie – ein Bleiakku

Ein Bleiakku besteht aus 6 Zellen, die in Reihe geschaltet sind. In jede Zelle tauchen zwei Bleiplatten in halbkonzentrierte Schwefelsäure, die als Elektrolyt dient. Eine der beiden Bleiplatten ist mit Bleioxid beschichtet. Ein Separator trennt die beiden Bleiplatten voneinander. Beim Entladen entsteht an beiden Platten Bleisulfat. Dabei findet eine Elektronenübertragung von Blei auf Bleioxid (PbO_2) statt, die eine Spannung von 2 V liefert.

Beim Laden laufen die Vorgänge umgekehrt ab: Am Pluspol wird Bleisulfat zu Bleioxid oxidiert und am Minuspol wird Bleisulfat zu Blei reduziert.

1 ☒ Ordne den Buchstaben (A)–(E) in Bild 2 die richtigen Begriffe zu.

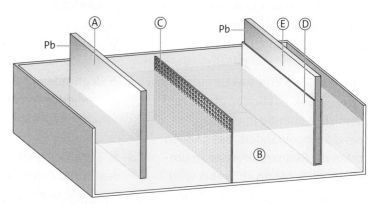

2 Bleiakku-Zelle (Schema)

Erweitern und Vertiefen

Bleiakku oder Lithium-Ionen-Akku?

3 Elektroauto an der Ladestation

Zwei Akkus • Elektroautos gelten als Verkehrsmittel der Zukunft. Oft wird in diesem Zusammenhang der Lithium-Ionen-Akku als Energiequelle für die Elektromotoren genannt. Können
5 da nicht auch Bleiakkumulatoren eingesetzt werden, die heute noch in fast jedem Auto als Starterbatterie vorhanden sind?

Daten und Fakten zum Bleiakku • Die Lebensdauer eines Bleiakkus beträgt etwa 4–8 Jahre.
10 Für ein Auto mit einer Reichweite von 150 km würde das Gewicht des benötigten Bleiakkus etwa 900 kg betragen. Aufgrund der robusten Bauweise sind die Sicherheitsrisiken bei Bleiakkus relativ gering. Selbst bei erhöhten Tem-
15 peraturen kommt es nicht zu einer Selbsterhitzung oder Explosion des Akkus. Obwohl Blei ein giftiges Schwermetall ist und auch die Schwefelsäure zu Umweltschäden führen kann, wird die Umweltverträglichkeit dieser
20 Technologie als durchschnittlich eingestuft. Durch Gelieren der Inhaltsstoffe kann ein unkontrolliertes Austreten der Säure auch bei Zerstörung des Batteriegehäuses verhindert werden.

25 **Daten und Fakten zum Lithium-Akku** • Die Lebensdauer eines Lithium-Ionen-Akkus beträgt etwa 10–15 Jahre. Für ein Auto mit einer Reichweite von 150 km würde das Gewicht des benötigten Lithium-Akkus etwa 270 kg betragen.
30 Ein großes Sicherheitsrisiko bei Lithium-Ionen-Akkus ist, dass bei unsachgemäßem Laden des Akkus Wasserstoff (Knallgas) entstehen kann. Außerdem enthalten die Akkus leicht brennbare Lösemittel. Deshalb darf die Tem-
35 peratur des Akkus ca. 100 °C nicht überschreiten. Der Aufwand zur Überwachung des Akkus durch entsprechende Sensoren ist entsprechend groß. Zudem muss das ganze System gekühlt werden.

	Bleiakku	Lithium-Ionen-Akku
Energiegehalt	niedrig	hoch
Kosten	preiswert	teuer
Umweltverträglichkeit	durchschnittlich	durchschnittlich
grundsätzlich geeignet	ja	ja

4

Aufgaben

1 ⊠ Übertrage die Tabelle in dein Heft. → **4**
Ergänze die Tabelle um weitere Zeilen:
Lebensdauer, Gewicht und Sicherheitsrisiko.

2 ⊠ Erläutere, welche Eigenschaften des Akkus für die Elektromobilität besonders wichtig sind.

Ausgedient, aber gefährlich

1 Alte, teilweise ausgelaufene Batterien

Batterien und Akkumulatoren haben eine begrenzte „Lebensdauer". Während Batterien in der Regel nach dem Einmalgebrauch weggeworfen werden, ⁵**können Akkus je nach Bauweise sogar 1000-mal und mehr wieder aufgeladen und eingesetzt werden. Doch was passiert danach?**

Umweltsünden • Noch in den 1970er-¹⁰Jahren wurden verbrauchte Batterien mit dem Hausmüll entsorgt. Zunehmende Meldungen über Verschmutzungen des Bodens in der Nähe von Mülldeponien mit Stoffen wie Queck-¹⁵silber erforderten gesetzliche Regelungen. Das Trinkwasser in vielen Orten zeigte bedenkliche Schwermetallanteile an, z. B. von Blei.

Das Batteriegesetz • In den 1990er-²⁰Jahren wurde in der Batterieverordnung festgelegt, dass bestimmte schadstoffhaltige Batterien nicht mehr verkauft werden durften.

Im seit 2009 gültigen Batteriegesetz ²⁵wurde eine Rücknahmepflicht der Hersteller und des Handels ebenso eingeführt wie ein Pfandsystem für Autobatterien und die Pflicht zum Recycling. Jeder Verbraucher ist zur ³⁰Abfalltrennung verpflichtet. Für leere Batterien und kaputte Akkus gibt es überall Sammelboxen, dort wo Batterien verkauft werden.

Recycling • Die Wiederverwertung ³⁵von Wertstoffen aus ausgedienten Altbatterien und Altakkus ist aus zwei Gründen wichtig:
1. Wir vermeiden eine Belastung der Umwelt mit Schadstoffen.
⁴⁰2. Durch Wiederverwendung von Wertstoffen kann der Verbrauch seltener Rohstoffe vermindert werden.

> Batterien dürfen nicht im Hausmüll entsorgt werden, da sie giftige Schwermetalle wie Quecksilber oder Blei enthalten können. Hersteller und Händler von Batterien sind verpflichtet, gebrauchte Batterien zurückzunehmen.

Aufgaben

1 ☒ Erläutere, warum die Benutzung von Akkus für die Umwelt besser ist als die Nutzung von Batterien.

2 ☒ Begründe, warum es für Batterien und Akkus ein anderes Recyclingsystem geben muss als für den üblichen Hausmüll.

Material A

Projekt „Batterierecycling"

Supermärkte und andere Stellen, die Batterien verkaufen, sind mit Sammelboxen ausgestattet.

1 ☒ Nenne mehrere Gründe, warum alte Batterien zurückgegeben werden müssen.

2 Batterie-Umfrage:
a ☒ Entwickelt in der Gruppe einen Fragebogen. Fragt darin:
- welche Batterien in eurem Bekanntenkreis verwendet werden,
- welche Geräte mit den Batterien betrieben werden und
- was mit den Batterien nach ihrem Gebrauch passiert.

b ☒ Führt mit diesem Fragebogen eine Umfrage unter Familienangehörigen, Mitschülerinnen und Mitschülern sowie Lehrkräften durch.
c ☒ Erstellt in der Gruppe ein Plakat mit euren Ergebnissen und präsentiert diese der Klasse.
d ☒ Vergleicht die Umfrageergebnisse. Diskutiert, wo Verbesserungen im Umgang mit Batterien nötig sind.

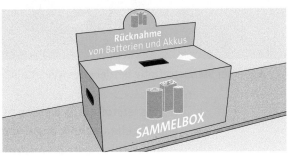

2 Sammelbehälter für Altbatterien

Material B

Batterierecycling als Kreisprozess

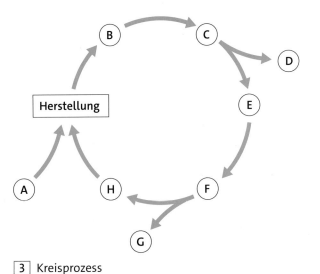

3 Kreisprozess

Damit keine Schadstoffe in die Umwelt gelangen und die Wertstoffe in der Batterie wiederverwendet werden können, ist es wichtig, Batterien dem Recyclingkreislauf zuzuführen.

1 ☒ Übertrage den Kreisprozess von Bild 3 in dein Heft und befülle die Lücken (A) bis (H) mit den richtigen Begriffen:

Einkauf, Wiedergewinnung, Sammlung, Nutzung, Deponierung nicht recyclefähiger Altbatterien, Einsatz „frischer" Rohstoffe, Sortierung, Verlust

2 ☒ Begründe, warum Kreisprozesse für das Recycling aller Müllsorten von großer Bedeutung sind.

Brennstoffzellen

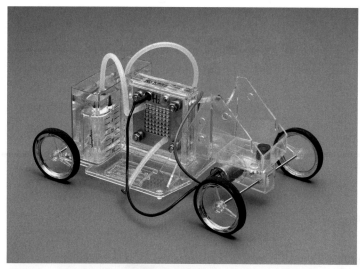

[1] Mit einer Brennstoffzelle betriebenes Modellauto → ▣

Wasserstoffautos werden mit Brennstoffzellentechnik angetrieben. Wie funktioniert eine Brennstoffzelle?

Blick auf die Stoffe • In einer Wasser-
5 stoff-Brennstoffzelle findet eine kontrollierte Reaktion zwischen Wasserstoff und Sauerstoff statt (Knallgasreaktion). Bei dieser Reaktion wird Energie freigesetzt, das heißt, die
10 Reaktion ist exotherm.

In der Brennstoffzelle wird die in Wasserstoff und Sauerstoff gespeicherte chemische Energie in elektrische Energie umgewandelt. → [2] Mithilfe der
15 elektrischen Energie wird dann ein Elektromotor angetrieben. → [6]

Blick auf die Teilchen • Im Laufe dieser Reaktion werden Elektronen von Wasserstoff-Atomen auf Sauerstoff-Atome
20 übertragen. → [3] [4]
Dabei müssen Elektronenabgabe und -aufnahme an räumlich getrennten Orten in der Brennstoffzelle stattfinden, damit die Elektronen dann zur Energie-
25 gewinnung genutzt werden können.
→ [2] Die Elektronen können dann durch ein Kabel vom einen zum anderen Ort gelangen. So kann z. B. ein Elektromotor angetrieben werden. Gleichzei-
30 tig kann dafür gesorgt werden, dass die entstehenden H^+-Ionen zu den gleichzeitig gebildeten OH^--Ionen wandern. Aus den Ionen bildet sich Wasser. → [5]

Elektrolyse • Die Gewinnung des
35 Wasserstoffs kann durch die Elektrolyse von Wasser erfolgen. Diese Reaktion ist endotherm. Das bedeutet, dass hierfür Energie aufgewendet werden muss.

$$2 H_2 \quad \rightarrow \quad 4 H^+ \quad + \quad 4 e^-$$

[3] Elektronenabgabe

$$O_2 \quad + \quad 2 H_2O \quad + \quad 4 e^- \quad \rightarrow \quad 4 OH^-$$

[4] Elektronenaufnahme

$$2 H_2 \quad + \quad O_2 \quad + \quad \rightarrow \quad 2 H_2O$$

[5] Entstehung von Wasser

Diagramm:

elektrisches Gerät

Elektronen ↑   Elektronen ↓

Wasserstoff → (H_2)

H^+-Ionen →

Sauerstoff ← (O_2)

Wasser → (H_2O)

[2] Querschnitt einer Wasserstoff-Brennstoffzelle → ▣

Umweltfreundlicher Antrieb • Wasserstoffautos sind besondere Elektroautos. Sie haben keinen großen Akku, sondern erzeugen die elektrische Energie durch die Brennstoffzelle selbst. Bei der Reaktion entsteht als Reaktionsprodukt reines Wasser, und nicht wie bei herkömmlichen Verbrennungsmotoren klimaschädliches Kohlenstoffdioxid. Wasserstoffautos haben eine größere Reichweite als akkubetriebene Elektroautos und sind schnell aufgetankt. Der zu tankende Wasserstoff lässt sich immer wieder herstellen, somit ist diese Technologie nachhaltig, sofern die dafür notwendige elektrische Energie aus regenerativen Quellen gewonnen wird.

Probleme beim Wasserstoffauto • Die derzeit noch hohen Anschaffungskosten eines Wasserstoffautos, die begrenzte Modellauswahl sowie das noch fehlende Tankstellennetz für Wasserstoff bremsen die Verbreitung dieser Technologie. Um Wasserstoff in großen Mengen klimaneutral zu gewinnen, reichen aktuell die Ressourcen an regenerativen Energiequellen noch nicht aus.

> Brennstoffzellen ermöglichen es, elektrische Energie aus der Reaktion von Wasserstoff mit Sauerstoff zu gewinnen. Dabei läuft eine Redoxreaktion in der Brennstoffzelle ab. Das Reaktionsprodukt ist reines Wasser.

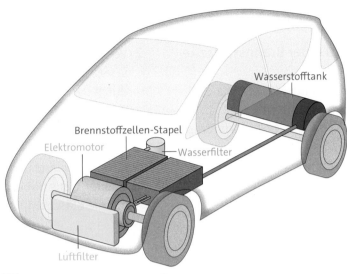

Wasserstofftank

Brennstoffzellen-Stapel

Elektromotor

Wasserfilter

Luftfilter

6 Bauteile eines Wasserstoffautos

Aufgaben

1 ☒ Nenne Vor- und Nachteile von Autos, die mit Wasserstoff betrieben werden.

2 ☒ Begründe, warum man bei einem Wasserstoffauto nur Wasserstoff, aber keinen Sauerstoff tanken muss.

3 ☒ Beschreibe die Funktionsweise einer Brennstoffzelle. → 2

4 ☒ Erkläre folgenden Werbespruch: „Mit Wasserstoff fahren Sie abgasfrei."

5 ☒ Nenne das Verfahren, mit dem der für eine Brennstoffzelle benötigte Wasserstoff gewonnen werden kann. Recherchiere zu dem Verfahren im Buch und beschreibe es.

Brennstoffzellen

Bau einer Brennstoffzelle

Materialliste: Glasschale,
2 Edelstahltopfreiniger,
2 Kabel mit Krokodilklemmen,
9-V-Batterie, kleiner Motor,
verdünnte Kalilauge ⬦ ⚠

1 Versuchsteil A:
Gieße etwas verdünnte Kalilauge in die Schale, sodass
der Boden bedeckt ist. Lege
die Topfreiniger hinein und
verbinde sie über die Klemmen mit der Batterie. Die
Topfreiniger dürfen sich dabei
nicht berühren. Lass den Versuch 3 Minuten laufen. → 1

2 Versuchsteil B:
Ersetze dann die Batterie
durch den Motor. → 2
Beschreibe deine Beobach-
tungen.

3 ⊠ Erkläre deine Beobachtungen. Gehe dabei auch
auf die Bläschenbildung ein.

4 ⊠ Formuliere jeweils eine
Reaktionsgleichung zu den
beiden Versuchsteilen A
und B.

5 ⊠ Formuliere eine Hypo-
these, wie die Laufzeit des
Motors im Versuch verlän-
gert werden könnte.

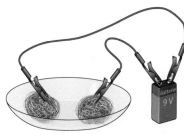

1 Erzeugung von Wasserstoff

2 Nutzung von Wasserstoff

Wasserstoff im Vergleich

Wasserstoff bietet im Vergleich
zu anderen Treibstoffen eine
Reihe von Vorteilen. In dem
Diagramm siehst du einen
Vergleich von Wasserstoff
mit anderen Treibstoffen.
Bei gleicher Menge: Wie viel
Energie liefert jeweils der
Treibstoff?

1 ☑ Beschreibe das Diagramm.

2 ⊠ Vergleiche Wasserstoff
mit den anderen Treibstoffen.

3 ⊠ Bewerte, ob Wasserstoff insgesamt ein geeigneter
Energieträger ist.

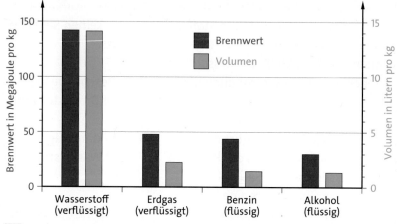

3 Treibstoffe im Vergleich

Material C

Wasserstoff und die Energiewende

Der Klimawandel macht es notwendig, dass noch mehr Energie aus erneuerbaren Energiequellen wie Fotovoltaik und Windkraft gewonnen wird.

An manchen Tagen wird heute schon mehr elektrische Energie aus diesen Quellen gewonnen, als benötigt wird. → ④

An anderen Tagen reicht die damit gewonnene Energie nicht aus. Dieses Phänomen wird sich durch den weiteren Ausbau von Fotovoltaik und Windkraftanlagen sowie den gleichzeitigen Rückbau von anderen Energiequellen weiter verstärken. Lösungen zur Energiespeicherung müssen daher entwickelt werden. Wasserstoff kommt als möglicher Energiespeicher infrage. Bei einem Energieüberschuss kann Wasserstoff durch die Elektrolyse von Wasser produziert werden. In Phasen, in denen wenig Wind- und Sonnenenergie zur Verfügung steht, kann der gespeicherte Wasserstoff dann zur Gewinnung elektrischer Energie genutzt werden.

1 🖻 Beschreibe mithilfe von Bild 4 die Probleme bei der Energiegewinnung durch erneuerbare Energiequellen.

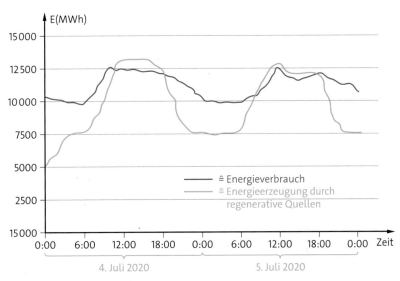

4 Energiebedarf und Energieerzeugung aus erneuerbaren Quellen am 4. und 5. Juli 2020

2 ⊠ Übernimm Bild 5 in dein Heft und ergänze folgende Begriffe im Schema:
endotherm – exotherm – Wasser – Wasserstoff/ Sauerstoff

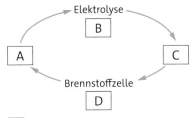

5 Ein Kreislauf

3 ⊠ Beschreibe, wie Wasserstoff helfen könnte, energiearme Phasen von Fotovoltaik und Windkraft zu überbrücken.

6 Fotovoltaik und Windkraft

4 ⊠ Recherchiere, welche Herausforderungen zu lösen sind, damit die Wasserstofftechnologie wichtiger Bestandteil der Energiewende sein kann.

327

Elektrische Energie und chemische Prozesse

Zusammenfassung

Elektronenübertragung • Bei Redoxreaktionen findet eine Elektronenübertragung statt. Bei der Oxidation werden Elektronen abgegeben, bei der Reduktion aufgenommen. Atome unedler Metalle geben die Elektronen leichter ab als Atome edler Metalle. Sie sind daher leichter oxidierbar. Sortiert man die Metalle nach ihrer Oxidierbarkeit, erhält man die Redoxreihe der Metalle. → ☐1

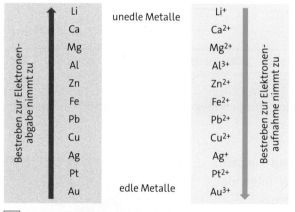

☐1 Redoxreihe der Metalle

Batterien • Batterien haben chemische Energie gespeichert und wandeln diese in elektrische Energie um. Sie besitzen zwei Pole – einen Plus- und einen Minuspol. Die zwei Pole berühren sich nicht direkt, stehen aber über eine Salzlösung in Verbindung.

Akkumulatoren • Batterien und Akkus sind im Aufbau ähnlich. Im Gegensatz zur Batterie kann man den Akku wieder aufladen: Durch Zufuhr von elektrischer Energie bilden sich die Ausgangsstoffe zurück. Beim Laden eines Akkus wird elektrische Energie in chemische Energie umgewandelt, beim Entladen geschieht dies umgekehrt.

Elektrolyse • Redoxreaktionen, die unter Zufuhr von elektrischer Energie ablaufen, werden als Elektrolyse bezeichnet. Im Verlauf einer Elektrolyse wird elektrische Energie in chemische Energie umgewandelt. Die Elektrolyse findet z. B. bei der Gewinnung von Wasserstoff aus Wasser und bei der Herstellung von Galvanoplastiken Anwendung.

Brennstoffzellen • In Brennstoffzellen reagiert z. B. Wasserstoff mit Sauerstoff. Dabei läuft eine Redoxreaktion in der Brennstoffzelle ab. Die frei werdende Energie kann zum Betreiben von Elektromotoren genutzt werden. Wasserstoffautos sind besonders umweltfreundlich, sie stoßen nur Wasser als Verbrennungsprodukt aus.

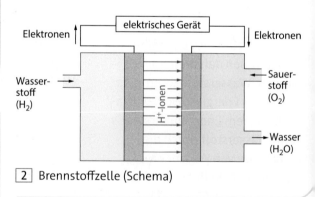

☐2 Brennstoffzelle (Schema)

Ausgedient, aber gefährlich • Die Abfallprodukte von Akkus und Batterien sind umweltschädlich, aber gleichzeitig Wertstoffe. Batterien dürfen nicht im Hausmüll entsorgt werden, da sie giftige Schwermetalle wie Quecksilber oder Blei enthalten können. Durch getrenntes Sammeln und Recycling gelangen die Wertstoffe wieder in den Stoffkreislauf zurück.

Teste dich! (Lösungen im Anhang)

Elektronenübertragung und Redoxreihe

1 ☒ Formuliere einen Merksatz mit den folgenden Begriffen:

um – eine – Elektronenaufnahme – bei – der – handelt – Oxidation – um – eine – Reduktion – und – bei – der – Elektronenabgabe – es – sich

2 ☒ Gib mithilfe der Redoxreihe der Metalle an, welche Metall-Atome von Zink-Ionen oxidiert werden können und welche Metall-Ionen Zink-Atome oxidieren können. Begründe.

Elektrolyse

3 ☒ Nenne drei Beispiele für die Anwendung von Elektrolysen.

4 ☒ Gib an, ob bei einer Elektrolyse die Ausgangsstoffe (Edukte) oder die Produkte mehr chemische Energie enthalten, und begründe deine Meinung.

Batterien und Akkumulatoren

5 ☒ Alessandro Volta stapelte in seiner „Säule" runde Platten aus zwei verschiedenen Metallen und in Salzlösung angefeuchtete Textilstücke.
a ☒ Gib an, welche beiden Metalle er dabei benutzte.
b ☒ Zeichne eine solche „Säule" und beschrifte die einzelnen Bauteile.
c ☒ Könnten die verwendeten Metalle auch durch Silber und Zinn ersetzt werden? Begründe deine Antwort.

6 ☒ Schreibe auf, welche grundsätzlichen Bestandteile von Batterien auch in Akkus enthalten sind.

7 ☒ Nenne Unterschiede zwischen Akkumulator und Batterie.

8 ☒ In Bild 3 siehst du einen in seine Bestandteile zerlegten Akku. Begründe anhand der Beobachtungen die Notwendigkeit der Müllsortierung und des Recyclings von Batterien und Akkus.

3 Akku nach langjährigem Einsatz

Brennstoffzelle

9 ☒ Zeichne den schematischen Aufbau einer Brennstoffzelle.

10 ☒ Erkläre, welche Teilchen bei der Wasserstoff-Brennstoffzelle Elektronendonatoren und welche Elektronenakzeptoren sind. Gib die Reaktionsgleichungen für die Oxidation und die Reduktion an.

11 ☒ Begründe, warum in einer Brennstoffzelle der Ort der Oxidation und der Ort der Reduktion voneinander getrennt sein müssen.

Kohlenstoff – der Molekülbauer

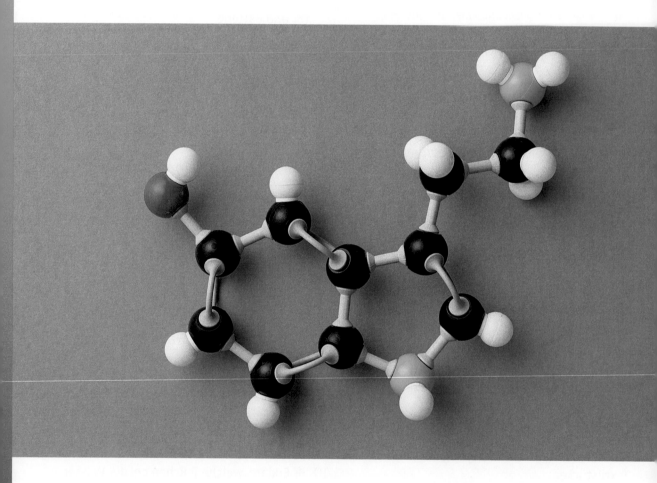

Keine Atomsorte kann eine so große Vielfalt von Verbindungen bilden wie Kohlenstoff.

Aus was besteht Erdöl und wie wird es verarbeitet?

Ob als Massenware oder maßgeschneiderter technischer Werkstoff – Kunststoffe sind aus unserem Leben nicht mehr wegzudenken.

Kohlenstoff gibt es fast überall

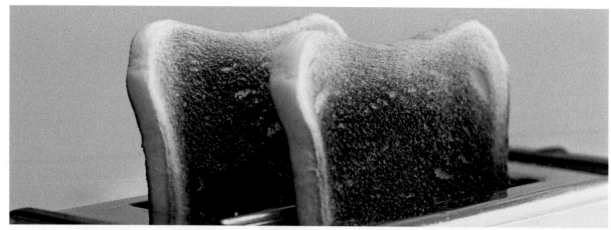

1 Kohlenstoff wird sichtbar beim verkohlten Toast.

Jeder kennt das Phänomen: Man vergisst den Kuchen im Ofen oder der Toaster ist zu heiß eingestellt und so werden Kuchen bzw. Toast schwarz – 5 **sie „verkohlen". Warum ist das so?**

Kohlenstoff • Stoffe, die beim Erhitzen schwarz werden, enthalten Kohlenstoff. Schon seit Urzeiten ist er den Menschen bekannt. Als Brennmaterial 10 in Form von Holzkohle oder als Zeichenmaterial fand er damals schon Verwendung. Erst Ende des 18. Jahrhunderts entdeckte der französische Chemiker Lavoisier, dass es sich dabei um ein 15 chemisches Element handelt.

Bindigkeit • Kohlenstoff ist ein Nichtmetall und steht in der IV. Hauptgruppe. Er besitzt vier Außenelektronen, über die Bindungen zu anderen Atomen 20 eingegangen werden können. → 2 Ein einzelnes Kohlenstoff-Atom kann also beispielsweise vier Elektronenpaarbindungen zu vier Wasserstoff-Atomen eingehen.

2 Kohlenstoff ist vierbindig.

25 Beide Elemente befinden sich damit im Edelgaszustand. Der Stoff, der dabei entsteht, ist Methan (CH_4). Kohlenstoff ist in seinen Verbindungen also vierbindig. → 2 Typische 30 Bindungspartner sind Sauerstoff, Wasserstoff oder Stickstoff.

Kohlenstoffverbindungen und ihre Reaktionsprodukte • Wie du weißt, entsteht bei der Verbrennung von Holz 35 Kohlenstoffdioxid (CO_2). Das bedeutet, dass in Holz Kohlenstoff gewesen sein muss. Da bei jeder Verbrennung von Kohlenstoffverbindungen auch Wasser entsteht, muss darin auch Wasser- 40 stoff enthalten sein.

> Kohlenstoff ist vierbindig und bildet oft Verbindungen mit Sauerstoff, Wasserstoff oder Stickstoff.

Fotosynthese • Das Element Kohlen- 45 stoff ist in vielen Verbindungen auf der Erde gespeichert. Der wichtigste Stoff ist hierbei das Kohlenstoffdioxid.

fohoze

Lexikon
Video
Tipps

vierbindig
die **Fotosynthese**
die **Zellatmung**
der **Kohlenstoffkreislauf**

Pflanzen nehmen Kohlenstoffdioxid auf und produzieren in der Fotosynthese mithilfe von Sonnenlicht und Wasser energiereiche Stoffe, z. B. Traubenzucker. → 3 Dabei wachsen die Pflanzen, da der Kohlenstoff in sogenannte Biomasse umgewandelt wird. Zusätzlich entsteht als Nebenprodukt Sauerstoff.

Zellatmung • Umgekehrt wandeln alle Lebewesen auf der Erde über ihre Atmung Traubenzucker und Sauerstoff wieder in Kohlenstoffdioxid und Wasserdampf um. → 4 Dabei werden Zucker abgebaut und zur Energiegewinnung genutzt. Diese in den Zellen stattfindenden Reaktionen nennt man Zellatmung. Ein Teil des so umgewandelten Kohlenstoffs bleibt jedoch dauerhaft im Organismus gespeichert.

Kohlenstoffkreislauf • Kohlenstoff ist unter anderem auch in Gesteinen und fossilen Brennstoffen wie Erdöl, Erdgas und Kohle gespeichert. Diese sind vor vielen Millionen Jahren aus tierischen und pflanzlichen Überresten unter hohem Druck und Sauerstoffabschluss entstanden. Durch Verbrennung oder Zersetzung dieser Brennstoffe wird der darin enthaltene Kohlenstoff wieder in Kohlenstoffdioxid umgewandelt. Somit schließt sich der Kohlenstoffkreislauf. → 5

> Im Kohlenstoffkreislauf wird Kohlenstoff in verschiedene Verbindungen umgewandelt. Kohlenstoffdioxid ist der wichtigste Stoff im Kohlenstoffkreislauf.

$$\text{Wasser} + \text{Kohlenstoffdioxid} \rightleftharpoons \text{Traubenzucker} + \text{Sauerstoff}$$
$$6\,H_2O + 6\,CO_2 \rightleftharpoons C_6H_{12}O_6 + 6\,O_2$$

3

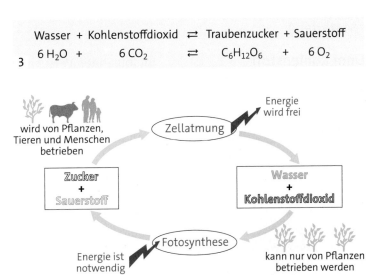

4 Fotosynthese und Zellatmung → 🔲

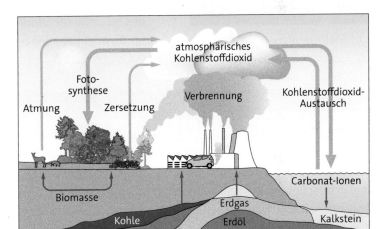

5 Kohlenstoffkreislauf

Aufgaben

1 ⊡ Erkläre den Begriff Verkohlen.

2 ⊠ Kohlenstoff bildet vier Elektronenpaarbindungen aus. Erkläre.

3 ⊠ Beschreibe den Kreislauf des Kohlenstoffs. → 5

Kohlenstoff gibt es fast überall

Dem Kohlenstoff auf der Spur

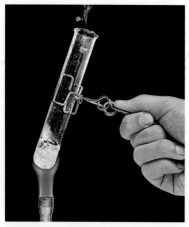

1 Stoffe erhitzen

Im folgenden Versuch werden verschiedene Stoffe erhitzt. Finde heraus, in welchen Stoffproben Kohlenstoff enthalten ist.

Materialliste: Brenner, 5 Reagenzgläser, Reagenzglasständer, Reagenzglashalter, feuerfeste Unterlage, Kochsalz, Haushaltszucker, Holz, Tafelkreide, Wasser

1 Gib jeweils eine kleine Probe des zu untersuchenden Stoffs in ein Reagenzglas.

2 Erhitze die Probe zuerst schwach, dann kräftig. Schwenke dabei das Reagenzglas leicht.

3 Stelle das Reagenzglas zum Abkühlen in den Reagenzglasständer und erhitze die nächste Probe.

4 ☑ Fertige ein Versuchsprotokoll dazu an.

5 ☑ Gib an, in welchen Stoffproben Kohlenstoff enthalten.

Material B

Kohlenstoffkreislauf

Der englische Theologe und Naturforscher Joseph Priestley war mit seinen Versuchen Ende des 18. Jahrhunderts seiner Zeit weit voraus. Er untersuchte die Reinigung „verdorbener" Luft mithilfe von Pflanzen. Dabei setzte er verschiedene Lebewesen und Gegenstände unter eine luftdicht abgeschlossene Glasglocke und beobachtete. Er kam zu folgenden Ergebnissen: Eine Maus unter der Glasglocke starb nach kurzer Zeit. Ebenso erlosch eine Kerze unter der Glasglocke. Auch Maus und

Kerze zusammen hielten nicht lange durch. Erst als er eine Pflanze zusammen mit der Maus und der Kerze unter die Glocke stellte, überlebte die Maus und die Kerze brannte weiter.
Priestley folgerte daraus, dass Pflanzen in der Lage sind, „verdorbene" Luft zu reinigen.

1 ☑ Beschreibe Bild 2 und stelle es mit Priestleys Experiment in Verbindung.

2 ☒ Erkläre Priestleys Experiment mithilfe des Kohlenstoffkreislaufs.

2 Glasglockenexperiment

Erweitern und Vertiefen

Ein Element – viele Strukturen

Strukturen • Kohlenstoff kommt auf der Erde in drei verschiedenen Formen, sogenannten Modifikationen, vor: Graphit, Diamant und Fullerene. Die jeweilige Modifikation ergibt sich
5 durch die Struktur der Bindungen. Die Struktur bestimmt die Eigenschaften des Stoffs.

Graphit • Graphit ist in Schichten aufgebaut.
→ 3 Die C-Atome in einer Schicht sind von drei C-Nachbarn umgeben und bilden eine Wabe. Der
10 Kohlenstoff ist hier dreibindig. Das vierte freie Elektron ist über die ganze Schicht verteilt. Dadurch ist die Struktur blättrig schichtartig und macht Graphit sehr weich. Beim Schreiben mit einem Bleistift, dessen Miene aus Graphit
15 besteht, werden diese Schichten auf das Papier abgerieben. Entlang der Schichten ist Graphit elektrisch leitfähig.

Diamant • Die Struktur eines Diamanten ist wesentlich stabiler als die des Graphits. Hier
20 ist jedes C-Atom von vier nächsten Nachbarn umgeben. → 5 Die vier C-Bindungen sind alle gleich lang und stehen im selben Winkel. Aufgrund der stabilen Molekülstruktur ist Diamant eines der härtesten Materialien auf
25 der Erde und wird deshalb oft in Bohrköpfen verwendet. Da es hier keine freien Elektronen gibt, wirkt der Diamant als Isolator und ist nicht elektrisch leitend.

Fulleren • Die C-Atome sind hier in Sechs-
30 und Fünfecken angeordnet und bilden eine fußballartige Molekülform: das Buckminster-Fulleren. → 7 Es besteht aus 60 Kohlenstoff-

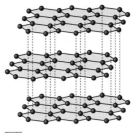

3 Graphitstruktur

4 Graphit in Bleistiften

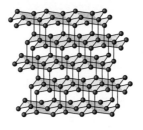

5 Diamantstruktur

6 Diamant

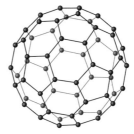

7 Fullerenstruktur

8 Kuppelbau von
R. Buckminster Fuller

Atomen und könnte als Graphitkugel bezeichnet werden, allerdings mit anderen Eigenschaften.
35 Das C_{60}-Molekül erhielt seinen Namen von dem amerikanischen Architekten Richard Buckminster Fuller, da der Bau dessen kuppelartigen Bauwerken ähnelt. → 8

Aufgabe

1 ☒ Beschreibe die drei Kohlenstoffstrukturen.

335

Methanmoleküle – sehr energiereich

1 Biogasanlage

2 Erdgas beim Kochen

Unser Energiebedarf ist riesig. Warme Häuser, warmes Wasser und elektrische Energie rund um die Uhr. Wo kommt diese Energie her?

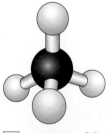

3 Methan → ▣

Primärenergie • Verkehr, Industrie und Haushalte brauchen große Mengen an Energie. Der gesamte Energieverbrauch wird als Primärenergieverbrauch bezeichnet. Den größten Anteil daran tragen in Deutschland derzeit noch Erdöl und Erdgas. → 4

Erdgas und Biogas • Erdgas und Biogas bestehen beide zu 75–99 Prozent aus Methan (CH_4). → 3 Erdgas ist ein fossiler Rohstoff. Biogas dagegen ist ein regenerativer Rohstoff. Es entsteht durch die Vergärung von Pflanzen und Gülle. Der Rest der Gase setzt sich aus Ethan (C_2H_6), Schwefelwasserstoff (H_2S) und Stickstoff (N_2) zusammen.

Erdgaslagerstätten • Erdgas findet man, wie der Name schon sagt, in der Erde. Entstanden ist es vor vielen Millionen Jahren. Auf dem Boden urzeitlicher Meere lagerten sich tote Pflanzen und Tiere ab. Nach der Überlagerung mit Schlamm zersetzten Bakterien die Stoffe. Auch Hitze und Druck unter immer dickeren Gesteinsschichten veränderten die Stoffe. Schließlich wurde das Gas aus diesen Schichten herausgepresst und stieg auf bis zu undurchlässigen Erdschichten. → 5 Ganz ähnlich ist auch Erdöl entstanden. Daher findet man diese beiden Stoffe auch immer zusammen.

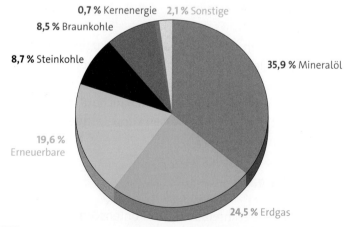

0,7 % Kernenergie **2,1 %** Sonstige
8,5 % Braunkohle
8,7 % Steinkohle
35,9 % Mineralöl
19,6 % Erneuerbare
24,5 % Erdgas

4 Primärenergiemix in Deutschland (2023)

yatapu

Lexikon
Video
Tipps

die **Primärenergie**
das **Erdgas**
das **Methan**

Verwendung • Methan wird aufgrund seiner Eigenschaften in großem Maß genutzt. Es ist leicht brennbar und die Reaktion der Verbrennung verläuft exotherm. Die frei werdende Wärme wird entweder direkt zum Heizen genutzt oder in Gaskraftwerken wird Wasser verdampft. Der Wasserdampf wird dann auf Turbinen geleitet, die einen Generator zur Stromerzeugung antreiben.

Methan und Klimawandel • Bei der Verbrennung von Methan entstehen Kohlenstoffdioxid und Wasser. → 6 Die Reaktionsprodukte sind dabei ungiftig. Doch das Reaktionsprodukt Kohlenstoffdioxid hat einen gewaltigen Nachteil: Durch den Ausstoß enormer Mengen dieses Treibhausgases ist es der Hauptverursacher des Klimawandels. Methan selbst ist ebenfalls ein klimaschädliches Gas. Es wirkt um ein Vielfaches stärker als Kohlenstoffdioxid.

Ausstieg • Die Politik bemüht sich um einen Ausstieg aus der Verwendung von Erdgas. Neben der schädlichen Auswirkung von Methan auf das Klima gibt es einen weiteren Grund für dieses Bemühen: Man will die Abhängigkeiten von Lieferländern abbauen.

> Erdgas und Biogas sind wichtige Energieträger. Sie bestehen hauptsächlich aus Methan.
> Bei der exothermen Verbrennung entsteht das klimaschädliche Gas Kohlenstoffdioxid.

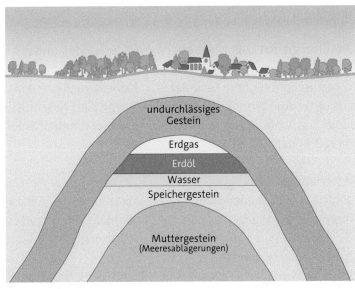

5 Erdgaslagerstätte

$$\begin{array}{ccccccc}
\text{Methan} & + & \text{Sauerstoff} & \rightarrow & \text{Wasser} & + & \text{Kohlenstoffdioxid} \\
CH_4 & + & 2\,O_2 & \rightarrow & 2\,H_2O & + & CO_2
\end{array}$$

6

Aufgaben

1 ☒ Gib an, woraus Erdgas besteht.

2 ☒ Nenne zehn Vorgänge, bei denen du im Laufe eines Tages zum Primärenergieverbrauch der Bundesrepublik Deutschland beiträgst.

3 ☒ Familie Hansen hat eine Gasheizung im Keller, die auch das Warmwasser bereitet. Erkläre, warum es immerhin ein kleiner Schritt gegen den Klimawandel ist, wenn die Hansens nur noch duschen, statt zu baden.

Methanmoleküle – sehr energiereich

Material A

Die Energie im Gas messen

In Kartuschenbrennern befindet sich unter dem Brenner verflüssigtes Gas. Untersuche, wie viel Energie in dem Gas steckt.

Materialliste: Becherglas, Dreifuß, Kartuschenbrenner, Thermometer, Waage

Gehe dazu in folgenden Schritten vor:
• Wiege den Kartuschenbrenner. →1 Notiere das Ergebnis.
• Fülle 400 ml Wasser ab und miss die Temperatur. Notiere diesen Messwert.
• Erhitze das Wasser mithilfe des Kartuschenbrenners für 90 Sekunden und miss erneut die Temperatur des Wassers. Notiere auch diesen Wert.
• Wiege zum Abschluss den Brenner erneut. Notiere den Wert.

1 ☒ Gib an, wie viel Gas verbrannt wurde. Gib außerdem an, um wie viel Grad das Wasser erwärmt wurde.

2 Um 1 ml Wasser um 1 Grad zu erwärmen, braucht man 4,2 Joule Energie.
a ☒ Berechne, wie viel Energie dem Wasser zugeführt wurde.
b ☒ Berechne, wie viel Energie in 100 g Gas enthalten sind.

1

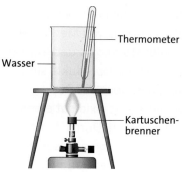

Thermometer
Wasser
Kartuschenbrenner

2 Erhitzen des Wassers

Material B

Biogas – wie geht das?

Biogasanlagen sollen ein Baustein der Energiewende sein.

1 ☒ Gib an, aus welchen Rohstoffen Biogas gewonnen wird.

2 ☒ Erkläre den Nutzen, der aus Biogas gezogen wird.

3 ☒ Schreibe einen Text über die Herstellung und Nutzung von Biogas.

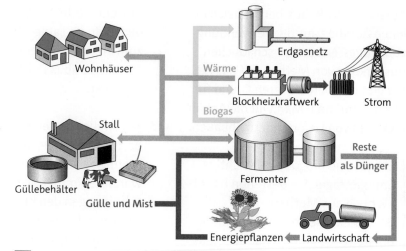

Wohnhäuser
Erdgasnetz
Wärme
Blockheizkraftwerk
Strom
Biogas
Stall
Reste als Dünger
Fermenter
Güllebehälter
Gülle und Mist
Energiepflanzen
Landwirtschaft

3 Biogasanlage – Aufbau und Funktion

Material C

Die Wärmepumpe

1 Wärmepumpen sind ein wichtiger Baustein, um Gasheizungen zu ersetzen. Sie bestehen aus vier Bauelementen. Zwei Wärmetauschern (Verdampfer und Verflüssiger), einem Kompressor (Verdichter) und einem Expansionsventil (Entspanner).

a ☑ Zeichne ein Schema von Bild 1 in dein Heft.

b ☒ Ordne den Bauteilen (1) bis (4) in Bild 4 die richtigen Begriffe zu: „Expansionsventil", „Kompressor", „Wärmetauscher" (2x).

c ☒ Ordne in einer Tabelle den Bauteilen die richtigen Abläufe (A) bis (D) zu. → 5

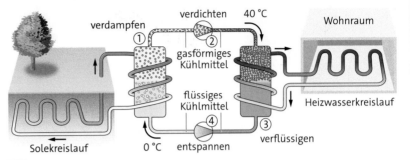

4 Schema einer Wärmetauscheranlage

(A) Das gasförmige Kühlmittel wird zusammengepresst. Dadurch erwärmt sich das Gas (wie bei einer Luftpumpe beim Fahrrad).

(B) Dem unter Druck stehende Gas wird der Druck genommen. Dadurch kühlt es weiter ab und kondensiert.

(C) Das erwärmte Gas gibt Wärme an das Heizsystem ab, wodurch es sich selbst abkühlt und das Heizsystem erwärmt.

(D) Die Sole (besondere Flüssigkeit) nimmt aus der Luft, dem Grundwasser oder dem Boden Wärme auf. Die Sole erwärmt ein flüssiges Kühlmittel, das dadurch verdampft.

5 Abläufe in den Bauelementen eines Wärmetauschers

Material D

Biogas – ein Standbein der Energiewende?

Die aus Biogas gewonnene Energie in Deutschland ist über die Jahre angestiegen.

1 ☒ Beschreibe das Diagramm. → 6

2 ☒ Recherchiere im Internet Vor- und Nachteile der Biogasentwicklung.

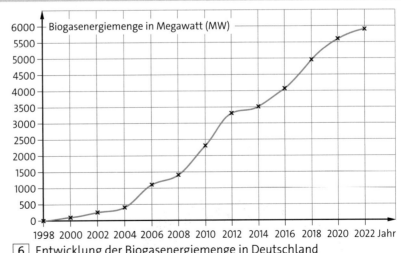

6 Entwicklung der Biogasenergiemenge in Deutschland

Methan und seine „Verwandten"

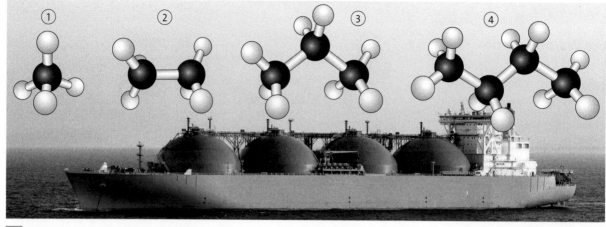

1 Die ersten vier Moleküle der Alkane; Transport von verflüssigtem Methan

Methan hat die Formel CH_4. Es gehört somit zu den Kohlenwasserstoffen.

Kohlenstoff-Atome bilden Ketten • Kohlenwasserstoffe sind Verbindungen, die aus den Elementen Kohlenstoff und Wasserstoff aufgebaut sind. Ein Methanmolekül besitzt beispielsweise ein Kohlenstoff-Atom und vier Wasserstoff-Atome. → 2

Es gibt auch Moleküle, die aus mehreren Kohlenstoff-Atomen bestehen, z. B. Ethan (C_2H_6). Die beiden Kohlenstoff-Atome sind über eine Einfachbindung miteinander verbunden. → 3 Jedes Kohlenstoff-Atom hat außerdem drei Wasserstoff-Atome als Bindungspartner. Wenn weitere Kohlenstoff-Atome hinzukommen, werden diese über Einfachbindungen verknüpft und bilden eine Kette. → 4

Alkane • Kohlenwasserstoffe, die nur Einfachbindungen enthalten, zählt man zur Stoffgruppe der Alkane. Ihre Namen enden auf -an. Manche ihrer Namen leiten sich aus dem Griechischen je nach Anzahl der Kohlenstoff-Atome ab (z. B. penta = fünf, Pentan hat fünf Kohlenstoff-Atome). Allgemein ist C_nH_{2n+2} die Summenformel der Alkane. Dabei steht n für die Anzahl der Kohlenstoff-Atome.

Homologe Reihe • Ähnlich gebaute Stoffe, z. B. die Alkane, kann man in einer homologen Reihe anordnen. Die Formel der Alkane nimmt dabei immer um eine CH_2-Einheit zu.

> Kohlenwasserstoffe, die nur Einfachbindungen enthalten, nennt man Alkane.

2 Methan

3 Ethan

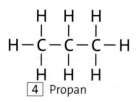

4 Propan

Aufgaben

1 Erkläre den Begriff Kohlenwasserstoffe.

2 Begründe, ob der Stoff $C_{17}H_{34}$ ein Alkan ist.

webiyo

Lexikon
Tipps

der **Kohlenwasserstoff**
das **Alkan**
die **homologe Reihe**

Material A

Eine logische Struktur

Name	Anzahl C-Atome
Methan	1
Ethan	2
Propan	3
Butan	4
Pentan	5
Hexan	6
Heptan	7
Octan	8
Nonan	9
Decan	10

5 Homologe Reihe der Alkane

Kohlenstoff steht in der IV. Hauptgruppe des Periodensystems. Ein Kohlenstoff-Atom bildet daher vier Elektronenpaarbindungen aus, um den Edelgaszustand zu erreichen. Wasserstoff ist als Bindungspartner des Kohlenstoffs gut geeignet. Aber auch Bindungen zu anderen Kohlenstoff-Atomen sind kein Problem.

1 ✐ Begründe, warum sich die Alkane immer um eine CH_2-Einheit unterscheiden.

2 ☒ Übernimm die Tabelle von Bild 5 in dein Heft und zeichne die Strukturformeln der Alkane.
Recherchiere die Siedetemperaturen und die Aggregatzustände der Alkane und ergänze deine Tabelle entsprechend um zwei weitere Spalten, in die du die Werte einträgst.

3 ☒ Berechne die Formel der Alkane mit 12, 23 und 37 Kohlenstoff-Atomen.

Material B

Modelle bauen

1 Modelle helfen dabei, sich den Aufbau von Molekülen vorzustellen. In Bild 6 siehst du verschiedene Materialien aus dem Alltag, die man zum Modellbau nutzen kann.

a ✐ Wähle Materialien aus, die dir zum Nachbau folgender Molekülmodelle geeignet erscheinen: Methan, Butan und Heptan.
Achte darauf, für die Atome und für die Bindungen in einem Molekül jeweils immer das gleiche Material zu verwenden.

b ☒ Baue Methan noch einmal mit einem anderen Baumaterial. Denke daran, dass die Bindungen nicht unbedingt dargestellt werden müssen. Vergleiche die beiden Methanmodelle.

c ☒ Bewerte die Baumaterialien. Welche eignen sich gut, welche weniger gut zum Darstellen von Atomen und Molekülen?

6 Materialien zum Atombau

Verwandt und doch so unterschiedlich

1 Flüssiggas Butan im Feuerzeug

2 Schmieröl ist zähflüssig.

3 Kerzen aus Paraffin

Alkane sind bei Raumtemperatur gasförmig, flüssig oder fest. Woran liegt das?

Siedetemperatur • Je größer die Kettenlänge der Alkanmoleküle, desto
höher ist die Siedetemperatur. →4
Die kurzkettigen Alkane Methan bis
Butan sind bei Raumtemperatur
gasförmig. Pentan bis Nonan sind
dünnflüssig, während längerkettige
Alkane zähflüssig sind.
Ab einer Kettenlänge von ca. 17 Kohlenstoff-Atomen sind die Alkane fest
und wachsartig. Gemische aus festen
Alkanen werden als Paraffine bezeichnet und als Kerzenwachs verwendet.

Entflammbarkeit • Je länger die Kohlenstoffkette ist, desto schwerer lassen sich die Alkane entzünden. →4
Längerkettige Alkane rußen beim
Brennen stärker. Daher nutzt man sie
weniger zur Energiegewinnung.

Viskosität • Die Viskosität beschreibt
die Zähflüssigkeit eines Stoffs. Alkane
mit längeren Molekülketten (ab ca. elf
Kohlenstoff-Atome) sind ölig bis sehr
zähflüssig. →4 Sie werden deshalb
oft als Schmierstoffe eingesetzt.

Kräfte zwischen Alkanmolekülen • Die
Eigenschaften der Alkane kann man
so erklären: Es gibt Anziehungskräfte
zwischen den Molekülen, vor allem
bei den langkettigen Alkanen. Kann
es sich dabei um Dipolkräfte handeln?
Dazu muss man sich die Elektronegativitätswerte anschauen:
Die Elektronegativität von Kohlenstoff liegt bei 2,5 und die von Wasserstoff bei 2,1. Der Unterschied beträgt
also nur 0,4. Das bedeutet, dass die

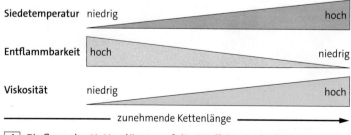

4 Einfluss der Kettenlänge auf die Stoffeigenschaften

C-H-Bindung nur ganz schwach polar ist. Dipolkräfte können daher kaum eine Rolle spielen. Es muss noch andere Kräfte zwischen den Molekülen geben.

5 Zwei „normale" Helium-Atome

45 **Van-der-Waals-Kräfte •** Man denkt immer, dass die Elektronen in Atomen ganz gleichmäßig verteilt sind. →5 Die Elektronen bewegen sich aber ständig und Atome oder Moleküle stoßen 50 auch gegeneinander. Daher sind Atome oder Moleküle oft für einen kurzen Moment „verformt". →6 In diesen Momenten gibt es in den Teilchen Bereiche mit positiven und 55 mit negativen Teilladungen. Dies führt zu Anziehungskräften zwischen den Teilchen, die nicht von Dauer sind. Diese Anziehungskräfte sind insgesamt schwach. Man nennt sie Van-der-Waals- 60 Kräfte nach dem niederländischen Physiker Johannes Diderik van der Waals, der sie entdeckt hat.

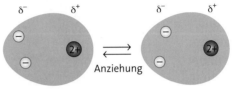

6 Zwei „verformte" Helium-Atome können sich gegenseitig anziehen.

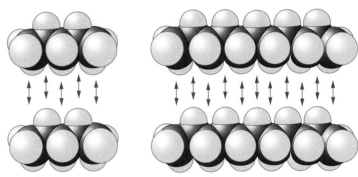

7 Je größer die Moleküle, desto mehr Van-der-Waals-Kräfte

Mehr Atome, mehr Van-der-Waals-Kräfte • Wenn die Kettenlänge größer 65 ist, wirken auch mehr Van-der-Waals-Kräfte zwischen den Molekülen. →7 Langkettige Moleküle haften daher stärker aneinander. Um langkettige Alkane gasförmig 70 werden zu lassen, muss man diese Anziehungskräfte überwinden. Dazu ist mehr Energie nötig als bei kurzkettigen Alkanen. Deshalb sind die Siedetemperaturen deutlich höher. 75 Auch die Viskosität und die Entflammbarkeit eines Stoffs hängen davon ab, wie viele Van-der-Waals-Kräfte es zwischen den Molekülen gibt.

> Van-der-Waals-Kräfte sind schwache Anziehungskräfte zwischen Teilchen. Je größer die Moleküle sind, desto mehr Van-der-Waals-Kräfte gibt es.

Aufgaben

1 Eigenschaften der Alkane
a ⊠ Beschreibe verschiedene Eigenschaften von Alkanen im Zusammenhang mit der Kettenlänge.
b ⊠ Erkläre, warum die Eigenschaften von der Länge der Kohlenstoffkette abhängen.

343

Verwandt und doch so unterschiedlich

Material A

Lehrerversuch: Flammenvergleich → ▣

Es werden Methan ⬦, Wundbenzin (Gemisch aus Pentan/Hexan, ⬦ ⬦ ⟨!⟩ ⬦) und Paraffin (Gemisch aus langkettigen Alkanen) entzündet und verbrannt. Bild 1 zeigt die Flammentypen, die man dabei beobachten kann.

1 Flammenvergleich von Alkanen

1 ⊠ Ordne die Flammen den drei Stoffen zu.

2 ⊠ Erkläre die unterschiedlichen Flammentypen der drei Stoffe und gehe dabei auf ihren Aufbau ein.

3 ⊠ Paraffin kann man nicht mit einem Streichholz entzünden. Dazu braucht man höhere Temperaturen und oft einen Docht. Deshalb wird Paraffin als Kerzenwachs eingesetzt. Erkläre.

Material B

Diagramme zeichnen

1 ⊠ Stelle die in Tabelle 2 aufgelisteten Messwerte der ausgewählten Alkane in geeigneten Diagrammen dar.

Name des Alkans	Schmelz-temperatur	Dichte (als Flüssigkeit)
Methan	−183 °C	$0{,}42\,\frac{g}{ml}$
Butan	−138 °C	$0{,}58\,\frac{g}{ml}$
Hexan	−95 °C	$0{,}65\,\frac{g}{ml}$
Octan	−57 °C	$0{,}70\,\frac{g}{ml}$

2 Eigenschaften einiger Alkane

Material C

Lehrerversuch: Viskosität im Vergleich → ▣

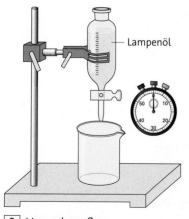

Lampenöl

3 Versuchsaufbau

Materialliste: Tropftrichter (100 ml), 3 Bechergläser (250 ml), Stativmaterial, Stoppuhr, Lampenöl ⬦, Waschbenzin ⬦ ⬦ ⬦ ⟨!⟩, Motorenöl ⟨!⟩, Unterlage

1 Der Trichter wird senkrecht in das Stativ eingespannt und ein Becherglas direkt daruntergestellt.

2 Die erste Stoffprobe wird bis zur oberen Markierung im Trichter eingefüllt.

3 Der Hahn wird langsam geöffnet und die Zeit gestoppt, bis die Flüssigkeit durchgelaufen ist.
Danach wird der Trichter gereinigt und der Versuch mit den anderen beiden Stoffproben wiederholt.

4 ▣ Fertige ein Protokoll zum Versuch an.

5 ⊠ Vergleiche die Viskosität von Lampenöl, Waschbenzin und Motorenöl.

Erweitern und Vertiefen

Der Begriff „organisch"

Der Chemiker Friedrich Wöhler schrieb am
28. Februar 1828 an einen anderen führenden
Chemiker, Jöns Jakob Berzelius, einen Brief. Darin
berichtet Wöhler von seiner sensationellen
5 Entdeckung:

| 4 | Friedrich Wöhler | 5 | Jöns Jakob Berzelius |

> „Lieber Herr Professor!
>
> [...] und ich täglich oder vielmehr stündlich
> in der gespannten Hoffnung lebe, einen
> Brief von Ihnen zu erhalten, so will ich ihn
> doch nicht abwarten, sondern schon wieder
> schreiben, denn ich kann, so zu sagen, mein
> chemisches Wasser nicht halten und muss
> Ihnen sagen, dass ich Harnstoff machen
> kann, ohne dazu Nieren oder überhaupt
> ein Thier, sey es Mensch oder Hund, nöthig
> zu haben. Das cyansaure Ammoniak ist
> Harnstoff. [...] "
>
> Wöhler, 1828

Eine Sensation • Friedrich Wöhler gelang im Jahre
1828 aus einem anorganischen Stoff durch Erhitzen Harnsäure herzustellen, die bisher nur aus
dem Urin von Menschen und Tieren bekannt war.
20 Die Theorie, dass organische Stoffe nur von Lebewesen produziert werden könnten, verlor immer
mehr an Bedeutung. Jedoch hat sich der Begriff
der organischen Chemie bis heute gehalten.
Die organische Chemie oder kurz Organik
25 wird heute definiert als die Chemie der Kohlenstoffverbindungen, da man feststellte, dass der
Kohlenstoff das zentrale Element all dieser
Verbindungen ist. Die in Lebewesen ablaufenden
Stoffwechselprozesse werden als Biochemie
30 bezeichnet.

Anorganische und organische Stoffe • Berzelius
glaubte, dass man in der Chemie grundsätzlich
zwei Arten von Stoffen unterscheiden müsse:
anorganische und organische Stoffe. Nach seiner
10 Ansicht konnten organische Stoffe nur von Lebewesen hergestellt werden. Dazu sei eine „Lebens-
kraft" notwendig. Im Gegensatz dazu seien
anorganische Stoffe in der unbelebten Natur,
also beispielsweise in Mineralien oder Erzen,
15 zu finden.

Aufgaben

1 ☒ Beschreibe die Entdeckung von Wöhler.

2 ☒ Erkläre, warum der Begriff „organische
Chemie" nicht uneingeschränkt verwendet
werden kann.

Doppelt und dreifach gebunden

1 Ethan, Ethen und Ethin – wichtige Grundstoffe der chemischen Industrie

2 Ethen in Lewis-Schreibweise

3 Ethin in Lewis-Schreibweise

Die Alkane haben nur Einfachbindungen. Es gibt aber auch Kohlenwasserstoffe mit Doppel- und Dreifachbindungen zwischen den Kohlenstoff-Atomen.

Alkene • Kohlenwasserstoffe mit einer doppelten Elektronenpaarbindung nennt man Alkene. Ihre Namen leiten sich von den Alkanen mit der Endsilbe -en ab. In der Lewis-Schreibweise wird die Doppelbindung mit einem doppelten Strich dargestellt. →**2**
Wegen der Doppelbindung besitzen Alkene grundsätzlich zwei Wasserstoff-Atome weniger als die entsprechenden Alkane.

Alkine • Ein Kohlenstoff-Atom kann sogar bis zu drei Elektronenpaarbindungen zu einem anderen Kohlenstoff-Atom eingehen. →**3** Wenn eine C≡C-Dreifachbindung vorhanden ist, spricht man von einem Alkin. Die Namen der Alkine leiten sich ebenfalls von den Alkanen ab, allerdings mit der

4 Grüne Bananen werden mit Ethen reif.

Endsilbe -in. Ihnen fehlen vier Wasserstoff-Atome im Vergleich zum Alkan.

Ungesättigt • Die Alkane bezeichnet man als gesättigt. Die Alkene und Alkine dagegen nennt man ungesättigt, da sich an die Doppel- bzw. Dreifachbindung noch weitere Atome, z.B. Wasserstoff-Atome, anlagern können.

> Kohlenwasserstoffe, die eine Doppel- bzw. Dreifachbindung aufweisen, nennt man Alkene bzw. Alkine.

Aufgaben

1 ⊠ Beschreibe die Unterschiede zwischen Alkanen, Alkenen und Alkinen.

2 ⊠ Nenne den Namen des Stoffs mit der Formel C_4H_6.

3 ⊠ Erkläre den Unterschied zwischen gesättigten und ungesättigten Kohlenwasserstoffen.

jifeqe

Lexikon
Tipps

das **Alken**
das **Alkin**
gesättigt
ungesättigt

Material A

Homologe Reihen

Auch die Alkene und Alkine bilden homologe Reihen.

1 ⊠ Fertige eine Tabelle bis Decen/Decin für die Alkine und Alkene an. Nimm Bild 5 zu Hilfe.

2 ⊠ Begründe, warum es die Stoffe Methen und Methin nicht gibt.

3 ⊠ Recherchiere die Siedetemperaturen der ersten vier Alkene bzw. Alkine. Was fällt dir auf? Beschreibe.

Name	Summenformel	Strukturformel
Ethen	C_2H_4	H\C=C/H mit H/ \H
Propen	...	H\C=C–C–H (mit H-Atomen)
...	...	...

5 Homologe Reihe der Alkene

4 ⊠ Für die Alkane gilt die allgemeine Formel C_nH_{2n+2}. Stelle die allgemeine Formel für die Alkene und für die Alkine auf. Wähle zwei eigene Beispielstoffe und gib die Formeln an.

$$H_2C=CH–CH_2–CH_2–CH_2–CH_3$$

6 Struktur von Hexen

Material B

Moleküle darstellen

So viele Kohlenwasserstoffe – da kommt es darauf an, den Überblick zu bewahren.

1 ⊡ Zeichne Ethan, Ethen und Ethin in Lewis-Schreibweise und vergleiche die Moleküle miteinander.

2 ⊠ Zeichne das Alken Buten. Was fällt dir auf?

3 ⊠ Zeichne Hepten. Wie viele Möglichkeiten gibt es?

4 ⊠ Baue mithilfe eines Molekülbaukastens nacheinander folgende Kohlenwasserstoffe: Methan, Octen, Butin.

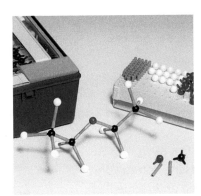

7 Molekülbaukasten

5 ⊠ Baue das Molekül Octan. Lass das Molekül nun in zwei kurzkettige Moleküle zerfallen. Welche Möglichkeiten findest du?

6 ⊠ Benenne den abgebildeten Kohlenwasserstoff. → **8**

$$H–C≡C–\overset{\overset{H}{|}}{\underset{\underset{H}{|}}{C}}–H$$

8 Wie lautet der Name dieses Kohlenwasserstoffs?

Verzweigte Ketten

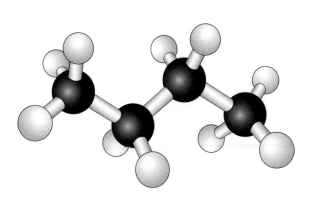

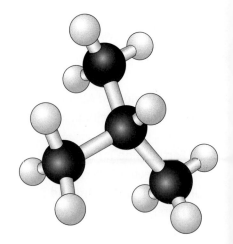

[1] Zweimal Butan und doch nicht gleich?

Butan hat die Formel C_4H_{10}. Aber wenn man ein Molekül mit dieser Formel erstellen will, gibt es plötzlich zwei Möglichkeiten.

5 **Isomerie** • Für Butan lassen sich zweierlei Strukturen zeichnen. →[1] Die Summenformel ist aber für beide Moleküle gleich.
Beide Moleküle bestehen aus vier
10 Kohlenstoff- und zehn Wasserstoff-Atomen, aber der Aufbau und die Stoffeigenschaften sind verschieden. Zum Beispiel sind die Schmelz- und Siedetemperaturen nicht genau gleich.
15 Dies nennt man Isomerie. Beide Moleküle sind Isomere des Butans.

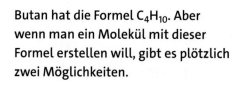

[2] Isobutan

> Verbindungen, die die gleiche Formel, aber eine unterschiedliche Struktur haben, nennt man Isomere.

20 **Nomenklatur** • Um die Moleküle trotzdem unterscheiden zu können, benennt man sie unterschiedlich. Dazu gibt es bestimmte Regeln:

Wenn die Kohlenstoff-Atome des Mole-
25 küls eine unverzweigte Kette bilden, spricht man von einem n-Kohlenwasserstoff, zum Beispiel von n-Butan. Das n steht für normal bzw. für unverzweigt: Es gibt nur eine Kohlenstoffkette.
30 Das verzweigte Butan heißt i-Butan oder Isobutan →[2]. Das i bedeutet, dass es sich um einen verzweigten Kohlenwasserstoff handelt, ein Isomer des n-Butans.
35 Die systematische Benennung der Kohlenwasserstoffe nennt man Nomenklatur.

> Als Nomenklatur bezeichnet man die systematische Benennung der Kohlenwasserstoffe.

Aufgaben

1 ☑ Erkläre den Begriff Isomerie.

2 ☒ Benenne und zeichne zwei Isomere von Pentan.

Methode

Kohlenwasserstoffe benennen

1. Nur das Kohlenstoffgerüst beachten. Die längste Kohlenstoffkette im Molekül suchen. Achtung: Sie kann auch um die Ecke gehen! Die Anzahl der C-Atome bestimmt den Namen des Stoffs und bildet den Stammnamen.

Am Beispiel:
Die längste Kette hat
6 C-Atome:
→ Hexan

2. Die Seitenketten benennen. Die Anzahl der C-Atome bestimmt den Namen der Seitenkette. Seitenketten erhalten die Endung -yl.
Die Seitenketten alphabetisch ordnen.

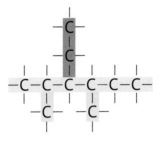

Es gibt zwei Arten von Seitenketten, die an die Hauptkette geknüpft sind:
→ Ethyl-methyl
(Ethyl leitet sich von Ethan ab, Methyl von Methan.)

3. Die Anzahl der Seitenketten bestimmen und mit den griechischen Zahlwörtern Di-, Tri-, Tetra- oder Penta- kennzeichnen. Die Bezeichnung der Seitenketten dem Stammnamen voranstellen.

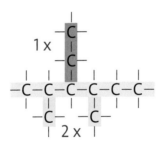

Es gibt eine Ethyl- und zwei Methylgruppen:
→ Ethyl-dimethylhexan

4. Die Hauptkette nummerieren. Die Verknüpfungsstellen der Seitenketten mit der Hauptkette mit Ziffern angeben.
Wenn es mehrere Möglichkeiten der Bezifferung gibt (z. B. indem man von links oder von rechts zählt), nimmt man die kleineren Ziffern.

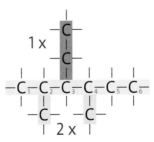

Der komplette Name lautet:
3-Ethyl-2,4-dimethylhexan

Zusatzregel Bei Alkenen und Alkinen die Lage der Mehrfachbindung angeben. Beispiel: Bei 2-Buten liegt die Doppelbindung zwischen dem zweiten und dritten C-Atom.

Verzweigte Ketten

Material A

Isomere oder nicht?

Isomere kann man sehr gut mit dem Molekülbaukasten darstellen.

1 ⊡ Baue 3-Ethylhexan. Gib an, von welchem n-Alkan es ein Isomer ist.

2 ⊠ Baue alle möglichen Isomere des Heptans. Wie viele gibt es?

n-Pentan	2,2-Dimethylpropan
3-Methylpentan	2,3-Dimethylbutan
3,4-Dimethylhexan	2-Methylbutan
3-Ethylpentan	n-Hexan

1 Isomere oder „Einzelgänger"?

3 ⊠ In Bild 1 sind acht Alkane genannt. Nenne diejenigen, die isomer zueinander sind.

4 ⊠ Richtig oder falsch? 3,4-Dimethylheptan ist ein Nonan-Isomer. Begründe.

Material B

Moleküle systematisch zeichnen und benennen

Gehe beim Zeichnen und beim Benennen der Kohlenwasserstoffe gemäß den Regeln auf der vorherigen Seite vor.

1 ⊡ Zeichne die Strukturen folgender Moleküle:
- 2-Methylpentan
- 2,2,4-Trimethylhexan
- 3-Ethyl-2-Methylpentan
- 3-Ethyl-2,2-Dimethylpentan
- n-Nonan

2 ⊠ Benenne die in Bild 2 dargestellten Moleküle.

3 ⊠ Noah und Lisa streiten sich über das Molekül in Bild 3.

2 Die Struktur ist klar. Wie aber lautet der Name?

Noah ist sich sicher, dass es 3-Ethylbutan heißt. Lisa dagegen meint, der Name sei 3-Methylpentan. Wer hat recht? Begründe.

4 ⊠ Zeichne ein verzweigtes Alken und benenne es eindeutig.

3 Noahs Molekül

Erweitern und Vertiefen

Vielfalt der Kohlenstoffverbindungen

Isomere • Je mehr Atome in einem Molekül enthalten sind, desto mehr isomere Verbindungen gibt es. → 4
Dabei kann der Kohlenstoff nicht nur lange
5 Ketten bilden, sondern auch verzweigte Moleküle oder Ringe. Ringförmige Verbindungen nennt man Cycloverbindungen. → 5

Mit Mehrfachbindungen • Auch bei ringförmigen Verbindungen gibt es Doppel- und Drei-
10 fachbindungen. Man spricht also entweder von Cycloalkanen, von Cycloalkenen oder von Cycloalkinen.

Formeln • Die allgemeine Formel der Cycloalkane lautet C_nH_{2n}, die der von Alkenen entspricht.
15 Zum Beispiel hat Cyclohexan die gleiche Summenformel wie Hexen (C_6H_{12}). Die beiden Moleküle sind somit Isomere.

Benzol • Die wohl bekannteste Cycloverbindung ist das Benzol (C_6H_6). → 6 Benzol gehört
20 zu den Cycloalkenen und wird genauer als Benzen bezeichnet.
Die sechs Kohlenstoff-Atome sind dabei über Einfach- bzw. Doppelbindungen miteinander verbunden. Die Doppelbindung kann zwischen
25 C-Atomen auch wechseln. Dies wird als eingezeichneter Kreis im Molekül dargestellt.
→ 6 Benzol besitzt einen charakteristisch aromatischen Geruch. Es ist farblos, leicht entzündlich und brennt mit stark rußender
30 Flamme.
Außerdem gilt Benzol als krebserregend und giftig.

Kohlenwasserstoff	Anzahl der Isomere
C_4H_{10}	2
C_5H_{12}	3
C_6H_{14}	5
C_7H_{16}	9
C_8H_{18}	18
$C_{20}H_{42}$	366 319
$C_{40}H_{82}$	62 491 178 805 831

4 Isomere bei Alkanen

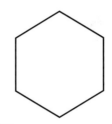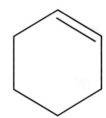

5 Cyclohexan und Cyclohexen

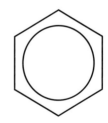

6 Benzol

Aufgaben

1 ☒ Zeichne die Strukturen zweier Isomere von C_8H_{16}.

2 ☒ Ermittle die allgemeinen Summenformeln von Cycloalkenen und Cycloalkinen.

3 ☒ Vergleiche Cyclohexen mit Benzol.

351

Erdöl – zu schade zum Verbrennen

1 Benzin – ein Produkt aus Erdöl

An Tankstellen gibt es verschiedene Treibstoffe. Alle werden aus Erdöl hergestellt.

Zusammensetzung • Je nachdem, wo
5 auf der Welt das Erdöl gefördert wird, ist es anders zusammengesetzt. Es ist jedoch immer ein Gemisch verschiedener Kohlenwasserstoffe: Kurzkettige, langkettige und verzweigte Moleküle
10 sowie Cycloverbindungen sind in unterschiedlichen Mengen darin vorhanden. Andere Stoffe wie Schwefelverbindungen sind ebenfalls im Erdöl zu finden.

15 **Energieträger** • Mit 36 Prozent hat Erdöl den größten Anteil am deutschen Primärenergieverbrauch. An der Stromerzeugung ist es aber kaum beteiligt. → 3 Wie passt das zusammen?
20 Erdöl ist in anderen Bereichen kaum zu ersetzen. Als Heizöl und vor allem als Treibstoff für Autos, Flugzeuge und Schiffe sind Erdölprodukte vor-

erst noch ziemlich unverzichtbar. Der
25 größte Teil des Erdöls wird für diese Zwecke verbrannt.

Rohstoff • Erdöl ist aber nicht nur ein Brennstoff. Es dient auch als Rohstoff für viele Alltagsprodukte: Kunststoffe,
30 Lacke, Farben, Klebstoffe und auch viele Kosmetika, Medikamente und Kleidungsstoffe werden aus Erdöl hergestellt. → 2

2 Erdölprodukte

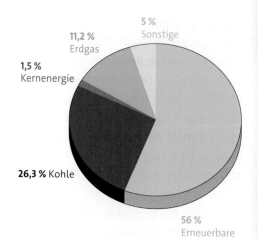

- 5 % Sonstige
- 11,2 % Erdgas
- 1,5 % Kernenergie
- 26,3 % Kohle
- 56 % Erneuerbare

3 Strommix Deutschland 2023

Verbrennung von Erdölprodukten • Bei der Verbrennung von Erdölprodukten handelt es sich um exotherme Reaktionen. Dabei entstehen immer Wasser und das klimaschädliche Gas Kohlenstoffdioxid.

Es entstehen auch noch weitere Produkte, da die Verbrennung der Kraftstoffe nie komplett abläuft. Das giftige Kohlenstoffmonooxid und andere giftige Gase sind die wichtigsten Schadstoffe. Seit Mitte der 1980er Jahre werden Kraftfahrzeuge mit Katalysatoren ausgerüstet. Diese sorgen dafür, dass die Verbrennung der Kraftstoffe viel besser abläuft. Dann bleiben fast nur noch Kohlenstoffdioxid und Wasser als Reaktionsprodukte übrig.

Das Entstehen des Treibhausgases Kohlenstoffdioxid können die Katalysatoren aber auch nicht verhindern.

Ausstieg • Auch beim Erdöl wird ein Ausstieg aus der Verbrennung angestrebt. Die Gründe sind dieselben wie bei Erdgas – die negativen Auswirkungen auf das Klima und die Abhängigkeiten von Lieferländern.

Dazu bedarf es alternativer Antriebe. Elektroautos und mit Wasserstoff betriebene Fahrzeuge sind mögliche Lösungen. →[4] Beide Fahrzeugtypen stoßen im Betrieb keine klimaschädlichen Emissionen aus. Allerdings ist die Reichweite von Elektroautos bisher gering. Wasserstoffautos sind noch sehr teuer, es fehlt das Tankstellennetz und Wasserstoff kann in großen Mengen noch nicht klimaneutral produziert werden.

[4] Elektroauto an der Ladestation

Schäden durch Erdöl • Erdöl wird von den Förderstätten mit Pipelines und großen Tankern transportiert. Wenn es durch Unfälle in die Umwelt gelangt, kann dies extreme Schädigungen für die Umwelt bedeuten.

> Erdöl ist ein bedeutender Energieträger und ein wichtiger Rohstoff für viele Produkte.
> Bei der Verbrennung entsteht das klimaschädliche Kohlenstoffdioxid.

Aufgaben

1 ⊠ Nenne Verwendungsmöglichkeiten des Rohstoffs Erdöl.

2 ⊠ Stelle dir einen Tag ohne Erdölprodukte vor. Berichte, worauf du alles verzichten müsstest.

3 ⊠ Begründe, warum man aus der Verbrennung von Erdöl aussteigen will.

4 ⊠ Die Nutzung öffentlicher Verkehrsmittel wird als Schritt gegen den Klimawandel angepriesen. Begründe deine Meinung dazu.

Erdöl – zu schade zum Verbrennen

Material A

Erdöl kann die Umwelt verschmutzen

Wenn es beim Transport von Erdöl einen Unfall gibt, kann der wertvolle Rohstoff in die Umwelt gelangen und schwere Schäden verursachen.

Materialliste: 2 Blumentöpfe mit Erde, großes Becherglas, Kressesamen, Vogelfeder, Erdöl ⚐ ⚠ ⚐ ⚐, Tropfpipette

1 Wie stark verschmutzt Öl das Wasser? Befülle dazu ein großes Becherglas mit 1 Liter Wasser. Gib nun mit der Tropfpipette tropfenweise Öl hinzu. Rühre nach jedem Tropfen um und rieche an dem Becherglas.
a ☒ Gib an, nach wie vielen Tropfen du das Öl riechen kannst.

b ☒ 1 Tropfen Öl entspricht einem Volumen von ungefähr 1 ml. Es gibt Supertanker, die bis zu 650 Millionen Liter Rohöl aufnehmen können. Rechne hoch, wie viel Liter Wasser ein solcher Tanker im Fall eines Unglücks verseuchen würde.

2 Wie wirkt sich Öl auf Seevögel aus? Befülle dazu ein Becherglas mit Wasser. Gieße nun etwas Öl darauf, sodass sich eine dünne Schicht des Öls auf dem Wasser bildet. Tauche dann eine Vogelfeder zur Hälfte in das Becherglas.
a ☒ Vergleiche und beschreibe die beiden Hälften der Vogelfeder.
b ☒ Verwende deine Beobachtungen, um die Auswirkungen eines Tankerunglücks auf die Seevögel zu beschreiben.

3 Wie wirkt sich Öl auf den Boden aus? Befülle dazu zwei kleine Blumentöpfe mit Erde. Gib in den ersten 20 ml Wasser und einige Kressesamen. In den zweiten gibst du ebenfalls Kressesamen, aber anstelle des Wassers 20 ml Öl. Vergiss nicht, die Töpfe zu beschriften. Befeuchte die beiden Töpfe in den kommenden sieben Tagen regelmäßig mit Wasser.
a ☒ Erstelle ein Beobachtungstagebuch, bei dem du an jedem Tag deine Beobachtungen notierst.
b ☒ Stelle dir vor, es gibt einen Riss in einer Pipeline und große Mengen Öl treten aus.
Beschreibe die Auswirkungen auf das betroffene Gebiet.

1 Rayong Beach, Thailand, am 31. Juli 2013

2 Nach einem Ölunfall in den Niederlanden

Material B

Erdöl ist nicht gleich Erdöl

Je nachdem, aus welcher Region das Erdöl stammt, kann es hell und dünnflüssig oder sogar schwarz und fest sein. → 3

Viskosität beschreibt, wie dick- oder dünnflüssig eine Flüssigkeit ist. Je größer die Viskosität, desto dickflüssiger die Substanz. Die Viskosität des Erdöls hängt vom Verhältnis der kurzkettigen zu den längerkettigen Kohlenwasserstoffen ab.

1 ⊠ Begründe, ob Erdöl aus der Nordsee oder aus Australien einen größeren Anteil an langkettigen Kohlenwasserstoffen hat.

| Russland | Australien | Nordsee | Nigeria | Venezuela |

3 Erdöl aus unterschiedlichen Fördergebieten

Material C

Wo stehen wir?

Bild 4 zeigt die Entwicklung des Primärenergieverbrauchs in Deutschland.

1 ⊠ Nenne 10 Fakten, die du aus dem Diagramm entnehmen kannst.

2 ⊠ Zeichne das Diagramm für die Zeit bis 2040, wie du es dir wünschst. Nenne Maßnahmen zur Realisierung.

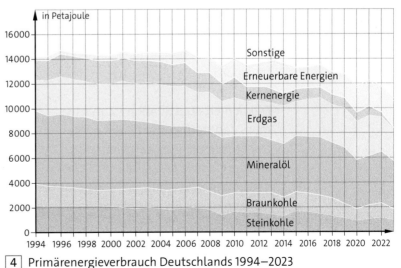

4 Primärenergieverbrauch Deutschlands 1994–2023

Aufbereitung von Erdöl

1 Raffinerien sind riesige Anlagen zur Erdölaufbereitung.

2 Öltanker

Erdöl ist ein Stoffgemisch aus verschiedenen Kohlenwasserstoffverbindungen. Um es zu verwenden, muss es in Fabriken, sogenannten Raffinerien, aufgearbeitet werden. Wie gelangt das Erdöl in diese Raffinerien und was wird dort gemacht?

Transport • Von den Förderstätten wird das Erdöl durch Rohrleitungen, sogenannte Pipelines, oder mittels riesiger Tankschiffe in die Raffinerien transportiert. → 2 3

Fraktionierte Destillation • Zunächst muss das Stoffgemisch Erdöl aufgetrennt werden. Dies geschieht durch eine fraktionierte Destillation. Dabei gewinnt man Stoffgruppen, sogenannte Fraktionen, die als Gemeinsamkeit einen ähnlichen Siedepunkt aufweisen. Dadurch erhält man zum Beispiel Kerosin, Benzin oder Schmieröle.

Cracken • Bei der fraktionierten Destillation erhält man je nach Herkunft des Erdöls unterschiedliche Mengen der verschiedenen Fraktionen. Dabei hat man zu viele langkettige Schmieröle und zu wenige kurzkettige Kohlenwasserstoffe der Benzinfraktion. Doch gerade diese werden von der Wirtschaft stark nachgefragt. Beim Cracken werden langkettige Kohlenwasserstoffe in kürzere Ketten gespalten. Dazu werden die Stoffe unter Anwesenheit von Katalysatoren erhitzt. Dadurch erhält man zum Beispiel mehr vom gewünschten Benzin.

> In Raffinerien wird das Erdöl aufgearbeitet. Fraktionierte Destillation und Cracken sind dabei Verarbeitungsschritte.

3 Pipeline

Aufgaben

1 ✏ Nenne zwei Transportmöglichkeiten für Erdöl.

2 ✖ Gib an, wozu die fraktionierte Destillation dient. Erkläre, was man dabei unter Fraktionen versteht.

3 ✖ Hat die kurzkettige Benzinfraktion oder die langkettige Schmierölfraktion einen höheren Siedepunkt? Begründe.

remoru

Lexikon
Video
Tipps

die **Raffinerie**
die **Pipeline**
die **fraktionierte**
Destillation
das **Cracken**

Material A

Fraktionierte Destillation

1 ☒ Betrachte Bild 5. Nenne einige Verwendungsmöglichkeiten für verschiedene Stoffgruppen, die bei der fraktionierten Destillation gewonnen werden.

2 ☒ Schreibe den Text zur fraktionierten Destillation in dein Heft. → ☐4 Setze in die Lücken (A)–(J) die richtigen Begriffe bzw. Temperaturwerte ein.

3 ☒ Ist Benzin ein Reinstoff? Begründe deine Antwort.

Fraktionierte Destillation

Bei diesem Verfahren wird das **(A)** zunächst auf ca. 400 °C erhitzt. Dies geschieht in einem **(B)**. Daraufhin siedet ein großer Teil des Erdöls. Die Kohlenwasserstoffdämpfe steigen im Destillationsturm auf und **(C)** dabei ab. Je nach **(D)** kondensieren sie an den verschiedenen Glockenböden. Hierbei erhält man unter anderem Benzine im Siedebereich von **(E)** oder Gasöl im Siedebereich von **(F)**.

Der Rückstand, der nicht siedet, wird in einen weiteren Röhrenofen geleitet und nochmals **(G)**. Diese Erdölanteile kommen zur Vakuumdestillation. Unter stark vermindertem Druck sieden diese nun. Hier gewinnt man nach dem Kondensieren zum Beispiel **(H)** oder **(I)**. Als fester Rückstand bleibt **(J)**. Dieser Anteil findet im Straßenbau Verwendung.

4

Bitumen, Erdöl, erhitzt, kühlen, Röhrenofen, Siedepunkt, leichtes Schmieröl, schweres Schmieröl, 30–180 °C, 250–350 °C

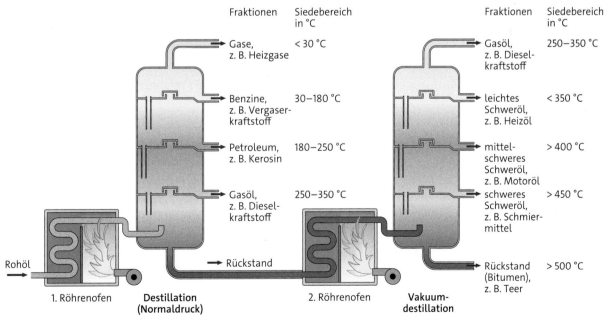

5 Anlage zur fraktionierten Destillation (Schema) → ☐

Aufbereitung von Erdöl

Erweitern und Vertiefen ★

Stickoxide – Ist der Diesel schuld?

Was sind Stickoxide? • Unter Stickoxiden versteht man die beiden Oxide des Stickstoffs: Stickstoffmonooxid (NO) und Stickstoffdioxid (NO_2). Diese werden oft auch unter der Formel NO_x zusam-
5 mengefasst.

Woher kommen Stickoxide? • Stickoxide entstehen, wenn Stickstoff mit Sauerstoff reagiert. Diese beiden Stoffe sind der Hauptbestandteil der Atmosphäre.
10 Für diese Reaktion sind allerdings hohe Temperaturen notwendig. Diese Bedingung ist in Verbrennungsmotoren gegeben. Mehrere Reaktionen sind für die Entstehung verantwortlich:

$$N_2 + O \rightarrow NO + N$$
$$N + O_2 \rightarrow NO + O$$
$$2\,NO + O_2 \rightarrow 2\,NO_2$$

Da beim Dieselmotor die Verbrennungstemperatur höher ist als bei Benzinern, entstehen hier mehr Stickoxide.
20 Außerdem lassen sich mittels Katalysatoren, die es nur für Benzinmotoren gibt, die Stickoxide leicht abbauen.

Welche Wirkungen haben Stickoxide? • Stickoxide haben vielfältige Wirkungen auf das Atmungs-
25 system. Zum einen reizen sie die Atemwege, weil sie sehr reaktiv sind. Zum anderen können sie Blutgefäße verengen, was zu Kreislaufbeschwerden führen kann.

1 Autoverkehr – eine der Hauptquellen für Stickoxide

Außerdem bilden Stickoxide durch chemische
30 Reaktionen mit Luftbestandteilen auch weitere Schadstoffe. So können das atemreizende Gas Ozon (O_3), Feinstäube und auch Salpetersäure (HNO_3) entstehen.

> Stickoxide entstehen bei Verbrennungsvorgängen in Automotoren. Speziell bei Dieselmotoren entstehen relativ viele Stickoxide. Stickoxide belasten das Atmungs- und Kreislaufsystem.

Aufgaben

1 ☑ NO_x – erkläre was mit dieser Formel gemeint ist.

2 ☑ Nenne die gesundheitlichen Gefahren, die von Stickoxiden ausgehen.

3 ☒ Benziner oder Diesel – welcher dieser Motoren trägt mehr zur Stickoxidbelastung bei? Begründe deine Antwort.

🔲 Erweitern und Vertiefen *

Vorsicht beim Umgang mit Diagrammen

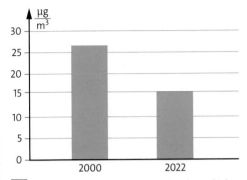

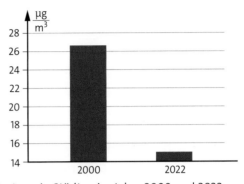

2 | Zwei Diagramme zur durchschnittlichen Stickoxidbelastung in Städten im Jahre 2000 und 2022

Genau hinschauen • Selbst wenn die Zahlen stimmen, können Diagramme leicht täuschen und Fakten verzerren. → 2
Die zwei Diagramme in Bild 2 zeigen die durch-
5 schnittliche Stickoxidbelastung in deutschen Städten in den Jahren 2000 und 2022.
Während das linke Diagramm einen leichten Rückgang anzeigt, vermittelt das rechte Diagramm einen rasanten Rückgang.
10 Falsche Daten? Nein! Beide Diagramme sind auf Basis der gleichen Daten erstellt worden. Wo liegt der Unterschied?
Die y-Achse beginnt beim linken Diagramm bei 0, beim rechten startet sie bei 14. Dadurch werden
15 Unterschiede stärker betont.

Wie liest man Diagramme? • Wir sind verleitet, uns zuerst die Balken in einem Diagramm anzu-schauen. Diesen sollte aber erst der dritte Blick gelten. Zunächst sollte man schauen, was das
20 Diagramm überhaupt abbildet. Hierfür hilft ein Blick auf die Überschrift und die Größen an den Achsen. Der zweite Blick sollte unbedingt der Skalierung gelten. Beginnt die Skala bei 0 oder ist

nur ein Ausschnitt zu sehen? Nun macht es Sinn,
25 die Länge der Balken zu betrachten. So kann man vermeiden, durch die Darstellung getäuscht zu werden.

Aufgaben

1 🔲 Hersteller von Automobilen wollen die Umweltfreundlichkeit betonen. Begründe, welches der beiden Diagramme ihnen dabei am meisten hilft. → 2

2 🔲 Beurteile das Diagramm in Bild 3. Gehe dabei wie auf dieser Seite beschrieben vor.

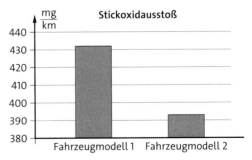

3 | Zwei Fahrzeugmodelle im Vergleich

Kohlenstoffdioxid und Treibhauseffekt

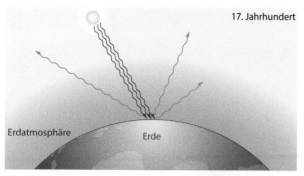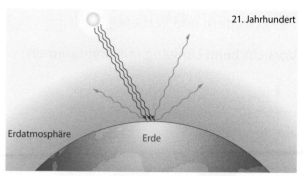

17. Jahrhundert

Erdatmosphäre

Erde

21. Jahrhundert

Erdatmosphäre

Erde

1 Was mit der Wärmestrahlung der Sonne geschieht – früher und heute

Du hast sicher längst vom Klimawandel gehört. Die Gründe zu verstehen, ist aber nicht ganz einfach.

Wärmestrahlung • Es beginnt damit,
5 dass Wärmestrahlung von der Sonne kommt. Man muss wissen, dass es unterschiedliche Arten der Wärmestrahlung gibt. Das kann man sich ähnlich vorstellen wie beim Licht. Es
10 gibt blaues, rotes und grünes Licht – Licht ist also nicht einfach gleich Licht. Wenn Wärmestrahlung auf einen Stoff trifft, gibt es drei Möglichkeiten:
• Die Strahlung geht hindurch:
15 Transmission.
• Die Strahlung wird umgelenkt wie an einem Spiegel: Reflexion.
• Die Strahlung wird von dem Stoff aufgenommen: Absorption.
20 Bei der Absorption erwärmt sich der Stoff. Dadurch wird er – wie alle erwärmten Stoffe – selbst zum Wärmestrahler. Je wärmer er ist, desto mehr Wärmestrahlung gibt er ab.
25 Welche der drei Möglichkeiten eintritt, hängt von der Art der Wärmestrahlung und vom Stoff ab, auf den sie trifft.

Die Erde als Treibhaus • Die Wärme-
30 strahlung der Sonne trifft auf die Atmosphäre der Erde (lange, rote Pfeile → 1). Sie geht dort nahezu ungehindert hindurch und trifft dann auf die Erdoberfläche. Dort wird ein großer
35 Teil der Wärmestrahlung absorbiert. Die Erde wird also wärmer und gibt nun selbst mehr Wärmestrahlung ab – allerdings eine andere Art als die der Sonne (kurze, orangefarbene
40 Pfeile → 1). Weil es eine andere Art der Wärmestrahlung als die der Sonne ist, werden Teile dieser Wärmestrahlung nun von Wolken und Treibhausgasen in der Erdatmosphäre absorbiert.
45 Dadurch erwärmt sich die Atmosphäre. Das ist der Treibhauseffekt. Er ist an sich natürlich. Ohne ihn wäre es auf der Erde viel zu kalt.
Was nun aber sehr gefährlich ist:
50 Wir verändern die Zusammensetzung der Atmosphäre. Mehr Treibhausgase wie Kohlenstoffdioxid und Methan werden in die Atmosphäre gegeben, wodurch mehr Wärmestrahlung
55 absorbiert wird. Als Folge steigt die durchschnittliche Temperatur in der Erdatmosphäre.

ravuwa

Lexikon
Tipps

der **Treibhauseffekt**
die **Wärmestrahlung**
die **Transmission**
die **Reflexion**
die **Absorption**

Blick in die Vergangenheit • Forschende haben in der Antarktis Eisbohrkerne gewonnen. Durch Untersuchung des uralten Materials konnten sie den Kohlenstoffdioxidgehalt der letzten 400 000 Jahre ermitteln und auch die Temperatur, die jeweils herrschte. → 2

In dieser langen Zeit war der Kohlenstoffdioxidgehalt noch nie so hoch wie heute.

Folgen • Bereits sichtbare Folgen des Klimawandels sind z. B. längere Dürren, extreme Hitze, Starkregen, Überschwemmungen, heftigere Stürme, Anstieg des Meeresspiegels durch Abschmelzen des Landeises, Bedrohung von Tier- und Pflanzenarten …

Warum mehr Kohlenstoffdioxid? • Es gibt einen natürlichen Kohlenstoffkreislauf. Wesentliche Faktoren sind dabei Fotosynthese und Zellatmung. Sie halten den Kohlenstoffdioxidgehalt der Atmosphäre eigentlich auf einem recht gleichmäßigen Wert. Viel Kohlenstoff ist aber auch fest gebunden in Kohle, Erdöl und Erdgas. Seit etwa 200 Jahren geben die Menschen durch Verbrennen dieses Kohlenstoffs immer mehr Kohlenstoffdioxid (CO_2) in die Atmosphäre ab. Als Folge steigt der Anteil an Kohlenstoffdioxid in unserer Lufthülle. → 3

> Wir erhöhen den Anteil an Kohlenstoffdioxid in der Atmosphäre. Dies hat einen Anstieg der Temperatur zur Folge.

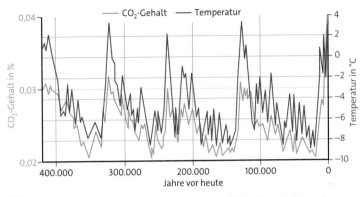

2 Zusammenhang zwischen Kohlenstoffdioxidgehalt und Durchschnittstemperatur in den letzten 400 000 Jahren

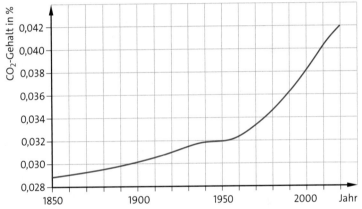

3 Anteil von Kohlenstoffdioxid (CO_2) in der Atmosphäre

Aufgaben

1 ☒ Gib an, was mit Wärmestrahlung passieren kann, wenn sie auf einen Stoff trifft.

2 ☒ Begründe, warum die Wärmestrahlung der Sonne von der Atmosphäre nicht absorbiert wird, die der Erde aber zumindest teilweise.

3 ☒ Beschreibe die Auswirkungen des CO_2-Anstiegs in der Atmosphäre.

361

Kohlenstoffdioxid und Treibhauseffekt

Material A

Transmission oder Absorption?

Materialliste: Heizplatte, Glühlampe, Becherglas

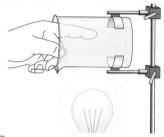

☐1 Versuch zu Transmission und Absorption von Wärmestrahlung

1 Untersuche, wie sich Glas gegenüber Wärmestrahlung verschiedener Strahler verhält.

a ☒ Halte deinen Finger 3 cm über eine heiße Herdplatte. Kannst du die Wärmestrahlung spüren? Wiederhole den Versuch, halte aber jetzt den Finger 3 cm über eine heiße Glühlampe.

b ☒ Wiederhole die unter a beschriebenen Versuche. Halte aber diesmal eine

Schicht Glas zwischen deinen Finger und die Wärmequelle. → ☐1 Beschreibe deine Beobachtungen.

c ☒ Halte ein Becherglas jeweils für 10 Sekunden in 2 cm Abstand über die Wärmequellen. Fasse das Glas dann vorsichtig an. Was stellst du fest?

d ☒ Erkläre die Beobachtungen unter Verwendung der Begriffe Transmission und Absorption.

Material B

Der Klimawandel – eine Erfindung?

Es gibt Klimaskeptiker, die behaupten, den von Menschen verursachten Klimawandel gäbe es nicht.

1 ☒ Ein Argument der Klimaskeptiker ist, dass es immer wieder Winter gibt, die kälter sind als in den Vorjahren. Nimm mithilfe von Bild 2 dazu Stellung.

2 ☒ Erkläre, warum der Temperaturanstieg in den letzten 140 Jahren eine logische Folge des menschlichen Handelns und keine natürliche Abweichung ist.

3 ☒ Recherchiere im Internet nach weiteren Einwänden von Klimaskeptikern. Notiere und beurteile die Quellen. Vergleiche die Aussagen mit wissenschaftlichen Fakten.

☐2 Temperaturen der letzten 140 Jahre

Material C

Anstieg des Meeresspiegels

3 Modellversuch zum Abschmelzen des Polareises

Das Eis am Nordpol schwimmt im Wasser, das am Südpol liegt auf dem Festland. Macht das einen Unterschied?

Materialliste: Eiswürfel, Folienschreiber, 2 Glasschalen, Steine, Wasser, Haartrockner

1 Gib 4 Eiswürfel in ein Glas mit Wasser. Markiere den Pegelstand mit einem Folienschreiber. → 3 Lass das Eis schmelzen und vergleiche den Pegelstand mit dem zu Beginn.

2 Lege einen Stein in die zweite Glasschale und befülle sie anschließend zur Hälfte mit Wasser. Lege nun zwei Eiswürfel auf den Stein. Markiere den Pegelstand. → 3 Warte, bis die Eiswürfel geschmolzen sind, oder verwende den Haartrockner. Vergleiche den neuen mit dem alten Pegelstand.

3 ☒ Begründe, ob das Schmelzen am Nord- oder am Südpol zu einem Anstieg des Meeresspiegels führt.

Material D

Ich und der Klimawandel

Der Klimawandel lässt sich kaum rückgängig machen. Aber, und das ist wichtig: Alle haben einen Einfluss darauf, wie stark der Klimawandel sein wird.

1 ☒ Übertrage die Tabelle von Bild 4 in dein Heft und fülle sie aus.

2 ☒ Ergänze die Tabelle um mehrere Zeilen und trage weitere Tätigkeiten ein. Tausche deine Tabelle mit der neben dir sitzenden Person. Besprecht eure Lösungsideen.

Tätigkeit	verstärkt den Klimawandel	ist ein Beitrag gegen den Klimawandel	hat keinen Einfluss auf den Klimawandel	Begründung
Abschalten von Stand-by	?	?	?	?
eine Wanderung unternehmen	?	?	?	?
in den Urlaub fliegen	?	?	?	?
Glühlampen durch LEDs ersetzen	?	?	?	?
Roden von Wäldern	?	?	?	?
Fußball spielen	?	?	?	?

4 Einflüsse auf den Klimawandel

Kohlenstoffdioxid und Treibhauseffekt

Den Treibhauseffekt besser verstehen → 🔲

Anthropogene und natürliche Treibhausgase ·
Trotz deutlich sichtbar werdender Klimaschäden
werden vom Menschen immer noch zu viele
Treibhausgase produziert. Diese Gase werden als
5 anthropogen, das heißt vom Menschen verursacht, bezeichnet. Die Treibhausgase fördern unterschiedlich stark die Erderwärmung. Methan
(CH_4) ist ein 25-mal stärkeres Treibhausgas als
Kohlenstoffdioxid. Die größte Quelle von Methan
10 ist derzeit die Landwirtschaft. Zum Beispiel entsteht es bei der Rinderzucht und beim Reisanbau.
Ebenso wird Methan durch die Förderung von
fossilen Brennstoffen, z. B. von Öl, Gas und Kohle
und zudem auf Mülldeponien sowie in Klärwer-
15 ken freigesetzt.
Lachgas (N_2O) ist sogar 300-mal stärker als Kohlenstoffdioxid. Es entsteht zum Beispiel beim
Einsatz von Stickstoffdüngern und bei der Mas-
sentierhaltung.
20 Kohlenstoffdioxid (CO_2) wird jedoch in viel größeren Mengen als Methan und Lachgas freigesetzt.
Dadurch ist es das Gas mit dem größten Anteil
am vom Menschen verursachten (anthropogenen) Treibhauseffekt.
25 Im Gegensatz dazu bedingen vor allem Wasserdampf und Ozon (O_3) den natürlichen Treibhauseffekt. Ohne diesen wäre Leben auf der Erde
nicht möglich. Es würde eine Durchschnittstemperatur von −18 °C herrschen. Die natürlichen
30 Treibhausgase sorgen für einen Durchschnittstemperatur von ca. +15 °C. Wasserdampf hat
zwar eine noch stärkere Treibhauswirkung als
Methan. Jedoch wird der Wasserdampfgehalt
in der Atmosphäre kaum vom Menschen
35 beeinflusst.

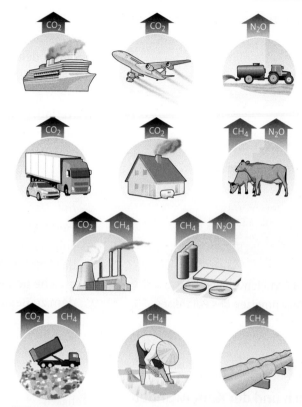

1 Quellen von anthropogenen Treibhausgasen

Wärmestrahlung · Wie du bereits weißt, gibt es
verschiedene Arten von Wärmestrahlung. Die
Wärmestrahlung kann durch Stoffe hindurchgehen (Transmission). Sie kann von ihnen absor-
40 biert werden, was zu einer Erwärmung der Stoffe
führt. Oder sie wird von ihnen reflektiert. Doch
warum geht die eine Art von Wärmestrahlung
durch einen Stoff hindurch, während sie von einem anderen Stoff absorbiert wird?

45 **Absorptionsspektren natürlicher Treibhausgase ·**
Jeder Stoff kann nur bestimmte Wellenlängenbe-
reiche von Wärmestrahlung absorbieren. Diese
Bereiche werden als Absorptionsspektrum des
jeweiligen Stoffs bezeichnet. → 3

₅₀ Alle Wärmestrahlungen außerhalb dieses Bereichs gehen einfach hindurch – sie transmittieren. In Bild 3 sieht man, dass Wasserdampf in dem Bereich Wärmestrahlung absorbiert, in dem die Erde am meisten Wärme abstrahlt. → 2 3
₅₅ Das macht Wasserdampf zu einem sehr starken natürlichen Treibhausgas.

Absorptionsspektren anthropogener Treibhausgase • Die durch menschliche Aktivitäten austretenden Treibhausgase wie Kohlenstoffdioxid oder
₆₀ Methan sorgen für eine zusätzliche Absorption und damit für eine stärkere Erwärmung. Methan ist ein sehr wirksames Treibhausgas, weil es in dem Wellenlängenbereich absorbiert, in dem die Erde am intensivsten Wärme ausstrahlt.
₆₅ → 2 3

Ausblick und Maßnahmen • Man befürchtet durch den Anstieg der anthropogenen Treibhausgase einen Anstieg der Durchschnittstemperatur von 2 bis 6 °C bis Ende dieses Jahrhunderts. Bei
₇₀ den Klimaschutzmaßnahmen liegt der Blick auf Kohlenstoffdioxid, da es derzeit mit 87,1 Prozent den größten Anteil an den Treibhausgasen hat. Die Minimierung des CO_2-Ausstoßes im Verkehr, beim Heizen, bei der Stromerzeugung und in der
₇₅ Industrie wird angestrebt.
Methan ist nach Kohlenstoffdioxid das zweitwichtigste Treibhausgas. Der Methanausstoß könnte vor allem bei der Förderung fossiler Brennstoffe reduziert werden, z. B. indem Lecks
₈₀ von Leitungen abgedichtet werden und das Gas beim Kohleabbau aufgefangen wird. Der Lachgas-Ausstoß könnte beispielsweise durch einen geringeren Einsatz von Stickstoffdüngern gesenkt werden.

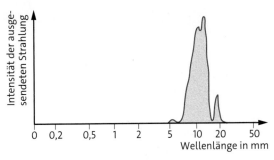

2 Wärmestrahlung der Erde

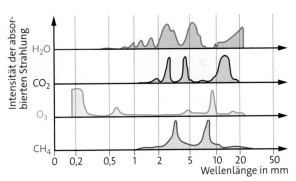

3 Absorptionsspektren verschiedener Treibhausgase

Aufgaben

1 Anthropogene Treibhausgase:
a ☑ Nenne drei anthropogene Treibhausgase.
b ☒ Sortiere die anthropogenen Treibhausgase nach ihrer Wirksamkeit.

2 ☒ Begründe, warum Methan ein stärkeres Treibhausgas als Kohlenstoffdioxid ist.

3 ☒ Erkläre, warum die Wärmestrahlung der Sonne transmittiert, wenn sie auf die Atmosphäre der Erde trifft.

4 ☒ Stelle eine begründete Vermutung auf, in welchem Wellenlängenbereich Lachgas Wärmestrahlung absorbiert.

Herausforderung Energieversorgung

1 Wie schnell können erneuerbare Energien Kohle komplett ersetzen?

Die Energieversorgung der Zukunft ist eine große Herausforderung. Neben dem bereits erfolgten Ausstieg aus der Atomenergie soll auch der Kohleaus-
5 **stieg gelingen. Gleichzeitig soll die Energieversorgung zuverlässig gewährleistet sein. Wie kann das erreicht werden?**

Windenergie • Die Abkehr von Strom
10 aus Atomkraft und aus fossilen Energieträgern hin zur einer regenerativen Energieerzeugung bezeichnet man als Energiewende. Um die Energiegewinnung aus Kohle und Gas zu ersetzen,
15 braucht man andere elektrische Energiequellen. Windenergie ist derzeit mit 31,7 Prozent (Stand: 2023) die bedeutendste elektrische Energiequelle in Deutschland. Windkraft ist regene-
20 rativ und erzeugt keinen CO_2-Ausstoß.

2 Dach mit Fotovoltaik

Um diese Anlagen effektiv zu betreiben, ist ein günstiger Standort notwendig. Neben dem Meer und der Küste sind Berglagen für Windkraftanlangen ge-
25 eignet. Ein Problem dieser Energiequelle ist der nicht konstant wehende Wind.

Fotovoltaik • Die Solarzellen lassen sich platzsparend auf Dächern installieren. → **2** Für ihre Herstellung ist viel
30 Energie notwendig. Dafür produzieren sie über 20 Jahre aus Lichtenergie elektrische Energie, ohne Kohlenstoffdioxid auszustoßen. Derzeit stammen 12,3 Prozent (Stand: 2023) der elek-
35 trischen Energie in Deutschland aus Fotovoltaikanlagen. Wie bei der Windenergie liefert auch dieses System nicht konstant Energie, sondern ist stark vom Lichteinfall abhängig.

40 **Energietransport** • Der Großteil der elektrischen Energie aus regenerativen Energiequellen wird in Norddeutschland produziert. Dadurch gewinnt der Energietransport immer mehr an Be-
45 deutung. Stromtrassen nach Süddeutschland müssen gebaut werden. Dagegen gibt es in der Bevölkerung auch Protest. Eine Verlegung von Stromtrassen unter der Erde ist sehr teuer.

50 **Steigender Bedarf an elektrischer Energie** • Durch die Umstellung der Heiztechnik auf Wärmepumpen, sowie den angestrebten Umstieg auf Elektromobilität wird der Bedarf an elektrischer
55 Energie nochmals stark ansteigen. Dies stellt eine weitere Herausforderung für die Energiewende dar.

Energiespeicher • Elektrische Energie aus Wind und Sonne ist nicht konstant verfügbar. Daher spielt bei der Energiewende die Speicherung der Energie eine große Rolle. Pumpspeicherkraftwerke sind hier die zurzeit dominierende Technologie. Druckluftspeicher, Akkus und die Umwandlung der Energie in Wasserstoff werden derzeit noch technologisch optimiert.

Smart Grid • Unter dem Begriff „Smart Grid" versteht man ein intelligentes Stromnetz. Dabei werden Daten zur aktuellen Einspeisung und dem Bedarf an elektrischer Energie gesammelt und ausgewertet. Bei hoher Einspeisung werden dann flexible Verbraucher eingeschaltet. Zum Beispiel werden in solchen Phasen Elektroautos geladen oder Waschmaschinen betrieben. Diese Technologie wird bei der Energiewende helfen, muss aber noch verbessert und ausgebaut werden.

Energiewende im Gange • Die Energiewende ist kein Projekt der Zukunft, sondern ein längerer Prozess, der bereits begonnen hat. Es wurde schon einiges erreicht, aber es ist noch sehr viel zu tun. Zum Beispiel ist es gelungen, trotz des Ausstiegs aus der Atomkraft, den Anteil der regenerativ erzeugten elektrischen Energie auf deutlich über 50 Prozent zu steigern. → 3
Offene Aufgaben sind neben dem weiteren Ausbau regenerativer Energiequellen, noch die Speicherung der Energie und der Ausbau von Stromtrassen.

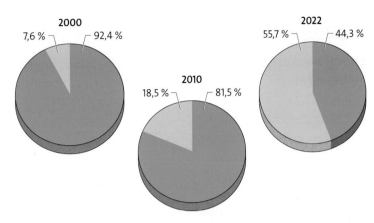

■ regenerative Energiequellen
■ fossile Energieträger und Atomkraft

3 Entwicklung des Anteils regenerativ erzeugter elektrischer Energie von 2000–2022

> Der steigende Bedarf an elektrischer Energie und der Umstieg auf regenerative Energieerzeugung stellen eine Herausforderung dar. Da Wind- und Sonnenenergie nicht konstant verfügbar sind, spielen bei der Energiewende der Energietransport, die Energiespeicherung und Smart Grids eine große Rolle.

Aufgaben

1 ▣ Nenne Vor- und Nachteile von Windenergie und Fotovoltaik.

2 ▣ Erkläre, warum der Bedarf an elektrischer Energie weiterhin ansteigen wird.

3 ▣ Erläutere, welche Lösungen es für die schwankende Energieerzeugung bei den regenerativen Energiequellen gibt.

Herausforderung Energieversorgung

Material A

Energieversorgung im Wandel

1 ⊠ Erläutere mit eigenen Worten, wie sich die Stromerzeugung in den letzten 20 Jahren in Deutschland verändert hat. → ☐1 Beantworte dazu folgende Frage: Welche Erzeugungsart ging zurück, welche wurde deutlich ausgebaut?

2 ⊠ Die Energiewende wird von vielen kritisch gesehen. Erstelle eine eigene Bewertung mit den Daten aus der Tabelle.

3 ⊠ Recherchiere die Entwicklung des Durchschnittseinkommens und vergleiche diese mit der Strompreisentwicklung. Dokumentiere deine Quellen. Vergleicht zu zweit eure Quellen miteinander auf Verlässlichkeit.

Jahr	Atomkraft (%)	Braunkohle (%)	Steinkohle (%)	Gas (%)	Wasser (%)	Wind (%)	Solar (%)	Biomasse (%)	Kosten je kWh (€)
2000	30,4	27,2	25,7	9,1	zusammen 7,6				0,16
2010	22,7	24,6	19,6	14,6	3,3	6,9	2,4	5,9	0,24
2023	1,5	17,4	8,9	11,2	3,2	31,7	12,3	8,5	0,42

☐1 Entwicklung des Strommix in Deutschland

Material B

Pumpspeicherkraftwerke

Bei einem Umstieg auf Wind- und Sonnenergie ist es wichtig, Energie speichern zu können. Diese Aufgabe übernehmen Pumpspeicherkraftwerke.

1 Betrachte das Schema eines Pumpspeicherkraftwerks. → ☐2

a ⊠ Erkläre, in welcher Form Energie beim Pumpspeicherkraftwerk gespeichert wird.

b ⊠ Ergänze die folgenden Sätze zum Pumpspeicherkraftwerk: → ☐3

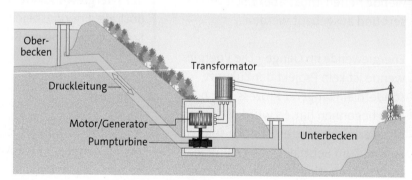

☐2 Pumpspeicherkraftwerk (Schema)

Produzieren Windkraftanlagen und Solarzellen mehr elektrische Energie als benötigt wird, so ...

In Zeiten, in denen mehr elektrische Energie benötigt wird, als die Kraftwerke liefern können, wird das Wasser ...

☐3 Dabei wird eine Turbine in Drehung versetzt, die ...

Material C

Die Energiewende – eine gesamtgesellschaftliche Aufgabe

1 In Bild 4 sind Argumente für und gegen den deutschen Weg der Energiewende aufgeführt.
a ⊠ Erstelle eine Tabelle und sortiere die Argumente in „pro Energiewende" und „contra Energiewende".
b ⊠ Ergänze die Tabelle mit weiteren Argumenten.

2 Bild 5 zeigt verschiedene Parteiprogramme in Bezug auf die Energiewende.
a ⊠ Begründe, welches Parteiprogramm dich überzeugt. → 5

A Wir haben nur diesen einen Planeten. Die Energiewende ist folglich alternativlos, um den Planeten zu retten.

B Was wir hier in Deutschland machen, nutzt eh nichts, da alle anderen Länder sich nicht um dieses Problem kümmern.

C Im Rahmen der Energiewende werden neue Technologien entwickelt. Dadurch entstehen nachhaltige Arbeitsplätze.

D Dieses Projekt ist sehr teuer und übersteigt unsere Möglichkeiten.

E Der Wirtschaftsstandort Deutschland gerät durch dieses Projekt in den Nachteil.

F Wir haben schon viel erreicht. Das zeigt, dass wir auf dem richtigen Weg sind.

4 Argumente für und gegen die Energiewende

b 🖐 ⊠ Stelle ein eigenes Programm auf, welches deine Ansichten zu diesem Thema beschreibt.

Erstelle dazu mit einem Textverarbeitungs- oder Grafikprogramm einen Flyer.

Partei A
Der Klimawandel ist das größte Zukunftsproblem. Daher müssen wir alle Ressourcen aufwenden, um dieses Problem zu lösen: mehr Geld (zur Not auch mit Krediten), mehr Fachkräfte, Förderung des Energiesparens.

Partei B
Der Klimawandel ist ein großes Problem. Die Energiewende muss gelingen. Dazu werden wir in neue Technologien investieren. Durch diese Innovationen wird es für die Bürgerinnen und Bürger nur geringe Belastungen mit der Energiewende geben.

Partei C
Der Klimawandel ist ein großes Problem. Bei der Energiewende muss aber Augenmaß gelten. Der Umbau darf den Wirtschaftsstandort Deutschland nicht gefährden. Deutlich höhere Energiepreise dürfen nicht Teil der Problemlösung sein.

Partei D
Den vom Menschen verursachten Klimawandel gibt es gar nicht.
Daher ist die Energiewende Unsinn.
Wir sollten weiterhin auf billigen Kohlestrom setzen.

5 Ansichten verschiedener Parteien zur Energiewende

369

Welt der Kunststoffe

1 Kunststoffe im Einsatz

Kunststoffe haben die Welt in den letzten 100 Jahren stark verändert. In welchen Lebensbereichen sind sie heute zu finden?

5 **Was sind Kunststoffe?** • Kunststoffe sind Stoffe, die aus sogenannten Makromolekülen bestehen. Makromoleküle sind sehr große Verbindungen, die mehrere Tausend Atome enthalten.

10 Kunststoffe werden meist industriell aus Erdöl hergestellt und umgangssprachlich auch als Plastik bezeichnet.

Arten von Kunststoffen • Kunststoffe lassen sich in drei Gruppen einteilen: 15 Thermoplaste, Duroplaste und Elastomere. Diese drei Gruppen unterscheiden sich in ihren Eigenschaften und ihrer Verwendung. → 2

Wozu nutzt man Kunststoffe? • Kunst- 20 stoffe können fast überall eingesetzt werden. Ein großer Anteil wird für die Herstellung von Verpackungen verwendet, zum Beispiel für Kosmetika und Lebensmittel. Im Bauwesen 25 braucht man Kunststoffe beispielsweise für die Herstellung von Fenstern, Böden und Dämmmaterial. Moderne Hochleistungskunststoffe werden bei elektrischen Geräten, im 30 Fahrzeugbau, in der Medizintechnik und für die Herstellung von Sportartikeln genutzt.

Kunststoff	Im Modell	Eigenschaften	Beispiel
Thermoplaste		• werden beim Erwärmen weich • lange Kettenmoleküle	Joghurtbecher
Duroplaste		• bleiben beim Erwärmen formstabil • engmaschig verknüpftes Molekül	Steckdose
Elastomere		• verformen sich unter Krafteinwirkung und gehen danach in Form zurück • weitmaschiges Netzmolekül	Schwamm

2 Kunststoffe im Überblick

vocexo

Lexikon
Video
Tipps

das **Makromolekül**
das **Monomer**
das **Polymer**
die **Polymerisation**
das **Recycling**

Wie stellt man Kunststoffe her? • Wenn man sich den Aufbau von Polyvinylchlorid (PVC) anschaut, erkennt man, dass immer gleiche Atomgruppen aufeinanderfolgen. →|3| Ausgangsstoff für die Herstellung eines solchen Kunststoffs sind einzelne Moleküle, die sogenannten Monomere. Beim PVC ist dies Vinylchlorid. →|4| Bei der Herstellung des Kunststoffs wird durch den Einsatz eines Hilfsstoffs die Doppelbindung gespalten und die Vinylchloridmoleküle lagern sich aneinander. →|5| Einen solchen Vorgang nennt man Polymerisation, die Produkte Polymere. Polymerisationen sind typisch für die Herstellung vieler Kunststoffe. →🔲

Wie entsorgt man Kunststoffe? • In Deutschland werden Abfälle aus Kunststoffverpackungen gesondert gesammelt und wiederverwertet. Ungefähr die Hälfte dieser Kunststoffabfälle wird in Kraftwerken oder Müllverbrennungsanlagen zur Gewinnung von Strom und Wärme verbrannt. Die andere Hälfte der Kunststoffabfälle wird zur Herstellung neuer Kunststoffprodukte benutzt. Dazu werden die Kunststoffabfälle sortiert, gereinigt und eingeschmolzen. Ein solches Verfahren nennt man werkstoffliches Recycling. Aus PET-Flaschen können dadurch wieder synthetische Fasern für Sportbekleidung gewonnen werden. →|6|

> Kunststoffe bestehen aus Makromolekülen. Sie werden aus einzelnen Molekülen durch Polymerisation hergestellt.

|3| Polyvinylchlorid (PVC) |4| Vinylchlorid

|5| Reaktion von Vinylchlorid zu Polyvinylchlorid (PVC)

|6| Von der Flasche zum Pulli

Aufgaben

1 ▣ Sieh dich im Fachraum um und gib an, welche Gegenstände aus Kunststoff bestehen.

2 ▣ Nenne drei Gruppen von Kunststoffen und beschreibe ihre Eigenschaften.

3 ▣ Erkläre die Begriffe Monomer, Polymer und Makromolekül.

4 ▣ Beschreibe die Herstellung von PVC.

Welt der Kunststoffe

Material A

Früher und heute

Der erste mit technischen Mitteln hergestellte Kunststoff wurde 1851 von Charles Nelson Goodyear erfunden. Goodyear hatte den weißen Milchsaft des Kautschukbaumes mit Schwefel versetzt und dadurch einen elastischen Gummi erhalten. Dadurch konnte er mit seiner Firma die ersten Kutschen und Fahrräder mit Gummireifen ausstatten.

Heutzutage können wir uns Kunststoffe nicht mehr aus unserem Alltag wegdenken. Aufgrund ihrer herausragenden Eigenschaften wurden viele Alltagsgegenstände durch Gegenstände aus Kunststoff ersetzt. Fußballschuhe waren früher aus Leder, heute sind sie aus Hightechkunststoff. Während es Kochlöffel nach wie vor aus Holz gibt, wird die spülmaschinentaugliche Kunststoffvariante immer beliebter. Auch das umstrittene Amalgam in Zahnfüllungen musste den Kunststofffüllungen weichen.

1 ⊠ Nenne weitere Gegenstände, die früher nicht aus Kunststoff waren, aber es heute sind.

2 ⊠ Gib verschiedene Vor- und Nachteile für den Einsatz von Kunststoff an.

1 Fußballschuhe früher

2 Fußballschuhe heute

3 Antikes Fahrrad mit Holzrädern

4 Fahrrad heute mit Gummireifen

Material B

Herstellung eines Kunststoffs

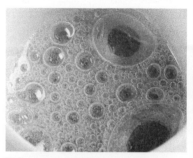

5 Verfärbung der Schmelze

Materialliste: Becherglas, Gasbrenner, Tiegelzange, Teelichthülle, Zitronensäure ⬦

In ein Becherglas wird etwa 2 cm hoch Zitronensäure gegeben. Die Säure wird mit einem Gasbrenner so lange erhitzt, bis die Gasentwicklung geringer wird und die Schmelze sich dunkelgelb färbt. →5

1 ⊠ Führe den Versuch wie beschrieben durch. Gieße die Schmelze mithilfe einer Tiegelzange in eine Teelichthülle. Beschreibe den entstandenen Kunststoff.

2 ⊠ Tauche ein Streichholz in die Schmelze und versuche Fäden zu ziehen. Wiederhole den Versuch nach 15 Minuten.

Material C

Kunststoffe klassifizieren

Materialliste:
Proben von:
PET, z. B. Getränkeflasche;
PE, z. B. Plastiktüte;
PP, z. B. Joghurtbecher;
PA, z. B. Dübel;

UF, z. B. alte Steckdose oder alter Lichtschalter

1 ☒ Untersuche, ob es sich um Thermoplaste oder Duroplaste handelt. Erwärme dazu (im Abzug!) die verschiedenen Proben vorsichtig mit einem Heißluftföhn.

2 ☒ Bestimme die Dichte der Kunststoffproben. Zur Verfügung hast du eine Waage, einen Messzylinder, Wasser und ein Überlaufgefäß.

3 ☒ Stelle die Ergebnisse der Untersuchungen übersichtlich in einer Tabelle dar.

Material D

Plastik – nicht immer ein Segen

Die Millionen Tonnen an Plastik, die jährlich produziert werden, müssen auch wieder ordnungsgemäß entsorgt werden. Plastik wird aber zum Problem, wenn es in der Natur entsorgt wird. Über Wind und Wasser wird Plastikmüll aufgrund seines geringen Gewichts schnell verbreitet.
Im Meer sammeln sich daher Unmengen an Müll. Das Umweltbundesamt schätzt dies auf 80 Millionen Tonnen. Davon lagern rund 70 % auf dem Meeresgrund, 15 % schwimmen auf dem Meer und 15 % werden an die Strände gespült. Das teils zersetzte Plastik wird von Vögeln, Fischen und anderen Tieren aufgenommen, was für sie tödlich enden kann.

Häufig gelangt Plastik auch in Form von kleinsten Plastikkügelchen über unser Abwasser in den Wasserkreislauf. Dieses Mikroplastik kann zum Beispiel in Zahnpasta oder wetterfester Kleidung enthalten sein.

1 ☒ Beschreibe, wie Plastik ins Meer gelangt. → 6

2 ☒ Gib an, wie Mikroplastik über die Nahrungskette weitergegeben wird.

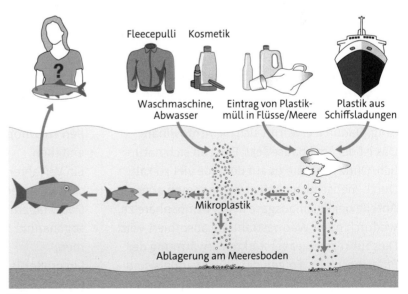

6 Plastik im Wasserkreislauf

Kohlenstoff – der Molekülbauer

Zusammenfassung

Kohlenwasserstoffe • Sehr viele Stoffe in unserer Welt enthalten Kohlenstoff und Wasserstoff. Dies liegt an der Vierbindigkeit des Kohlenstoffs. Es können sich Ketten mit Einfach-, Zweifach- und Dreifachbindungen bilden und es gibt auch verzweigte Ketten und Ringstrukturen. Die Benennung dieser vielfältigen Stoffe erfolgt nach festen Regeln. Dabei wird immer wieder auf die Namen der unverzweigten Kohlenwasserstoffe – die Alkane – zurückgegriffen.

1 Einige Vertreter der vielen Kohlenwasserstoffe

Erdöl und Erdgas • Erdöl und Erdgas bestehen aus Kohlenwasserstoffen. Diese Stoffe sind wichtige Energieträger. Die Energie, die beim Verbrennen frei wird, nutzen wir zum Heizen, zur Stromgewinnung oder als Treibstoffe für Fahrzeuge.
Bei der Verbrennung entstehen als Abgase hauptsächlich Wasser und Kohlenstoffdioxid. Diese Stoffe sind zwar ungiftig, Kohlenstoffdioxid ist aber der Hauptverursacher des vom Menschen ausgelösten Treibhauseffekts.

Herausforderung Energieversorgung • Um die Energiegewinnung aus fossilen Energieträgern wie Kohle und Gas zu ersetzen, müssen die regenerativen Energiequellen weiter ausgebaut werden. Zu den regenerativen Energiequellen gehören z. B. Windkraft und Fotovoltaik.
Da Wind- und Sonnenenergie nicht konstant verfügbar sind, spielen bei der Energiewende der Energietransport, die Energiespeicherung und Smart Grids (intelligente Stromnetze) eine große Rolle.

Kohlenstoffdioxid und Treibhauseffekt • Die Erde gibt Wärmestrahlung ab. Treibhausgase wie Kohlenstoffdioxid absorbieren einen Teil dieser Strahlung. Dadurch erwärmt sich die Atmosphäre. Das ist der Treibhauseffekt. Er ist an sich natürlich. Ohne ihn wäre es auf der Erde viel zu kalt. Durch menschliche Aktivitäten nehmen aber die Anteile der Treibhausgase in der Atmosphäre zu, wodurch mehr Wärmestrahlung absorbiert wird. Dies führt zu einer verstärkten Erwärmung der Erdatmosphäre. Folgen des Klimawandels sind z. B. längere Dürren, extreme Hitze, Starkregen, Überschwemmungen, ...

Kunststoffe • Kunststoffe bestehen aus Makromolekülen und werden meist industriell aus Erdöl gewonnen. Sie lassen sich in die drei Gruppen Thermoplaste, Duroplaste und Elastomere einteilen.
Ein Verfahren, mit dem sich Kunststoffe herstellen lassen, ist die Polymerisation.
Dabei lagern sich viele einzelne Moleküle, sogenannte Monomere, zu Polymeren zusammen.
Ein großer Teil von Kunststoffen wird für die Herstellung von Verpackungen genutzt. Kunststoffe können recycelt werden.

Teste dich! (Lösungen im Anhang)

1 ☑ Ergänze in deinem Heft folgende Summenformeln von Alkanen:
C_9H $C_{32}H$ $C H_{24}$ $C H_{60}$

2 Folgende Summenformeln gehören zu
Alkenen: $C_{17}H_{34}$ $C_{29}H_{58}$ $C_{56}H_{112}$
☑ Gib die allgemeine Summenformel der
Alkene an.

3 Bild 2 zeigt zwei Isomere von Hexan.
a ☒ Erkläre an diesem Beispiel den Begriff
Isomer.
b ☒ Zeichne die Strukturformeln drei weiterer
Isomere von Hexan.

4 Für die Benennung von Kohlenwasserstoffen
gibt es genaue Regeln.
a ☒ Zeichne die Strukturformel von
4-Ethyl-2,2,3,3-Tetramethyloctan.
b ☒ Benenne den Kohlenwasserstoff aus Bild 3.

5 Der Treibhauseffekt
a ☒ Nenne drei zu erwartende Folgen des
Klimawandels.
b ☒ Nenne drei Dinge, die du in deinem täglichen Leben tun kannst, um den Klimawandel nicht weiter zu fördern. Begründe die
Wirksamkeit deiner gewählten Beispiele.
c ☒ Bild 4 zeigt eine häufig verwendete Darstellung zum Treibhauseffekt. Diese enthält
aber Fehler. Was ist nicht korrekt?

6 ☒ Kunststoffe werden auch Polymere
genannt. Begründe.

7 ☒ Erkläre das unterschiedliche Verhalten
von Duroplasten und Thermoplasten beim
Erwärmen.

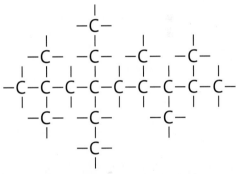

2 Zwei Isomere von Hexan

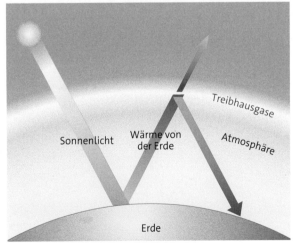

3 Kohlenwasserstoffe können verzweigte Ketten
bilden.

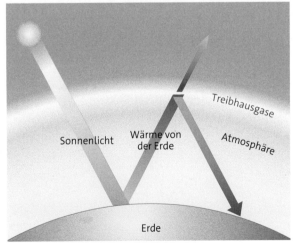

4 Der Treibhauseffekt – eine Zeichnung mit Fehlern

375

Alkohole, Carbonsäuren und Kohlenhydrate

Zum Abschluss eines festlichen Essens wird eine brennende Nachspeise serviert. Die Himbeeren werden mit Alkohol flambiert. Alkohol wird auf vielerlei Weise genutzt.

Viele Früchte schmecken sauer.
Welche Säuren sind da im Spiel?

Haushaltszucker gehört zu den
Kohlenhydraten. Wie sind Kohlenhydrate aufgebaut?

Was steckt im Alkohol?

[1] Der Alkohol Ethanol im Alltag – andere Alkohole im Labor

Im Alltag ist mit „Alkohol" meist der Trinkalkohol gemeint, der in Bier oder Wein enthalten ist.

In der Chemie ist mit „Alkoholen" eine besondere Gruppe von Kohlenwasserstoffen gemeint.

Funktionelle Gruppe • In Kohlenwasserstoffen kann ein Wasserstoff-Atom durch andere Atome oder Atomgruppen ersetzt sein, z. B. durch eine Hydroxylgruppe. →[2] In der Chemie bezeichnet man solche Atomgruppen als funktionelle Gruppen. Kohlenwasserstoffe, die eine Hydroxylgruppe haben, gehören zur Stoffgruppe der Alkohole, oft auch Alkanole genannt. Die Hydroxylgruppe kann man auch OH-Gruppe nennen. Sie bestimmt die chemischen und physikalischen Eigenschaften aller Alkohole.

[2] Hydroxylgruppe

[3] Ein sekundärer Alkohol

> Stoffe, die als funktionelle Gruppe eine oder mehrere Hydroxylgruppen haben, nennt man Alkohole.

Siedetemperatur • Ethanol siedet bei 78 °C. Das entsprechende Alkan, nämlich Ethan, siedet schon viel früher, bei −89 °C. Dieser Unterschied kann nur an der funktionellen Gruppe liegen: Hydroxylgruppen sind durch Teilladungen am Sauerstoff-Atom und am Wasserstoff-Atom stark polar. Dadurch bilden sich – wie bei Wassermolekülen – zwischen den Ethanolmolekülen Wasserstoffbrücken aus. →[4] Diese halten die einzelnen Moleküle zusammen. Daher siedet Ethanol nicht so leicht wie Ethan, in dem es nur schwächere Van-der-Waals-Kräfte gibt.

Benennung • Die Namen der Alkohole leiten sich aus den entsprechenden Alkanen mit der Endsilbe -ol ab. Butanol ist also ein Alkohol mit vier Kohlenstoff-Atomen.

Der Trinkalkohol ist Ethanol. Seine Formel lautet C_2H_5OH. Die Hydroxylgruppe steht am Ende der Formel, damit sie gut erkennbar ist. Alkohole bilden ebenfalls eine homologe Reihe.

mimecu

Lexikon
Tipps

die **funktionelle Gruppe**
die **Hydroxylgruppe**
das **Alkanol**

₅₀ **Wertigkeit** • Ein Alkoholmolekül kann auch mehrere Hydroxylgruppen besitzen. Wenn ein Alkohol eine OH-Gruppe besitzt, spricht man von einem einwertigen Alkohol. Sind zwei OH-Gruppen ₅₅ vorhanden, ist er zweiwertig, bei drei OH-Gruppen dreiwertig ...

Klassifizierung • Außerdem muss man sich das Kohlenstoff-Atom anschauen, an das die OH-Gruppe gebunden ist. ₆₀ Wenn dieses Kohlenstoff-Atom nur einen Kohlenstoffnachbarn besitzt, ist es ein primärer Alkohol. Wenn es zwei Kohlenstoffnachbarn hat, spricht man von einem sekundären, bei drei Nach- ₆₅ barn von einem tertiären Alkohol. → 3

Verschiedene Alkohole • Methanol (CH_3OH) ist der einfachste Alkohol. Es ist schon in geringen Mengen giftig, z. B. kann man bei der Aufnahme von ₇₀ Methanol erblinden. Methanol ist ein wichtiger Grundstoff für die Herstellung von Kunststoffen und Kraftstoffen. Ein weiterer verbreiteter Alkohol ist Propanol (C_3H_7OH). Es wird unter ande- ₇₅ rem als Desinfektionsmittel in der Medizin und als Frostschutzmittel in Scheibenwaschanlagen verwendet. → 5 Glycerin ist ein bekannter dreiwertiger Alkohol. → 6 Es ist dickflüssig, ungif- ₈₀ tig und schmeckt süß. Glycerin wird z. B. als Feuchthaltemittel in Zahnpasta und Stempelfarbe verwendet. → 7

> Die Anzahl der OH-Gruppen und ihre Positionierung im Molekül ermöglicht eine große Vielfalt bei den Alkoholen.

4 | Wasserstoffbrücken im Ethanol

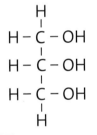

5 | Propanol in Frostschutzmitteln

6 | Glycerin – ein dreiwertiger Alkohol

7 | Glycerin in Stempelfarbe

Aufgaben

1 ⊠ Erkläre, was eine funktionelle Gruppe ist.

2 ⊠ Zeichne und benenne einen zweiwertigen und einen sekundären Alkohol. Vergleiche die Strukturen.

3 ⊠ Nenne zwei verschiedene Alkohole und ihre Verwendung.

379

Was steckt im Alkohol?

Material A

Ist Ethanol brennbar?

Um herauszufinden, ob Ethanol brennbar ist, führt man folgenden Versuch durch.

Materialliste: Ethanol 🔥 ⚠️, Porzellanschale, Streichhölzer, Tropfpipette, feuerfeste Unterlage, Holzspan

1 Ethanolkamin

2 Flambieren von Feigen → 🎥

1 Stelle die Porzellanschale auf die Unterlage und gib mithilfe der Pipette ca. 5 Tropfen Ethanol in die Schale. Entzünde das Ethanol mit dem Holzspan und beobachte.

2 ⊠ Kamine gibt es auch ohne Holz – nämlich die sogenannten Ethanolkamine. → 1
Erkläre die Funktionsweise dieser Kamine.

3 ⊠ Brennenden Alkohol gibt es auch beim Flambieren von Speisen. → 2
Ist nach dem Flambieren noch Alkohol in der Speise? Erkläre.

Material B

Nomenklatur der Alkohole

Die folgenden Regeln sind bei der Benennung von Alkoholen zu beachten:

1. Die längste Kohlenstoffkette bestimmt den Stammnamen.
2. An den Namen des Kohlenwasserstoffs wird die Endung -ol gehängt.
3. Mit einer Zahl wird angegeben, an welchem Kohlenstoff-Atom sich die Hydroxylgruppe befindet. Dem Kohlenstoff-Atom mit der OH-Gruppe wird dabei die niedrigste mögliche Nummer gegeben. → 3

4. Sind zwei, drei oder mehr OH-Gruppen vorhanden, so wird der Endung -ol das entsprechende Zahlwort di-, tri- usw. vorangestellt.
5. Nun können die Seitenketten benannt und nummeriert werden.

1 ⊠ Benenne die Alkohole in den Bildern 4 und 5:

2 ⊠ Zeichne folgende Moleküle:
a 3-Hexanol
b 2-Methyl-2-butanol
c 1,2-Ethandiol

$$-\overset{|}{\underset{|}{C}}_5-\overset{|}{\underset{|}{C}}_4-\overset{|}{\underset{|}{C}}_3-\overset{|}{\underset{|}{C}}_2-\overset{|}{\underset{|}{C}}_1-O-H$$
$$-\overset{|}{\underset{|}{C}}-$$

3 Beispiel: 2 Methyl-1-Pentanol

4

5

Material C

Bestimmung der Dichte von Ethanol

Die Dichte eines Stoffs ist der Quotient von Masse und Volumen. → 6
So hat 1 Liter Wasser, das 1 kg wiegt, eine Dichte von $1\frac{kg}{l}$. Aber welche Dichte hat Ethanol?

Materialliste: Ethanol ⬦ ⚠, Glasschale, Pipette, Waage

1 Ermittle die Masse von 10 ml Ethanol. Wiege dazu zuerst die leere Glasschale. Gib danach mithilfe der Pipette exakt 10 ml in die Schale. Wiege nun die Schale erneut. Bestimme aus der Gewichtsdifferenz die Masse von 10 ml Ethanol.

2 ⊠ Berechne die Dichte von Ethanol und vergleiche mit dem offiziellen Wert von $0,79\frac{g}{ml}$.

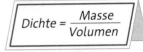

$$Dichte = \frac{Masse}{Volumen}$$

6 Versuchsmaterial und Formel

Material D

Vergällung von Alkohol

Die Verwendung des Trinkalkohols Ethanol ist vielfältig. Er wird unter anderem auch zur Herstellung kosmetischer Produkte, als Rohstoff in der chemischen Industrie und zur Herstellung von Kraftstoffen verwendet.
Um Alkohol von der Branntweinsteuer zu befreien, wird er deshalb vergällt. Der Begriff „vergällen" (= verbittern) leitet sich vom Begriff Galle ab. Das heißt, man gibt einen äußerst bitteren Stoff dazu, damit der Alkohol nicht mehr genießbar ist. Der Brennspiritus, den wir im Haushalt verwenden, wird

unter anderem mit Isopropylalkohol vergällt. Dieser Alkohol hat eine Siedetemperatur von 82 °C.
Ein weiterer Stoff, der zugesetzt wird, Methylethylketon, hat eine Siedetemperatur von 79,6 °C. Die Siedepunkte beider Stoffe liegen also im gleichen Bereich wie der Siedepunkt von Brennspiritus (Ethanol) mit 78 °C.

1 ▣ Erkläre den Begriff Vergällen.

2 ⊠ Welche Kennzeichnung muss Brennspiritus erhalten? Begründe.

7 Parfüm enthält vergällten Alkohol.

3 ⊠ Erkläre, warum es wichtig ist, dass die zugesetzten Stoffe ähnliche Siedetemperaturen haben wie der zu vergällende Stoff.

Was steckt im Alkohol?

Gewinnung von Alkohol

Gärung • Trinkalkohol (Ethanol) wird durch alkoholische Gärung hergestellt. Dabei reagieren zuckerhaltige Lösungen mithilfe von Hefe zu Ethanol und Kohlenstoffdioxid.

$$C_6H_{12}O_6 \quad \rightarrow \quad 2\,C_2H_5OH + 2\,CO_2$$

Traubenzucker $\rightarrow$ Ethanol + Kohlenstoffdioxid

Dies geschieht unter Sauerstoffabschluss. Wenn Sauerstoff vorhanden wäre, würde der Zucker – wie in unserem Körper – in Wasser und Kohlen-
10 stoffdioxid umgewandelt.

> Alkohol gewinnt man durch alkoholische Gärung.

Destillation • Bei der alkoholischen Gärung entstehen maximal 18%ige Ethanol-Lösungen.
15 Bei einem höheren Anteil würden nämlich die Hefezellen absterben. Um hochprozentigen Alkohol (Branntwein) zu erhalten, destilliert man z. B. vergorenes Obst oder Getreide. → ☐1
Dadurch wird das Ethanol vom Wasser getrennt
20 und der Anteil des Alkohols im Destillat erhöht sich auf bis zu 96 %.

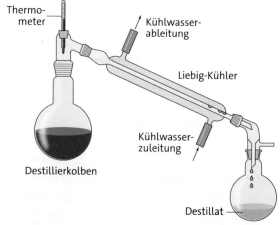

Thermo-meter
Kühlwasser-ableitung
Liebig-Kühler
Kühlwasser-zuleitung
Destillierkolben
Destillat

☐1 Die Destillation von Wein liefert Branntwein.

Aufgaben

1 ☒ Beschreibe den Vorgang der alkoholischen Gärung.

2 ☒ Gib an, wie man zeigen kann, dass nach der Destillation fast reiner Alkohol entstanden ist. → ▣

3 ☒ Erkläre, wie das Trennverfahren Destillation funktioniert. → ▣

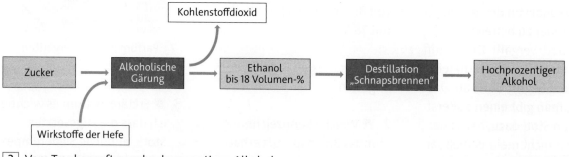

Kohlenstoffdioxid

Zucker → Alkoholische Gärung → Ethanol bis 18 Volumen-% → Destillation „Schnapsbrennen" → Hochprozentiger Alkohol

Wirkstoffe der Hefe

☐2 Vom Traubensaft zum hochprozentigen Alkohol

Erweitern und Vertiefen

Alkohol ganz alltäglich?

Chemikalie und Genussmittel • Alkohol findet man in vielen Produkten, z. B. in Arzneimitteln, Parfüms oder Putzmitteln. Am häufigsten begegnet er uns jedoch in alkoholischen Geträn-
5 ken. Wegen seiner berauschenden und teilweise auch entspannenden Wirkung wird er seit Jahrtausenden häufig konsumiert. Die Auswirkungen auf den Körper werden dabei meist übersehen.
10 In geringen Mengen gilt Alkohol als Genussmittel. In größeren Mengen wirkt er aber als Zellgift. Der Abbau im Körper dauert mehrere Stunden.

Auswirkungen • Kurzfristige Wirkungen von
15 Alkohol, z. B. eine verringerte Sehfähigkeit, sind in Tabelle 4 dargestellt. Wie stark sich ein Schluck Alkohol auf den Promillegehalt im Blut auswirkt, ist bei jedem Menschen unterschiedlich. Dies hängt z. B. vom Körpergewicht und vom
20 Geschlecht ab.
Wenn man oft Alkohol trinkt, kommt es zu langfristigen Wirkungen. Durch den Giftstoff werden Organe geschädigt, Gehirnzellen abgetötet und der Blutdruck erhöht, was zu einem Herzinfarkt
25 führen kann.
Abhängigkeit ist eine weitere Gefahr. Da die Alkoholsucht ein schleichender Prozess ist, wird sie oft unterschätzt und nicht rechtzeitig bemerkt.
30 Alkoholabhängige sind meist zuerst psychisch abhängig. Probleme werden scheinbar durch den Alkohol gelöst. Dies führt zur körperlichen Abhängigkeit, in der ein Leben ohne Alkohol für den Abhängigen unmöglich erscheint.

3 Ohne Alkohol keine Stimmung?

Promille im Blut	Auswirkungen
0,2–0,5	Puls und Atmung beschleunigt, Blutgefäße erweitert, Wärmegefühl, verringerte Schmerzempfindung, Geschmackssinn und Sehfähigkeit etwas verringert
0,5–1,5	Selbstüberschätzung, schlechtere Muskelkoordination, eingeschränktes Reaktions- und Erinnerungsvermögen
1,5–3,0	Hemmungslosigkeit, geweitete Pupillen, rotes Gesicht, Übelkeit, Erbrechen
3,0–4,0	alle Sinne betäubt, völlige Orientierungslosigkeit
über 4,0	Gefahr von Koma, Atemstopp und Herzstillstand

4 Auswirkungen von Alkohol

Aufgaben

1 ☒ Nenne mögliche Ursachen für den hohen Alkoholkonsum in unserer Gesellschaft.

2 ☒ „Alkohol ist eine Droge." Nimm begründet Stellung zu dieser Aussage.

Carbonsäuren*

1 Aus Wein wird Weinessig hergestellt.

Essig wird schon seit 3000 Jahren zum Konservieren von Lebensmitteln benutzt. Wie lässt sich Essig herstellen?

Essigherstellung • Lässt man Wein
5 längere Zeit offen stehen, schmeckt er irgendwann sauer. Dies kommt daher, dass Essigsäurebakterien in den Wein gelangen und in Gegenwart von Sauerstoff den Alkohol Ethanol in Essig-
10 säure umwandeln. Dieser Vorgang wird als Essigsäuregärung bezeichnet.

2 Carboxyl-
gruppe

Ethanol + Sauerstoff → Wasser + Ethansäure (Essigsäure)

$$H-\underset{\underset{H}{|}}{\overset{\overset{H}{|}}{C}}-\underset{\underset{H}{|}}{\overset{\overset{H}{|}}{C}}-\underline{\overline{O}}-H + O=O \rightarrow \underset{H}{\overset{}{}}\overline{O}\underset{H}{\overset{}{}} + H-\underset{\underset{H}{|}}{\overset{\overset{H}{|}}{C}}-C\overset{\overline{O}|}{\underset{\overline{O}-H}{<}}$$

3

Essigsäure	+	Wasser	→	Acetat-Ion	+	Oxonium-Ion
CH_3COOH	+	H_2O	→	CH_3COO^-	+	H_3O^+

4

Bei der Essigsäuregärung reagiert also Ethanol mit Luftsauerstoff zu Essigsäure und Wasser. → 3

15 **Carbonsäuren** • Die Essigsäure gehört zu den Carbonsäuren. Carbonsäuren bestehen aus Molekülen, die als funktionelle Gruppe mindestens eine Carboxylgruppe (–COOH) enthalten. → 2
20 Die Namen der Säuren leiten sich von den entsprechenden Alkanen ab. Es wird einfach die Endung -säure angehängt. Da die Essigsäure zwei Kohlenstoff-Atome besitzt, lautet ihr Name
25 daher Ethansäure. Oft verwendet man auch Alltagsnamen. Essigsäure ist der Alltagsname für Ethansäure, da sie in verdünnter Form in Essig enthalten ist.

Saure Eigenschaften • Für die sauren
30 Eigenschaften der Carbonsäuren ist die Carboxylgruppe verantwortlich. Aus der Carboxylgruppe kann leicht ein H^+-Ion abgespalten und auf ein Wassermole-

kül übertragen werden. Es entstehen
35 Säurerest-Ionen und Oxonium-Ionen.
Wird beispielsweise reine Essigsäure in
Wasser gelöst, so reagiert sie zu Acetat-
Ionen und Oxonium-Ionen. → 4

Weitere Carbonsäuren • Die einfachste
40 Carbonsäure ist die Methansäure
(HCOOH). Sie ist auch unter dem Namen Ameisensäure bekannt, da sie
früher aus toten Ameisen gewonnen
wurde, die diese zur Abwehr nutzen.
45 → 6 Eine weitere bekannte Carbonsäure ist die Butansäure mit dem Alltagsnamen Buttersäure. Sie ist bekannt
für ihren unangenehmen Geruch nach
ranziger Butter. Viele langkettige Car-
50 bonsäuren, z. B. Palmitinsäure und
Stearinsäure, sind am Aufbau von
Fetten beteiligt und werden deshalb
auch Fettsäuren genannt.

Löslichkeit • Die Carboxylgruppe in den
55 Carbonsäuremolekülen ist wasserliebend, der Kohlenwasserstoffrest dagegen ist fettliebend. Bei den kurzkettigen
Carbonsäuremolekülen überwiegt
somit die Wasserfreundlichkeit. Sie
60 lösen sich gut in Wasser, jedoch nicht
bzw. weniger gut in Ölen und Fetten.
Langkettige Carbonsäuren lösen sich
gut in Ölen und Fetten, jedoch nicht in
Wasser. → 5

> Carbonsäuren entstehen aus Alko-
> holen durch die Reaktion mit Sauer-
> stoff. Die funktionelle Gruppe der
> Carbonsäuren ist die Carboxyl-
> gruppe.

Name	Formel	Löslichkeit in Wasser	Hexan
Methansäure (Ameisensäure)	$HCOOH$		
Ethansäure (Essigsäure)	CH_3COOH		
Butansäure (Buttersäure)	C_3H_7COOH	nimmt zu	nimmt zu
Hexadecansäure (Palmitinsäure)	$C_{15}H_{31}COOH$		
Octadecansäure (Stearinsäure)	$C_{17}H_{35}COOH$		

5 Eigenschaften einiger Carbonsäuren

6 Waldameisen spritzen Methansäure.

Aufgaben

1 ☒ Beschreibe, wie man aus einem
Alkohol eine Carbonsäure gewinnen
kann.

2 ☒ Gib die Wort- und Symbolgleichung für die Herstellung von
Buttersäure aus Butanol an.

3 ☒ Ordne folgende Stoffe nach ihrer
Löslichkeit in Wasser und begründe:
Butan, Ethansäure, Methansäure,
Butansäure.

Carbonsäuren*

Material A

Essigsäuregärung

Materialliste: Rotwein oder Weißwein, 2 Bechergläser, pH-Papier, Essigmutter

1 Fülle Rotwein bzw. Weißwein etwa 3 cm hoch in zwei Bechergläser. Gib in ein Becherglas zum Wein Essigmutter. Diese kann die Essigsäuregärung beschleunigen.

2 Prüfe den pH-Wert und den Geruch der Proben.

3 Überprüfe nach einigen Tagen erneut die Proben auf den pH-Wert und den Geruch.

4 ⊠ Fertige ein Versuchsprotokoll an.

1 Essig mit Essigmutter

5 ⊠ Gib die Wort- und Symbolgleichung für die stattgefundene Reaktion, ausgehend vom Ethanol, an.

> Für die Entstehung von Essig ist eine Essigmutter nötig. Dies ist eine gallertartige, Fäden ziehende Masse aus Essigsäurebakterien. Sie kann sich bilden, wenn Wein oder andere leicht alkoholhaltige Flüssigkeiten längere Zeit offen stehen gelassen werden.

Material B

Konservierung mit Essig

Es gibt viele Möglichkeiten, Lebensmittel haltbar zu machen, z. B. Räuchern bei Fischen, Zuckern bei Marmelade oder Einlegen von Gemüse in Essig. → 2 Im folgenden Versuch kannst du die konservierende Wirkung von Essig testen:

Materialliste: 4 Petrischalen, Pipette, Messer, Salatgurke, Brotscheibe, Essig, Wasser

1 Gib in zwei Petrischalen jeweils ein Stück Gurke. Gib in die beiden anderen Petrischalen jeweils ein Stück frisches Brot. Tropfe auf eines der Gurkenstücke und Brotstücke einige Tropfen Essig, auf das andere einige Tropfen Wasser. Stelle die Petrischalen an einen warmen Ort.

2 Wiederhole eine Woche täglich die Befeuchtung der Proben mit Wasser bzw. Essig. Protokolliere deine Beobachtungen.

3 ⊠ Begründe, warum das Experiment nicht nur mit Essig, sondern auch mit Wasser durchgeführt wird.

2 Eingelegtes Gemüse

4 ⊠ Nenne mögliche Gründe, warum Essig als Konservierungsmittel wirkt.

5 ⊠ Recherchiere, welche Produkte Essig zur Konservierung enthalten.

Material C

Säureeigenschaften der Carbonsäuren

Materialliste: 7 Reagenzgläser, Rotkohlsaft, Universalindikator, Kalkstein, Magnesiumband, Zinkblech, Kupferblech, Alufolie, Essigsäure (5%ig)

1 Fülle in sieben Reagenzgläser je 1 cm hoch Essigsäure ein.

2 Gib in das erste Reagenzglas einige Tropfen Rotkohlsaft und in das zweite Reagenzglas Universalindikator.

3 In das dritte Reagenzglas gibst du ein Stück Kalkstein und in die weiteren je ein Stück Magnesiumband, Zinkblech, Kupferblech und Alufolie.

4 ☒ Beobachte die Veränderungen und erstelle ein Versuchsprotokoll.

5 ☒ Erkläre die Beobachtungen. Gib an, welche funktionelle Gruppe im Essigsäuremolekül für die saure Reaktion verantwortlich ist.

6 ☒ Erkläre, weshalb Essigreiniger für die Entfernung von Kalkflecken auf Marmor ungeeignet sein könnte.

3 Bei Marmorflächen ist das Reinigungsmittel entscheidend.

Material D

Carbonsäuren lösen → ▣

Materialliste: 8 Reagenzgläser mit Stopfen, Reagenzglashalter, Pipetten, Spatel, Palmitinsäure, Ameisensäure ◇◇◇, Stearinsäure, Propionsäure ◇◇◇, Heptan ◇◇◇◇, Wasser

1 Fülle in 4 Reagenzgläser 2 ml Wasser und in 4 weitere Reagenzgläser 2 ml Heptan.

2 Gib bei der Versuchsreihe mit Wasser in das erste Reagenzglas 1 ml Ameisensäure und in das zweite 1 ml Propionsäure.

In das dritte Reagenzglas gibst du eine Spatelspitze Palmitinsäure und in das vierte eine Spatelspitze Stearinsäure. Notiere deine Beobachtungen.

3 Genauso gehst du bei der Versuchsreihe mit Heptan vor.

4 ☒ Übertrage die Tabelle in dein Heft und fülle sie aus. → 4

5 ☒ Erkläre die unterschiedliche Löslichkeit der verschiedenen Carbonsäuren mithilfe der Molekülstrukturen.

Carbonsäure	Löslichkeit in Wasser	Löslichkeit in Heptan	Strukturformel
Ameisensäure	?	?	?
Propionsäure	?	?	?
Palmitinsäure	?	?	?
Stearinsäure	?	?	?

4

Ester – dufte Stoffe*

1 Ananas verbreitet einen angenehmen Duft.

Viele Früchte wie z. B. die Ananas verbreiten einen angenehmen Duft. Diese Duftstoffe sind oft Ester. Sie können auch künstlich hergestellt
5 **und Lebensmitteln zugesetzt werden.**

2 Funktionelle Gruppe der Ester

Carbonsäureester • Wenn Alkohole und Carbonsäuren miteinander reagieren, entstehen neue Stoffe mit neuen Eigenschaften: die Carbonsäureester.
10 Dabei reagiert ein Molekül Alkohol mit einem Molekül Carbonsäure zu einem Molekül Ester und einem Molekül Wasser. → **3** Die funktionelle Gruppe dieser Stoffgruppe ist die Estergruppe
15 R^1-COO-R^2. → **2** R^1 und R^2 stehen für beliebige Kohlenwasserstoffreste. Ananas enthält Butansäureethylester. → **1** Dieser ist aus einem Butansäure- und einem Ethanolmolekül
20 entstanden.

Eigenschaften • Ester kurzkettiger Carbonsäuren und Alkohole sind leichtflüchtig und riechen intensiv nach Früchten. Sie sind bei Raumtemperatur
25 flüssig. Ester langkettiger Carbonsäuren und Alkohole sind bei Raumtemperatur zähflüssig oder fest. Zu ihnen gehören die Fette, Öle und Wachse. Die meisten Carbonsäureester lösen sich schlecht in
30 Wasser, jedoch gut in Ethanol oder Ölen.

Verwendung • Erfrischend riechende Ester werden als Aromastoffe, z. B. in Süßigkeiten, eingesetzt. Ester werden außerdem als Lösungsmittel für Farben,
35 Lacke und Klebstoffe verwendet. Essigsäureethylester ist beispielsweise in Nagellackentferner enthalten.

> Ester werden aus Säuren und Alkoholen hergestellt. Dabei entsteht neben dem Ester auch Wasser.

Aufgaben

1 ☒ Benenne den Ester, der aus Essigsäure und Pentanol hergestellt wurde.

2 ☒ Notiere die Formel von Butansäureethylester.

Essigsäure + Ethanol → Essigsäureethylester + Wasser

Ester-Gruppe

$$H-\underset{\underset{H}{|}}{\overset{\overset{H}{|}}{C}}-\overset{\overset{\widehat{O}}{\parallel}}{C}-\overline{O}-H + H-\overline{O}-\underset{\underset{H}{|}}{\overset{\overset{H}{|}}{C}}-\underset{\underset{H}{|}}{\overset{\overset{H}{|}}{C}}-H \rightarrow H-\underset{\underset{H}{|}}{\overset{\overset{H}{|}}{C}}-\overset{\overset{\widehat{O}}{\parallel}}{C}-\overline{O}-\underset{\underset{H}{|}}{\overset{\overset{H}{|}}{C}}-\underset{\underset{H}{|}}{\overset{\overset{H}{|}}{C}}-H + \overset{\widehat{O}}{\underset{H}{\diagup}}\diagdown H$$

3

jezeve

Lexikon
Video
Tipps

der **Carbonsäureester**
die **Estergruppe**

Material A

Formeln der Ester

1 ⊠ Übertrage die Tabelle in dein Heft und notiere die fehlenden
Namen und Strukturformeln.
Recherchiere auch das Vorkommen der entsprechenden Ester.

Säure	Alkohol	Ester	Vorkommen (natürlich oder künstlich)
Ethansäure	Ethanol	Essigsäureethylester	Klebstoffe
Ethansäure	1-Pentanol	?	?
Butansäure	Methanol	?	?
Butansäure	Ethanol	?	?
Butansäure	1-Pentanol	?	?
Pentansäure	1-Pentanol	?	?

4

Material B

Synthese von Essigsäureethylester → ▣

Materialliste: Brenner, Dreifuß, Drahtnetz, Becherglas, Pipette, Reagenzglas, Reagenzglashalter, Thermometer, Ethanol ◈ ⚠, Essigsäure (5%ig), konzentrierte Schwefelsäure ◈, destilliertes Wasser

1 Erhitze Wasser bis zum Sieden mit dem Wasserkocher. Fülle vorsichtig 150 ml heißes Wasser in das Becherglas.

2 Gib in ein Reagenzglas 2 ml Ethanol und 2 ml Essigsäure. Die Lehrkraft gibt anschließend noch 1 ml konzentrierte Schwefelsäure hinzu.

3 Stelle das Gemisch in das Becherglas mit heißem Wasser (90 °C) für mindestens 3 Minuten.

4 Füge dem Reaktionsprodukt anschließend 5 ml destilliertes Wasser hinzu. Der Ester schwimmt nun oben.

5 Rieche vorsichtig durch Fächeln mit der Hand am Reagenzglas. Beschreibe den Geruch.

6 ⊠ Gib die Reaktionsgleichung an und benenne die Edukte und Produkte.

5 Klebstoffe riechen oft nach Essigsäureethylester.

Fette sind Ester*

1 | Fetthaltige Lebensmittel

Fette sind ein wichtiger Bestandteil unserer Nahrung. Sie verbergen sich sowohl in tierischen als auch pflanzlichen Lebensmitteln.

Struktur • Fette sind Ester, die aus vier Bausteinen bestehen: aus Glycerin (ein dreiwertiger Alkohol) und aus drei Fettsäuren (langkettige Carbonsäuren). → 2

Ein Fettmolekül kann entweder drei gleiche oder verschiedene Fettsäuren enthalten. Deshalb werden Fette auch als Triglyceride bezeichnet.

Gesättigt und ungesättigt • Fettsäuren, die nur Einfachbindungen zwischen den Kohlenstoff-Atomen besitzen, bezeichnet man als gesättigt. Ein Beispiel dafür ist die Palmitinsäure. Tierische Lebensmittel enthalten überwiegend gesättigte Fettsäuren. Ungesättigte Fettsäuren, z. B. Ölsäure, enthalten mindestens eine C=C-Doppelbindung. Sie sind überwiegend in pflanzlichen Lebensmitteln und Fisch enthalten. Je mehr ungesättigte Fettsäuren ein Fett enthält, desto flüssiger ist es, z. B. Olivenöl. Je mehr gesättigte Fettsäuren es enthält, desto fester ist es, z. B. Kokosfett.

Fette sind lebensnotwendig • Fette erfüllen vielfältige Funktionen für den Körper. Zum einen sind sie Energielieferanten. Zum anderen sind sie notwendig, damit der Körper fettlösliche Vitamine aufnehmen kann. Da der Körper bestimmte Fettsäuren nicht selber bilden kann, müssen diese über die Nahrung aufgenommen werden. Diese bezeichnet man auch als essenzielle Fettsäuren.

> Fette sind Ester aus dem dreiwertigen Alkohol Glycerin und langkettigen Fettsäuren.

Aufgaben

1 ☒ Beschreibe den Aufbau eines Fettmoleküls.

2 ☒ Erkläre, wie sich gesättigte und ungesättigte Fettsäuren unterscheiden.

2 | Bildung eines Fettmoleküls

genusi

Lexikon
Video
Tipps

gesättigt
ungesättigt
das **Triglycerid**

Material A

Fettfleckprobe →

Fette und Öle verdunsten sehr langsam. Deshalb hinterlassen sie typische Flecken auf Papier und Stoffen. Mit dem folgenden Versuch kannst du testen, ob Nahrungsmittel Fett enthalten.

Materialliste: Mörser, Pistill, Spatel, Papier, Nüsse, Sonnenblumenkerne, Getreidekörner, Mohn, Obstkerne, Obststücke, Kartoffelstücke, Käse, Wurst, Fleisch, Brot, Honig, Pflanzenöl, Wasser, Pipette, Schneidebrett, Messer

1 Lege dir die Proben bereit, beschrifte dein Papier mit den zu untersuchenden Proben. → ③

2 Lege jeweils für Wasser und Öl eine Kontrollprobe an.

Fettnachweis

Kontroll-proben
○ Öl   ○ Wasser

1 ○ Walnuss   2 ○ Sonnenblumenkerne   3 ○ Kartoffel

4 ○ Apfel   5 ○ Käse   6 ○ Wurst

7 ○ Brot   8 ○ Honig   9 ○ Mohn

③

3 Zerkleinere im Mörser verschiedene Nüsse, Sonnenblumenkerne, Getreidekörner, Mohn, Obstkerne, Obststücke, Kartoffelstücke. Verreibe davon jeweils eine kleine Probe auf dem Papier. Verreibe auch Proben von Käse, Wurst, Fleisch, Brot und Honig auf dem Papier.

4 Lass die Flecken trocknen und halte dazu das Blatt ins Gegenlicht.

5 ☑ Notiere deine Beobachtungen in einer Tabelle. Gib an, welche Proben Fett enthalten. Erkläre die Unterschiede zum Wassertropfen.

Material B

Löslichkeit von Fetten

Materialliste: 10 Reagenzgläser, Stopfen, 2 Pipetten, Trichter, Spatel, Messzylinder, Kokosfett, Schmalz, Olivenöl, Sonnenblumenöl, Wasser, Waschbenzin ◈ ◇ ◈ ◇ , Kochsalz

1 Fülle in 5 Reagenzgläser jeweils 3 ml Wasser und in 5 weitere Reagenzgläser 3 ml Waschbenzin.

2 Nun gibst du bei der Versuchsreihe mit Wasser jeweils etwas Kokosfett, Schmalz, Olivenöl, Sonnenblumenöl und Kochsalz in je ein Reagenzglas.

3 Genauso gehst du bei der Versuchsreihe mit Waschbenzin vor.

4 Verschließe die Reagenzgläser mit einem Stopfen. Schüttele sie anschließend kräftig.

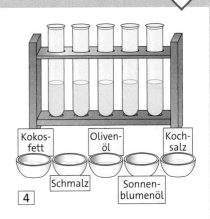

Kokos-fett   Schmalz   Oliven-öl   Sonnen-blumenöl   Koch-salz
④

5 ☒ Dokumentiere deine Ergebnisse. Erkläre anschließend deine Beobachtungen.

Kohlenhydrate*

Traubenzucker ist ein schneller Energielieferant.

[2] Tee süßen mit Rübenzucker

[3] Kartoffeln enthalten Stärke.

Kohlenhydrate sind unsere Hauptenergielieferanten. Traubenzucker, Rübenzucker und Stärke nehmen wir mit der Nahrung auf.
5 **Wie sind Kohlenhydrate aufgebaut?**

Einfachzucker • Glucose ist in unserer Alltagssprache auch als Traubenzucker bekannt. Sie entsteht bei der Fotosynthese und ist am Stoffwechsel von
10 Menschen, Tieren und Pflanzen beteiligt. Früchten und Honig verleiht sie den süßen Geschmack. Glucose hat die Summenformel $C_6H_{12}O_6$.
Das Glucosemolekül ist ein 6-Ring aus
15 fünf Kohlenstoff-Atomen und einem Sauerstoffatom. →[4] Da sie nur aus einem Ring besteht, wird sie auch als Einfachzucker oder Monosaccharid bezeichnet.
20 Ein weiterer Einfachzucker ist die Fructose. Du kennst sie auch als Fruchtzucker. Fructose ist überwiegend in Früchten zu finden. Sie besitzt die gleiche Summenformel wie die

25 Glucose, unterscheidet sich aber von der Glucose im Molekülaufbau. Fructose besteht aus einem 5-Ring, der aus vier Kohlenstoff-Atomen und einem Sauerstoff-Atom gebildet wird. →[5]

30 **Zweifachzucker** • Unser Haushaltszucker wird meist aus Zuckerrüben oder Zuckerrohr gewonnen. Er trägt den Namen Saccharose. Saccharose besteht aus zwei Bausteinen, einem
35 Glucose- und einem Fructosemolekül.
→[6] Kohlenhydrate, die aus zwei miteinander verknüpften Monosaccharidmolekülen aufgebaut sind, nennt man Zweifachzucker oder
40 Disaccharide.

[4] Glucose

[5] Fructose

[6] Saccharose

fiweco

Lexikon
Tipps

das **Monosaccharid**
das **Disaccharid**
das **Polysaccharid**

Maltose ist ebenfalls ein Zweifachzucker. Sie ist aus zwei Glucosemolekülen aufgebaut. Maltose kommt als
Malzzucker in keimenden Getreide vor.

Vielfachzucker • Stärke ist ein Hauptbestandteil von Getreide und Kartoffeln. → [3] Brot und Teigwaren enthalten viel Stärke. Stärke ist aus vielen
Glucosemolekülen aufgebaut. → [7]
Kohlenhydrate, die aus vielen miteinander verknüpften Monosaccharidmolekülen bestehen, werden als Vielfachzucker oder Polysaccharide
bezeichnet.

Ein weiterer Vielfachzucker ist die
Cellulose. Sie ist ein wichtiger Baustoff
in Pflanzen und kann vom Menschen
nicht verdaut werden. Reine Cellulose
wird aus Holz und Stroh gewonnen
und ist als Zellstoff im Handel. Aus
Cellulosefasern können Textilien und
Papier hergestellt werden. → [8] Cellulosemoleküle bestehen ebenfalls
aus vielen Glucoseeinheiten. Diese
sind aber im Vergleich zur Stärke anders verknüpft und angeordnet. → [7]

Zuckerkonsum • Wir verwenden Zucker
bewusst zum Süßen von Getränken
oder zum Backen. In vielen Lebensmitteln ist Zucker aber auch versteckt enthalten, z. B. in Säften und Ketchup.
Jeder Deutsche verbraucht im Schnitt
ca. 32 kg Zucker im Jahr. Das entspricht
durchschnittlich 87 g Zucker pro Tag,
also 29 Würfeln Zucker. Zu viel Zucker
kann der Gesundheit jedoch schaden.
Beispielsweise fördert Zucker Übergewicht und Karies.

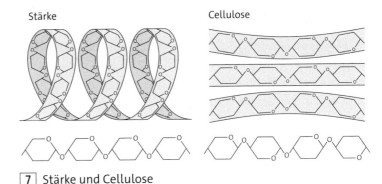

[7] Stärke und Cellulose

[8] Papier wird aus Cellulosefasern
hergestellt.

Kohlenhydrate werden in Einfach-,
Zweifach- und Vielfachzucker
unterteilt.

Aufgaben

1 ☒ Nenne jeweils ein Beispiel für
einen Einfach-, Zweifach- und
Vielfachzucker.

2 ☒ Gib an, welches Bauelement
Haushaltszucker, Stärke und
Cellulose gemeinsam haben.

3 ☒ Beschreibe anhand von Bild 7 den
Aufbau von Cellulose und Stärke.
Nenne Produkte, in denen Cellulose
und Stärke enthalten ist.

Kohlenhydrate*

Material A

Versteckter Zucker

Viele Menschen nehmen mehr Kalorien zu sich, als sie verbrennen. Vor allem die versteckte Zuckermenge in einigen Lebensmitteln ist ein Problem. Dieser überschüssige Zucker wird in Fett umgewandelt und vor allem in der Unterhaut gespeichert. Die Folge ist Übergewicht. In Großbritannien ist beispielsweise fast ein Drittel der Jugendlichen übergewichtig. Im April 2018 wurde in Großbritannien eine Zuckersteuer auf stark zuckerhaltige Getränke eingeführt. Das Ziel ist, über den Preis des Lebensmittels ein Umdenken bei den Menschen zu erreichen.

1 In der Tabelle siehst du den Zuckergehalt von verschiedenen Lebensmitteln.
a ⊠ Berechne, wie viel Würfel Zucker im jeweiligen Produkt stecken. Ein Zuckerwürfel entspricht 3 g.
b ⊠ Begründe, welche Produkte du nur in geringen Mengen verzehren solltest.

2 ⊠ Diskutiere mit einem Partner die Vor- und Nachteile einer Zuckersteuer.

Lebensmittel	Zucker pro 100 g bzw. 100 ml
Schokolade	40 g
Mehrkornbrötchen	3 g
Müsliriegel	30 g
Pfirsiche	9 g
Dosenpfirsiche	18 g
Früchtetee	0 g
Fruchtsaft	11 g
Ketchup	22,5 g
Tomaten	3,4 g
Feldsalat	0,7 g
Fruchtjoghurt	13 g
Naturjoghurt	5 g

1 Zuckergehalt verschiedener Lebensmittel

Material B

Einfachzucker-Nachweis → ▣

Materialliste: 2 Pipetten, Spatel, Benedict-Reagenz ⬦ ⚠ ⬦, destilliertes Wasser, Traubenzucker, Fruchtzucker, Rohrzucker, Stärke, Honig, Apfel, Reagenzgläser, Reagenzglasständer, Messer, Schneidebrett, Brenner, Dreifuß, Drahtnetz, großes Becherglas

1 Gib jeweils eine Spatelspitze Fruchtzucker, Traubenzucker, Rohrzucker, Stärke, Honig und den zerkleinerten Apfel in je ein Reagenzglas.

2 Füge den Reagenzgläsern nun jeweils 3 ml destilliertes Wasser hinzu.

3 Gib zu jedem Reagenzglas 3 ml Benedict-Reagenz.

4 Stelle die Reagenzgläser in ein siedendes Wasserbad.

5 Beobachte die Farbveränderungen.

6 ⊠ Gib an, welche der Lebensmittel Einfachzucker enthalten.

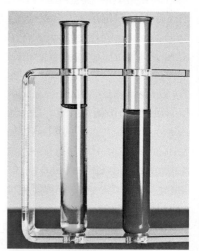

2 Benedict-Reagenz (links); positiver Nachweis von Einfachzuckern (rechts)

Material C

Stärkenachweis → ▣

Gibt man Iod-Kaliumiodid-Lösung zu einer Probe, die Stärke enthält, so färbt sich die Probe schwarzblau. Dies beruht auf der Molekülstruktur von Stärke.

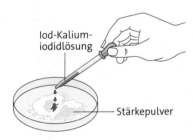

Iod-Kalium-iodidlösung

Stärkepulver

☐3 Iod-Kaliumiodid-Lösung auf Stärkepulver

Die Makromoleküle der Stärke sind spiralförmig gewunden. In ihre Zwischenräume können sich Iodid-Ionen einlagern. Dadurch tritt die Blaufärbung auf. Mit Iod-Kaliumiodid-Lösung lässt sich also Stärke nachweisen.

Materialliste: Stärkelösung, Kartoffeln, Haferflocken, Traubenzucker, Mehl, Vollkornnudeln, Toastbrot, Apfel, Banane, Würfelzucker, Käse, Kartoffel- oder Maisstärke, Papiertaschentuch, Iod-Kaliumiodid-Lösung ⬦, Pipette, Tüpfelplatte, Wasser

1 Fertige eine Tabelle mit den zu untersuchenden Stoffen an. In dieser kennzeichnest du, ob Stärke enthalten ist oder nicht.

2 Gib auf die Tüpfelplatte Proben von Stärkelösung, Kartoffel, Würfelzucker, Haferflocken, Mehl, Brot, Traubenzucker usw.

3 Tropfe auf die einzelnen Proben jeweils 1–2 Tropfen Iod-Kaliumiodid-Lösung.

4 ☒ Dokumentiere deine Beobachtungen in der Tabelle.

Material D

Cellulose nachweisen

Materialliste: Holz, Papier, Pappe, Watte, Baumwolle, Kartoffel, Toastbrot, Filterpapier, Traubenzucker, Würfelzucker, Petrischalen, Tropfpipetten, Iod-Zinkchlorid-Lösung ⬦ ⬦ ⬦ ⬦

1 Gib in je eine Petrischale Proben von Holz, Papier, Watte, Baumwolle, Filterpapier, Toastbrot, Kartoffel, Traubenzucker und Würfelzucker.

2 Tropfe jeweils einige Tropfen Iod-Zinkchlorid-Lösung auf die Proben.

3 ☒ Notiere deine Beobachtungen. Gib an, welche Proben Cellulose enthalten.

Cellulose lässt sich mit Iod-Zinkchlorid-Lösung nachweisen. Dabei schieben sich Iodteilchen zwischen die langen Molekülketten der Cellulose und rufen so eine Blaufärbung hervor

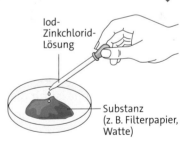

Iod-Zinkchlorid-Lösung

Substanz (z. B. Filterpapier, Watte)

☐4 Farbreaktion von Cellulose

4 ☒ Erstelle eine Tabelle. Ordne darin die getesteten Stoffe den Kategorien „Einfachzucker", „Zweifachzucker" und „Vielfachzucker" zu.

Alkohole, Carbonsäuren und Kohlenhydrate

Zusammenfassung

Funktionelle Gruppen • Kohlenwasserstoffe können auch sogenannte funktionelle Gruppen enthalten. Diese verleihen dem jeweiligen Stoff typische Eigenschaften.

Alkohole • Die funktionelle Gruppe der Alkohole ist die OH-Gruppe, auch Hydroxylgruppe genannt. Sie besteht aus einem Sauerstoff- und einem Wasserstoff-Atom. Die Namen der Alkohole leiten sich aus dem entsprechenden Alkan mit der Endsilbe -ol ab. Pentanol ist beispielsweise ein Alkohol mit fünf Kohlenstoff-Atomen. Ein Alkoholmolekül kann auch mehrere dieser OH-Gruppen enthalten. Hierbei spricht man von mehrwertigen Alkoholen. Glycerin besitzt beispielsweise drei OH-Gruppen und ist ein dreiwertiger Alkohol.
Je nachdem, wie viele Kohlenstoffnachbarn das C-Atom mit der OH-Gruppe hat, spricht man von primären, sekundären oder tertiären Alkoholen.

Carbonsäuren • Die funktionelle Gruppe der Carbonsäuren ist die sogenannte Carboxylgruppe (–COOH). Der Name der Carbonsäure leitet sich vom ursprünglichen Alkan mit der Endung -säure ab, z. B. Butansäure.
Die Carboxylgruppe ist für die saure Reaktion der Carbonsäuren verantwortlich. Leitet man z. B. Essigsäure in Wasser, zerfällt sie in Säurerest-Ionen und Oxonium-Ionen (H_3O^+).

Ester • Carbonsäureester entstehen bei der Reaktion von Alkoholen mit Carbonsäuren. Die funktionelle Gruppe dieser Stoffgruppe ist die Estergruppe R^1-COO-R^2. R^1 und R^2 stehen für beliebige Kohlenwasserstoffreste. Viele Duftstoffe sind Ester. Butansäuremethylester ist beispielsweise in Erdbeeren enthalten und verbreitet einen fruchtigen Geruch. → [1]

[1] Butansäuremethylester in Erdbeeren

[2] Ethanol, Essigsäure und Essigsäureethylester

Kohlenhydrate • Bei den Kohlenhydraten unterscheidet man Einfach-, Zweifach- und Vielfachzucker, je nachdem, wie viele Bausteine miteinander verknüpft sind. Bekannte Einfachzucker sind die Glucose und die Fructose. → [3] [4] Ein bekannter Zweifachzucker ist die Saccharose.

[3] Glucose

[4] Fructose

Teste dich! (Lösungen im Anhang)

Alkohole

1 ⊠ Erkläre, was man unter einer funktionellen Gruppe versteht.

2 ⊠ Zeichne die Lewisformeln von 1-Propanol, 2,3-Pentandiol und 3-Heptanol.

3 ⊠ Benenne die Moleküle in Bild 5.

H H H
| | |
H – C – C – C – H
| | |
H |O̅| H
|
H

H H H H
| | | |
H – C – C – C – C – H
| | | |
|O̅| |O̅| H H
| |
H H

5 Alkohole

4 ⊠ Zeichne einen primären, sekundären und tertiären Alkohol.

5 Ethanol hat einen höheren Siedepunkt als das entsprechende Alkan Ethan.
a ⊠ Gib an, welche Anziehungskräfte dafür verantwortlich sind.
b ⊠ Zeichne zwei Ethanolmoleküle und kennzeichne, zwischen welchen Atomen der Moleküle sich die Anziehungskräfte bilden.

Carbonsäuren

6 Essigsäuregärung
a ⊠ Beschreibe, wie aus Ethanol Essigsäure entsteht.
b ⊠ Gib die Wort- und Formelgleichung für die Reaktion an.

7 ⊠ Benenne die Carbonsäuren in Bild 6.

H – C ═ O̅ |
＼
O̅ – H

H H H
| | |
H – C – C – C – C ═ O̅ |
| | | ＼
H H H O̅ – H

6 Carbonsäuren

8 ⊠ Begründe, ob sich Hexadecansäure oder Pentansäure besser in Wasser löst.

9 Saure Reaktion
a ⊠ Gib an, welcher Teil des Carbonsäuremoleküls für die saure Reaktion verantwortlich ist.
b ⊠ Nenne die Ionen, die entstehen, wenn eine Carbonsäure in Wasser gegeben wird.

Ester und Fette

10 ⊡ Benenne den Ester, der aus Butansäure und Ethanol hergestellt wurde.

11 ⊠ Erkläre den Satz: „Fette sind Ester."

Kohlenhydrate

12 Glucose und Saccharose
a ⊠ Nenne die Alltagsnamen für Glucose und Saccharose.
b ⊠ Beschreibe, wie sich Saccharose von Glucose im Aufbau unterscheidet.

13 ⊠ Gib an, aus welchem Kohlenhydrat Papier hergestellt wird. Beschreibe den Aufbau dieses Kohlenhydrats.

Sauber und schön

Wäsche waschen – Woche für Woche: Die Chemie macht's möglich. Aber wie werden Grasflecken, Soße, Lehm, Schweiß und Tinte von der Kleidung entfernt?

Knoblauch und Gewürze, Küchen-
kräuter und Chili – mit und in
Speiseöl lassen sich viele köstliche
Aromen einfangen und konser-
vieren. Welche besonderen
Eigenschaften haben Öle?

Nur Gutes für unsere Haut:
Cremes und Lotionen – Mischun-
gen aus Wasser und Öl. Aber was
hält die beiden Stoffe zusammen,
die sonst Gegenspieler sind?

Lösungsmittel

1 Ingwertee

2 Kräuterbutter

3 Fruchtliköre

Köstlichen Geschmack einzufangen und wohlschmeckende Aromen zu konservieren, ist gar nicht so einfach. In der Küche gelingt das mit heißem 5 **Wasser, Öl/Fett oder Alkohol.**

Lösungsmittel Wasser • Wir nutzen Wasser als vielfältiges Lösungsmittel. Heißes Wasser löst besonders gut. Bei der Zubereitung einer Hühnersuppe 10 löst das heiße Wasser z.B. Eiweiße, Mineralstoffe und Geschmacksstoffe aus Fleisch und Knochen. Bei Heißgetränken wie Kaffee und Tee werden die Geschmacks-, Farb- und Wirkstoffe mit 15 kochendem Wasser extrahiert. → 1

Lösungsmittel Öl/Fett • Auch Speiseöl ist ein guter Aromaträger. Einige für uns wichtige Vitamine sind in Öl gut löslich. Deshalb reichert man mit Öl 20 viele Salate an. In Öl lassen sich aber auch Pflanzenteile gut konservieren. Dabei geht ein Teil der Aromen durch Lösen ins Öl über. Dies ist beispiels-

weise bei Knoblauch, Chili und Ros- 25 marin der Fall. Feste Fette werden ebenfalls als Lösungsmittel genutzt, z.B. bei der Herstellung von Kräuter- oder Salbeibutter. → 2 Die Kakaobutter in unserer Schokolade löst 30 und trägt beispielsweise Aromen wie Vanille-, Mokka-, Nuss- und Fruchtgeschmack.

Lösungsmittel Alkohol • Liköre gewinnt man, indem man zum Beispiel Früchte 35 mit Alkohol auslaugt und danach Zucker und Wasser zusetzt. → 3 Bei bräunlichen Branntweinen wie Cognac, Rum oder Whisky hat der Alkohol bei der Holzfasslagerung 40 wertvolle Aromastoffe aus dem Eichenholz herausgelöst.

> Bei der Verarbeitung von Lebensmitteln und bei der Zubereitung von Speisen und Getränken werden Wasser, Öl/Fett oder Alkohol als Lösungsmittel eingesetzt.

fucava

Lexikon
Video
Tipps

das **Lösungsmittel**
unpolar
hydrophil
lipophil

Gegenspieler Wasser und Öl · Öl und Wasser lassen sich nicht mischen. → 4 Zu stark sind die Unterschiede im

50 Molekülbau.

Das Wassermolekül ist ein Dipol. Das Sauerstoff-Atom kann mit seinen zwei nichtbindenden Elektronenpaaren Brücken zu Wasserstoffatomen bilden

55 und damit andere Moleküle anziehen. → 5 Die polare OH-Gruppe begünstigt also immer die Wasserlöslichkeit. Solche Stoffe verhalten sich hydrophil, also „wasserliebend".

60 Dazu sind die Fett- und Ölmoleküle nicht in der Lage. Sie besitzen keine OH-Gruppen und bestehen größtenteils aus langkettigen Kohlenwasserstoffen. Kohlenwasserstoffe bezeichnet man

65 aufgrund ihrer nur schwach polaren C-H-Bindung als unpolar. Sie lösen sich gut in unpolaren Lösungsmitteln, das heißt, sie sind lipophil („fettliebend"). Deshalb löst sich Pflanzenöl auch in

70 Benzin oder Paraffin und umgekehrt. Flüssigkeiten mit hydrophilem Charakter können auch gut Salze lösen. Hier kommt es zu Wechselwirkungen zwischen den Ladungen der Ionen und den

75 Teilladungen an den Hydroxylgruppen.

Alleskönner Ethanol · Im Alkohol Ethanol stecken beide Wirkungen. Das Molekül hat sowohl eine unpolare Alkylgruppe als auch eine polare

80 Hydroxylgruppe. → 6 Es kann daher, sowohl Fettiges als auch Wässriges lösen. Ethanol ist auch das ideale Lösungsmittel für Duft- und Aromastoffe. Parfüms bestehen zu über

85 80 Prozent aus Ethanol.

4 Pflanzenöl löst sich nicht in Wasser. → ◎

5 Wasserstoffbrücken zwischen Ethanol und Wasser

unpolarer Teil   polarer Teil

6 Bau eines Ethanolmoleküls

Ähnliche Flüssigkeiten lösen sich ineinander. „Gleiches löst sich in Gleichem gern."

Aufgaben

1 ☒ Nenne jeweils zwei Beispiele, bei denen Wasser, Öl/Fett und Alkohol als Lösungsmittel genutzt werden.

2 ☒ Beschreibe den Unterschied zwischen hydrophiler und lipophiler Eigenschaft von Lösungsmitteln.

Lösungsmittel

Material A

Schoko-Enfleurage

In Frankreich hat man früher mit der Enfleurage-Methode Duftstoffe von Jasmin- und Hyazinthenblüten auf Fette wie Schmalz übertragen und so duftende Cremes hergestellt. Du kannst diese Methode nachahmen, um Orangenschokolade herzustellen.

Achtung • Das Produkt ist zum Verzehr gedacht, daher nicht im Chemieraum arbeiten!

Materialliste: Wasserbad (40 °C), Kuvertüre, Teelöffel, naturreine Orange, Zestenreißer, Plastikbecher, Petrischale

1 Gib 2 Teelöffel Kuvertüre in den Plastikbecher. Schmilz diese unter Rühren im Wasserbad auf und verstreiche sie auf dem Boden und der Wand des Bechers.

2 Mit dem Zestenreißer ziehst du hauchdünne Streifen von der Orangenschale (Zesten) ab, bis du 3–4 Teelöffel damit füllen kannst.

3 Gib die Zesten in eine Petrischale.
Stülpe den Becher mit der erhärteten Schokolade darüber und lass den Ansatz über Nacht stehen. Am nächsten Tag drehst du den Becher um.

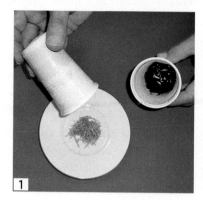

Die fertige Orangenschokolade löst man durch leichten Druck auf die Becherwand.

4 ☑ Erkläre, warum es notwendig ist, die Schokolade möglichst großflächig zu verstreichen.

Material B

Speiseöl als Aromaträger

Nicht nur in der Küche, sondern auch im Kosmetikbereich werden Öle als Lösungsmittel für Düfte, Aromen und Wirkstoffe genutzt.

Hier lernst du eine Methode kennen, bei der ein duftendes Öl entsteht: die Mazeration.

Materialliste: Becherglas (400 ml), Sonnenblumenöl, stark duftende Rose, großes Uhrglas, Löffel, Sieb

1 Zum Ansetzen der Mazeration werden die Blütenblätter einer Duftrosenblüte vom Blütenkelch abgenommen.

2 Fülle das Becherglas zur Hälfte mit Speiseöl. Gib die Blütenblätter hinein und rühre mit einem Löffel um. Decke das Gefäß mit einem Uhrglas ab und stelle es 14 Tage lang in einen dunklen Raum. Danach gießt du das Duftöl durch ein Sieb ab.

3 ☑ Nenne Kräuter und Gewürze, die in Speiseöl eingelegt sind, damit Geschmacksstoffe übertragen werden.

Material C

Welches Lösungsmittel?

Alkohole sind gute Lösungsmittel. Aber nicht alle eignen
sich gleich gut für jeden Stoff.

1 ⬚ Übernimm die Formeln
von Ethanol und Decanol in
dein Heft. Markiere jeweils
mit Blau den stark polaren,
mit Gelb den schwach polaren Teil der Moleküle.

2 ⬚ Gib an, welcher der beiden
Alkohole sich besser zum
Lösen von unpolarem
Speiseöl eignet.

3 ⬚ Wenn man Alkohole und
Wasser mischt, so löst sich
Wasser nur in den ersten drei
Alkoholen der homologen
Reihe in jedem Mischungs-
verhältnis. Ab Butanol lösen
sich nur noch geringe Men-
gen Alkohol im Wasser.
Erkläre.

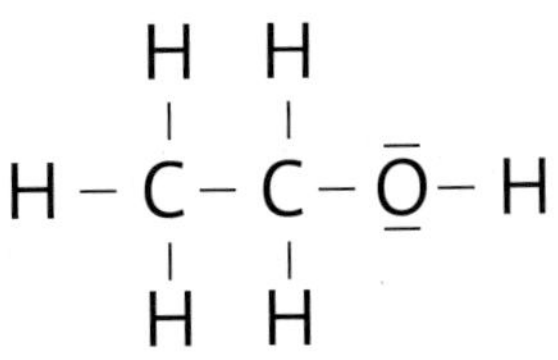

3 Ethanol

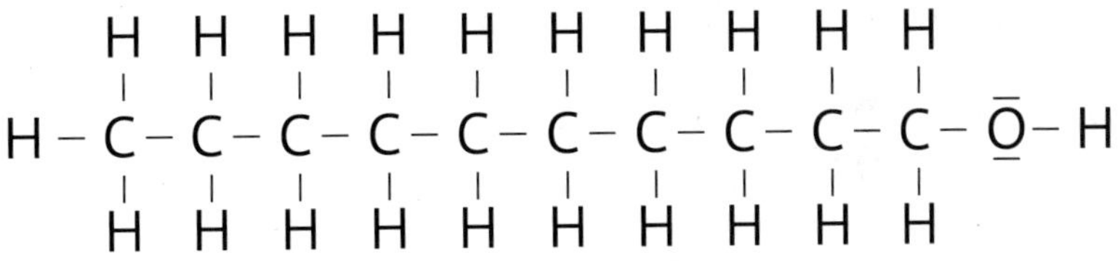

4 Decanol

Material D

Moleküle im Vergleich

1 Vergleiche die Molekül-
strukturen: → 5
⬚ Gib an, welche der fünf
Stoffe sich gut mit Wasser
mischen bzw. darin auflösen
und welche sich in Salatöl
auflösen. Begründe deine
Entscheidung.

2 ⬚ Formuliere einen Merksatz aus folgenden Text-
bausteinen:

Einfluss – Bei – OH-Gruppen –
größer – als – der Einfluss – der –
polaren Lösungsmitteln – ist –
der – Kohlenwasserstoffkette – der

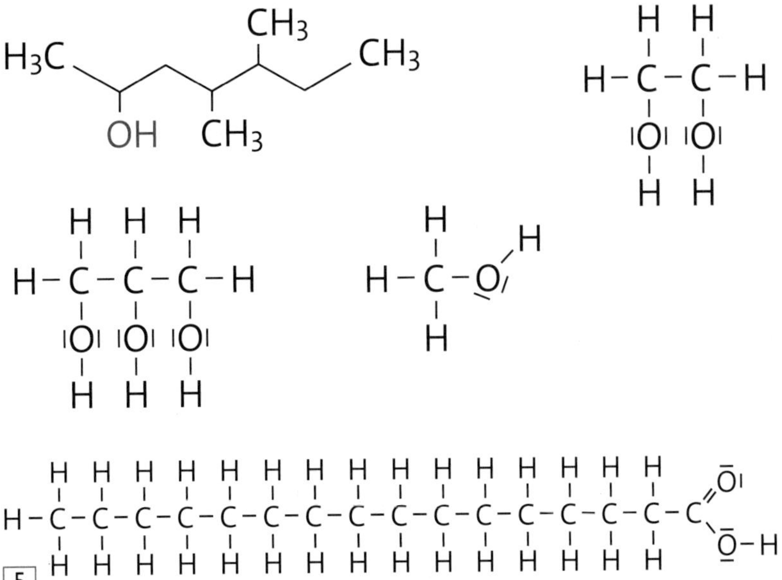

3 ⬚ Benenne die Moleküle in Bild 5.

403

Seifen und Tenside

1 Verschiedene Wasch- und Reinigungsmittel

Anionische Tenside

Kationische Tenside

Nichtionische Tenside

2 Tensidmoleküle

Wasch- und Reinigungsmittel gibt es in Hülle und Fülle. Wie entfernen sie Schmutz und welche Rolle spielen Tenside dabei?

5 **Tenside** • Die wichtigsten Stoffe zum Waschen und Reinigen sind Seifen und andere Tenside. Man bezeichnet sie als waschaktiv. Während man Seife meist direkt nutzt, sind andere Tenside 10 zusammen mit weiteren Wirkstoffen in unseren Wasch- und Reinigungsmitteln enthalten.

Aufbau • Tensidmoleküle bestehen aus einer langen, unpolaren Kohlen-15 wasserstoffkette und einem polaren „Köpfchen". Der polare Molekülteil

kann kationisch (positiv geladen), anionisch (negativ geladen) oder nichtionisch aufgebaut sein. → 2 20 Der unpolare Molekülteil sorgt dafür, dass Tensidmoleküle fetthaltige Schmutzpartikel lösen können. Der polare Molekülteil ist für die Wasser löslichkeit verantwortlich.

25 **Reinigungsprozess** • Viele Tensidmoleküle lagern sich mit ihrem unpolaren Teil an den fetthaltigen Schmutzpartikeln und auf der Faseroberfläche an. → 3A Sie schieben sich dabei zwi-30 schen Faser und Schmutzpartikel und lösen so den Schmutz von der Faseroberfläche. → 3B Abgelöste Schmutzpartikel werden vollständig von Tensidmolekülen umhüllt und in kleinere 35 Teile zerteilt. → 3C Die fein zerteilten Schmutzpartikel werden mit der Waschlauge abtransportiert. → 3D

> Seifen und Tenside dienen als waschaktive Substanzen in Wasch- und Reinigungsmitteln.

Aufgabe

1 ☒ Begründe, warum Tensidmoleküle einen polaren und einen unpolaren Molekülteil besitzen müssen.

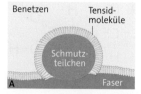
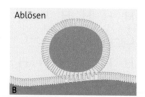
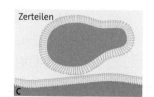
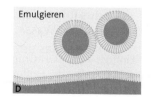

3 Der Reinigungsprozess im Modell

Material A

Wirkung von Tensiden

Seifen- und Tensidteilchen können auch dabei helfen, den abgelösten Schmutz in der Waschlauge oder dem Spülwasser fein zu verteilen, sodass er ins Abwasser übergeht.

Materialliste: Kernseife, Spülmittel, Waschmittel ⟨!⟩, 6 Reagenzgläser, passende Stopfen, Pipette, Reagenzglashalter, Speiseöl, Ruß- oder Lehmpulver, Spatel

1 Befülle die 6 Reagenzgläser jeweils mit 2 ml Wasser. Gib in drei der Reagenzgläser mittels Pipette jeweils 1 ml Speiseöl, in die anderen drei eine Spatel-

spitze Ruß oder Lehm. Nun werden die 6 Gläser mit Stopfen verschlossen und nacheinander kräftig geschüttelt.

2 Beobachte und warte 1 Minute lang. Gib dann in einen Öl- und einen Rußansatz etwas abgeschabte Kernseife, verschließe und schüttle erneut. Gib in 2 weitere Gläser einige Tropfen Spülmittel und in die letzten 2 eine Spatelportion Waschmittel. Schüttle auch diese Ansätze gut durch und beobachte.

3 ☒ Beschreibe, wie sich die Ölportion und der Ruß vor und nach der Zugabe von

4 Kernseife

Tensiden im Wasser verhalten. Erkläre deine Beobachtungen.

4 ☒ Auf einer Waschmittelverpackung soll die besondere Wirkung der Tenside hervorgehoben werden. Formuliere dazu einen Werbetext.

Material B

Drop Speed

Materialliste: Tropftrichter, Stativmaterial, Becherglas, Spülmittellösung, Glasstab, Stoppuhr

1 Spanne den Tropftrichter im Stativ ein und befülle ihn mit 200 ml Wasser. Stelle ein Becherglas unter den Auslauf. Starte die Stoppuhr sobald du den Hahn aufdrehst. Drehe ihn soweit auf,

dass er ungefähr mit einem Tropfen pro Sekunde tropft.

2 Benetze einen Glasstab mit der Tensidlösung, tauche ihn in den mit 200 ml Wasser befüllten Tropftrichter. Rühre schnell um und miss die Zeit, bis die Lösung komplett herausgetropft ist.

3 ☒ Beschreibe, was das Einbringen der Tensidlösung in dem Experiment bewirkt.

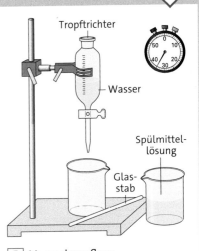

Tropftrichter

Wasser

Spülmittellösung

Glasstab

5 Versuchsaufbau

Weitere Wirkstoffe in Waschmitteln

1 Die Rasenbleiche – Handarbeit für weiße Wäsche

Noch bis Mitte des 20. Jahrhunderts war es ein aufwendiges Verfahren, weiße Wäsche wieder schön sauber zu bekommen. Heute erledigen dies
5 verschiedene Zusatzstoffe in unseren Waschmitteln.

Bleichmittel • Es gibt eine Reihe von farbigen Schmutzflecken, die von den Tensiden nicht abgelöst werden. Diese
10 zerstört man mithilfe von Sauerstoff, der im Waschprozess freigesetzt und aktiviert wird. Früher ließ man den Luftsauerstoff und Sonnenstrahlung als Farbkiller wirken. Man legte die
15 Wäsche einfach auf den Rasen, auf die „Bleiche". → 1
Heute kommen Stoffe wie Natriumpercarbonat, sogenannte Bleichmittel, als Waschmittelbestandteile zum Ein-
20 satz. Sie setzen unter Wärmeeinwirkung ebenfalls aktiven Sauerstoff frei.

Enthärter • Im Leitungswasser befinden sich von Natur aus gelöste Mineralsalze, die die Seifen- und Tensidwirkung
25 erheblich stören können. Bei Heißwäsche können sich zum Beispiel wasserunlösliche Kalkseife und Kalkablagerungen bilden. Deshalb enthalten Waschmittel Stoffe gegen
30 diese natürliche Wasserhärte, sogenannte Enthärter. Waschmittelphosphate und Zeolithe kommen dabei zum Einsatz.

Optische Aufheller • Um die Wäsche
35 aufzuhellen und Gelbstich darin zu entfernen, werden den Waschmitteln sogenannte optische Aufheller zugesetzt. Sie werden vom Gewebe aufgenommen und reflektieren das Licht so,
40 dass die Wäsche weißer wirkt.

Enzyme • Verschiedene Enzyme werden den Waschmitteln zugesetzt, um zum Beispiel nicht lösliche Essensreste von den Fasern der Kleidung zu lösen.
45 Die Enzyme spalten dabei Eiweiße, Fette oder Stärke.

> Waschmittel enthalten neben den waschaktiven Substanzen auch Bleichmittel, Enthärter, optische Aufheller und Enzyme.

Aufgaben

1 ☒ Nenne Stoffe, die in Waschmitteln den Tensiden beigefügt werden.

2 ☒ Erläutere, welche Wirkung Luftsauerstoff in Verbindung mit Wasser und Sonnenlicht auf Schmutzflecken hat.

Material A

Wasserhärte

Im Leitungswasser ist je nach Region mehr oder weniger gelöster Kalk enthalten. Calcium-Ionen im Wasser stören aber die Seife und andere Tenside bei der Reinigungsarbeit. Dieser Versuch zeigt anhand der Schaumbildung, wie Seifenteilchen vom Kalk im Wasser regelrecht blockiert werden.

Materialliste: Leitungswasser, Kalkwasser ⬦ ⟨!⟩, stilles Mineralwasser, destilliertes Wasser, Kernseife, Waschmitteltensid, Reagenzglasgestell, 8 Reagenzgläser, Erlenmeyerkolben

1 Gib kleine Späne der Kernseife in einen Erlenmeyerkolben und löse sie durch Schwenken in 20 ml destilliertem Wasser auf.

2 Mische in einem weiteren Erlenmeyerkolben 20 ml destilliertes Wasser mit 2 ml flüssigem Tensidkonzentrat.

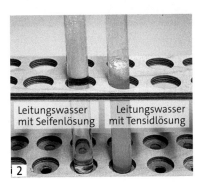

Leitungswasser mit Seifenlösung | Leitungswasser mit Tensidlösung

3 Fülle in je ein Reagenzglas zur Hälfte Kalkwasser, stilles Mineralwasser, Leitungswasser und destilliertes Wasser.

4 Gib in jedes der vier Reagenzgläser 5 Tropfen der Seifenlösung. Verschließe sie mit einem Stopfen und schüttle sie.
Prüfe, ob sich eine Schaumportion bildet und ob diese längere Zeit bleibt oder zusammenfällt.

5 Wiederhole den Versuch mit der verdünnten Tensidlösung. Beobachte erneut, ob sich Schaum bildet.

Material B

Sauerstoffbleiche

Materialliste: 8 kleine Baumwolllappen, rotes Obst, Füllertinte, grünes Gras oder Laub, Faserstiftfarbe, Seife, Messer, Spatel, Bleichmittel (Percarbonat-Peroxid-Kombination) ⟨!⟩, Topf, Rührstab, Heizplatte

1 Vorbereitend werden vier Stofflappen gezielt mit jeweils einem Farbmaterial beschmutzt.

2 Gib die Stofflappen in einen Topf mit Wasser. Gib 3 Spatelportionen geschabte Seife hinzu und erhitze die Wäsche 10 Minuten lang unter Rühren, ohne dass es kocht.

3 Nimmt die Lappen heraus und spüle sie kurz unter kaltem Wasser ab. Beurteile das Waschergebnis.

4 Wiederhole den Versuch mit vier weiteren Lappen, wobei du dem Wasser 3 Spatelportionen Bleichmittel zusetzt. Vergleiche die Waschergebnisse.

5 ☒ Erkläre die Wirkung des Bleichmittels.

Cremes – eine interessante Mischung

[1] Creme für die Haut – Creme für den Gaumen

Fettiges und Wässriges wollen von Natur aus nicht zusammenbleiben. Viel zu unterschiedlich sind die chemischen Bauformen der Moleküle. Und doch
5 **kann man mit einem besonderen Hilfsstoff stabile Gemische produzieren, die man Cremes nennt.**

Wasser und Öl · Schüttelt man ein Gemisch aus Wasser und Öl kräftig
10 durch, so bilden sich zunächst kleine Tröpfchen der beiden Phasen, die sich zunächst sichtlich vermischen. Solche Gemische nennt man Emulsion, den Vorgang Emulgieren.

$$H-\overset{\overset{\displaystyle H}{|}}{\underset{\underset{\displaystyle H}{|}}{\overset{|}{\underset{|}{C}}}}-\bar{O}-\overset{\displaystyle \overset{\textstyle \|^{\bar{O}|}}{C}}{\underset{\displaystyle R}{}}$$

[2] Monoglycerid (R entspricht einem sehr langen Kohlenwasserstoffrest)

15 Aber schon nach kurzer Zeit bewegen sich die Öltröpfchen nach oben, die Wassertröpfchen nach unten. Eine Entmischung findet statt, und am Ende hat man eine mit Öl überschichtete
20 Wasserportion. Die ölige Phase hat eine geringere Dichte.

Emulgatoren · Will man verhindern, dass sich Öl und Wasser entmischen, benötigt man Hilfsstoffe mit einer
25 wasserliebenden und einer fettliebenden Seite im Molekül. Diese Hilfsstoffe bezeichnet man als Emulgatoren. Für Cremespeisen nimmt man häufig Lecithine, die in natürlichen Fetten,
30 im Eidotter und in Soja vorkommen. Für kosmetische Cremes werden meist Mono- und Diglyceride als Emulgatoren verwendet. → [2] Diese Substanzen sind wie ein Fettmolekül gebaut,
35 haben aber anstatt drei nur eine oder zwei Fettsäuren und dafür ein oder zwei Hydroxylgruppen.

Cremes und Haut • Unsere Hautober-
fläche wird von Natur aus mit Fett und
40 mit Feuchtigkeit gut versorgt. Wir besitzen dafür unzählige Talgdrüsen und
Schweißdrüsen. → 3 Kosmetische
Cremes können helfen, die Haut zu
pflegen und Störungen der Hautober-
45 fläche zu heilen.

Emulsion mit Wirkstoffen • Das Grund-
gerüst jeder kosmetischen Creme ist
gleich. Es besteht aus Ölen und Wasser. Das Verhältnis von Öl zu Wasser
50 kann dabei von Creme zu Creme unterschiedlich sein. Hinzu kommt immer ein Emulgator, der dafür sorgt,
dass die kleinen Fetttröpfchen in der
Wasserportion oder die Wassertröpf-
55 chen in der Ölportion sich nicht entmischen. Wachsartige Stoffe und feste
Fette sorgen für die richtige Beschaffenheit, also ob das Präparat eher eine
steife Hautcreme oder eine flüssige
60 Hautmilch wird. Mit Parfümölen oder
natürlichen ätherischen Ölen bekommt eine Creme eine angenehme
Duftnote. Für eine längere Haltbarkeit
kommen meist Konservierungsstoffe
65 zum Einsatz. Zahlreiche Wirkstoffe
stehen bei der Cremeherstellung zur
Verfügung, für jeden Hauttyp und für
jedes Hautproblem jeweils geeignete.

Kennzeichnung • Nach der INCI (Inter-
70 national Nomenclature of Cosmetic
Ingredients) trägt jede Creme im Handel eine Auflistung aller Inhaltsstoffe
in englischer Sprache. Die Stoffe können damit international einheitlich
75 benannt werden. → 4

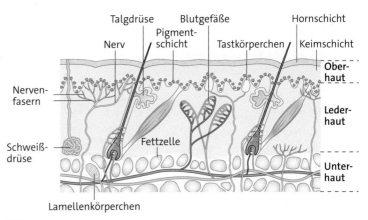

3 Aufbau der Haut

Ingredients:
Aqua, Paraffinum Liquidum, Cera Microcristallina, Glycerin,
Myristyl Alcohol, Paraffin, Panthenol, Decyl Oleate, Octyldode-
canol, Aluminum Stearates, Citric Acid, Magnesium Sulfate,
Magnesium Stearate, Parfum, Limonene, Geraniol, Hydroxycitro-
nellal, Linalool, Citronellol, Benzyl Benzoate, Cinnamyl Alcohol

4 Inhaltsstoffe Creme

Cremes sind Gemische lipophiler
und hydrophiler Stoffe.
Damit keine Entmischung stattfindet werden Emulgatoren hinzugegeben.
Emulgatoren besitzen in ihrem
Molekülbau wasser- und fettliebende Bestandteile.

Aufgaben

1 ☒ Nenne die drei Grundzutaten,
die man für die Cremeherstellung
benötigt.

2 ☒ Erkläre, welche Rolle ein Emulgator bei der Cremeherstellung spielt.

Cremes – eine interessante Mischung

Material A

Wo steckt der Emulgator?

1 ☒ Gib an, mit welchen Mitteln die Cremes und Schokomassen stabil gemacht werden. → ☐1 Suche bei den Inhaltsstoffen nach:
- Vollei/Volleipulver
- Eigelb
- Soja
- Lecithin
- Mono- und Diglyceride

2 ☒ Fertige eine Aufstellung an:
Produktbezeichnung – verwendete Emulgatoren

Schokopudding
Zutaten: fettarme Milch, Sahne, Zucker, fettarmes Kakaopulver, Molkenerzeugnis, Mono- und Diglyceride von Speisefettsäuren, Speisegelatine, modifizierte Stärke

Milchschokolade
Zutaten: Kakaobutter, Zucker, Vollmilchpulver, Süßmolkenpulver, Kakaomasse, Butterreinfett, Sojalecithine, Vanilleextrakt

Schoko-Eiscreme
Zutaten: entrahmte Milch, Schlagsahne, Zucker, Glucosesirup, Molkenerzeugnis, fettarmes Kakaopulver, Kakaomasse, Mono- und Diglyceride von Speisefettsäuren, Lecithine, Guarkernmehl, Speisesalz

Mayonnaise
Zutaten: 80 % Rapsöl, Eigelb, Wasser, Zucker, Branntweinessig, Gewürze, Iodsalz

☐1

Material B

Emulgator im Einsatz

Materialliste: 2 Reagenzgläser, Stopfen, Reagenzglashalter, Wasser, Eigelb, Speiseöl, Pipetten

1 Gib in jedes der zwei Reagenzgläser 3 ml Wasser und 3 ml Speiseöl.
Die Reagenzgläser werden mit einem Stopfen verschlossen, gut geschüttelt und in den Reagenzglashalter gestellt.

2 Lass die zwei Ansätze kurze Zeit ruhen und beobachte.

3 Gib nun zu einer Mischung 2 Tropfen Eigelb und schüttle noch mal kräftig. Lass die Mischung kurz ruhen und beobachte die Wasser-Öl-Eigelb-Mischung.

4 ☒ Beschreibe deine Beobachtung. Gib an, welche Aufgabe das Eigelb hat.

☐2 Mayonnaise – eine Emulsion mit Eigelb

Material C

Geschüttelt – nicht gerührt

Bei der Herstellung einer kosmetischen Creme musst du sehr sauber arbeiten – schließlich ist das Produkt ja für deine Haut bestimmt. Also nur gründlich gereinigte Gefäße und Geräte benutzen!

Materialliste: Avocadoöl, Sheabutter, Tegomuls 90 (Emulgator), Wasser, α-Bisabolol, Aloe-vera-Gel, Parfümöl, Citronensäure-Lösung, Schraubdeckelglas, Becherglas, Dezimalwaage, Wasserbad auf Heizplatte, Thermometer, Spatel, Glasstab, Schüssel mit kaltem Wasser, Handtuch, Cremedosen oder -gläschen, Etiketten

Bestandteil	Hinweis
Avocadoöl	enthält viele Vitamine und wird nicht so schnell ranzig
Sheabutter	gibt der Creme die weiche Beschaffenheit
Tegomuls 90	Emulgator
Wasser	Das Mengenverhältnis Wasser zu Öl ist für die Beschaffenheit der Creme von Bedeutung, d. h. ob sie milchiger oder cremig-fester ist.
α-Bisabolol	Wirkstoff, der im ätherischen Öl der Kamille vorkommt
Aloe vera	Das Gel der Aloe-vera-Pflanze gilt als vielfältiges Heilmittel.
Parfümöl	z. B. ätherische Öle von Salbei, Minze, Rose, Lavendel oder Jasmin
Citronensäure-Lösung	Damit wird die Creme auf einen pH-Wert von 5,5 eingestellt.

3 Bestandteile der Creme und ihre Funktionen

1 Gib in ein Schraubdeckelglas 35 g Avocadoöl, 10 g Sheabutter und 15 g Tegomuls 90.

2 Erhitze das Schraubdeckelglas in einem Wasserbad auf 65 °C. Kontrolliere die Temperatur mit dem Thermometer.

3 Erhitze in einem Becherglas 180 ml Wasser bis zum Sieden. Lass das Wasser anschließend auf ca. 70 °C abkühlen.

4 Gieße nun das warme Wasser zur warmen Fettphase in das Schraubdeckelglas und verschließe es. Umfasse das Glas mit einem Handtuch und schüttele es kräftig. Stelle das Glas zum Kühlen in eine Schüssel mit kaltem Wasser. Öffne und schließe mehrmals den Schraubdeckel zum Druckausgleich.

5 Füge der handwarmen Creme nun 30 Tropfen α-Bisabolol, 2 g Aloe vera und 12 Tropfen Parfümöl hinzu. Rühre die Substanzen mit dem Spatel intensiv in die Creme ein.

6 Gib zum Schluss ca. 5 Tropfen Citronensäure-Lösung zur Creme und prüfe mit dem Indikatorpapier, bis du einen pH-Wert von 5,5 erreicht hast. Die fertige Creme wird auf kleine Döschen verteilt. Sie sollte zügig verbraucht werden.

7 Recherchiere die Wirkung von α-Bisabolol und Aloe vera im Internet. Fertige dann mit einem Textverarbeitungs- oder Grafikprogramm einen Werbeflyer für deine Creme an.

Sauber und schön

Zusammenfassung

Lösungsmittel • Wasser, Öl/Fett und Alkohol sind typische Lösungsmittel bei der Verarbeitung von Lebensmitteln und bei der Zubereitung von Speisen und Getränken.

Sie unterscheiden sich in ihrem Löseverhalten. Öl und Wasser lassen sich beispielsweise nicht mischen. Die Fett- und Ölmoleküle bestehen größtenteils aus langkettigen Kohlenwasserstoffen. Sie sind daher unpolar und lösen sich nicht im polaren Wasser. Dagegen lösen sie sich aber gut in unpolaren Lösungsmitteln. Man bezeichnet sie daher auch als lipophil (fettliebend). Der Alkohol Ethanol kann sowohl Fettiges als auch Wässriges lösen. Das Molekül besitzt sowohl eine unpolare Alkylgruppe als auch eine polare Hydroxylgruppe.

Tenside • Seifen und andere Tensidteilchen sind in unseren Wasch- und Reinigungsmitteln enthalten und für die Schmutzablösung verantwortlich. Tensidmoleküle besitzen einen lipophilen und hydrophilen Teil. → 2 Der fettliebende Teil kann wasserunlösliche Schmutzteilchen an sich binden, der wasserliebende Teil ist für die Wasserlöslichkeit verantwortlich.

Weitere Wirkstoffe in Waschmitteln • Verschiedene Zusatzstoffe in Waschmitteln erfüllen unterschiedliche Aufgaben:
Bleichmittel entfernen Schmutzpartikel, die von Tensiden nicht entfernt werden konnten. Enthärter verhindern die Bildung von Kalkseife und Kalkablagerungen, die durch hartes Wasser entstehen können. Durch Enzyme lassen sich schwer entfernbare Essenreste von der Kleidung lösen. Mit optischen Aufhellern lässt sich der Gelbstich aus Kleidung entfernen.

Cremes – eine interessante Mischung • Die Grundstoffe einer Creme sind Öl und Wasser. Damit diese sich nicht entmischen, werden Emulgatoren hinzugegeben.
Emulgatoren besitzen in ihrem Molekülbau wasser- und fettliebende Bestandteile.

1 Herstellung einer Creme

unpolarer/
lipophiler Teil   polarer/
                                   hydrophiler Teil

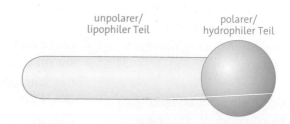

2 Tensid

3 Wie erhält man wieder makellos weiße Kleidung?

Teste dich! (Lösungen im Anhang)

Lösungsmittel

1 ⊡ Gib an, welche drei Flüssigkeiten beim Kochen und beim Konservieren in der Küche als Lösungsmittel verwendet werden.

2 ⊠ Begründe, warum Alkohole sowohl in Wasser als auch in Öl löslich sind. → 4

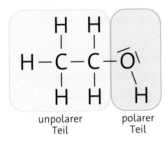

unpolarer Teil   polarer Teil

4 Bau eines Ethanolmoleküls

3 ⊠ Begründe, warum sich Methanol und Glycerin wasserliebend, Pentanol und Hexanol dagegen wasserabstoßend verhalten.

Tenside

4 ⊡ Beschreibe einen Versuch, der die Oberflächenspannung des Wassers zeigt.

5 ⊠ Erläutere die Wirkung von Seife bzw. Waschmitteltensiden auf die Oberflächenspannung des Wassers.

6 ⊠ Begründe, warum Tensidmoleküle jeweils eine lipophile und eine hydrophile Seite besitzen müssen, um als waschaktive Substanzen wirken zu können.

7 ⊠ Beschreibe, in welcher Schrittfolge Tenside Schmutz von der Textilfaser ablösen.

Weitere Wirkstoffe in Waschmitteln

8 ⊡ Beschreibe, wie man in früheren Zeiten Farbflecken auf weißer Wäsche beseitigt hat.

9 ⊠ Erläutere, welche chemische Eigenschaft Bleichmittel besitzen müssen, um ihre Wirkung zu entfalten.

10 ⊡ Nenne die Schmutzarten, gegen die Enzyme in Waschmitteln wirksam sind.

11 ⊠ Begründe, warum man Waschmitteln sogenannte Enthärter zusetzt.

Cremes

12 Öl und Wasser
 a ⊡ Beschreibe, wie sich die beiden Flüssigkeiten beim kräftigen Schütteln verhalten. → 5
 b ⊠ Erkläre, was nach einigen Minuten nach dem Schütteln zu beobachten ist.

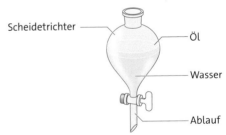

Scheidetrichter   Öl

Wasser

Ablauf

5 Ölschicht auf Wasserschicht im Scheidetrichter

13 ⊠ Erläutere die Gemeinsamkeiten von Tensiden in Waschmitteln und Emulgatoren in Cremes.

14 ⊠ Nenne die Grundbestandteile eine Rezeptur für kosmetische Cremes.

Zum Nachschlagen

Keine Missverständnisse mehr bei Aufgaben

Die meisten Aufgaben in diesem Buch beginnen mit einem Verb:
- **Nenne** die fünf ...
- **Beschreibe** die Vermehrung eines ...
- **Begründe**, weshalb die ...
- **Erläutere** an einem Beispiel ...
- ...

Diese Verben geben an, was du tun sollst.

Ordne
Teile in Gruppen ein. Lege z. B. Listen an.

Aufgabe: Ordne zu, ob es sich bei den Beispielen um Reinstoffe oder Stoffgemische handelt: Milch, Mineralwasser, Apfelsaft, Müll, Waschpulver, Eisenpulver.
Lösung:
Stoffgemische: Milch, Mineralwasser, Apfelsaft, Müll, Waschpulver
Reinstoff: Eisenpulver

Beschreibe
Formuliere so genau (mit Fachwörtern), dass man sich alles vorstellen kann.

Aufgabe: Beschreibe, mit welchem Versuch du überprüfen kannst, dass es sich bei einem Gas um Kohlenstoffdioxid handelt.
Lösung: Mit der Kalkwasserprobe kann man überprüfen, ob es sich bei einem Gas um Kohlenstoffdioxid handelt.
Dafür wird ein unbekanntes Gas in klares Kalkwasser geleitet. Trübt sich die Flüssigkeit, handelt es sich bei dem Gas um Kohlenstoffdioxid.

Erläutere
Erkläre ausführlich und liefere Beispiele.

Aufgabe: Ohne Wasser – kein Leben. Erläutere die Rolle, die Wasser in unserem Leben spielt. Gehe dabei auf die Verwendung, unseren Wasserbedarf und die Funktionen im Organismus ein.
Lösung: Ohne Wasser gäbe es auf unserem Planeten kein Leben. Wasser spielt in vielen Lebensbereichen eine wichtige Rolle: Es ist Durstlöscher, wird für die tägliche Hygiene, zum Kochen und Wäschewaschen benötigt. Außerdem wird es in der Industrie und der Landwirtschaft für die Herstellung von Produkten benötigt.
Wasser ist ein wichtiger Bestandteil in jeder lebenden Zelle und erfüllt verschiedene Funktionen in unserem Körper: Es dient als Baustoff, Lösungsmittel, Transportmittel und Wärmeregulator.

Nenne

Notiere Namen oder Begriffe.

Aufgabe: Nenne die Eigenschaften von Wasserstoff.

Lösung: farb-, geruch- und geschmackloses Gas, brennbar, unterhält die Verbrennung aber nicht

Erkläre – Begründe

Notiere eine oder mehrere Ursachen.

Aufgabe: Erkläre, warum Salze spröde sind.

Lösung: Im Ionengitter führt eine winzige Verschiebung um eine Ionenschicht dazu, dass Absto-ßungskräfte zwischen den Ionen ausgelöst werden. Ionen mit gleicher Ladung, die nun benachbart liegen, stoßen sich gegenseitig ab. Daher sind Salze spröde, das heißt, die Kristalle brechen bei geringem Stoß oder Druck leicht.

Berechne

Löse die Aufgabe durch eine Rechnung. Gib das Ergebnis immer mit der richtigen Einheit an.

Aufgabe: Berechne, wie viel Zucker man in einer Kanne mit 500 ml Tee bei 60 °C lösen kann.

Lösung: Bei 60 °C lösen sich in 100 ml Wasser 250 g Zucker. In 500 ml lösen sich demnach bei 60 °C: 5 · 250 g Zucker = 1250 g Zucker.

Vergleiche

Stelle Gemeinsamkeiten und Unterschiede dar.

Aufgabe: Vergleiche die Atommodelle von Dalton, Rutherford und Bohr.

Lösung: Dalton stellte sich Atome als kleine, massive Kugeln vor.
Rutherford stellte die Theorie des Kern-Hülle-Modells auf. Atome bestehen demnach aus einem sehr kleinen positiven Kern und einer großen Hülle, in der sich die negativ geladenen Elektronen befinden.
Bohr erweiterte Rutherfords Modell. Demnach befin-den sich die Elektronen in der Hülle auf verschiedenen Energieniveaus, den sogenannten „Elektronenschalen".

Zeichne

Fertige ein genaues, vollständiges Bild an. Verwende zum Beispiel ein Lineal.

Aufgabe: Zeichne ein Energiediagramm für eine endotherme Reaktion.

Lösung:

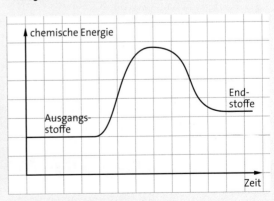

Chemikant/-in

Ausbildungsdauer: 3,5 Jahre

Erwarteter Schulabschluss: überwiegend mittlerer Schulabschluss, teilweise auch Hauptschulabschluss

Wichtige Schulfächer: Chemie, Physik, Mathematik

Ausbildungsvergütung (brutto): 1000–1250 €

Art der Ausbildung: duale Ausbildung

Tätigkeiten: Chemikanten stellen aus Rohstoffen in großindustriellen Anlagen chemische Erzeugnisse wie Farben, Waschmittel oder Kosmetika her. Dazu messen sie die Rohstoffe ab, befüllen die Apparaturen, steuern und überwachen die Anlagen.
Es werden Proben entnommen und auf Qualität überprüft. Der gesamte Fertigungsablauf wird jeweils durch die Chemikanten protokolliert.
Die Durchführung kleinerer Reparaturen an den Anlagen sind ebenfalls Aufgaben der Chemikanten.

Weiterbildungsmöglichkeiten: Industriemeister oder Techniker

Chemielaborant/-in

Ausbildungsdauer: 3,5 Jahre

Erwarteter Schulabschluss: Hochschulreife oder guter mittlerer Bildungsabschluss

Wichtige Schulfächer: Chemie, Physik, Biologie, Mathematik und Englisch

Ausbildungsvergütung (brutto): 1000–1250 €

Art der Ausbildung: duale Ausbildung

Tätigkeiten: Chemielaboranten untersuchen Stoffe und Produkte auf ihre Qualität. Weiterhin stellen sie Stoffgemische her, entwickeln und optimieren Syntheseverfahren. Es werden Messungen durchgeführt, Versuchsabläufe protokolliert und am Computer ausgewertet.
Für Chemielaboranten ist Arbeitssicherheit ein wichtiges Thema, da häufig mit gefährlichen Stoffen hantiert wird.
Exaktes Arbeiten ist eine absolute Grundvoraussetzung in diesem Beruf.

Weiterbildungsmöglichkeiten: Industriemeister oder Techniker. Unter bestimmten Voraussetzungen ist auch ohne Hochschulreife eine Studienzulassung möglich.

1 Steuerung und Überwachung von Anlagen

2 Überprüfung der Warenqualität

Chemisch-techn. Assistent/-in (CTA)

Ausbildungsdauer: 2 Jahre

Erwarteter Schulabschluss: in der Regel mittlerer Schulabschluss

Wichtige Schulfächer: Chemie, Physik, Mathematik, Informatik

Ausbildungsvergütung: –

Art der Ausbildung: Berufsfachschule

Tätigkeiten: CTAs haben sehr ähnliche Aufgaben wie Chemielaboranten. Sie untersuchen Proben von Rohstoffen oder Produkten auf ihre Qualität, setzen Versuchsreihen an und führen diese durch. Dabei werden die Ergebnisse protokolliert und teilweise mit dem Computer ausgewertet.
Chemisch-technische Assistenten stellen Stoffgemische her und entwickeln oder optimieren Syntheseverfahren. Exaktes Arbeiten und die Beachtung der Arbeitssicherheit sind unabdingbar für CTAs.

Weiterbildungsmöglichkeiten: Industriemeister oder Techniker. Unter bestimmten Voraussetzungen ist auch ohne Hochschulreife eine Studienzulassung möglich.

Pharmazeutisch-techn. Assistent/-in (PTA)

Ausbildungsdauer: 2,5 Jahre

Erwarteter Schulabschluss: in der Regel mittlerer Schulabschluss

Wichtige Schulfächer: Chemie, Biologie, Mathematik, Deutsch

Ausbildungsvergütung: schulische Ausbildung ohne Vergütung. Praktikanten erhalten 670 €.

Art der Ausbildung: Berufsfachschule und Praktikum

Tätigkeiten: PTAs stellen unter Aufsicht der Apotheker Salben und Medikamente her. Ebenfalls unter Aufsicht verkaufen sie verschreibungspflichtige Medikamente.
Der Verkauf nicht verschreibungspflichtiger Medikamente und die Beratung der Kunden zur Anwendung der Produkte gehören ebenfalls zum Tätigkeitsfeld der Pharmazeutisch-technischen Assistenten.
Einfache physikalische und chemische Arzneimittelanalysen werden von PTAs durchgeführt.

Weiterbildungsmöglichkeiten: Industriemeister Fachrichtung Chemie oder Pharmazie

3 Arbeit im Labor

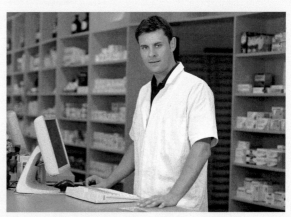

4 Beschäftigung in Apotheken

Laborgeräte

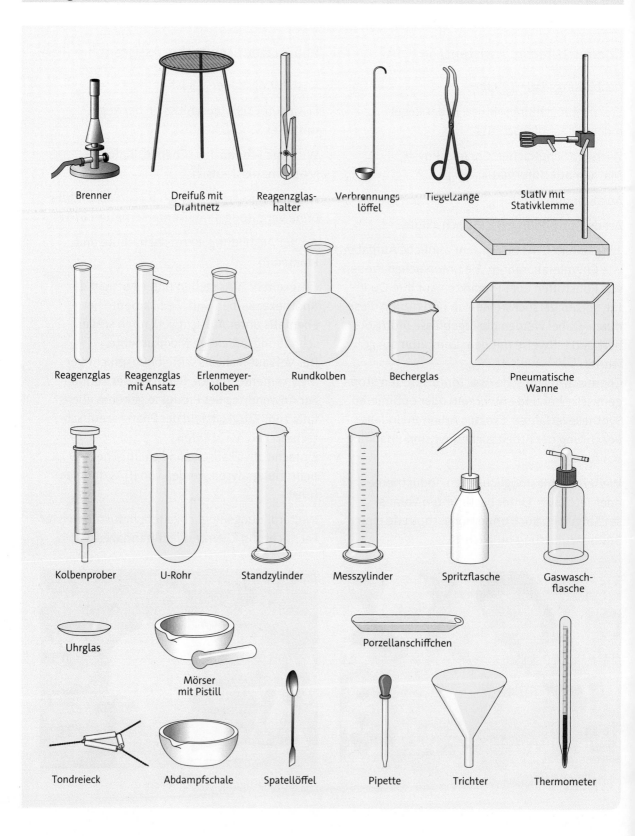

Brenner

Dreifuß mit Drahtnetz

Reagenzglashalter

Verbrennungslöffel

Tiegelzange

Stativ mit Stativklemme

Reagenzglas

Reagenzglas mit Ansatz

Erlenmeyerkolben

Rundkolben

Becherglas

Pneumatische Wanne

Kolbenprober

U-Rohr

Standzylinder

Messzylinder

Spritzflasche

Gaswaschflasche

Uhrglas

Mörser mit Pistill

Porzellanschiffchen

Tondreieck

Abdampfschale

Spatellöffel

Pipette

Trichter

Thermometer

Einstufung von Gefahrstoffen nach der GHS-Verordnung

Gefahrenpikto-gramm und Pikto-grammcode	Mit dem Gefahrenpiktogramm gekennzeichnete Stoffe und Gemische	Signalwort
GHS01	explosive und sehr gefährliche selbstzersetzliche Stoffe und Gemische sowie sehr gefährliche organische Peroxide	Gefahr oder Achtung
GHS02	entzündbare, selbsterhitzungsfähige und gefährliche selbstzersetzliche Stoffe und Gemische, pyrophore Stoffe sowie Stoffe und Gemische, die bei Berührung mit Wasser entzündbare Gase entwickeln	Gefahr oder Achtung
GHS02	gefährliche organische Peroxide	Gefahr oder Achtung
GHS03	Stoffe und Gemische mit oxidierender Wirkung	Gefahr oder Achtung
GHS04	Gase unter Druck	Achtung
GHS05	Stoffe und Gemische, die korrosiv auf Metalle wirken	Achtung
GHS05	Stoffe und Gemische, die schwere Verätzungen der Haut und/oder schwere Augenschäden verursachen	Gefahr
GHS06	lebensgefährliche und giftige Stoffe und Gemische	Gefahr
GHS07	gesundheitsschädliche Stoffe und Gemische	Achtung
GHS07	Stoffe und Gemische, die Haut- und/oder Augenreizungen verursachen und/oder allergische Hautreaktionen, Reizungen der Atemwege und/oder Schläfrigkeit und Benommenheit verursachen können	Achtung
GHS08	Stoffe und Gemische, die bei Verschlucken und Eindringen in die Atemwege tödlich sein können und/oder eine Gefahr für die Gesundheit darstellen. Diese Stoffe und Gemische schädigen bestimmte Organe und/oder können Krebs erzeugen, die Fruchtbarkeit beeinträchtigen, das Kind im Mutterleib schädigen und/oder genetische Defekte und/oder beim Einatmen Allergien, asthmaartige Symptome oder Atembeschwerden verursachen.	Gefahr oder Achtung
GHS09	Stoffe und Gemische, die sehr giftig oder giftig für Wasserorganismen sind	Achtung oder –

Gefahrenhinweise, ergänzende Gefahrenmerkmale und ergänzende Kennzeichnungselemente

Gefahrenhinweise (H-Sätze)

Gefahrenhinweise für physikalische Gefahren

H200	Instabil, explosiv
H201	Explosiv, Gefahr der Massenexplosion.
H202	Explosiv; große Gefahr durch Splitter, Spreng- und Wurfstücke.
H203	Explosiv; Gefahr durch Feuer, Luftdruck oder Splitter, Spreng- und Wurfstücke.
H204	Gefahr durch Feuer oder Splitter, Spreng- und Wurfstücke.
H205	Gefahr der Massenexplosion bei Feuer.
H220	Extrem entzündbares Gas.
H221	Entzündbares Gas.
H222	Extrem entzündbares Aerosol.
H223	Entzündbares Aerosol.
H224	Flüssigkeit und Dampf extrem entzündbar.
H225	Flüssigkeit und Dampf leicht entzündbar.
H226	Flüssigkeit und Dampf entzündbar.
H228	Entzündbarer Feststoff.
H240	Erwärmung kann Explosion verursachen.
H241	Erwärmung kann Brand oder Explosion verursachen.
H242	Erwärmung kann Brand verursachen.
H250	Entzündet sich in Berührung mit Luft von selbst.
H251	Selbsterhitzungsfähig; kann in Brand geraten.
H252	In großen Mengen selbsterhitzungsfähig; kann in Brand geraten.
H260	In Berührung mit Wasser entstehen entzündbare Gase, die sich spontan entzünden können.
H261	In Berührung mit Wasser entstehen entzündbare Gase.
H270	Kann Brand verursachen oder verstärken; Oxidationsmittel.
H271	Kann Brand oder Explosion verursachen; starkes Oxidationsmittel.
H272	Kann Brand verstärken; Oxidationsmittel.
H280	Enthält Gas unter Druck; kann bei Erwärmung explodieren.
H281	Enthält tiefkaltes Gas; kann Kälteverbrennungen oder -verletzungen verursachen.
H290	Kann gegenüber Metallen korrosiv sein.

Gefahrenhinweise für Gesundheitsgefahren

H300	Lebensgefahr bei Verschlucken.
H301	Giftig bei Verschlucken.
H302	Gesundheitsschädlich bei Verschlucken.
H304	Kann bei Verschlucken und Eindringen in die Atemwege tödlich sein.
H310	Lebensgefahr bei Hautkontakt.
H311	Giftig bei Hautkontakt.
H312	Gesundheitsschädlich bei Hautkontakt.
H314	Verursacht schwere Verätzungen der Haut und schwere Augenschäden.
H315	Verursacht Hautreizungen.
H317	Kann allergische Hautreaktionen verursachen.
H318	Verursacht schwere Augenschäden.
H319	Verursacht schwere Augenreizung.
H330	Lebensgefahr bei Einatmen.
H331	Giftig bei Einatmen.
H332	Gesundheitsschädlich bei Einatmen.
H334	Kann bei Einatmen Allergie, asthmaartige Symptome oder Atembeschwerden verursachen.
H335	Kann die Atemwege reizen.
H336	Kann Schläfrigkeit und Benommenheit verursachen.
H340	Kann genetische Defekte verursachen <Expositionsweg angeben, sofern schlüssig belegt ist, dass diese Gefahr bei keinem anderen Expositionsweg besteht>.
H341	Kann vermutlich genetische Defekte verursachen <Expositionsweg angeben, sofern schlüssig belegt ist, dass diese Gefahr bei keinem anderen Expositionsweg besteht>.
H350	Kann Krebs erzeugen <Expositionsweg angeben, sofern schlüssig belegt ist, dass diese Gefahr bei keinem anderen Expositionsweg besteht>.
H350i	Kann beim Einatmen Krebs erzeugen.
H351	Kann vermutlich Krebs erzeugen <Expositionsweg angeben, sofern schlüssig belegt ist, dass diese Gefahr bei keinem anderen Expositionsweg besteht>.
H360	Kann die Fruchtbarkeit beeinträchtigen oder das Kind im Mutterleib schädigen <konkrete Wirkung angeben, sofern bekannt> <Expositionsweg angeben, sofern schlüssig belegt ist, dass die Gefahr bei keinem anderen Expositionsweg besteht>.
H360F	Kann die Fruchtbarkeit beeinträchtigen.
H360D	Kann das Kind im Mutterleib schädigen.
H360FD	Kann die Fruchtbarkeit beeinträchtigen. Kann das Kind im Mutterleib schädigen.
H360Fd	Kann die Fruchtbarkeit beeinträchtigen. Kann vermutlich das Kind im Mutterleib schädigen.
H360Df	Kann das Kind im Mutterleib schädigen. Kann vermutlich die Fruchtbarkeit beeinträchtigen.
H361	Kann vermutlich die Fruchtbarkeit beeinträchtigen oder das Kind im Mutterleib schädigen <konkrete Wirkung angeben, sofern bekannt> <Expositionsweg angeben, sofern schlüssig belegt ist, dass die Gefahr bei keinem anderen Expositionsweg besteht>.
H361f	Kann vermutlich die Fruchtbarkeit beeinträchtigen.
H361d	Kann vermutlich das Kind im Mutterleib schädigen.
H361fd	Kann vermutlich die Fruchtbarkeit beeinträchtigen. Kann vermutlich das Kind im Mutterleib schädigen.
H362	Kann Säuglinge über die Muttermilch schädigen.
H370	Schädigt die Organe <oder alle betroffenen Organe nennen, sofern bekannt> <Expositionsweg angeben, sofern schlüssig belegt ist, dass diese Gefahr bei keinem anderen Expositionsweg besteht>.
H371	Kann die Organe schädigen <oder alle betroffenen Organe nennen, sofern bekannt> <Expositionsweg angeben, sofern schlüssig belegt ist, dass diese Gefahr bei keinem anderen Expositionsweg besteht>.
H372	Schädigt die Organe <alle betroffenen Organe nennen> bei längerer oder wiederholter Exposition <Expositionsweg angeben, wenn schlüssig belegt ist, dass diese Gefahr bei keinem anderen Expositionsweg besteht>.
H373	Kann die Organe schädigen <alle betroffenen Organe nennen, sofern bekannt> bei längerer oder wiederholter Exposition <Expositionsweg angeben, wenn schlüssig belegt ist, dass diese Gefahr bei keinem anderen Expositionsweg besteht>.

Gefahrenhinweise für Umweltgefahren

H400	Sehr giftig für Wasserorganismen.
H410	Sehr giftig für Wasserorganismen mit langfristiger Wirkung.
H411	Giftig für Wasserorganismen, mit langfristiger Wirkung.
H412	Schädlich für Wasserorganismen, mit langfristiger Wirkung.
H413	Kann für Wasserorganismen schädlich sein, mit langfristiger Wirkung.

Ergänzende Gefahrenmerkmale

Physikalische Eigenschaften

EUH001	In trockenem Zustand explosionsgefährlich.
EUH006	Mit und ohne Luft explosionsfähig.
EUH014	Reagiert heftig mit Wasser.
EUH018	Kann bei Verwendung explosionsfähige/entzündbare Dampf/Luft-Gemische bilden.
EUH019	Kann explosionsfähige Peroxide bilden.
EUH044	Explosionsgefahr bei Erhitzen unter Einschluss.

Gesundheitsgefährliche Eigenschaften

EUH029	Entwickelt bei Berührung mit Wasser giftige Gase.
EUH031	Entwickelt bei Berührung mit Säure giftige Gase.
EUH032	Entwickelt bei Berührung mit Säure sehr giftige Gase.
EUH066	Wiederholter Kontakt kann zu spröder oder rissiger Haut führen.
EUH070	Giftig bei Berührung mit den Augen.
EUH071	Wirkt ätzend auf die Atemwege.

Umweltgefährliche Eigenschaften

EUH059	Die Ozonschicht schädigend.

Ergänzende Kennzeichnungselemente/Informationen über bestimmte Stoffe und Gemische

EUH201	Enthält Blei. Nicht für den Anstrich von Gegenständen verwenden, die von Kindern gekaut oder gelutscht werden könnten.
EUH201A	Achtung! Enthält Blei.
EUH202	Cyanacrylat. Gefahr. Klebt innerhalb von Sekunden Haut und Augenlider zusammen. Darf nicht in die Hände von Kindern gelangen.
EUH203	Enthält Chrom (VI). Kann allergische Reaktionen hervorrufen.
EUH204	Enthält Isocyanate. Kann allergische Reaktionen hervorrufen.
EUH205	Enthält epoxidhaltige Verbindungen. Kann allergische Reaktionen hervorrufen.
EUH206	Achtung! Nicht zusammen mit anderen Produkten verwenden, da gefährliche Gase (Chlor) freigesetzt werden können.
EUH207	Achtung! Enthält Cadmium. Bei der Verwendung entstehen gefährliche Dämpfe. Hinweise des Herstellers beachten. Sicherheitsanweisungen einhalten.
EUH208	Enthält <Name des sensibilisierenden Stoffes>. Kann allergische Reaktionen hervorrufen.
EUH209	Kann bei Verwendung leicht entzündbar werden.
EUH209A	Kann bei Verwendung entzündbar werden.
EUH210	Sicherheitsdatenblatt auf Anfrage erhältlich.
EUH401	Zur Vermeidung von Risiken für Mensch und Umwelt die Gebrauchsanleitung einhalten.

Sicherheitshinweise (P-Sätze)

Sicherheitshinweise – Allgemeines

P101 Ist ärztlicher Rat erforderlich, Verpackung oder Kennzeichnungsetikett bereithalten.
P102 Darf nicht in die Hände von Kindern gelangen.
P103 Vor Gebrauch Kennzeichnungsetikett lesen.

Sicherheitshinweise – Prävention

P201 Vor Gebrauch besondere Anweisungen einholen.
P202 Vor Gebrauch alle Sicherheitshinweise lesen und verstehen.
P210 Von Hitze/Funken/offener Flamme/heißen Oberflächen fernhalten. Nicht rauchen.
P211 Nicht gegen offene Flamme oder andere Zündquelle sprühen.
P220 Von Kleidung/.../brennbaren Materialien fernhalten/entfernt aufbewahren.
P221 Mischen mit brennbaren Stoffen/... unbedingt verhindern.
P222 Kontakt mit Luft nicht zulassen.
P223 Kontakt mit Wasser wegen heftiger Reaktion und möglichem Aufflammen unbedingt verhindern.
P230 Feucht halten mit ...
P231 Unter inertem Gas handhaben.
P232 Vor Feuchtigkeit schützen.
P233 Behälter dicht verschlossen halten.
P234 Nur im Originalbehälter aufbewahren.
P235 Kühl halten.
P240 Behälter und zu befüllende Anlage erden.
P241 Explosionsgeschützte elektrische Betriebsmittel/Lüftungsanlagen/Beleuchtung/... verwenden.
P242 Nur funkenfreies Werkzeug verwenden.
P243 Maßnahmen gegen elektrostatische Aufladungen treffen.
P244 Druckminderer frei von Fett und Öl halten.
P250 Nicht schleifen/stoßen/.../reiben.
P251 Behälter steht unter Druck: Nicht durchstechen oder verbrennen, auch nicht nach der Verwendung.
P260 Staub/Rauch/Gas/Nebel/Dampf/Aerosol nicht einatmen.
P261 Einatmen von Staub/Rauch/Gas/Nebel/Dampf/Aerosol vermeiden.
P262 Nicht in die Augen, auf die Haut oder auf die Kleidung gelangen lassen.
P263 Kontakt während der Schwangerschaft und der Stillzeit vermeiden.
P264 Nach Gebrauch ... gründlich waschen.
P270 Bei Gebrauch nicht essen, trinken oder rauchen.
P271 Nur im Freien oder in gut belüfteten Räumen verwenden.
P272 Kontaminierte Arbeitskleidung nicht außerhalb des Arbeitsplatzes tragen.
P273 Freisetzung in die Umwelt vermeiden.
P280 Schutzhandschuhe/Schutzkleidung/Augenschutz/Gesichtsschutz tragen.
P281 Vorgeschriebene persönliche Schutzausrüstung verwenden.
P282 Schutzhandschuhe/Gesichtsschild/Augenschutz mit Kälteisolierung tragen.
P283 Schwer entflammbare/flammhemmende Kleidung tragen.
P284 Atemschutz tragen.
P285 Bei unzureichender Belüftung Atemschutz tragen.
P231 + P232 Unter inertem Gas handhaben. Vor Feuchtigkeit schützen.
P235 + P410 Kühl halten. Vor Sonnenbestrahlung schützen.

Sicherheitshinweise – Reaktion

P301 BEI VERSCHLUCKEN:
P302 BEI BERÜHRUNG MIT DER HAUT:
P303 BEI BERÜHRUNG MIT DER HAUT (oder dem Haar):
P304 BEI EINATMEN:
P305 BEI KONTAKT MIT DEN AUGEN:
P306 BEI KONTAMINIERTER KLEIDUNG:
P307 BEI Exposition:
P308 BEI Exposition oder falls betroffen:
P309 BEI Exposition oder Unwohlsein:
P310 Sofort GIFTINFORMATIONSZENTRUM oder Arzt anrufen.
P311 GIFTINFORMATIONSZENTRUM oder Arzt anrufen.
P312 Bei Unwohlsein GIFTINFORMATIONSZENTRUM oder Arzt anrufen.
P313 Ärztlichen Rat einholen/ärztliche Hilfe hinzuziehen.
P314 Bei Unwohlsein ärztlichen Rat einholen/ärztliche Hilfe hinzuziehen.
P315 Sofort ärztlichen Rat einholen/ärztliche Hilfe hinzuziehen.
P320 Besondere Behandlung dringend erforderlich (siehe ... auf diesem Kennzeichnungsetikett).
P321 Besondere Behandlung (siehe ... auf diesem Kennzeichnungsetikett).
P322 Gezielte Maßnahmen (siehe ... auf diesem Kennzeichnungsetikett).
P330 Mund ausspülen.
P331 KEIN Erbrechen herbeiführen.
P332 Bei Hautreizung:
P333 Bei Hautreizung oder -ausschlag:
P334 In kaltes Wasser tauchen/nassen Verband anlegen.
P335 Lose Partikel von der Haut abbürsten.
P336 Vereiste Bereiche mit lauwarmem Wasser auftauen. Betroffenen Bereich nicht reiben.
P337 Bei anhaltender Augenreizung:
P338 Eventuell vorhandene Kontaktlinsen nach Möglichkeit entfernen. Weiter ausspülen.
P340 Die betroffene Person an die frische Luft bringen und in einer Position ruhig stellen, die das Atmen erleichtert.
P341 Bei Atembeschwerden an die frische Luft bringen und in einer Position ruhig stellen, die das Atmen erleichtert.
P342 Bei Symptomen der Atemwege:
P350 Behutsam mit viel Wasser und Seife waschen.
P351 Einige Minuten lang behutsam mit Wasser ausspülen.
P352 Mit viel Wasser und Seife waschen.
P353 Haut mit Wasser abwaschen/duschen.
P360 Kontaminierte Kleidung und Haut sofort mit viel Wasser abwaschen und danach Kleidung ausziehen.
P361 Alle kontaminierten Kleidungsstücke sofort ausziehen.
P362 Kontaminierte Kleidung ausziehen und vor erneutem Tragen waschen.
P363 Kontaminierte Kleidung vor erneutem Tragen waschen.
P370 Bei Brand:
P371 Bei Großbrand und großen Mengen:
P372 Explosionsgefahr bei Brand.
P373 KEINE Brandbekämpfung, wenn das Feuer explosive Stoffe/Gemische/Erzeugnisse erreicht.
P374 Brandbekämpfung mit üblichen Vorsichtsmaßnahmen aus angemessener Entfernung.
P375 Wegen Explosionsgefahr Brand aus der Entfernung bekämpfen.
P376 Undichtigkeit beseitigen, wenn gefahrlos möglich.
P377 Brand von ausströmendem Gas: Nicht löschen, bis Undichtigkeit gefahrlos beseitigt werden kann.
P378 ... zum Löschen verwenden.
P380 Umgebung räumen.
P381 Alle Zündquellen entfernen, wenn gefahrlos möglich.
P390 Verschüttete Mengen aufnehmen, um Materialschäden zu vermeiden.
P391 Verschüttete Mengen aufnehmen.
P301 + P310 BEI VERSCHLUCKEN: Sofort GIFTINFORMATIONSZENTRUM oder Arzt anrufen.
P301 + P312 BEI VERSCHLUCKEN: Bei Unwohlsein GIFTINFORMATIONSZENTRUM oder Arzt anrufen.
P301 + P330 + P331 BEI VERSCHLUCKEN: Mund ausspülen. KEIN Erbrechen herbeiführen.
P302 + P334 BEI KONTAKT MIT DER HAUT: In kaltes Wasser tauchen/nassen Verband anlegen.
P302 + P350 BEI KONTAKT MIT DER HAUT: Behutsam mit viel Wasser und Seife waschen.
P302 + P352 BEI KONTAKT MIT DER HAUT: Mit viel Wasser und Seife waschen.
P303 + P361 + P353 BEI KONTAKT MIT DER HAUT (oder dem Haar): Alle kontaminierten Kleidungsstücke sofort ausziehen. Haut mit Wasser abwaschen/duschen.
P304 + P340 BEI EINATMEN: An die frische Luft bringen und in einer Position ruhig stellen, die das Atmen erleichtert.
P304 + P341 BEI EINATMEN: Bei Atembeschwerden an die frische Luft bringen und in einer Position ruhig stellen, die das Atmen erleichtert.
P305 + P351 + P338 BEI KONTAKT MIT DEN AUGEN: Einige Minuten lang behutsam mit Wasser spülen. Vorhandene Kontaktlinsen nach Möglichkeit entfernen. Weiter spülen.
P306 + P360 BEI KONTAKT MIT DER KLEIDUNG: Kontaminierte Kleidung und Haut sofort mit viel Wasser abwaschen und danach Kleidung ausziehen.
P307 + P311 BEI Exposition: GIFTINFORMATIONSZENTRUM oder Arzt anrufen.
P308 + P313 BEI Exposition oder falls betroffen: Ärztlichen Rat einholen/ärztliche Hilfe hinzuziehen.
P309 + P311 BEI Exposition oder Unwohlsein: GIFTINFORMATIONSZENTRUM oder Arzt anrufen.
P332 + P313 Bei Hautreizung: Ärztlichen Rat einholen/ärztliche Hilfe hinzuziehen.
P333 + P313 Bei Hautreizung oder -ausschlag: Ärztlichen Rat einholen/ärztliche Hilfe hinzuziehen.
P335 + P334 Lose Partikel von der Haut abbürsten. In kaltes Wasser tauchen/nassen Verband anlegen.
P337 + P313 Bei anhaltender Augenreizung: Ärztlichen Rat einholen/ärztliche Hilfe hinzuziehen.
P342 + P311 Bei Symptomen der Atemwege: GIFTINFORMATIONSZENTRUM oder Arzt anrufen.
P370 + P376 Bei Brand: Undichtigkeit beseitigen, wenn gefahrlos möglich.
P370 + P378 Bei Brand: ... zum Löschen verwenden.
P370 + P380 Bei Brand: Umgebung räumen.
P370 + P380 + P375 Bei Brand: Umgebung räumen. Wegen Explosionsgefahr Brand aus der Entfernung bekämpfen.
P371 + P380 + P375 Bei Großbrand und großen Mengen: Umgebung räumen. Wegen Explosionsgefahr Brand aus der Entfernung bekämpfen.

Sicherheitshinweise – Aufbewahrung

P401	... aufbewahren.
P402	An einem trockenen Ort aufbewahren.
P403	An einem gut belüfteten Ort aufbewahren.
P404	In einem geschlossenen Behälter aufbewahren.
P405	Unter Verschluss aufbewahren.
P406	In korrosionsbeständigem/... Behälter mit korrosionsbeständiger Auskleidung aufbewahren.
P407	Luftspalt zwischen Stapeln/Paletten lassen.
P410	Vor Sonnenbestrahlung schützen.
P411	Bei Temperaturen von nicht mehr als ... °C aufbewahren.
P412	Nicht Temperaturen von mehr als 50 °C aussetzen.
P413	Schüttgut in Mengen von mehr als ... kg bei Temperaturen von nicht mehr als ... °C aufbewahren.
P420	Von anderen Materialien entfernt aufbewahren.

P422	Inhalt in/unter ... aufbewahren.
P402 + P404	In einem geschlossenen Behälter an einem trockenen Ort aufbewahren.
P403 + P233	Behälter dicht verschlossen an einem gut belüfteten Ort aufbewahren.
P403 + P235	Kühl an einem gut belüfteten Ort aufbewahren.
P410 + P403	Vor Sonnenbestrahlung geschützt an einem gut belüfteten Ort aufbewahren.
P410 + P412	Vor Sonnenbestrahlung schützen und nicht Temperaturen von mehr als 50 °C aussetzen.
P411 + P235	Kühl und bei Temperaturen von nicht mehr als ... °C aufbewahren.

Sicherheitshinweise – Entsorgung

P501	Inhalt/Behälter ... zuführen.

Entsorgungsratschläge (E-Sätze)

E 1	Verdünnen, in den Ausguss geben (WGK 0 bzw. 1)
E 2	Neutralisieren, in den Ausguss geben
E 3	In den Hausmüll geben, gegebenenfalls im Polyethylenbeutel (Stäube)
E 4	Als Sulfid fällen
E 5	Mit Calcium-Ionen fällen, dann E 1 oder E 3
E 6	Nicht in den Hausmüll geben
E 7	Im Abzug entsorgen
E 8	Der Sondermüllbeseitigung zuführen (Adresse zu erfragen bei der Kreis- oder Stadtverwaltung), Abfallschlüssel beachten
E 9	Unter größter Vorsicht in kleinsten Portionen reagieren lassen (z. B. offen im Freien verbrennen)

E 10	In gekennzeichneten Behältern sammeln: 1. „Organische Abfälle – halogenhaltig" 2. „Organische Abfälle – halogenfrei" dann E 8
E 11	Als Hydroxid fällen (pH = 8), den Niederschlag zu E 8
E 12	Nicht in die Kanalisation gelangen lassen
E 13	Aus der Lösung mit unedlem Metall (z. B. Eisen) als Metall abscheiden (E 14, E 3)
E 14	Recycling-geeignet (Redestillation oder einem Recyclingunternehmen zuführen)
E 15	Mit Wasser vorsichtig umsetzen, frei werdende Gase absorbieren oder ins Freie ableiten
E 16	Entsprechend den speziellen Ratschlägen für die Beseitigungsgruppen beseitigen

Entsorgung von Chemikalienabfällen

Nach dem Experimentieren werden die Reste in die dafür vorgesehenen Sammelbehälter gegeben:

nicht gefähr-liche und wasserlösliche Chemikalien	nicht gefähr-liche und feste Chemikalien	Säuren und Laugen	giftige anorganische Chemikalien	halogenfreie organische Chemikalien	halogenhaltige organische Chemikalien
z. B. Natriumchlorid, Natrium-carbonat, Wasserstoff-peroxidlösung	z. B. Eisen, Indikatorpapier	z. B. Salzsäure, Natronlauge	z. B. Kupfersulfat	z. B. Petroleumben-zin, Methanol	z. B. Trichlormethan

Die weitere Behandlung und Entsorgung bzw. Übergabe der Abfälle zur Sondermüllentsorgung erfolgt durch die Lehrerin bzw. den Lehrer.

Gefahrstoffliste

Gefahrstoff	Signal-wort	Pikto-gramm-code	H-Sätze und EUH-Sätze	E-Sätze
Aluminium, Grieß	Gefahr	GHS02	H261	6-9
Aluminium, Pulver (stabilisiert)	Gefahr	GHS02	H261 H228	6-9
Aluminiumchlorid, wasserfrei	Gefahr	GHS05	H314	2
Ameisensäure (Methansäure) $w \geq 90\%$ $10\% \leq w < 90\%$ $2\% \leq w < 10\%$	Gefahr Gefahr Achtung	GHS05 GHS05 GHS07	H314 H314 H315 H319	1-10 1-10 1-10
Ammoniak, wasserfrei	Gefahr	GHS04 GHS06 GHS05 GHS09	H221 H331 H314 H400	2-7
Ammoniaklösung $10\% \leq w < 25\%$ $5\% \leq w < 10\%$	Gefahr Achtung	GHS05 GHS07	H314 H315 H319 H335	2 2
Ammoniumnitrat	Achtung	GHS03 GHS07	H272 H319	6-8
Bariumchlorid	Gefahr	GHS06	H301 H332	1-3
Bariumchloridlösung $3\% \leq w < 25\%$	Achtung	GHS07	H302	1
Bariumoxid	Achtung	GHS07	H302 H315 H319 H332	1-3
Bariumnitrat	Gefahr	GHS03 GHS06	H272 H301 H332 H319	6-8-12
Benzol	Gefahr	GHS02 GHS08 GHS07	H225 H350 H340 H372 H304 H319 H315	10-12
Blei (bioverfügbar)	Gefahr	GHS07 GHS08	H302 H332 H360D H373	8
Brennspiritus (Ethanol)	Gefahr	GHS02 GHS07	H225	1-10
Brom	Gefahr	GHS06 GHS05 GHS09	H330 H314 H400	16
Bromthymolblaulösung (ethanolisch, $w = 0,1\%$)	Gefahr	GHS02	H225	10
Bromwasser $1\% \leq w < 5\%$	Gefahr	GHS06	H311 H330	16
Bromwasserstoff	Gefahr	GHS04 GHS05 GHS07	H314 H335	2

Gefahrstoff	Signal-wort	Pikto-gramm-code	H-Sätze und EUH-Sätze	E-Sätze
n-Butan	Gefahr	GHS02 GHS04	H220	16
Butan-1-ol	Gefahr	GHS02 GHS05 GHS07	H226 H302 H335 H315 H318 H336	6-8-10-12
Butansäure (Buttersäure)	Gefahr	GHS05	H314	6-8-10-12
Calcium	Gefahr	GHS02	H261	15
Calciumchlorid	Achtung	GHS07	H319	1
Calciumhydroxid	Gefahr	GHS05 GHS07	H318	2
Calciumoxid	Gefahr	GHS05	H318	2
Chlor	Gefahr	GHS06 GHS09	H331 H319 H335 H315 H400	16
Chlorwasser, gesättigt $w \approx 0,7\%$	Achtung	GHS07	H332	16
Chlorwasserstoff	Gefahr	GHS04 GHS06 GHS05	H331 H314	2
Citronensäure	Achtung	GHS07	H319 H335	8-10
Cyclohexan	Gefahr	GHS02 GHS08 GHS07 GHS09	H225 H304 H315 H336 H410	10-12
Eisen(III)-chlorid	Gefahr	GHS05 GHS07	H302 H315 H318	2
Eisen(II)-sulfat	Achtung	GHS07	H302 H319 H315	2
Eisen(II)-sulfatlösung $w \geq 25\%$	Achtung	GHS07	H302 H319 H315	2
Essigessenz	Gefahr	GHS05	H314	2
Essigsäure (Ethansäure) $w \geq 90\%$ $25\% \leq w < 90\%$ $10\% \leq w < 25\%$	Gefahr Gefahr Achtung	GHS02 GHS05 GHS05 GHS07	H226 H314 H314 H319 H315	2-10 2-10 2-10
Essigsäureethylester (Ethylacetat)	Gefahr	GHS02 GHS07	H225 H319 H336 EUH066	10-12
Ethan	Gefahr	GHS02 GHS04	H220	7
Ethanol (Brennspiritus)	Gefahr	GHS02 GHS07	H225	1-10

Gefahrstoff	Signal-wort	Pikto-gramm-code	H-Sätze und EUH-Sätze	E-Sätze
Ethen (Ethylen)	Gefahr	GHS02 GHS04 GHS07	H220 H336	7
Ethin (Acetylen)	Gefahr	GHS02 GHS04	H220 EUH006	7
n-Heptan	Gefahr	GHS02 GHS08 GHS07 GHS09	H225 H304 H315 H336 H410	10-12
n-Hexan	Gefahr	GHS02 GHS08 GHS07 GHS09	H225 H361f H304 H373 H315 H336 H411	10-12
Iod	Achtung	GHS07 GHS09	H332 H312 H400	1-16
Iodwasserstoff	Gefahr	GHS04 GHS05	H314	1
Isobutanol (2-Methylpropan-1-ol)	Gefahr	GHS02 GHS05 GHS07	H226 H315 H318 H335	10
Kalium	Gefahr	GHS02 GHS05	H260 H314 EUH014	6-12-16
Kaliumcarbonat	Achtung	GHS07	H302 H319 H315 H335	1
Kaliumhydroxid (Ätzkali)	Gefahr	GHS05 GHS07	H302 H314	2
Kaliumhydroxidlösung (Kalilauge) $w \geq 5\%$	Gefahr	GHS05 GHS07	H302 H314	2
$2\% \leq w < 5\%$ $0,5\% \leq w < 2\%$	Gefahr Achtung	GHS05 GHS07	H314 H319 H315	2 2
Kaliumnitrat	Gefahr	GHS03	H271	1
Kaliumnitrit	Gefahr	GHS03 GHS06 GHS09	H272 H301 H400	1-16
Kaliumpermanganat	Gefahr	GHS03 GHS07 GHS09	H272 H302 H410	1-6
Kaliumpermanganatlö-sung $w \geq 25\%$	Gefahr	GHS07 GHS09	H302 H410	1-6
Kohlenstoffmonooxid	Gefahr	GHS02 GHS04 GHS06 GHS08	H220 H360D H331 H372	7
Kupfer (Pulver)	Gefahr	GHS02 GHS09	H228 H410	8-10
Kupferacetat	Achtung	GHS07	H302	11

Gefahrstoff	Signal-wort	Pikto-gramm-code	H-Sätze und EUH-Sätze	E-Sätze
Kupfer(II)-chlorid	Gefahr	GHS05 GHS07 GHS09	H301+H312 H315 H318 H410	8-10
Kupfer(II)-chloridlösung $3\% \leq w < 25\%$	Achtung	GHS07	H302	8-10
Kupfer(I)-oxid	Achtung	GHS07 GHS09	H302 H410	8-16
Kupfer(II)-oxid	Achtung	GHS07	H302	8-16
Kupfer(II)-sulfat, wasserfrei	Achtung	GHS07 GHS09	H302 H319 H315 H410	11
Kupfer(II)-sulfat-5-Wasser	Achtung	GHS07 GHS09	H302 H319 H315 H410	11
Kupfer(II)-sulfatlösung $w \geq 25\%$	Achtung	GHS07 GHS09	H302 H319 H315 H410	11
Lithium	Gefahr	GHS02 GHS05	H260 H314 EUH014	15-1
Lithiumchlorid	Achtung	GHS07	H302 H319 H315	1
Magnesium, Pulver (phlegmatisiert)	Gefahr	GHS02	H228 H261 H252	3
Magnesium, Späne	Gefahr	GHS02	H228 H261 H252	3
Mangan(IV)-oxid (Braunstein)	Achtung	GHS07	H332 H302	3
Methan	Gefahr	GHS02 GHS04	H220	7
Methanol	Gefahr	GHS02 GHS06 GHS08	H225 H331 H311 H301 H370	1-10
Methansäure s. Ameisensäure				
Natrium	Gefahr	GHS02 GHS05	H260 H314 EUH014	6-12-16
Natriumcarbonat	Achtung	GHS07	H319	1
Natriumhydroxid (Ätznatron)	Gefahr	GHS05	H314	2
Natriumhydroxidlösung (Natronlauge) $w \geq 5\%$ $2\% \leq w < 5\%$ $0,5\% \leq w < 2\%$	Gefahr Gefahr Achtung	GHS05 GHS05 GHS07	H314 H314 H315	2 2 1
Natriumnitrat	Gefahr	GHS03 GHS07	H271	1

Gefahrstoff	Signalwort	Piktogrammcode	H-Sätze und EUH-Sätze	E-Sätze
n-Octan	Gefahr	GHS02 GHS08 GHS07 GHS09	H225 H304 H315 H336 H410	10-12
Ozon	Gefahr	GHS04 GHS05 GHS07	H280 H314 H319 H335	7
n-Pentan	Gefahr	GHS02 GHS08 GHS07 GHS09	H225 H304 H336 H411 EUH066	10-12
Petroleumbenzin	Gefahr	GHS02	H225	10-12
Phenolphthalein	Gefahr	GHS07 GHS08	H315 H341 H350 H361f	6-8-12
Propan	Gefahr	GHS02 GHS04	H220	7
Propan-1-ol	Gefahr	GHS02 GHS05 GHS07	H225 H318 H336	10
Propan-2-ol	Gefahr	GHS02 GHS07	H225 H319 H336	10
Propansäure (Propionsäure) $10\% \leq w < 25\%$	Achtung	GHS07	H319 H315 H335	2
Rohöl (synthetisch)	Gefahr	GHS02 GHS08 GHS07 GHS09	H224 H304 H315 H336 H351 H411	10-12
Salpetersäure $w \geq 65\%$	Gefahr	GHS03 GHS05	H272 H314	2
$20\% \leq w < 65\%$	Gefahr	GHS05	H314	2
$5\% \leq w < 20\%$	Gefahr	GHS05	H314	2
Salzsäure $w \geq 25\%$	Gefahr	GHS05 GHS07	H314 H335	2
$10\% \leq w < 25\%$	Achtung	GHS07	H315 H319 H335	2
Sauerstoff	Gefahr	GHS03 GHS04	H270	
Schwefel	Achtung	GHS07	H315	3
Schwefeldioxid	Gefahr	GHS04 GHS06 GHS05	H331 H314	7
Schwefelsäure $w \geq 15\%$	Gefahr	GHS05	H314	2
$5\% \leq w < 15\%$	Achtung	GHS07	H319 H315	2

Gefahrstoff	Signalwort	Piktogrammcode	H-Sätze und EUH-Sätze	E-Sätze
Schwefelwasserstoff	Gefahr	GHS02 GHS04 GHS06 GHS09	H220 H330 H400	2-7
Schwefelwasserstofflösung $0{,}1\% \leq w \leq 1\%$	Achtung	GHS07	H332	2
Schweflige Säure $5\% \leq w \leq 10\%$	Achtung	GHS07	H319 H3159 H335	2
Silbernitrat	Gefahr	GHS03 GHS05 GHS09	H272 H314 H410	12-13-14
Silbernitratlösung $5\% \leq w \leq 10\%$	Achtung	GHS07	H319 H315	12-13-14
Silberoxid	Gefahr	GHS03 GHS05	H271 H318 EUH044	12-13-14
Stickstoffdioxid	Gefahr	GHS04 GHS03 GHS06 GHS05	H270 H330 H314	7
Stickstoffmonooxid	Gefahr	GHS04 GHS06	H280 H310 H330	7
Strontiumchlorid	Achtung	GHS07	H302	1-11
Wasserstoff	Gefahr	GHS02 GHS04	H220	7
Weinsäure	Gefahr	GHS05	H318	8-10
Zink, Pulver, Staub (stabilisiert)	Achtung	GHS09	H410	3
Zinkbromid	Gefahr	GHS05 GHS09	H314 H400 H410	1-11
Zinkchlorid	Gefahr	GHS05 GHS07 GHS09	H302 H314 H410	1-11
Zinkchloridlösung $5\% \leq w < 10\%$	Achtung	GHS07	H319 H315	1-11
Zinkoxid	Achtung	GHS09	H410	3
Zinksulfat, wasserfrei	Gefahr	GHS05 GHS07 GHS09	H302 H318 H410	1-11
Zinn(II)-chlorid	Achtung	GHS07	H302 H315 H319 H335	1-11
Zinkiodidlösung $5\% \leq w < 10\%$	Gefahr	GHS07 GHS09	H314 H410	8-10

Rundgang durch den Fachraum – S. 29

1 • Die Versuchsanleitung vor jedem Experiment genau
   durchlesen.
 • Immer die Schutzbrille tragen.
 • Nicht im Sitzen arbeiten.
 • Immer mit kleinen Mengen arbeiten.
 • Alle Geräte nach dem Versuch reinigen und wieder
   aufräumen.

2 ätzend – verstärkt Feuer – explosiv
 Gase unter Druck – organschädigend – umwelt-
 gefährlich
 entzündbar – giftig – gesundheitsgefährdend

3 1. Stellschrauben für Gas- und Luftzufuhr kontrollieren
   und gegebenenfalls schließen.
 2. Gaszufuhr über einen Schlauch mit dem Gashahn
   verbinden.
 3. Gashahn durch gleichzeitiges Drücken und Drehen
   öffnen.
 4. Feuerzeugflamme an den Flammenaustritt halten
   und Stellschraube für Gaszufuhr öffnen.
 5. Stellschraube für Luftzufuhr öffnen.

4 Pipette – Messzylinder – Becherglas

5

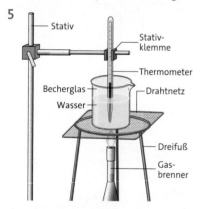

6 a

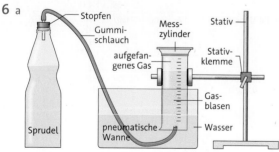

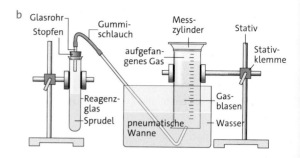

Eine Welt aus Stoffen – S. 69

1 a Metall: Aluminium | steinartiger Stoff:
 Glas | Kunststoff: Silikon | Naturstoff: Papier
 b Kuchenformen aus Aluminium, Glas, Silikon und
 Papier sind zum Kuchenbacken geeignet, weil sie sich
 beim Erhitzen nicht verformen.

2 a *Mit den Sinnen erkennbare Stoffeigenschaften:*
 Farbe, Aggregatzustand, Oberfläche, Durchsichtigkeit,
 Glanz, Geruch, Geschmack (nicht im Labor testen!)
 b *Mit Experimenten bestimmbare Stoffeigenschaften:*
 elektrische Leitfähigkeit, Magnetisierbarkeit, Härte,
 Dichte, Schmelztemperatur; Wärmeleitfähigkeit
 c *Elektrische Leitfähigkeit:* Ein Lämpchen wird an eine
 Stromquelle angeschlossen, wobei der Stromkreis an
 einer Stelle unterbrochen ist. Die Lücke wird mit dem zu
 testenden Gegenstand geschlossen. Wenn das Lämp-
 chen leuchtet, ist der Stoff, aus dem der Gegenstand
 besteht, ein elektrischer Leiter.
 Magnetisierbarkeit: Man überprüft, ob der Gegenstand
 von einem Magneten angezogen wird.
 Härte: Man überprüft, ob sich der Stoff mit einem
 Zahnstocher oder einem Eisennagel ritzen lässt.
 Dichte: Man bestimmt die Masse und das Volumen des
 Gegenstands und teilt anschließend den Wert für die
 Masse durch den Wert für das Volumen.

3 Wasserdampf wird an einer kalten Scheibe wieder
 zu flüssigem Wasser – Kondensieren.
 Fett wird beim Erhitzen flüssig – Schmelzen.
 Wasser wird zu Wasserdampf – Verdampfen oder
 Verdunsten.
 Das Gas Wasserstoff wird beim Einfüllen in eine Druck-
 gasflasche flüssig – Kondensieren.
 Schokolade zerfließt in der Sonne – Schmelzen.
 Ein Eiswürfel wird in der Sonne zu Wasser und
 anschließend gasförmig – Schmelzen und Verdunsten.

4 Olivenöl hat eine Schmelztemperatur zwischen −10 °C und 20 °C. Die Schmelztemperatur von Sonnenblumenöl liegt unter −10 °C, die von Margarine oberhalb von 20 °C.

5 Ein Reinstoff besteht aus einem einzigen Stoff. Er lässt sich nicht mehr auftrennen.
Ein Stoffgemisch besteht aus mindestens zwei Reinstoffen.

6 homogen: Meerwasser (Lösung flüssig/fest), Legierung
heterogen: Rauch, Emulsion

7 a Filtrieren
b Eindampfen
c Destillieren

8

Trennverfahren	
Windsichter	Trennung von leichten und schweren Bestandteilen
Magnetabscheider	Trennung von Eisen und anderen Metallen
Schwimm-Sink-Anlage	Trennung von unterschiedlichen Kunststoffen

Luft und Verbrennung – S. 99

1 Stickstoff, Sauerstoff, Edelgase und Kohlenstoffdioxid

2 Mit der Kalkwasserprobe kann man überprüfen, ob es sich um Kohlenstoffdioxid handelt. Trübt das unbekannte Gas klares Kalkwasser, so handelt es sich um Kohlenstoffdioxid.

3 Beobachtung: Die Flamme erlischt nach kurzer Zeit. Erklärung: Damit ein Feuer brennen kann, braucht es Sauerstoff. Der Sauerstoff in der eingeschlossenen Luft wird bei der Verbrennung der Kerze verbraucht. Sobald im Becherglas kein Sauerstoff mehr vorhanden ist, erlischt die Kerze.

4 a Er hat vergessen, den Brennstoff ausreichend zu zerteilen.
b Zeitungspapier kommt nach ganz unten. Darauf verteilt man feine Holzspäne. Darüber stapelt man kleines Feuerholz und nach ganz oben kommen die dicken Holzscheite.

5 Die Eisenwolle brennt, da sie feiner zerteilt ist als ein Eisennagel. Die Eisenwolle hat eine viel größere Oberfläche. Das ermöglicht einen besseren Kontakt mit dem Sauerstoff der Luft, der für die Verbrennung benötigt wird.

6 a Kerzenwachs und Docht. Das Kerzenwachs besteht hauptsächlich aus Paraffin und der Docht aus geflochtenen Baumwollfäden.
b Es entstehen Kohlenstoffdioxid und Wasser.
c Die Aussage stimmt nicht. Bei einer Kerze brennt nicht der Docht, sondern das gasförmige Wachs.

7 a Durch das Schließen der Türen und Fenster wird die Zufuhr von Frischluft verhindert.
b In Garagen, Autowerkstätten und Tankstellen sind brennbare Stoffe (zum Teil in der Luft fein verteilt) und Sauerstoff vorhanden. Damit kein Feuer ausbrechen kann, darf die Zündtemperatur nicht erreicht werden. Das wäre aber bei einem offenen Feuer an diesen Orten der Fall.
c Wenn man Spiritus auf heiße Grillkohlen gießt, kommt es zu einer Stichflamme.
d Beim Löschversuch mit Wasser würde das Wasser sofort explosionsartig verdampfen und heiße Fetttröpfen mit sich reißen.
e Steine sind keine Brennstoffe. Sie verhindern, dass sich das Feuer auf die angrenzende Wiese ausbreitet.

Chemische Reaktionen – S. 127

1 Die Mitschülerin hat recht, es findet eine chemische Reaktion statt. Im Motor wird Benzin mit Sauerstoff zu Kohlenstoffdioxid und Wasser verbrannt. Es findet eine Stoffumwandlung statt.

2 a Holz + Sauerstoff → Kohlenstoffdioxid + Asche
b Aus dem braunen, festen Holz werden grau-weiße, poröse Asche und grauer Rauch. Es hat eine Stoffumwandlung stattgefunden. Beim Verbrennen von Holz sind außerdem auch Flammen zu beobachten, die Wärme an die Umgebung abgeben. Es wird also auch Energie freigesetzt.
c Die Würstchen und der Teig verändern ihre Farbe und ihren Geschmack. Es findet eine Stoffumwandlung und damit eine chemische Reaktion statt.

3 a Er braucht noch Eisen für die Reaktion
b Für die 16 Gramm Schwefel braucht er 28 Gramm Eisen.
c Er kann höchstens 44 Gramm Eisensulfid herstellen, weil das Gesetz der Massenerhaltung besagt, dass die Masse der Produkte gleich der Masse der Edukte ist, und die Edukte wiegen zusammen 44 Gramm.

4 a Die Verbrennung von Benzin ist eine chemische Reaktion. Für jede chemische Reaktion braucht man eine Aktivierungsenergie.
b Man kann das Benzin beispielsweise stark erhitzen oder mit einer Lupe Licht bündeln.

5 a Es handelt sich um eine exotherme Reaktion, da Energie frei wird.

b Durch das Knicken des Metallplättchens wird Energie zugeführt, damit die Reaktion in Gang kommt. Es handelt sich also um Aktivierungsenergie.

c Das Energiediagramm findest du auf Seite 119 im Buch (Bild 2).

Metalle – wertvoll und wichtig – S. 155

1 Verformbarkeit, Wärmeleitfähigkeit, glänzende Oberfläche, elektrische Leitfähigkeit

2 Legierungen entstehen durch Zusammenschmelzen von einem Metall mit mindestens einem weiteren Stoff. Legierungen haben oft andere Eigenschaften als die reinen Metalle.

Stahl ist eine Eisenlegierung, die neben Eisen vor allem Kohlenstoff und andere Metalle enthält.

Blei ist ein Schwermetall mit einer hohen Dichte ($11,3 \frac{g}{cm^3}$).

3 Malachit ist ein Kupfererz. Es kann in Kupferoxid umgewandelt werden. Wenn Kupferoxid zu Kupfer reagiert, nennt man dies eine Reduktion. Die umgekehrte Reaktion, also die Reaktion von Kupfer mit Sauerstoff zu Kupferoxid, nennt man eine Oxidation. Oft laufen Reduktion und Oxidation gleichzeitig ab, z. B. bei der Reaktion von Kupferoxid und Kohlenstoff zu Kupfer und Kohlenstoffdioxid. In diesem Fall wird Kupferoxid reduziert und Kohlenstoff oxidiert.

4 Kupfer ist ein edleres Metall als Zink. Es hat daher ein geringeres Bestreben, den Sauerstoff an sich zu binden, als Zink. Aluminium ist unedler als Zink. Es hat ein größeres Bestreben als Zink, mit dem Sauerstoff eine Verbindung einzugehen. Zinkoxid kann daher mit Aluminium reduziert werden.

5 Im Hochofen wird nicht nur Kohle verbrannt. Es findet vor allem auch die Reaktion von Kohlenstoffmonooxid mit Eisenoxid statt. Auch diese Reaktion ist exotherm und setzt zusätzliche Energie frei.

6 a Das Eixenoxid wird durch Aluminium zu Eisen reduziert. Dabei wird viel Energie frei.

b Beim Thermitverfahren wird flüssiges Eisen zwischen die zwei Schienenstücke gegossen. Dadurch erhält man eine glatte Nahtstelle.

7 Unedle Metalle reagieren leicht mit anderen Stoffen, wohingegen Edelmetalle kaum Reaktionen mit anderen Stoffen eingehen.

8 Eisen rostet unter Anwesenheit von Sauerstoff und Wasser.

Metalle lassen sich vor Korrosion schützen, indem man die Metalloberfläche mit einem korrosionsbeständigen Metall überzieht.

Ordnung der Elemente – S. 193

1 Dalton stellte sich Atome als kleine, massive Kugeln vor. Rutherford stellte die Theorie des Kern-Hülle-Modells auf. Atome bestehen aus einem sehr kleinen, positiv geladenen Kern und einer großen Hülle, in der sich die negativ geladenen Elektronen befinden.

Bohr erweiterte Rutherfords Modell. Demnach befinden sich die Elektronen in der Hülle auf verschiedenen Energieniveaus, sogenannten „Elektronenschalen".

2

Element	Protonen	Neutronen	Elektronen
N	7	7	7
Pb	82	125	82
U	92	146	92

3 a 14 u

b 414 g

c 3 mol

4 a Isotope

b Die beiden Lithium-Atome in Bild 5 unterscheiden sich in ihrer Massenzahl. Dies liegt daran, dass sie eine unterschiedliche Neutronenzahl besitzen. Die beiden Atome haben jedoch die gleiche Ordnungszahl, d. h. die gleiche Anzahl an Elektronen und Protonen.

5 a Es handelt sich um ein Schwefel-Atom.

b Nein, es befindet sich nicht im Edelgaszustand, da auf der äußersten Schale nur 6 Elektronen sind. Mit 8 Elektronen wäre die äußerste Schale voll und damit im Edelgaszustand.

c Kohlenstoff: 2 Elektronen in der ersten und 4 Elektronen in der zweiten Schale

Magnesium: 2 Elektronen in der ersten, 8 Elektronen in der zweiten und 2 Elektronen in der dritten Schale

Chlor: 2 Elektronen in der ersten, 8 Elektronen in der zweiten und 7 Elektronen in der dritten Schale

d

Element	Protonen	Neutronen	Elektronen
Na	11	12	11
Br	35	45	35
Ar	18	22	18

e Calcium: 4. Periode, II. Hauptgruppe, 20 Protonen, 20 Neutronen, 20 Elektronen

Selen: 4. Periode, VI. Hauptgruppe, 34 Protonen, 45 Neutronen, 34 Elektronen

Argon: 3. Periode, VIII. Hauptgruppe, 18 Protonen, 22 Neutronen, 18 Elektronen

6

$$\text{Li} \cdot \quad \dot{\text{A}}\text{l} \cdot \quad \cdot \bar{\underline{\text{S}}} \cdot$$

7 Die Elemente der I. Hauptgruppe, die Alkalimetalle, besitzen ein Elektron auf der äußersten Schale. Sie sind sehr reaktionsfreudige Elemente. Sie zeigen typische Verfärbungen in der Brennerflamme. Aufgrund ihrer geringen Dichte zählen sie zu den Leichtmetallen.

Drei Wege zum Edelgaszustand – S. 217

1 Beiden Atomen fehlt ein Elektron für eine volle äußerste Schale. Sie nähern sich so weit an, dass ein Teil ihrer Schalen überlappt. Von beiden Atomen befindet sich je ein Elektron in dem gemeinsamen Bereich beider Atomhüllen. Durch dieses gemeinsame Elektronenpaar hat nun jedes Wasserstoff-Atom 2 Elektronen auf der äußersten Schale.

2 Das gemeinsame Elektronenpaar und die positiv geladenen Kerne ziehen sich gegenseitig an.

3 Je nach Aufbau der Atomhülle brauchen die Atome unterschiedlich viele Elektronenpaarbindungen, um den Edelgaszustand zu erreichen. Das Sauerstoff-Atom hat 6 Elektronen auf der äußersten Schale. Ihm fehlen 2 Elektronen bis zum Edelgaszustand. Durch das Eingehen von zwei Elektronenpaarbindungen erhält das Sauerstoff-Atom eine voll besetzte äußerste Schale.
Stickstoff hat 5 Elektronen auf der äußersten Schale. Ihm fehlen 3 Elektronen bis zum Edelgaszustand. Durch das Eingehen von drei Elektronenpaarbindungen hat das Stickstoff-Atom 8 Elektronen auf der äußersten Schale.

4

$$H \overset{\displaystyle \overset{\cdot\cdot}{\underset{}{\text{O}}}}{\diagdown} H \qquad |\bar{\underline{\text{F}}} - \bar{\underline{\text{F}}}| \qquad H - \bar{\underline{\text{B}}}\text{r}|$$

$$\langle\!\bar{\text{O}} = \text{C} = \bar{\text{O}}\!\rangle \qquad H - \text{C} \equiv \text{C} - H$$

5 Die eine Atomsorte gibt ein oder mehrere Elektronen ab und erreicht damit den Edelgaszustand. Beispielsweise gibt Natrium ein Elektron ab. Seine äußere Schale existiert nicht mehr. Die weiter innen liegende volle Schale wird zur neuen Außenschale.

Die andere Atomsorte nimmt ein oder mehrere Elektronen auf und erreicht damit den Edelgaszustand. Chlor besitzt z. B. mit 7 Elektronen eine fast volle Außenschale. Durch die Aufnahme eines Elektrons erreicht es die voll besetzte Schale mit 8 Elektronen.

6 Die Elemente der V. bis VII. Hauptgruppe nehmen bei der Ionenbildung Elektronen auf, um den Edelgaszustand zu erreichen.
Sie haben daher mehr Elektronen als Protonen, wodurch die negative Ladung überwiegt.

7 Calciumfluorid, Natriumiodid, Kaliumbromid, Magnesiumchlorid

8

Summen-formel	Beteiligte Ionen	Name der Ionenverbindung
$MgCl_2$	Mg^{2+} und Cl^-	Magnesiumchlorid
$NaBr$	Na^+ und Br^-	Natriumbromid
K_2O	K^+ und O^{2-}	Kaliumoxid
KCl	K^+ und Cl^-	Kaliumchlorid
$CaBr_2$	Ca^{2+} und Br^-	Calciumbromid
MgO	Mg^{2+} und O^{2-}	Magnesiumoxid
$AlCl_3$	Al^{3+} und Cl^-	Aluminiumchlorid

9 Die Außenelektronen der Aluminium-Atome werden nur schwach vom Kern angezogen. Sie können leicht ihren Aufenthaltsbereich verlassen. Die Elektronen können sich frei durch das Metall bewegen. Man bezeichnet sie als sogenanntes Elektronengas.

10 Metalle halten durch die Anziehung zwischen den positiv geladenen Atomrümpfen und dem negativ geladenen Elektronengas zusammen.

11 Die äußeren Elektronen der Metall-Atome sind keinem Atom mehr fest zugeordnet. Sie bewegen sich frei durch das Metall. Man bezeichnet sie daher auch als Elektronengas.

12 Beim Verformen gleiten die im Metallgitter angeordneten Atomrümpfe aneinander vorbei. Sie bleiben dabei ständig von den Elektronen umgeben und halten daher auch in ihrer neuen Position fest zusammen.

13 Beim Erhitzen eines Metalls wird sowohl dem Atomrumpf als auch den freien Elektronen Energie zugeführt. Die Atomrümpfe schwingen stärker und stoßen die benachbarten Atomrümpfe an.
So wird die Wärmeenergie über das ganze Metall weitergegeben.
Die freien Elektronen nehmen die Energie in Form von zusätzlicher Bewegungsenergie auf und verteilen sie so auch weiter über das Metall.

Wasser – genau untersucht – S. 243

1 Ohne Wasser gäbe es auf unserem Planeten kein Leben. Wasser spielt in vielen Lebensbereichen eine wichtige Rolle: Es ist Durstlöscher, wird für die tägliche Hygiene, zum Kochen und Wäschewaschen benötigt und ermöglicht verschiedene Freizeitbeschäftigungen. Außerdem wird es in Industrie und Landwirtschaft für die Herstellung von Lebensmitteln und anderen Produkten benötigt. Wasser ist ein wichtiger Bestandteil in jeder lebenden Zelle und erfüllt verschiedene Funktionen in unserem Körper: Es dient als Baustoff, Lösungsmittel, Transportmittel und Wärmeregulator.

2 Für die Herstellung einer Jeans werden ca. 11 000 l virtuelles Wasser verbraucht. Diese erstaunliche Zahl setzt sich aus allen Produktionsschritten zusammen: Anbau der Baumwolle und deren Bewässerung, Färbeprozess, Veredlung der Jeans usw.

3 Vergleiche deine Lösungen mit Bild 1 auf Seite 224.

4 Trinkwasser muss in Deutschland einige Qualitätskriterien erfüllen. Es muss frei von Krankheitserregern sein, Mineralstoffe aufweisen, geschmacksneutral sowie farb- und geruchlos sein. Die Aufbereitung von Oberflächen- bzw. Grundwasser übernimmt deshalb das Wasserwerk.
Beim Grundwasser hat bereits der Boden bei der Versickerung wie ein Filter gewirkt, jedoch sind weitere Schritte nötig, um die Gütekriterien zu erfüllen.
Über Rohrleitungen wird das Oberflächenwasser aus Flüssen, Seen oder aus dem Grundwasser über Pumpen zum Wasserwerk transportiert. Dort wird dem Rohwasser Sauerstoff zugeführt, um z. B. Eisen und Mangan in unlösliche Bestandteile umzuwandeln. Diese können dann herausgefiltert werden. Dadurch verändern sich der Geschmack und die Färbung des Wassers.
Überschüssige Kohlensäure wird durch den Zusatz von Laugen oder durch Ausgasen entfernt.
In Trinkwasserbehältern wird das fertige Trinkwasser dann gesammelt, bevor es über Rohrleitungen zum Verbraucher gelangt.

5 Wasser ist ein Dipol.
Wasser ist nach außen neutral.
Wasser kann man herstellen.

6 Es müssen polare Bindungen im Molekül vorhanden sein, die zu einer positiven und einer negativen Teilladung im Molekül führen. Außerdem dürfen die Mittelpunkte der positiven und der negativen Teilladungen nicht an der gleichen Stelle zusammenfallen.

7 a CH_4: Elektronegativitätsunterschied: 0,4 – kein Dipol
b CO_2: Elektronegativitätsunterschied: 1,0 – aber trotzdem kein Dipol, weil die Mittelpunkte der positiven und der negativen Teilladungen zusammenfallen
c NH_3: Elektronegativitätsunterschied: 0,9 – Dipol
d NO_2: Elektronegativitätsunterschied: 0,5 – schwacher Dipol

8 Durch die Oberflächenspannung des Wassers entsteht zwischen dem Wasser und der Luft eine Grenzfläche, die wie eine dünne Haut vom Wasserläufer betreten werden kann.

9 Wasser besitzt eine gewinkelte Molekülstruktur, die Wasserstoffbrücken ausbildet. Dies führt im Eis zu einer sperrigen Struktur, die viel Raum einnimmt. Eis besitzt daher eine geringere Dichte als flüssiges Wasser. Deshalb schwimmen Eisberge auf Eis.

Vielfalt der Salze – S. 267

1 Kochsalz wird in unseren Regionen aus Bergwerken abgebaut. Im Mittelmeerraum wird Salz durch Verdunstung von Meerwasser in großen Becken gewonnen.

2 Ionen entstehen, wenn Außenelektronen eines Atoms auf ein anderes Atom überspringen.

3 a Salze haben hohe Schmelztemperaturen. Sie sind meist gut in Wasser löslich. Als Lösung oder Salzschmelze leiten sie den elektrischen Strom. Salze bilden Kristalle. Diese Kristalle sind sehr spröde.
b Die hohen Schmelztemperaturen werden durch die starke Anziehung der Ionen verursacht. Salze brechen trotzdem leicht, wenn durch einen Stoß gleich geladene Ionen nebeneinanderrutschen. Wassermoleküle können sich durch ihre Dipole gut um geladene Ionen herum anordnen. Ionen sind Ladungsträger für elektrischen Strom, es sein denn, sie sitzen unbeweglich im Gitter. Die Kristallformen werden durch die Anordnung der Ionen in den Gittern verursacht.

4 a KI
b Das Kalium-Ion ist einfach positiv geladen (K^+). Es hat 2 Elektronen in der ersten, 8 Elektronen in der zweiten und 8 Elektronen in der dritten Elektronenschale.

5 a Mg^{2+} = Magnesium-Ion, Ca^{2+} = Calcium-Ion, Na^+ = Natrium-Ion, K^+ = Kalium-Ion, Cl^- = Chlorid-Ion, Br^- = Bromid-Ion, F^- = Fluorid-Ion, I^- = Iodid-Ion b $MgCl_2$, $MgBr_2$, MgF_2, MgI_2, $CaCl_2$, $CaBr_2$, CaF_2, CaI_2, NaF, NaCl, NaBr, NaI, KI, KCl, KBr, KF

c Das Salz Kaliumchlorid ist aus positiv geladenen Kalium-Ionen und negativ geladenen Chlorid-Ionen zusammengesetzt, die sich gegenseitig anziehen und damit ein Ionengitter bilden.

6 Je nachdem, durch welche Gesteinsschichten das Wasser sickert, nimmt es verschiedene Ionen mit.
Da sich die Gesteinsschichten in den einzelnen Quellgebieten unterscheiden, unterscheidet sich auch die Zusammensetzung der Ionen.

7 a $0,5 \frac{mol}{l}$ bedeutet: In einem Liter sind 0,5 mol eines Stoffs gelöst.
b 46 g

8

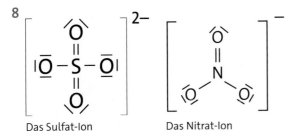

Das Sulfat-Ion   Das Nitrat-Ion

9 Pflanzen enthalten zahlreiche Stickstoffverbindungen. Sie nehmen den Stickstoff in Form von Nitraten über Wasser auf. Wenn Pflanzen verwesen, wandeln bestimmte Bakterien die Stickstoffverbindungen wieder in Nitrate um.

10 Beim Erhitzen von Gips bis 130 °C gibt der Gips einen Teil seines Kristallwassers ab. Man bezeichnet den entstehenden Gips auch als „gebrannten Gips".
Das Kristallwasser kann beim Anrühren dieses „gebrannten Gipses" mit Wasser wieder aufgenommen werden. Dabei kommt es zu einer Volumenzunahme der Kristalle. Wasseraufnahme und anschließendes Trocknen des Gipses wird als Abbinden bezeichnet. Dabei härtet er langsam aus.

Säuren und Alkalien – ätzende Stoffe – S. 299

1 Säuren ...
- reagieren mit unedlen Metallen und Kalk.
- leiten den elektrischen Strom (enthalten also Ionen).
- schmecken sauer (kein Geschmackstest!).
- färben Universalindikator rot bis gelb.

2 Alkalien ...
- wirken ätzend.
- leiten den elektrischen Strom (enthalten also Ionen).

- fühlen sich seifig an.
- färben Universalindikator blaugrün bis blau.

3 Für die gemeinsamen Eigenschaften der Säuren sind die H_3O^+-Ionen verantwortlich, für die gemeinsamen Eigenschaften der Alkalien die OH^--Ionen.

4 Der pH-Wert gibt die Stärke von Säuren bzw. Alkalien an.

5 A = sauer, B = neutral, C = alkalisch

6 Die Magensäure ist stärker als die Essigsäure.

7 Den pH-Wert einer Lösung kann man mit Indikatoren bestimmen.

8 Das Säurerest-Ion ist der Rest eines Säuremoleküls, der bleibt, wenn ein H^+-Ion abgespalten wird. Unterschiedliche Säuren haben verschiedene Säurerest-Ionen. Säurerest-Ionen sind negativ geladen.

9

Name der Säure	Ionen in Lösung	Name der Salze
Salzsäure	H_3O^+ und Cl^-	Chloride
Schwefelsäure	H_3O^+ und SO_4^{2-}	Sulfate
Kohlensäure	H_3O^+ und HCO_3^-	Hydrogen-carbonate
Essigsäure	H_3O^+ und CH_3COO^-	Acetate
Schwefelsäure	H_3O^+ und HSO_4^-	Hydrogen-sulfate

10 Bei einer Neutralisation reagieren H_3O^+-Ionen der Säure und OH^--Ionen der Alkalie zu neutralem Wasser. Das positiv geladene Ion der Alkalie und das Säurerest-Ion bilden dabei ein Salz.

11 Bei der Neutralisation entsteht eine neutrale Salzlösung. Dampft man diese ein, lagern sich die Ionen zu Ionengittern (= Salzkristallen) zusammen.

12 Dabei haben Natronlauge (Natriumlauge) und Schwefelsäure reagiert.

13 Um sich zu verdünnen, greift die konzentrierte Schwefelsäure die Haut an und zerstört sie. Dabei verdünnt sie sich mit dem entstehenden Wasser.

14 Abflussreiniger, Backofenspray, Abbeizmittel sind Anwendungen von Alkalien.

15 Kalkwasser kann aus Calciumoxid und Wasser hergestellt werden. Nach der Reaktion muss es noch filtriert werden, da es schwer löslich ist.

Elektrische Energie und chemische Prozesse – S. 329

1 Bei der Oxidation handelt es sich um eine Elektronenabgabe und bei der Reduktion um eine Elektronenaufnahme.

2 Lithium, Calcium, Magnesium und Aluminium sind unedler als Zink. Sie können von Zink-Ionen oxidiert werden.
Eisen, Blei, Kupfer, Silber, Platin und Gold sind edler als Zink. Sie können daher Zink-Atome oxidieren.

3 Galvanoplastik (Kunst), Gewinnung von Wasserstoff aus Wasser, Gewinnung von Aluminium aus Aluminiumoxid

4 Die Produkte bei der Elektrolyse enthalten mehr chemische Energie als die Ausgangsstoffe (Edukte). Ohne die Zuführung von elektrischer Energie würde keine Reaktion der Ausgangsstoffe stattfinden. Die Ausgangsstoffe besitzen also weniger chemische Energie.
Die zugeführte elektrische Energie wird in chemische Energie bei der Elektrolyse umgewandelt.
Die chemische Energie ist dann in den Produkten gespeichert.

5 a Alessandro Volta nutzte die Metalle Kupfer und Zink.
b Vergleiche deine Lösung mit Bild 5 auf Seite 312.
c Es könnten auch die Metalle Silber und Zinn verwendet werden, da sie ein unterschiedliches Bestreben haben, Elektronen abzugeben.

6 Zwei Metallstreifen (z. B. Zink und Kupfer), Salzlösung oder Säure

7 Im Gegensatz zum Akkumulator kann eine Batterie nicht wieder aufgeladen werden. In einer Batterie kann nur chemische in elektrische Energie umgewandelt werden (Entladen). Beim Akkumulator kann elektrische Energie wieder in chemische Energie umgewandelt werden (Laden).

8 In der Batterie sind mehrere Metalle enthalten, auch Schwermetalle, die als Umweltgifte gelten.
Sie dürfen nicht in den Hausmüll gegeben werden. Die Metalle werden oft aus seltenen Rohstoffen hergestellt und sollen wiedergewonnen werden.

9 Vergleiche deine Zeichnung mit Bild 2 auf Seite 324.

10 In einer Brennstoffzelle sind die Wasserstoff-Atome Elektronendonatoren. Sie geben Elektronen ab. Die Sauerstoff-Atome sind Elektronenakzeptoren. Sie nehmen die Elektronen auf.
Oxidation: $2\,H_2 \rightarrow 4\,H^+ + 4\,e^-$
Reduktion: $O_2 + 2\,H_2O + 4\,e^- \rightarrow 4\,OH^-$

11 Reduktion und Oxidation müssen räumlich getrennt in der Brennstoffzelle stattfinden, damit die Elektronen durch ein Kabel geleitet und so zur Energiegewinnung genutzt werden können.

Kohlenstoff – der Molekülbauer – S. 375

1 C_9H_{20} $C_{32}H_{66}$ $C_{11}H_{24}$ $C_{29}H_{60}$

2 C_nH_{2n}

3 a Isomere sind Stoffe mit der gleichen Summenformel, aber unterschiedlicher Strukturformel. Im Beispiel haben beide Isomere die Summenformel C_6H_{14}.

b

4 a

b 4,4-Diethyl-2,2,6,7,8-Pentamethylnonan

5 a Anstieg des Meeresspiegels, vermehrte und stärkere Stürme, je nach Ort mehr Dürren oder auch mehr Überschwemmungen
b Bevorzugt duschen, statt zu baden, da die Erwärmung des Wassers viel Energie benötigt, die auch durch Kohlekraftwerke zur Verfügung gestellt wird
Fahrgemeinschaften bilden, mit den öffentlichen Verkehrsmitteln oder mit dem Fahrrad fahren, um Abgase zu vermeiden

Hauswasser durch eine solarthermische Anlage erwärmen, da hier bei der Wassererwärmung kein Kohlenstoffdioxid entsteht

c Zum einen befinden sich die Treibhausgase nicht wie eine Glocke irgendwo oben, sondern sind Teil der Atmosphäre. Vor allem aber wird nicht ein Teil der Wärmestrahlung der Erde von den Treibhausgasen in Richtung der Erdoberfläche reflektiert.

6 Kunststoffe sind aus vielen („poly") einzelnen Molekülen (Monomeren) aufgebaut.

7 Thermoplaste bestehen aus langen Molekülketten, die nebeneinander liegen und nicht miteinander verbunden sind. Beim Erwärmen gleiten die Molekülketten aneinander vorbei. Der Kunststoff wird weich.
Duroplaste bestehen aus langen Ketten, die miteinander netzartig verbunden sind. Beim Erwärmen bleiben diese Netze erhalten. Der Kunststoff behält seine Form.

Alkohole, Carbonsäuren und Kohlenhydrate – S. 397

1 In Kohlenwasserstoffen kann ein Wasserstoff-Atom durch andere Atome oder Atomgruppen ersetzt sein, z. B. durch eine Hydroxylgruppe. Eine solche Atomgruppe bezeichnet man als funktionelle Gruppe. Sie verleiht dem Stoff charakteristische Eigenschaften.

2

3 2-Propanol, 1,2-Butandiol

4

| primärer Alkohol | sekundärer Alkohol | tertiärer Alkohol |

5 a Wasserstoffbrücken
b Vergleiche deine Lösungen mit Bild 4 auf Seite 379.

6 a Essigsäurebakterien wandeln in Gegenwart von Sauerstoff Ethanol in Ethansäure (Essigsäure) um.
b Siehe Bild 3 auf Seite 384

7 Methansäure (Ameisensäure), Butansäure (Buttersäure)

8 Pentansäure löst sich besser in Wasser als Hexadecansäure, da die Kohlenwasserstoffkette kürzer ist und so die wasserliebende Carboxylgruppe überwiegt.

9 a Die Carboxylgruppe ist für die saure Reaktion des Carbonsäuremoleküls verantwortlich.
b Säurerest-Ion und Oxonium-Ion

10 Butansäureethylester

11 Ein Fettmolekül besteht aus einem Glycerinmolekül, an das über Esterbindungen drei Fettsäuren gebunden sind.

12 a Glucose = Traubenzucker,
Fructose = Fruchtzucker
b Saccharose ist ein Disaccharid, also ein Zweifachzucker. Sie ist aus zwei miteinander verknüpften Einfachzuckern aufgebaut.
Glucose ist ein Monosaccharid, also ein Einfachzucker. Sie besteht nur aus einem Baustein.

13 Papier wird aus Cellulose hergestellt. Cellulose gehört zu den Polysacchariden, den Vielfachzuckern. Cellulosemoleküle bestehen aus vielen Glucoseeinheiten. Im Gegensatz zu Stärkemolekülen bilden die Cellulosemoleküle lang gestreckte Ketten.

Sauber und schön – S. 413

1 Wasser, Alkohol und Öl/Fett

2 Das Ethanolmolekül besitzt sowohl eine polare Hydroxylgruppe als auch eine unpolare Alkylgruppe. Es kann daher sowohl Wässriges als auch Fettiges lösen.

3 Methanol ist ein kurzkettiger Alkohol mit nur einem C-Atom; die wasserliebende Wirkung der OH-Gruppe ist daher stärker.
Glycerin besitzt drei C-Atome und drei OH-Gruppen. Die wasserliebenden OH-Gruppen überwiegen hier.
Pentanol hat eine Kohlenwasserstoffkette aus 5 C-Atomen, Hexanol aus 6 C-Atomen.
Die wasserfeindliche Wirkung der langen unpolaren Kohlenwasserstoffketten überwiegt hier.

4 Gibt man eine Büroklammer auf Wasser, schwimmt diese aufgrund der Oberflächenspannung auf dem Wasser.

5 Spülmittel oder Seife zerstören die Oberflächenspannung des Wassers. Eine darauf schwimmende Büroklammer geht nun unter.

6 Der lipophile (fettliebende) Teil kann wasserunlösliche Schmutzteilchen an sich binden, der hydrophile (wasserliebende) Teil ist für die Wasserlöslichkeit verantwortlich.

Lösungen der Testaufgaben

7 An ein Schmutzteilchen binden sich so viele Tensidmoleküle, bis es vollständig umhüllt ist. Als Nächstes erfolgt die Ablösungen des Schmutzteilchens von der Faser, dann die Zerkleinerung und schließlich die feine Verteilung.

8 Durch die sogenannte Rasenbleiche. Man legte weiße Wäsche auf den Rasen und ließ die Sonne und den Luftsauerstoff darauf wirken.

9 Sie müssen aktiven Sauerstoff besitzen.

10 Eiweiße, Fette und Stärke

11 Man setzt Enthärter den Waschmitteln zu, damit die Seifen- und Tensidwirkung nicht von Mineralsalzen im Wasser blockiert wird und sich keine unlösliche Kalkseife bildet.

12 a Beim kräftigen Schütteln vermischen sich die beiden Flüssigkeiten teilweise. Es bilden sich dabei große Öltropfen in der Wasserphase.
b Nach einiger Zeit entmischen sich die Flüssigkeiten wieder. Die Ölschicht schwimmt wieder auf der Wasserschicht.

13 Tenside und Emulgatoren besitzen in ihrem Molekülbau einen hydrophilen und einen lipophilen Teil.

14 Öl, Wasser, Emulgator, festes Fett (z. B. Sheabutter), ätherisches Öl, Parfümöl, weitere Wirkstoffe

Bildquellenverzeichnis

Bildquellenverzeichnis

S. 87/F; mauritius images/imageBroker/Thomas Schneider: S. 247/4; mauritius images/Josef Kuchlbauer: S. 308/1; mauritius images/Masterfile RM: S. 332/1; mauritius images/Michael Rosenfeld/Science Faction: S. 225/3; mauritius images/Photo Alto/Milena Boniek: S. 399/r.; mauritius images/Pixtal: S. 301/l.; mauritius images/Prisma: S. 142/2; mauritius images/roberto hunger/Alamy: S. 110/B l.; mauritius images/Science Photo Library: S. 222; mauritius images/Science Photo Library/WLADIMIR BULGAR: S. 416/2; mauritius images/Science Source: S. 103/4 r., S. 108/1, S. 279/2, S. 306/1; mauritius images/Science Source/GIPhotoStock: S. 125/7; mauritius images/Science Source/Science Source/: S. 103/4 l.; mauritius images/Shestock: S. 198/1; mauritius images/Stella: S. 132/1, S. 132/2; mauritius images/United Archives/All mauritius images: S. 160/2; mauritius images/Westend61: S. 50/2 m., S. 79/8, S. 249/7; NASA/JSC: S. 240/1; OKAPIA KG/imagebroker/bilwissedition: S. 345/5; OKAPIA KG/imagebroker/Stefan Klein: S. 127/6; OKAPIA KG/imagebroker/Torsten Krüger: S. 392/3; OKAPIA KG/Martyn f. Chillmaid: S. 334/1; Panther Media GmbH/Jens Brüggemann: S. 150/2; PEFC Deutschland e.V.: S. 2; Petair - stock.adobe.com: S. 353; Reconstruction by Kennis © South Tyrol Museum of Archaeology, Augustin Ochsenreiter/Südtiroler Archäologiemuseum – www.iceman.it: S. 136/1; Science Photo Library: S. 19/2; SCIENCE PHOTO LIBRARY: S. 186/Magnesium; Science Photo Library/ADAM HART-DAVIS: S. 292/1; Science Photo Library/Andrew Lambert Photography: S. 137/8; Science Photo Library/ANDREW LAMBERT PHOTOGRAPHY: S. 295/6; Science Photo Library/Degginger, E.: S. 184/2, S. 254/2; Science Photo Library/Dotta, Alexandre: S. 184/1; Science Photo Library/DR P. MARAZZI: S. 299/6; Science Photo Library/Giphotostock: S. 143/4; Science Photo Library/Hutchings, Richard: S. 55/3; Science Photo Library/JAVIER TRUEBA/MSF: S. 281/5; Science Photo Library/MARTYN F. CHILLMAID: S. 16/2, S. 302/1 r., S. 394; Science Photo Library/MICHAEL DONNE: S. 85/3; Science Photo Library/MICHAEL SZOENY (u.); Science Photo Library/Hayson, Phillip (o.)l: S. 55/4; Science Photo Library/Winters, Charles D.: S. 279/3; sciencephotolibrary: S. 186/Barium, S. 186/Calcium; sciencephotolibrary/COLLECTION ABECASIS: S. 312/1; sciencephotolibrary/Degginger, E.: S. 304; sciencephotolibrary/GEOFF TOMPKINSON: S. 63/4; sciencephotolibrary/Giphotostock: S. 59/6, S. 302/1 m., S. 324/1; sciencephotolibrary/Mulkey, Del: S. 287/4 r.; sciencephotolibrary/Winters, Charles D.: S. 186/2; Shutterstock.com/5 second Studio: S. 13/Kosmetika; Shutterstock.com/Africa Studio: S. 85/4, S. 155/3, S. 402/2; Shutterstock.com/Albert Russ: S. 211/4; Shutterstock.com/Alexander Mak: S. 372/2; Shutterstock.com/Alexander Prokopenko: S. 390/1 l.; Shutterstock.com/AlexLMX: S. 319/9; Shutterstock.com/Alhovik: S. 41/3; Shutterstock.com/Allocricetulus: S. 138/3; Shutterstock.com/AlohaHawaii: S. 263; Shutterstock.com/Alvaro Trabazo Rivas: S. 261/6; Shutterstock.com/anastasiya adamovich: S. 214/1; Shutterstock.com/andras_csontos: S. 316/1; Shutterstock.com/Andrey N Bannov: S. 131/3; Shutterstock.com/baibaz: S. 52/1; Shutterstock.com/Bjoern Wylezich: S. 137/7; Shutterstock.com/bluesnote: S. 104/2; Shutterstock.com/BMJ: S. 32/1; Shutterstock.com/bogdandimages: S. 8/u., S. 330; Shutterstock.com/Charlie Bard: S. 58/2; Shutterstock.com/Chepko Danil Vitalevich: S. 336/2; Shutterstock.com/Christian Lagerek: S. 356/1; Shutterstock.com/Craevschii Family: S. 390/1 r.; Shutterstock.com/damiangretka: S. 79/7; Shutterstock.com/Daniel Krason: S. 8/o., S. 300; Shutterstock.com/Daniel_Santos: S. 389; Shutterstock.com/Dariush M: S. 84; Shutterstock.com/David C Henderson: S. 35/4; Shutterstock.com/Denis Tabler: S. 115/Klammer; Shutterstock.com/Dmitry Kalinovsky: S. 264/1; Shutterstock.com/Dubova: S. 191/3; Shutterstock.com/Dudaeva: S. 115/Kanne; Shutterstock.com/Dusan Po: S. 265/4; Shutterstock.com/EcoPrint: S. 134/1; Shutterstock.com/Eldred Lim: S. 329; Shutterstock.com/Elena Elisseeva: S. 37/2; Shutterstock.com/Elovich: S. 127/4; Shutterstock.com/encierro: S. 286/2; Shutterstock.com/ESB Professional: S. 151/3, S. 220/1 m.l.; Shutterstock.com/Everett Historical: S. 196/1; Shutterstock.com/Fotana: S. 272/1; Shutterstock.com/Georgios Alexandris: S. 145/2; Shutterstock.com/ggw1962: S. 11/l.; Shutterstock.com/Goodluz: S. 150/1; Shutterstock.com/Gouvi: S. 48/B; Shutterstock.com/GracePhotos: S. 408/1 l.; Shutterstock.com/Henri Koskinen: S. 246/2; Shutterstock.com/hkeita: S. 113/4; Shutterstock.com/Igor Karasi: S. 356/2; Shutterstock.com/ILEISH ANNA: S. 400/2; Shutterstock.com/Image Point Fr: S. 277; Shutterstock.com/imagedb.com: S. 401/4; Shutterstock.com/irin-k: S. 6/o., S. 194/Hintergrund; Shutterstock.com/Ivan Kireiev: S. 157/l.; Shutterstock.com/Jackthumm: S. 219/l.; Shutterstock.com/Jag_cz: S. 7/u., S. 268; Shutterstock.com/jakkapan: S. 50/2 u.; Shutterstock.com/James Steidl: S. 115/Auto; Shutterstock.com/Jan Kaliciak: S. 283/5; Shutterstock.com/jeab05: S. 20/4; Shutterstock.com/Jeremys78: S. 41/4 r.; Shutterstock.com/Jiri Hera: S. 245/r.; Shutterstock.com/Jiri Vaclavek: S. 250/1 r.; Shutterstock.com/jooh/Deutsche Bundesbank/Luc Luycx aus Belgien: S. 133/Münzen; Shutterstock.com/Juraj Kovac: S. 219/r.; Shutterstock.com/kai keisuke: S. 115/Kreisel; Shutterstock.com/kajornyot: S. 354/1; Shutterstock.com/KAMONRAT: S. 283/6; Shutterstock.com/Kapuska: S. 139/6; Shutterstock.com/Karl Allgaeuer: S. 269/l.; Shutterstock.com/Kasa1982: S. 283/7; Shutterstock.com/KatyaPulina: S. 396/1; Shutterstock.com/Kekyalyaynen: S. 228; Shutterstock.com/KieferPix: S. 331/r.; Shutterstock.com/Klaus Hertz-Ladiges: S. 127/5; Shutterstock.com/Kondor83: S. 87/E, S. 98/4; Shutterstock.com/Krakenimages.com: S. 68/1; Shutterstock.com/Krasula: S. 379; Shutterstock.com/Kzenon: S. 383; Shutterstock.com/Laboko: S. 27/7; Shutterstock.com/Leigh Prather: S. 115/Sanduhr; Shutterstock.com/Lesnyay: S. 78/5; Shutterstock.com/Liliya Kandrashevich: S. 54/2; Shutterstock.com/Maks Narodenko: S. 388/1; Shutterstock.com/Marc Dietrich: S. 115/Wanduhr; Shutterstock.com/Mark Oleksiy/Oleksiy Mark: S. 138/2; Shutterstock.com/Markus Gann: S. 366/2; Shutterstock.com/maryolyna: S. 152/1; Shutterstock.com/Maya Kruchankova: S. 58/1; Shutterstock.com/Melica: S. 57/2; Shutterstock.com/Michael Rosskothen: S. 196/2; Shutterstock.com/Miles Davies: S. 370/2 u.r.; Shutterstock.com/Morenovel: S. 220/1 m.r.; Shutterstock.com/mycteria: S. 53/4; Shutterstock.com/nanantachoke: S. 46/2; Shutterstock.com/napocska: S. 217; Shutterstock.com/Natursports: S. 56; Shutterstock.com/Naypong Studio: S. 301/r.; Shutterstock.com/Neil Podoll: S. 53/5; Shutterstock.com/New Africa: S. 387; Shutterstock.com/Nickolay Vinokurov: S. 256/1; Shutterstock.com/Nishihama: S. 5/o., S. 128; Shutterstock.com/NNCreated: S. 261/5; Shutterstock.com/Nneirda: S. 250/1 m.; Shutterstock.com/Ody_Stocker: S. 358; Shutterstock.com/olavs: S. 102/3; Shutterstock.com/Oleksandr Kalinichenko: S. 340/1; Shutterstock.com/Phil McDonald: S. 130; Shutterstock.com/Photo smile: S. 115/Schleuder; Shutterstock.com/Potapov Alexander: S. 313/6 l.; Shutterstock.com/Ralf Geithe: S. 336/1; Shutterstock.com/Reika: S. 135/3; Shutterstock.com/Renata Sedmakova: S. 250/1 l.; Shutterstock.com/Robert Kneschke: S. 417/4; Shutterstock.com/Rocksweeper: S. 12/1; Shutterstock.com/Roman Samborskyi: S. 80; Shutterstock.com/Romrodphoto: S. 87/D; Shutterstock.com/ronfromyork: S. 131/2; Shutterstock.com/Room 76: S. 44/2; Shutterstock.com/sasimoto: S. 386/1; Shutterstock.com/schankz: S. 102/2, S. 104/1; Shutterstock.com/sezer66: S. 129/r.; Shutterstock.com/Shaiith: S. 378/1 l., S. 400/3; Shutterstock.com/Singkham: S. 260/1; Shutterstock.com/sirtravelalot: S. 11/r.; Shutterstock.com/Skynavin: S. 151/4; Shutterstock.com/Stasique: S. 118; Shutterstock.com/Stock Studio 4477: S. 399/l.; Shutterstock.com/s-ts: S. 13/Waschmittel; Shutterstock.com/Sukharevskyy Dmytro/Sukharevskyy Dmytro (nevodka): S. 102/1, S. 187/5; Shutterstock.com/Suphaksorn Thongwongboot: S. 45/5; Shutterstock.com/Svetlana Lukienko: S. 381/7; Shutterstock.com/tale: S. 13/Sportschuhe; Shutterstock.com/Tanya-Rozhnovskaya: S. 9/u., S. 398; Shutterstock.com/tcly: S. 129/l.; Shutterstock.com/Thomas Barrat: S. 126/3; Shutterstock.com/Tibi Vesselenyi: S. 412/3; Shutterstock.com/Tong Nawarit: S. 342/1; Shutterstock.com/TTstudio: S. 346/1; Shutterstock.com/Vadim Sadovski: S. 42; Shutterstock.com/Vladimir Gjorgiev: S. 148/2; Shutterstock.com/vm2002: S. 13/Backwaren; Shutterstock.com/Voyagerix: S. 148/3, S. 297/2; Shutterstock.com/waldru: S. 171/4; Shutterstock.com/whitemaple: S. 54/1; Shutterstock.com/wim claes: S. 354/2; Shutterstock.com/wk1003mike: S. 322; Shutterstock.com/Yury Kosourov: S. 195/r. ; Shutterstock.com/zarzamora: S. 386/2; Shutterstock.com/Zhou Eka: S. 125/6; Shutterstock/Africa Studio: S. 284; Shutterstock/Alexandar Iotzov: S. 243/6; Shutterstock/alice-photo: S. 157/r.; Shutterstock/Anton Gvozdikov: S. 146; Shutterstock/diogoppr: S. 160/1 l.; Shutterstock/gameanna: S. 269/r.; Shutterstock/Gurov Vladimir: S. 147; Shutterstock/Iaroslav Neliubov: S. 171/5; Shutterstock/inacio pires: S. 7/o., S. 244; Shutterstock/Jezper: S. 41/4 l., S. 335/6; Shutterstock/jörg röse-oberreich: S. 6/u., S. 218; Shutterstock/Maxx-Studio: S. 5/u., S. 156; Shutterstock/Melica: S. 246/1; Shutterstock/PHOTO FUN: S. 289; Shutterstock/pick: S. 290; Shutterstock/Richard Peterson: S. 249/4; Shutterstock/Rob Wilson: S. 352/1; Shutterstock/Smileus: S. 260/2; Shutterstock/Toa55: S. 71/r.; Shutterstock/Viktor1: S. 249/5; stock.adobe.com/AA+W: S. 85/5; stock.adobe.com/akf: S. 371/6 l.; stock.adobe.com/BEAUTYofLIFE: S. 371/6 r.; stock.adobe.com/Bernd Kröger: S. 31/l.; stock.adobe.com/Bildwerk: S. 125/5, S. 321; stock.adobe.com/Blue Planet Studio: S. 327/6; stock.adobe.com/bluedesign: S. 280/1 r.; stock.adobe.com/by-studio: S. 52/2; stock.adobe.com/CarlosBarquero: S. 44/1; stock.adobe.com/chris32m: S. 124/2; stock.adobe.com/Colibri: S. 189; stock.adobe.com/contrastwerkstatt: S. 3/o., S. 10, S. 220/1 l.; stock.adobe.com/Coprid: S. 318/2; stock.adobe.com/Couperfield: S. 105/5; stock.adobe.com/Cpro: S. 125/3; stock.adobe.com/DanBu.Berlin: S. 36; stock.adobe.com/Daniela Stärk: S. 69/Papier, S. 280/1 m.; stock.adobe.com/exclusive-design: S. 69/Glas; stock.adobe.com/EZPS: S. 308/2; stock.adobe.com/fablok: S. 302/1 l.; stock.adobe.com/farbled_01: S. 134/2; stock.adobe.com/Floydine: S. 384/1 l.; stock.adobe.com/Foto-Ruhrgebiet: S. 116/1; stock.adobe.com/gio_tto: S. 312/4; stock.adobe.com/goldpix: S. 297/3; stock.adobe.com/Holger Schultz: S. 119/3; stock.adobe.com/Ivan Kurmyshov: S. 190/1; stock.adobe.com/jevanto.com/Jevanto Productions: S. 318/1; stock.adobe.com/jfergusonphotos: S. 113/5; stock.adobe.com/jfjacobsz: S. 45/4; stock.adobe.com/Jörg Lantelme: S. 380/2; stock.adobe.com/Joshua Resnick: S. 286/1; stock.adobe.com/Kaesler Media: S. 346; stock.adobe.com/Klaus Eppele: S. 87/B, S. 98/3; stock.adobe.com/Laila: S. 125/4; stock.adobe.com/LetsLaugh: S. I/unten links; stock.adobe.com/Lev: S. 78/4; stock.adobe.com/M.Dörr & M.Frommherz: S. 335/4; stock.adobe.com/Michael Tieck: S. 126/1; stock.adobe.com/monropic: S. 35/3; stock.adobe.com/monticellllo: S. 68/2; stock.adobe.com/Nik: S. 31/r.; stock.adobe.com/OlegDoroshin: S. 142/1; stock.adobe.com/Oleksii Akhrimenko: S. 331/l.; stock.adobe.com/oxie99: S. 400/1; stock.adobe.com/PhotoSG: S. 35/2, S. 69/Eisen, S. 312/3; stock.adobe.com/photoworld: S. 186/3; stock.adobe.com/Rainer Schmittchen: S. 237; stock.adobe.com/refresh(PIX): S. 1; stock.adobe.com/ReSeandra: S. 195/l.; stock.adobe.com/ronstik: S. 393/8; stock.adobe.com/Schlierner: S. 262/1; stock.adobe.com/seeyou | c. steps: S. 90/2; stock.adobe.com/sima: S. 87/A; stock.adobe.com/Smileus: S. 4/u., S. 100; stock.adobe.com/Stefan Müller: S. 89/3; stock.adobe.com/stockphoto-graf: S. 50/2 o.; stock.adobe.com/sumire8: S. 24/1; stock.adobe.com/Syda Productions: S. 245/l.; stock.adobe.com/Tom Bayer: S. 76/1; stock.adobe.com/tunedin: S. 76/2; stock.adobe.com/TwilightArtPictures: S. 69/Silikon; stock.adobe.com/viperagp: S. 4/o., S. 70; stock.adobe.com/visualpower: S. 90/1; stock.adobe.com/Volker Z: S. 234/1; stock.adobe.com/Zerbor: S. 13/Medikamente, S. 151/5; StockFood: S. 110/A l.; StockFood/Kirchherr, Jo: S. 408/1 r.; StockFood/Living4Media/Arcaid Images: S. 190/2; StockFood/Meier, Chris: S. 377/l.; StockFood/Moore, Hilary: S. 3/u., S. 30; StockFood/Plewinski, Antje: S. 392/1; StockFood/Rees, Peter: S. 9/o., S. 376; StockFood/seasons.agency/Neubauer, Mathias: S. 101/l.; StockFood/seasons.agency/Obert, Astrid: S. 412/1; www.colourbox.de/Colourbox. com: S. 410/2; www.colourbox.de/YekoPhotoStudio: S. 377/r.; www.coulorbox.de: S. 87/C, S. 98/5, S. 230/1; www.coulorbox.de/Colourbox: S. 13/Batterien.

Stichwortverzeichnis

Hinweis: **Fett gedruckte Begriffe** sind Lernwörter.

Stichwortverzeichnis

Periodensystem der Elemente

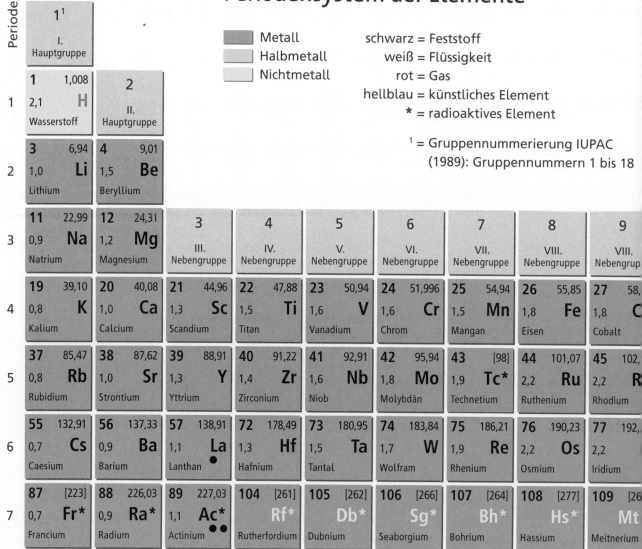

Periode

Legende:
- Metall
- Halbmetall
- Nichtmetall

- schwarz = Feststoff
- weiß = Flüssigkeit
- rot = Gas
- hellblau = künstliches Element
- * = radioaktives Element

1 = Gruppennummerierung IUPAC (1989): Gruppennummern 1 bis 18

Gruppen: 1 (I. Hauptgruppe), 2 (II. Hauptgruppe), 3 (III. Nebengruppe), 4 (IV. Nebengruppe), 5 (V. Nebengruppe), 6 (VI. Nebengruppe), 7 (VII. Nebengruppe), 8 (VIII. Nebengruppe), 9 (VIII. Nebengruppe)

Periode 1: 1 | 1,008 | 2,1 | H | Wasserstoff

Periode 2:
- 3 | 6,94 | 1,0 | Li | Lithium
- 4 | 9,01 | 1,5 | Be | Beryllium

Periode 3:
- 11 | 22,99 | 0,9 | Na | Natrium
- 12 | 24,31 | 1,2 | Mg | Magnesium

Periode 4:
- 19 | 39,10 | 0,8 | K | Kalium
- 20 | 40,08 | 1,0 | Ca | Calcium
- 21 | 44,96 | 1,3 | Sc | Scandium
- 22 | 47,88 | 1,5 | Ti | Titan
- 23 | 50,94 | 1,6 | V | Vanadium
- 24 | 51,996 | 1,6 | Cr | Chrom
- 25 | 54,94 | 1,5 | Mn | Mangan
- 26 | 55,85 | 1,8 | Fe | Eisen
- 27 | 58, | 1,8 | C | Cobalt

Periode 5:
- 37 | 85,47 | 0,8 | Rb | Rubidium
- 38 | 87,62 | 1,0 | Sr | Strontium
- 39 | 88,91 | 1,3 | Y | Yttrium
- 40 | 91,22 | 1,4 | Zr | Zirconium
- 41 | 92,91 | 1,6 | Nb | Niob
- 42 | 95,94 | 1,8 | Mo | Molybdän
- 43 | [98] | 1,9 | Tc* | Technetium
- 44 | 101,07 | 2,2 | Ru | Ruthenium
- 45 | 102, | 2,2 | R | Rhodium

Periode 6:
- 55 | 132,91 | 0,7 | Cs | Caesium
- 56 | 137,33 | 0,9 | Ba | Barium
- 57 | 138,91 | 1,1 | La ● | Lanthan
- 72 | 178,49 | 1,3 | Hf | Hafnium
- 73 | 180,95 | 1,5 | Ta | Tantal
- 74 | 183,84 | 1,7 | W | Wolfram
- 75 | 186,21 | 1,9 | Re | Rhenium
- 76 | 190,23 | 2,2 | Os | Osmium
- 77 | 192, | 2,2 | | Iridium

Periode 7:
- 87 | [223] | 0,7 | Fr* | Francium
- 88 | 226,03 | 0,9 | Ra* | Radium
- 89 | 227,03 | 1,1 | Ac* ●● | Actinium
- 104 | [261] | | Rf* | Rutherfordium
- 105 | [262] | | Db* | Dubnium
- 106 | [266] | | Sg* | Seaborgium
- 107 | [264] | | Bh* | Bohrium
- 108 | [277] | | Hs* | Hassium
- 109 | [26 | | Mt | Meitnerium

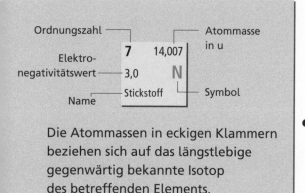

Ordnungszahl — Atommasse in u
Elektronegativitätswert
Name — Symbol

7 | 14,007 | 3,0 | N | Stickstoff

Die Atommassen in eckigen Klammern beziehen sich auf das längstlebige gegenwärtig bekannte Isotop des betreffenden Elements.

● **Elemente der Lanthanreihe (Lanthanoide)**

6:
- 58 | 140,12 | 1,1 | Ce | Cer
- 59 | 140,91 | 1,1 | Pr | Praseodym
- 60 | 144,24 | 1,2 | Nd | Neodym
- 61 | [145] | 1,2 | Pm* | Promethium
- 62 | 150,3 | 1,2 | Sr | Samarium

●● **Elemente der Actiniumreihe (Actinoide)**

7:
- 90 | 232,04 | 1,3 | Th* | Thorium
- 91 | 231,04 | 1,5 | Pa* | Protactinium
- 92 | 238,03 | 1,7 | U* | Uran
- 93 | [237] | 1,3 | Np* | Neptunium
- 94 | [24 | 1,3 | Pu | Plutonium